※本書は、韓国で出版された書籍の日本語版です。例文や問題文に日本の状況とは異なる内容、設定のものが一部含まれています。

『HOT 토픽 Ⅱ Actual Test 한 권으로 합격하기』
©2014 Originally Published by LanguagePLUS (HangulPARK)

はじめに

　TOPIK（Test of Proficiency in Korean＝韓国語能力試験）は、一人で韓国語を学んでいる人や、韓国の大学に入学するため、あるいは韓国企業に就職するために韓国語を学んでいる人たちが、自分の実力を確認できる基準としてその重要性を増しています。2014年7月（日本では同年10月）より、TOPIKは新たな形式の試験として実施されていますが、改編されたばかりのTOPIKをどう準備すればよいか、心配している受験者の方たちも多いでしょう。本書は、そうした受験者の方たちのお役に立てればという思いで作られました。

　本書は、新しい体制に変わったTOPIK IIに受験者が備えることができるよう、まず、新たなTOPIKの体制と形式、評価方式について解説を行いました。次に、出題形式と試験準備のための戦略を説明しています。そして最後に、受験者が実践さながらにTOPIK IIの練習をできるよう、三つの模擬試験とそれに対する詳しい解説を掲載しています。「TOPIKについて知ろう」では、新たなTOPIKについて、従来のTOPIKと比較しながら説明しているので、これまでTOPIKの学習を行ってきた方たちも効果的に準備を行えるはずです。さらに、日本でTOPIKの受験対策を指導する先生たちのお役にも立てることと信じています。

　この場をお借りして、韓国でこの本の出版を承諾してくださったハングルパークのオム会長、物心両面で多くのご支援をいただいたハングルパーク編集委員の皆さま、データ分析や問題開発を手掛けた韓国語評価研究所の研究者たちに感謝の意を表したいと思います。また、日本で本書を出版する機会を下さった株式会社HANAの裵社長と、日本語版の制作に当たり細部にわたってチェックを行い、日本人学習者のための解説を加えることで、さらに内容に磨きをかけてくださったHANA韓国語教育研究会の皆さまに心より感謝申し上げます。

韓国語評価研究所 代表

目　次

はじめに ……………………………………………………… 3
本書の構成 …………………………………………………… 5

TOPIKについて知ろう …………………………………… 7

TOPIK Ⅱの問題パターンと練習
試験の流れと問題パターン ………………………………… 16
問題パターン別練習 ………………………………………… 62

模擬試験
模擬試験1 …………………………………………………… 95
模擬試験2 …………………………………………………… 145
模擬試験3 …………………………………………………… 197

模擬試験 解答・解説・訳
模擬試験1 …………………………………………………… 247
模擬試験2 …………………………………………………… 311
模擬試験3 …………………………………………………… 373

本書の構成

本書には、試験の概要と解説、模擬試験3回分とその解説・訳が収められています。本書は、これまでTOPIKの準備を続けてきた人も、初めてTOPIKを受験する人も、2014年10月に改編されたTOPIKの形式にすぐに慣れることができるように構成されています。問題解説と模擬試験解説は、韓国側著者・出版社の了解のもと、日本の学習者の実情に合わせて日本で執筆いたしました。

TOPIKについて知ろう

新しく変わったTOPIKについて、従来のTOPIKと比較しながら詳しく説明しました。

TOPIK Ⅱの問題パターンと練習

改編されたTOPIK Ⅱの問題形式を説明し、問題類型に沿った練習を行うことで、個別の問題形式に慣れることができるようにしました。

模擬試験

TOPIK Ⅱに完璧に備えることができるよう、実戦さながらの模擬試験3回分を収録しました。決められた時間内に問題を解き、答え合わせを行うことで、自分の実力を確認し、模擬試験の結果に基づいて試験のための戦略を練ることができます。

模擬試験 解答・解説・訳

模擬試験3回分の解答と解答例、詳しい解説を掲載しました。また、聞き取り問題の音声のスクリプト、問題文の訳を掲載しました。

付録CD-ROM

本書の練習と模擬試験3回の聞き取り問題の音声ファイルが収められています。音声ファイルはMP3ファイル形式になっており、全ファイル数（トラック数）は73、収録時間は3時間34分です（解答を記入するための「間」も含む）。トラックごとの内容は以下の通りです。

- TR 001-013　問題パターン別練習音声
- TR 101-120　模擬試験1聞き取り問題音声
- TR 201-220　模擬試験2聞き取り問題音声
- TR 301-320　模擬試験3聞き取り問題音声

付録CD-ROMについて

本書付録のCD-ROMにはMP3形式の音声データファイルが収められています。再生にはMP3に対応した音声プレーヤー、またはPCソフトが必要です。MP3非対応のCDプレーヤーでは再生できません。

音声ダウンロードについて

本書の音声は、小社ウェブサイト（http://www.hanapress.com）の「サポート」ページ、または書籍紹介ページよりパソコンへのダウンロードが可能です。ダウンロードの際には、パスワード（topik2）をご入力ください。

TOPIKについて知ろう

TOPIK（韓国語能力試験）とは

　TOPIKとはTest of Proficiency in Koreanの略で、日本では本来の韓国語한국어능력시험の訳である「韓国語能力試験」という名称でも知られています。本書のタイトルには二つの名称を併記しましたが、本文ではTOPIKという名称を使うことにします。

　TOPIKは韓国政府が認定・実施している検定試験です。韓国文化の理解や韓国留学・就職などに必要な能力の測定・評価を目的とし、受験者の実力を1〜6級までの6段階で評価しています。日本の検定試験とは違い、数字が大きくなるほどレベルが高くなり、6級が最上級となっています。

　TOPIKは、韓国、日本を含む世界の約70の国と地域で実施されています。韓国では年6回の受験が可能で、日本では4月、7月、10月に全国約30カ所の会場で実施されています（2019年現在）。

　2014年10月（韓国では2014年7月）から、TOPIKは、従来「初級（1・2級）」「中級（3・4級）」「高級（5・6級）」の三つに分けて実施されていた試験が、初級レベルの受験者を対象にした「TOPIK Ⅰ（1・2級）」と、中級・上級レベルの受験者を対象にした「TOPIK Ⅱ（3〜6級）」の二つの試験へと変わりました（表1、2）。受験者は、試験で取得した点数により、上記（　　　）内の数字の級で評価されます。ただし、いずれの基準にも満たない場合は、不合格となります。

　この改編に伴い、従来「語彙・文法」「書き取り」「聞き取り」「読解」の四つの領域に分かれてた試験が、新しいTOPIK Ⅱでは、「聞き取り」「書き取り」「読解」の3領域になりました（表3）。

　また、新しいTOPIKでは、コミュニケーションを行う状況での言語能力を測れるように評価範囲が設定されました。従来の試験は知識的な面を評価する試験であったのに対し、変更された試験では、より実用的な韓国語遂行能力を評価できるようにしたということです。

　TOPIKを主管する韓国・国立国際教育院によると、TOPIKの級別認定基準を表2のとおりに定めています。

表1

	旧体制	新体制	
試験種類	韓国語能力試験（TOPIK）	韓国語能力試験（TOPIK）	
試験等級	初級（1・2級）	TOPIK Ⅰ（1・2級）	
	中級（3・4級） 高級（5・6級）	TOPIK Ⅱ（3〜6級）	
評価領域	初・中・高級	TOPIK Ⅰ	TOPIK Ⅱ
	語彙及び文法：30問 書き取り（作文含む）：14〜16問 聞き取り：30問 読解：30問	聞き取り：30問 読解：40問	聞き取り：50問 書き取り：4問 　　（作文含む） 読解：50問
試験時間	180分（90分＋90分）	100分	180分（110分＋70分）

表2

◆級別の認定基準

TOPIK Ⅰ （1・2級）	1級	「自己紹介する」「物を買う」「料理を注文する」など、生活に必要な基礎的な言語能力を持っており、「自分自身」「家族」「趣味」「天気」など、ごく私的で身近な話題に関連した内容を理解して表現できる。約800の基礎語彙と基本文法に対する理解を基に簡単な文章を作成できる。簡単な生活文と実用文を理解し、構成できる。
	2級	「電話する」「お願いする」などの日常生活に必要な言語能力と「郵便局」「銀行」などの公共施設利用に必要な言語能力を持っている。約1,500〜2,000の語彙を利用して、私的で身近な話題に関して、段落単位で理解して使うことができる。公式な状況と非公式な状況での言葉を区別して使うことができる。
TOPIK Ⅱ （3〜6級）	3級	日常生活を営むのに特に困難を感じず、さまざまな公共施設の利用や私的な関係維持に必要な基礎的言語能力を持っている。身近で具体的な素材はもちろん、自分になじみがある社会的な素材を段落単位で表現したり理解したりできる。文語と口語の基本的な特性を区別、理解して使うことができる。
	4級	公共施設利用や社会的関係維持に必要な言語能力があり、一般的な業務遂行に必要な言語能力をある程度持っている。また、「ニュース」「新聞記事」の中の平易な内容を理解できる。一般的な社会的・抽象的素材を比較的正確に、流暢に理解し、使うことができる。よく使われる慣用表現や代表的な韓国文化に対する理解を基に、社会・文化的な内容を理解して使うことができる。

	5級	専門分野での研究や業務遂行に必要な言語能力をある程度持っている。「政治」「経済」「社会」「文化」全般に渡り、なじみのない素材に関しても理解して使うことができる。公式、非公式の脈絡や口語的、文語的脈絡によって言葉を適切に区別して使うことができる。
	6級	専門分野での研究や業務を比較的正確に、流暢に遂行できる言語能力を持っている。「政治」「経済」「社会」「文化」全般にわたり、なじみのないテーマに関しても展開することができる。ネーティブスピーカーのレベルには届かないが、意思疎通や意味表現には困難はない。

表3

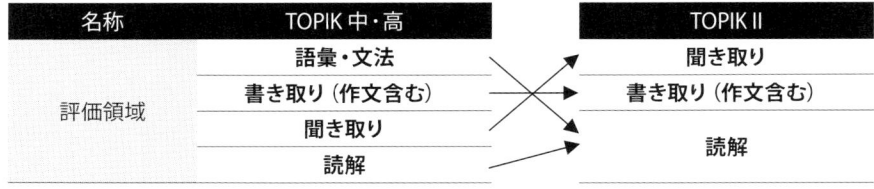

TOPIK IIの評価範囲

　本書のテーマであるTOPIK IIがどのように変わったかについて、もう少し詳しく見ていきましょう。

　「語彙・文法」の領域がなくなったことは、受験者の皆さんにとってうれしいことかもれませんが、厳密に言うなら、「語彙・文法」は「読解」の中に一部含まれて出題されています。また、「聞き取り」と「読解」の問題を解くためには、当然中・上級レベルの語彙や文法の学習が必須となります。つまり、「語彙・文法」は「聞き取り」と「読解」の中で間接的に評価されていると理解する必要があります。

　「書き取り」の領域では、従来間接的に評価されていた客観式問題がすべてなくなり、直接的な作文能力を測定する項目に変わりました。

　TOPIK IIは従来の試験と比較すると、表現領域である「書き取り」はやさしくなり、受験者の負担が少し減りました。一方で、理解領域である「聞き取り」「読解」は問題数が増えたこと、また、二つの試験が一つになったことで中級者には難しくなったということができます。

問題数と配点

　次に、領域別の問題数と配点について説明します（表4）。

　中級と上級が一つの試験に統合されたため、既存の試験よりも問題数が大きく増え、「聞き取り」50問、「書き取り」4問、「読解」50問の計104問が出題されます。従来の試験では「聞き取り」と「読解」は各30問だったので、新しい試験では、20問ずつ増えたことになります。

　TOPIK IIの「聞き取り」「読解」では、各50問のうち、幅広いレベルの問題が均等に出題されます。例えば、3級レベルと4級レベルの問題が25問、5級レベルと6級レベルの問題が25問出題されます。3級の12問中、難易度別に「上」4問、「中」5問、「下」3問が出題され、4級の13問中、難易度別に「上」4問、「中」5問、「下」4問が出題されます。また、5級の12問中、難易度別に「上」4問、「中」5問、「下」3問が出題され、6級の13問中、難易度別に「上」4問、「中」5問、「下」4問が出題されます。1問あたりの配点はすべて2点で、「聞き取り」「読解」それぞれ100点満点になります。

　中級レベルの受験者が4級に合格するには、少なくとも問題25までを確実に解答する必要があります。その後の問題も、問題35くらいまではなんとか解けるかもしれませんが、問題35以降は、中級レベルの受験者には手ごわい上級レベルの問題が待っています。もちろん、あきらめずに取り組めば5級も夢ではありません。上級レベルの受験生なら、最後の問題まで解くことはできるでしょうが、そのためには問題30あたりまでは早いスピードで、かつ正確に解いていく必要があります。

　「書き取り」の領域は、4問が出題されます。まず、難易度が「下」の問題が2問（3級下・4級下レベル）、各10点ずつの配点です。これは空欄に適切な文章を書き入れる問題で、一つの問題に2箇所の空欄が設けられており、空欄一つあたり5点の配点になっています。次に難易度「中」レベル（3～4級レベル）1問が出題され、配点は30点。最後に、難易度「上」レベル（5～6級レベル）1問が出題され、配点は50点です。よって、「書き取り」は100点満点になります。

　「書き取り」では、与えられた課題に該当する内容を少しでも書くと、「部分点数」が得られます。つまり、作文練習を忠実に行い、問題に取り組めば何らかの点数を得ることができるわけです。

表4 TOPIK II「聞き取り」「読解」の問題数と配点

問題水準	難易度	問題数	配点	配点合計
3級	下	3	6	24
	中	5	10	
	上	4	8	
4級	下	4	8	26
	中	5	10	
	上	4	8	
5級	下	3	6	24
	中	5	10	
	上	4	8	
6級	下	4	8	26
	中	5	10	
	上	4	8	
合計		50	100	100

表5 TOPIK II「書き取り」問題53（難易度中レベル問題）採点基準

区分	採点根拠	点数区分 上	中	下
内容および課題遂行（7点）	1) 与えられた課題を忠実にこなしているか 2) 主題と関連した内容で構成しているか 3) 与えられた内容を豊富かつ多様に表現しているか	6〜7	3〜5	0〜2
文章の展開構造（7点）	1) 文章の構成が明確かつ論理的か 2) 文章の内容に従って段落の構成をしっかり行っているか 3) 論理展開に有用な談話標識を適切に使用して、組織的に繋いでいるか	6〜7	3〜5	0〜2
言語使用（8×2＝16点）	1) 文法と語彙を多様かつ豊富に使用し、適切な文法と語彙を選択して使用しているか 2) 文法、語彙、正書法などの使用が正確か 3) 文章の目的と機能に従い、格式に合うよう文章を書いているか	7〜8 (×2)	4〜6 (×2)	0〜3 (×2)

表6 TOPIK II「書き取り」問題54（難易度上レベル問題）採点基準

区分	採点根拠	点数区分 上	中	下
内容および課題遂行（12点）	1) 与えられた課題を忠実にこなしているか 2) テーマと関連した内容で構成しているか 3) 与えられた内容を豊富かつ多様に表現しているか	9～12	5～8	0～4
文章の展開構造（12点）	1) 文章の構成が明確かつ論理的か 2) 主張がしっかり構成されているか 3) 論理展開に有用な談話標識を適切に使用して、組織的に繋いでいるか	9～12	5～8	0～4
言語使用（13×2＝26点）	1) 文法と語彙を多様かつ豊富に使用し、適切な文法と語彙を選択して使用しているか 2) 文法、語彙、正書法などの使用が正確か 3) 文章の目的と機能に従い、格式に合うよう文章を書いているか	10～13 （×2）	6～9 （×2）	0～5 （×2）

　なお、問題の解答は4者択一のマークシート記入方式で行います。試験で使用するペン（サインペン）は当日会場で配布されますが、誤って記入した箇所を修正するための修正テープは各自が準備しないといけません。

試験時間

　TOPIK IIの試験は、1時間目と2時間目に分けて行われます。1時間目は「聞き取り」と「書き取り」、2時間目が「読解」です。1時間目の「聞き取り」「書き取り」は合計110分で、2時間目の「読解」が70分で実質的な試験時間は、180分になります。

　「聞き取り」は約60分かけて行われます。1時間で50問解かないといけないため、集中力を最後まで維持できるかが鍵になります。

　「書き取り」の4問は50分以内で解かなければいけません。客観式でない、作文問題のため、文章を完成できるように時間配分をうまく行わなければなりません。

　次に、2時間目の「読解」も70分の時間内に50問を解かないといけません。読むべき文章は後ろにいくほど長くなります。中級レベルの受験生には時間が足りず、上級レベルの受験生でも配分を上手く行わないと時間が足りなくなる可能性があります。

　各領域の試験を定められた時間に合わせて、集中力を維持して解くことができるよう、

受験に先だち必ず模擬試験問題を使って練習する必要があります。特に、「読解」問題で時間配分を間違えないよう、練習を繰り返すといいでしょう。

評価判定

　最後に、TOPIK IIにおいて、受験者を3〜6級に振り分ける評価判定について見てみましょう。従来の試験では、四つの領域のうち1領域だけでも基準点を下回ると、たとえ総合得点が高くても、落第になりました。しかし新TOPIKでは、領域ごとの基準点がなくなり、総合得点に従って級が決定されます。TOPIK IIの合格基準は表7の通りです。なお、受験して得たTOPIKのスコアは、結果発表日から2年間有効です。

表7

◆合格基準						
受験級	TOPIK I		TOPIK II			
級	1級	2級	3級	4級	5級	6級
合格点	80点以上	140点以上	120点以上	150点以上	190点以上	230点以上

　以上が新TOPIKについての説明です。実質的に、時間と問題数が変わっただけで、従来のTOPIKと大きく変わったことはないので、過剰な心配は不要です。皆さんがまずすべきことは、何よりも新しいTOPIKに慣れることです。限られた試験時間の中で集中力を維持し、うまくペース配分することも必要です。この本には、模擬試験が3回分収められているので、問題と時間配分に慣れるよう練習してみてください。一生懸命練習すれば、必ず良い成績が皆さんを待っています。十分に準備を行い、試験でベストを尽くしましょう！　화이팅！

日本でのTOPIKの申し込み方法

　日本でのTOPIKは公益財団法人韓国教育財団が主管しており、同財団のホームページに設けられた韓国語能力試験日本公式サイトに、日本での試験日程、試験会場、詳しい申し込み方法が日本語で案内されています。TOPIKの実施情報については、必ず下記の公式サイトで最新情報をご確認下さい。

韓国語能力試験日本公式サイト　　http://www.kref.or.jp/examination

TOPIK Ⅱ の
問題パターンと練習

試験の流れと問題パターン

　TOPIK Ⅱの問題パターンは毎回同じものに統一されています。ここでは、実際の試験を模した問題を見ながら、問題パターンについて確認してみましょう。

※聞き取り問題の中で太字になっている部分は、実際の試験では音声で流される箇所です。選択肢番号中、正解に該当するものは黒く色塗りしています。また、「☞」に続いて示されたパターン番号はP.62～93の「問題パターン別練習」の内容とリンクしています。

듣기 (1번 ~ 50번)

※ [1~3] 다음을 듣고 알맞은 그림을 고르십시오.

1.
여자 : 민수 씨, 지금 바쁘세요? 제가 옆 사무실로 의자를 옮겨야 하는데 도와주실 수 있으세요?
남자 : 그럼요. 이 의자만 옮기면 되나요?
여자 : 네, 고마워요.

① 　❷

③ 　④

듣기（聞き取り）
TOPIK Ⅱの聞き取りの問題は全50問。これを約60分で解いていく。問題1～20までは1回、問題21からは2回読み上げられる。

適切な絵や図表を選ぶ問題　　　　☞パターン1

会話の場面を描いた絵を選ぶ問題
問題1と2は、女性と男性の会話を聞いて、どこで何の話をしているのか、与えられた四つの絵のうち一つを選ぶ。会話においてキーワードとなる表現が提示されるので、よく聞いて該当する絵を選べば良い。

＊問題2も同形式

3.

남자 : 하루 평균 인터넷 사용 시간을 연령대별로 조사했습니다. 그 결과 10대가 2.3시간, 20대 3.4시간, 30대 3.2시간, 40대 2.7시간으로 나타났습니다. 이 중 10대 미만 어린이들의 경우 평균 두 시간을 사용하는 것으로 조사되었습니다. 다른 연령대의 경우 인터넷을 업무 등의 용도로 사용하는 연령대임을 고려하면, 10살 미만 어린이의 인터넷 의존이 상당히 높은 수준이라고 할 수 있습니다.

❶
②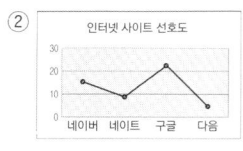
③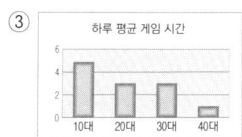
④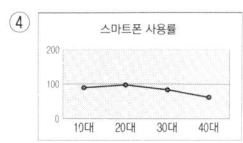

音声の内容に合う図表を選ぶ問題
問題3は、独白を聞いて、内容に合うグラフを選ぶ。最初の文で何についてのグラフなのかを提示しており、2番目の文で読み取る基準を述べているので、最初の2文を集中して聞くのが重要である。

※ [4~8] 다음 대화를 잘 듣고 이어질 수 있는 말을 고르십시오.

4.

여자 : 팀장님, 오후에 출장 가시죠?
남자 : 네, 퇴근 시간과 겹쳐서 차가 많이 막힐 것 같아요. 시내와 고속도로 중 어느 쪽이 더 빨리 갈 수 있을까요?

① 오늘 오후에 출발했어요.
② 그곳에 가 본 적이 있어요.

会話の後に続く言葉を選ぶ問題 ☞パターン2
日常会話で起こる場面のうち、個人的な状況や公式的な状況(会社での会話など)が出題される。二人がそれぞれ一度ずつ発言し、その後に最初の発言者がもう一度言う言葉として適切なものが問われる。

③ 제 차는 지금 수리 중이에요.
❹ 이 시간에는 둘 다 거의 비슷해요.

5.
여자 : 맛있게 잘 먹었다. 역시 여긴 김치찌개가 정말 맛있는 것 같아.
남자 : 응. 맞아. 매운 걸 먹었더니 달콤한 것이 먹고 싶네. 우리 아이스크림 먹으면서 갈까?

① 오늘 정말 잘 먹었어. 고마워.
② 그래, 다음에는 달콤한 것으로 먹자.
③ 아이스크림을 너무 많이 먹은 것 같아.
❹ 나도 먹고 싶지만 요즘 다이어트 중이거든.

＊この後、問題8まで同形式

※ [9~12] 다음 대화를 잘 듣고 여자가 이어서 할 행동으로 알맞은 것을 고르십시오.

9.
남자 : 주말인데 친구들 만나러 안 나가니?
여자 : 네, 오늘은 약속이 없어요. 그냥 집에서 쉴 생각이에요. 아빠는 뭐 하실 거예요?
남자 : 날씨 좋아서 세차를 할까 생각 중이야. 너도 할 일 없으면 아빠와 세차 같이 하지 않을래? 다 하고 나서 깨끗해진 차를 보면 기분도 좋잖아.
여자 : 에이, 그건 아빠 차니까 기분이 좋죠. 저는 그냥 집 청소를 할게요.

❶ 집 청소를 한다.
② 집에서 잠을 잔다.
③ 아빠와 세차를 한다.
④ 친구들을 만나러 간다.

会話の後に行われる行動を選ぶ問題　☞パターン3
女性と男性の会話を聞いて、会話の後に行われる行動を選ぶ。男女どちらの行動について問われているかに注意する。会話のやり取りは2往復から2.5往復。特に、最後の発言にヒントがある場合が多いので、注意して聞くようにする。

10.

남자 : 이번에 문화센터에서 시작하는 강좌를 하나 수강할까 생각 중이야.
여자 : 그래? 안 그래도 나도 이번 달부터 새로운 것을 배우고 싶었는데. 무슨 강좌를 수강할 생각이야?
남자 : 두 가지 중에서 고민 중이야. 커피 강의하고 손글씨 강의를 듣고 싶은데 아직 결정을 못 했어. 너라면 어떤 것을 수강하겠어?
여자 : 나는 커피 강의. 커피 만드는 것을 배우는 강의인 거지? 그럼 나도 신청할래. 신청은 어디에서 하는 거야?
남자 : 문화센터 홈페이지에서 할 수 있어.

① 커피숍에서 커피를 주문한다.
❷ 문화센터 홈페이지를 찾아본다.
③ 문화센터 손글씨 강좌에 참석한다.
④ 문화센터를 찾아가서 강의를 수강한다.

＊問題11、12も同形式

※ [13~16] 다음을 듣고 내용과 일치하는 것을 고르십시오.

13.

여자 : 금요일 저녁에 하는 밴드 공연에 같이 가지 않을래?
남자 : 좋지, 어떤 밴드의 공연인데?
여자 : 너도 알 거야. 최근 방송에도 많이 나왔거든. 윤성현 밴드라고 최근 앨범이 엄청 많이 팔렸거든.

内容に一致する文を選ぶ問題　☞パターン4
音声の内容を把握し、それに一致することを述べている文を選ぶ。音声には会話と独白がある。会話のやり取りは2往復から2.5往復で、一回の発言が長め。独白では講義やニュース、ドキュメンタリーなどを模した音声が使われる。

남자 : 응, 나도 알아. 방송에서 몇 번 본 적이 있어. 하지만 그 밴드의 실제 공연은 음악 잡지에서 자주 나쁜 평을 받았더라고. 평론가들이 밴드 사람들이 많이 알려지기 시작하면서 노력을 많이 안 한대.

여자 : 정말? 난 평이 뭐든 상관없어. 나쁜 평을 받은 여러 콘서트를 가 봤는데 모두 정말 좋았거든.

① 여자는 평론가의 평을 중요하게 생각한다.
❷ 윤성현 밴드는 최근에 앨범이 많이 팔렸다.
③ 윤성현 밴드는 음악 잡지에서 좋은 평을 받았다.
④ 남자는 밴드 사람들이 노력을 많이 안 한다고 생각한다.

14.

남자 : 즐거운 연극 관람을 위해 몇 가지 주의사항을 말씀드리겠습니다. 우선, 음식과 음료는 극장 안으로 반입 금지입니다. 그리고 공연을 하는 동안에는 휴대전화는 모두 꺼 주시기 바랍니다. 또한 사진 촬영을 하실 수 없습니다. 대신 공연이 모두 끝난 후에 배우들과 사진 촬영을 하는 시간이 따로 있습니다. 나가실 때에는 들어오신 입구 반대 방향에 있는 문으로 나가시면 됩니다.

① 나갈 때에는 들어온 입구로 나가면 된다.
② 공연 중에 배우들 사진 촬영을 할 수 있다.
❸ 극장 내에서 음료, 음식의 섭취가 불가능하다.
④ 공연 중에는 휴대 전화는 진동으로 바꿔야 한다.

＊問題15、16も同形式

※ [17~20] 다음을 듣고 남자의 중심 생각을 고르십시오.

考えや主題を選ぶ問題
☞パターン5
発言者の考えや音声内容の主題を把握し、それを述べた文を選ぶ。会話の場合、男女どちらの考えが問われているのかに注意する。

17.

여자 : 이면지로 인쇄하려고 하니 자꾸 종이가 걸리네요.

남자 : 맞아요. 저도 지난번에 이면지로 인쇄하려니까 자꾸 종이가 걸리더라고요. 그리고 한 번 쓴 종이를 다시 복사기에 넣어서 사용하면 기계도 쉽게 고장이 난다고 해요. 그래서 아깝더라도 그냥 새 종이를 사용하고 이면지는 메모지로 사용하는 것이 좋을 것 같아요.

① 종이가 걸리더라도 복사기는 문제가 없다.
② 이면지로 인쇄하면 종이를 절약할 수 있다.
③ 메모를 할 때는 이면지를 사용하는 것이 좋다.
❹ 종이가 아깝더라도 인쇄는 새 종이로 하는 것이 좋다.

18.

남자 : 혹시 인터넷으로 책을 사니?

여자 : 응, 오프라인 서점보다 인터넷 서점이 할인율도 높고 무엇보다 주문하고 다음 날이면 받아 볼 수 있거든.

남자 : 그런데 인터넷 서점이 생기면서 동네 작은 서점들이 거의 사라졌다고 해. 아무래도 소비자 입장에서는 조금이라도 더 저렴하게 사길 원하는데 작은 서점은 할인을 해서 팔면 이윤이 남지 않으니까 힘들지. 하지만 이렇게 자꾸 책을 할인해서 팔게 되면 출판사들이 어려워지고 그러다 보면 책의 질이 떨

어질 수밖에 없다고 해. 결국은 소비자가 피해를 본다는 거야.

① 책은 인터넷 서점으로 사는 것이 좋다.
② 인터넷 서점이 오프라인 서점보다 더 편리하다.
❸ 책을 할인해서 팔게 되면 책의 질이 떨어질 것이다.
④ 작은 서점이 할인을 하게 되면 사라지지 않을 것이다.

＊問題19、20も同形式

※ [21~22] 다음을 듣고 물음에 답하십시오.

会話聴解

여자 : 와, 이것 좀 봐. 필리핀 4박 5일 여행인데 가격이 정말 싸. 우리 이번 휴가에 필리핀 갈까?
남자 : 그거 단체 여행 아니야? 작년에 단체 여행으로 해외여행을 갔다 왔는데 별로였어.
여자 : 왜? 단체 여행이면 일정이 다 짜여 있으니까 우리가 준비할 것도 별로 없잖아. 이 가격에 해외여행은 쉽지 않다고.
남자 : 알아, 가격은 저렴할지 몰라도 재미는 없더라고. 단체로 움직여야 하니까 내가 가고 싶은 곳을 마음대로 갈 수도 없고 관광하는 시간도 정해져 있어서 불편했어. 그리고 가고 싶지 않은 곳도 따라다녀야 하고. 나는 조금 비싸더라도 자유롭게 다닐 수 있는 여행이 더 좋은 것 같아. 여행까지 가서 시간 딱딱 지키면서 하고 싶은 대로 못 하고, 그러고 싶지 않아.

21. 남자의 중심 생각으로 맞는 것을 고르십시오.

① 자유 여행은 비싸기만 할 뿐 재미는 없다.
❷ 비싸더라도 자유롭게 여행하는 것이 더 좋다.
③ 단체 여행은 조금 불편하지만 가격이 저렴하다.
④ 단체 여행은 일정이 다 짜여 있기 때문에 편하다.

考えや主題を選ぶ問題
☞パターン5

22. 들은 내용으로 맞는 것을 고르십시오.

① 남자는 올해 단체 여행을 갈 예정이다.
❷ 단체 여행은 관광하는 시간이 정해져 있다.
③ 단체 여행은 일정이 빡빡해서 준비할 것이 많다.
④ 단체 여행에서 가고 싶지 않은 곳은 안 가도 된다.

内容に一致する文を選ぶ問題
☞パターン4

※ [23~24] 다음을 듣고 물음에 답하십시오.

会話聴解

남자 : 안녕하세요. 한식 요리사 최진혁입니다. 오늘 이렇게 라디오 방송에 참여하게 돼서 기쁩니다.
여자 : 네, 안녕하세요. 이번에 새 요리책을 발간하셨다는데요. 책 소개 좀 간단히 해 주세요.
남자 : 이 책에는 다양한 한식 요리법이 담겨져 있습니다. 보통 한식은 요리하기 복잡하다고 생각하시는데 책을 보시면 아주 간단히 할 수 있는 한식이 많다는 것을 알 수 있을 것입니다.
여자 : 그래요? 저도 한 권 사서 봐야겠네요. (웃음) 그럼, 어릴 때부터 요리사가 꿈이었나요?
남자 : 그건 아닙니다. 스무 살 때 처음으로 어머니 생신 상을 차려 드렸는데 정말 기뻐하시더라

고요. 제가 한 음식으로 다른 사람이 기뻐할 수 있다는 게 신기했습니다.
여자 : 아, 그때부터 요리사가 되기로 결심하셨군요. 더 자세한 이야기는 광고 듣고 나눠 보겠습니다.

23. 여자는 무엇을 하고 있는지 고르십시오.
① 한식 요리를 하고 있다.
❷ 라디오 방송을 진행하고 있다.
③ 어머니 생신 상을 차리고 있다.
④ 새로 나온 요리책을 소개하고 있다.

24. 여자가 해야 할 일을 고르십시오.
① 한식을 소개한다.
② 요리책을 홍보한다.
③ 라디오 광고를 만든다.
❹ 요리사와 이야기를 한다.

行っている行動を選ぶ問題　☞パターン６
女性または男性が今この場で行っている行動を把握し、それを述べた文を選ぶ。長めの会話や独白に対して２問が出題される。独白については、発言者の目的や意図を把握することが重要になる。

会話の後に行われる行動を選ぶ問題　☞パターン３

※ [25~26] 다음을 듣고 물음에 답하십시오.

여자 : 경기 불황에도 불구하고 명품 소비는 증가하고 있다는데 이유가 무엇입니까?
남자 : 그것은 물건으로 나를 표현할 수 있기 때문이죠. 굳이 내가 나에 대해 소개하지 않더라도 그런 상품을 들고 다님으로써, 본인의 사회적인 지위를 남들에게 보여 줄 수 있기 때문입니다. 또 명품을 갖고 있으면 나 자신도 명품이 된다고 생각하기도 합니다. 그래서

会話聴解

사람들은 무리해서라도 명품을 사고 싶어 하는 것입니다. 무조건 명품을 사는 것을 비난할 수는 없지만 자신의 소득에 맞는 현명한 소비를 하는 것이 중요하다고 생각합니다.

25. 남자의 중심 생각으로 맞는 것을 고르십시오.
① 무리해서라도 명품을 사는 것이 좋다.
② 명품을 사는 것은 현명한 소비가 아니다.
③ 명품을 사용할수록 사회적인 지위도 높아진다.
❹ 자신의 소득에 맞게 소비를 하는 것이 중요하다.

考えや主題を選ぶ問題
☞パターン5

26. 들은 내용으로 맞는 것을 고르십시오.
① 경기 불황에 명품 소비가 감소하고 있다.
② 명품이 있으면 나를 소개할 때 어렵지 않다.
❸ 명품을 사면 자신도 명품이 된다고 생각한다.
④ 명품만으로 사람들의 사회적 지위를 알 수 없다.

内容に一致する文を選ぶ問題
☞パターン4

※ [27~28] 다음을 듣고 물음에 답하십시오.

会話聴解

남자 : 여보세요. 제가 최근에 귀사 잡지의 여행 코너에 기사를 썼습니다. 그 기사에 대한 원고료는 언제쯤 받을 수 있을까요?
여자 : 원고료는 저희가 청구서를 받고 난 뒤 일주일 뒤에 입금해 드립니다. 혹시 청구서를 제출하셨나요?
남자 : 네, 지난주 금요일에 청구서를 메일로 보냈습니다.
여자 : 네, 그럼 제가 확인해 보겠습니다. 성함이 어

떻게 되시죠?
남자 : 제 이름은 이정민이고, 여행 코너에 기사를 하나 썼습니다.
여자 : 아, 이런. 컴퓨터가 멈춰 버렸네요. 재부팅하는 데 몇 분 걸릴 거예요. 원고료가 언제쯤 처리되는지 확인하는 대로 바로 전화 드리겠습니다.

27. 남자가 원고료에 대해 여자에게 질문한 이유를 고르십시오.

① 컴퓨터로 확인이 불가능해서
② 청구서를 보내지 않았기 때문에
❸ 언제쯤 받을 수 있는지 궁금해서
④ 앞으로 기사를 쓰고 싶지 않아서

28. 들은 내용으로 맞는 것을 고르십시오.

❶ 남자는 잡지의 여행 코너에 글을 썼다.
② 원고료는 청구서를 받고 한 달 뒤에 입금이 된다.
③ 남자는 청구서를 지난 금요일에 우편으로 보냈다.
④ 여자는 청구서를 확인한 후에 메일로 알려 주겠다고 했다.

質問者の目的を選ぶ問題
☞パターン7
会話の中の人物がもう一人の人物に質問をした理由を把握し、それを述べた文を選ぶ。質問をするのは情報を得るためなので、どのような情報を得ようとしたのかに注目する必要がある。

内容に一致する文を選ぶ問題
☞パターン4

※ [29~30] 다음을 듣고 물음에 답하십시오.

여자 : 최근 개인 정보 유출을 이용한 전화 금융 사기와 문자 결제 사기로 인한 피해 사례가 늘고 있는데요. 이를 피하기 위한 방법으로는 무엇이 있을까요?

会話聴解

남자 : 우선 무엇보다도 개인 정보 관리가 가장 중요합니다. 공공기관이나 금융기관이라고 하며 전화로 주민번호나 카드 번호를 물어보면 절대로 알려 주면 안 됩니다. 공공기관이나 금융기관은 전화로 개인 정보를 수집하지 않습니다. 그리고 인터넷 주소가 포함된 문자메시지를 받았을 경우 클릭하지 말고 삭제해야 합니다. 만약 인터넷 주소를 클릭해 프로그램을 내려 받았다면 백신 프로그램을 이용해 악성 바이러스 감염 여부를 확인해야 합니다. 본인의 개인 정보가 유출되었는지 확인하려면 주민번호클린센터를 이용해 무료로 조회할 수 있습니다.

29. 남자는 누구인지 고르십시오.
① 은행 직원
② 주민센터 직원
❸ 정보 보호 전문가
④ 컴퓨터 프로그래머

30. 들은 내용으로 맞는 것을 고르십시오.
① 공공기관에서 카드 번호를 물어보면 알려 주면 된다.
❷ 금융기관은 전화를 이용해서 개인 정보를 물어보지 않는다.
③ 개인 정보 유출 확인을 위해서는 주민센터를 찾아가면 된다.
④ 문자메시지를 통해 악성 바이러스 감염 여부를 확인할 수 있다.

発言者がどのような人物かを選ぶ問題　☞パターン8
発言の内容から、専門家とされる人物の職業や人物像を推測して選ぶ。発言中に出てくる専門用語を手がかりにして推測する。

内容に一致する文を選ぶ問題　☞パターン4

※ [31~32] 다음을 듣고 물음에 답하십시오.

남자 : 애완견 로봇을 본 적이 있는데, 기쁨과 슬픔, 화남과 놀라움, 배고픔을 표시할 줄 알고 주인에게 관심을 표현하려고 꼬리까지 흔들 정도로 친근하더라고요. 늘 주인 곁에 머물면서 주인의 마음을 생각할 줄 아는 로봇 친구라고 할 수 있지요. 로봇 친구는 분명 각박해져 가는 현대 사회 문제를 해결할 대안이 될 수 있을 거예요.

여자 : 로봇 세상이 행복한 미래를 보장해 줄 것 같지만 문제가 없는 것은 아니에요. 만약 로봇의 지적 수준이 높아져 인간과 정서적으로까지 공감하게 된다면, 몇몇 사람들은 단지 기계에 불과한 로봇을 진짜 사람보다 더 따르고 의존하게 될 거예요. 진정한 삶의 가치를 느낄 수 없게 되는 거죠.

31. 여자의 생각으로 맞는 것을 고르십시오.

① 로봇 세상은 행복한 미래를 보장해 줄 것이다.
② 애완견 로봇은 사람에게 친구가 되어 줄 수 있다.
❸ 로봇 세상에서는 진정한 삶의 가치를 알 수 없게 된다.
④ 로봇 친구는 현대 사회 문제를 해결할 대안이 될 수 있다.

32. 여자의 태도로 맞는 것을 고르십시오.

❶ 상대방의 의견에 반박하고 있다.
② 논리적으로 문제의 책임을 묻고 있다.
③ 상황을 침착하게 분석하며 설득하고 있다.

会話聴解

考えや主題を選ぶ問題
☞パターン5

発言者の態度を選ぶ問題
☞パターン9
発言者の論理や相手への対応から発言者の態度を把握し、それを述べた文を選ぶ。会話の形式が討論である場合に出題される。相手の意見に同意・同調または

④ 사례를 들며 조심스럽게 주장을 펼치고 있다.

※ [33~34] 다음을 듣고 물음에 답하십시오.

여자 : 전 세계가 지구 온난화에 민감하게 반응하고 있는데, 지구 온난화가 점점 심해지면 한반도에는 어떤 영향을 미칠까요? 최근 한반도는 여름철 집중호우와 극심한 가뭄, 이상 고온 현상 등으로 예측할 수 없는 기후 변화를 겪고 있습니다. 이는 지구 온난화 때문으로 온난화가 지속되면 한반도는 아열대성 기후가 될 것이라고 합니다. 작물 재배 기간이 늘어나고 고온을 요구하는 작물은 더 많이 수확할 수 있는 반면 저온에서 생산하는 농산물은 생산량이 줄어들 수밖에 없습니다. 또 지구 온난화는 이산화탄소량이 많아지는 환경을 만들어 생물의 다양성을 위협할 수 있습니다. 식물은 산소를 통해 숨을 쉬고 에너지를 확보하는데 산소가 적어지면 영양이 부족해집니다. 이로 인해 환경에 적응하지 못한 생물은 사라질지도 모릅니다.

33. 무엇에 대한 내용인지 맞는 것을 고르십시오.

① 지구 온난화에 대처하는 방안
② 지구 온난화에 맞는 작물 재배 방법
❸ 지구 온난화가 한반도에 미치는 영향
④ 지구 온난화로 인한 이상 기후의 유형

反論することになるので、双方の意見をよく聞く必要がある。

演説・解説・案内音声聴解

音声の性格を選ぶ問題
☞ パターン10
演説や解説などの独白がどのような内容のものかを把握して、それを述べた文を選ぶ。

34. 들은 내용으로 맞는 것을 고르십시오.

❶ 지구 온난화로 인해 생물이 멸종할 수도 있다.
② 저온에서 생산하는 농산물을 더 많이 수확할 수 있다.
③ 현재 한반도는 온난화로 인해 아열대성 기후가 되었다.
④ 여름철 집중호우와 가뭄 등의 기후 변화를 예측할 수 있다.

内容に一致する文を選ぶ問題　☞パターン4

※ [35~36] 다음을 듣고 물음에 답하십시오.

スピーチ聴解

남자 : 런던 올림픽을 치르면서 은퇴 고민을 했습니다. 생각했던 것보다 훨씬 긴 시간이었던 삼 개월 정도를 고민했고 결정을 내린 지는 얼마 안 되었습니다. 서운함과 아쉬움이 있었지만 꿈은 스스로 노력하고 준비하는 것이라고 생각합니다. 이제 무대에서 내려와 꿈을 준비하는 것이 제가 해야 할 일임을 알았기 때문에 은퇴를 결정했습니다. 앞으로 새로운 도전을 하겠다는 생각을 하니 두려움이 설렘으로 바뀌었습니다. 지금까지 역도 선수로서 너무나 많은 것을 받았습니다. 이제 제가 받은 것을 재단을 통해 기부할 생각입니다. 비단 물질적인 것뿐만 아니라 체육 활동이 주는 신체 건강의 중요성을 알리겠습니다. 지금까지 저를 응원해 주신 여러분께 깊은 감사를 전합니다.

35. 남자는 무엇을 하고 있는지 고르십시오.

① 선수 자격에 대해 말하고 있다.
❷ 자신의 은퇴사를 낭독하고 있다.
③ 올림픽 폐회사를 연설하고 있다.
④ 회사 직원의 퇴직을 축하하고 있다.

36. 들은 내용으로 맞는 것을 고르십시오.

① 남자는 은퇴를 결정한 지 오래되었다.
❷ 남자는 재단을 통해 기부할 생각이다.
③ 남자는 은퇴를 삼 년 전부터 고민했다.
④ 남자는 정신 건강의 중요성을 알릴 것이다.

※ [37~38] 다음은 교양프로그램입니다. 잘 듣고 물음에 답하십시오.

여자 : 제품 선택의 구매력을 증가시키는 가장 중요한 요소로 색깔을 꼽기도 하는데요. 이 색깔 마케팅에 대한 설명 부탁드립니다.
남자 : 네, 이 마케팅은 처음에는 제품 자체의 색채 연구에서 시작되었어요. 그러다 1920년대 미국의 한 만년필 회사에서 처음으로 마케팅의 한 방법으로 시도하였는데요. 당시로는 파격적인 빨간색 만년필을 시장에 내놓아 선풍적인 인기를 끌었습니다. 이처럼 사람은 색채에 대해 감성적인 반응을 보이므로, 이것이 곧 구매 충동과 직결된다는 것이 이 마케팅의 핵심입니다. 고객들의 고정관념을 깨는 색채 전략이나, 제품과 가장 잘 어울리는

하나의 색으로 광고와 브랜드 간의 일치된 메시지를 전달하여 매출을 증대시키는 전략 등이 있지요.

37. 남자의 중심 생각을 고르십시오.
① 제품 자체의 색채 연구가 더 필요하다.
② 빨간색은 고객의 감성을 자극할 수 있다.
③ 색깔을 많이 사용할수록 구매력이 증가한다.
❹ 색채에 대한 감성적인 반응은 구매와 연결된다.

考えや主題を選ぶ問題
☞ パターン5

38. 여기에서 소개하고 있는 마케팅 전략의 내용과 일치하는 것을 고르십시오.
① 나만의 색깔을 찾아라.
❷ 고객의 감성에 초점을 맞춰라.
③ 다양한 색상의 상품을 준비하라.
④ 고정관념을 깨는 색을 사용하라.

内容に一致する文を選ぶ問題 ☞ パターン4

※ [39~40] 다음은 대담입니다. 잘 듣고 물음에 답하십시오.

対談聴解

여자 : 네, 그럼 리얼리티 TV 프로그램이 청소년의 언어습관에 많은 영향을 미친다는 것이지요? 실제로 요즘 청소년의 신조어 사용이 심각한 문제입니다. 그리고 또 다른 문제점은 없습니까?

남자 : 리얼리티 TV 프로그램이 언어습관뿐만 아니라 청소년의 학업 성적에 나쁜 영향을 미친다는 조사 결과가 나왔습니다. 교육부가 중

학교 3학년 학생 2만 7천 명을 조사한 결과, 리얼리티 TV 프로그램과 연애 드라마를 자주 보는 학생은 그렇지 않은 학생보다 일반 상식 성적은 16%, 수학 성적은 11% 낮게 나타났습니다. 이 조사에 따르면 책에는 평균 천 개의 단어가 사용되지만 리얼리티 TV 프로그램에서는 절반 수준인 598개의 단어만 사용된다며 성적 차이의 원인을 어휘력에서 찾았습니다.

39. 이 담화 앞의 내용으로 알맞은 것을 고르십시오.

① 리얼리티 TV 프로그램이 청소년의 성적에 영향을 미쳤다.
② 리얼리티 TV 프로그램이 청소년의 놀이문화를 변화시켰다.
❸ 리얼리티 TV 프로그램이 청소년의 언어습관에 악영향을 미쳤다.
④ 리얼리티 TV 프로그램이 청소년의 생활에 많은 변화를 가져왔다.

直前の内容を推測して選ぶ問題　☞パターン11
対談において、直前までの内容を司会者が要約したものを聞き、その内容を推測してそれを述べた文を選ぶ。司会者の要約は最初にあるので、最初の部分を集中して聞く必要がある。

40. 들은 내용과 일치하는 것을 고르십시오.

① 연애 드라마를 자주 보는 학생은 성적이 떨어지지 않았다.
② 리얼리티 TV 프로그램이 책보다 더 많은 어휘를 사용한다.
③ 리얼리티 TV 프로그램을 자주 보는 학생의 수학 성적은 올랐다.
❹ 리얼리티 TV 프로그램을 자주 보면 성적에 나쁜 영향을 미친다.

内容に一致する文を選ぶ問題　☞パターン4

※ [41~42] 다음은 유전자 변형 식품에 대한 강연입니다. 잘 듣고 물음에 답하십시오.

남자 : 유전자 조작을 통해 어떤 생물의 유전자 중에서 유용한 것만 골라 만든 새로운 품종을 유전자 변형 식품이라고 합니다. 이 유전자 변형 식품은 전 세계 식량 문제를 해결할 수 있는 획기적인 방법입니다. 지금 세계는 전쟁이나 가뭄으로 식량이 부족해 굶어 죽는 어린이들이 넘쳐나고 있습니다. 유전자 조작을 통해 가뭄에도 잘 자라는 종자를 만들거나 한 번에 대량으로 수확할 수 있게 된다면 기아 문제를 해결할 수 있습니다. 또 유전자 조작을 통해 병충해나 바이러스에 강한 저항력을 갖고 제초제에 잘 견디도록 만든다면, 농약이나 화학비료를 쓰지 않고 생산할 수 있어 비용도 줄이고 생산량도 늘어나고 더불어 환경오염 염려도 사라지게 됩니다. 유전자 변형 식품에 반대하는 사람들은 안전이 검증되지 않았다는 이유로 이의를 제기하는데, 이는 지나치게 부풀려진 면이 있습니다. 위험하고 해롭다는 것이 구체적으로 밝혀진 경우가 없는 데다 몇몇 문제 제기한 부분에서도 유전자 변형 식품과 연관성이 없다는 연구 결과가 나왔습니다.

講演聴解

41. 들은 내용과 일치하는 것을 고르십시오.
① 유전자 변형 식품은 이미 안전이 검증되었다.
② 유전자 변형 식품은 농약을 사용해야 생산할 수 있다.

内容に一致する文を選ぶ問題　☞ パターン4

③ 유전자 변형 식품을 생산하려면 비용이 많이 들 수 있다.
❹ 유전자 변형 식품은 식물의 유용한 것만을 골라 만든 것이다.

42. 유전자 변형 식품에 대한 남자의 생각으로 맞는 것을 고르십시오.

① 유전자 변형 식품은 환경오염을 가져올 수 있다.
② 유전자 변형 식품은 아직은 위험한 부분이 많다.
❸ 유전자 변형 식품은 기아 문제를 해결할 수 있다.
④ 유전자 변형 식품은 전쟁과 가뭄을 막을 수 있다.

考えや主題を選ぶ問題
☞ パターン5

※ [43~44] 다음은 다큐멘터리입니다. 잘 듣고 물음에 답하십시오.

ドキュメンタリー聴解

여자 : 우리는 먹지 않으면 살 수 없습니다. 배가 고프면 온몸에서 힘이 빠지고, 신경이 날카로워집니다. 반대로 배가 부르면 기운이 솟고 심신이 느긋해져서 마음이 너그러워지죠. 먹는다는 것은 사람을 포함하여 모든 동물에게 활력을 주는 기본적인 활동입니다. 우리 몸의 생명 활동은 뇌나 심장과 같은 특정 기관에서만 일어나는 것이 아니라 몸을 구성하고 있는 모든 세포에서 일어납니다. 각각의 세포가 생명을 유지하기 위해서는 끊임없이 에너지가 공급되어야 하는데, 우리가 매일 먹는 음식물 속의 양분이 그 에너지원이 되는 거지요. 음식물 속의 양분은 소화, 흡수

되어 혈관을 타고 온몸을 순환합니다. 양분은 각 세포로 운반되어 산소와 결합하여 분해되면서 에너지를 만들어 냅니다. 이 과정에서 불필요한 노폐물도 만들어집니다. 따라서 우리가 살아가려면 양분과 산소는 계속 세포로 공급되어야 하고, 노폐물은 세포 밖으로 내보내져야 합니다. 이러한 작용이 원활해야만 우리는 건강한 삶을 유지할 수 있습니다.

43. 음식을 먹는 이유로 맞는 것을 고르십시오.

① 사람이 너그러운 마음을 갖기 때문에
② 노폐물 배출을 원활하게 하기 위해서
❸ 활력을 주는 기본적인 활동이기 때문에
④ 뇌와 심장의 세포 활동을 도와주기 위해서

内容に一致する文を選ぶ問題 ☞ パターン4

44. 이 이야기의 중심 생각으로 맞는 것을 고르십시오.

① 불필요한 노폐물은 모두 배설되어야만 건강할 수 있다.
② 끊임없이 에너지가 공급되어야만 건강한 삶을 살 수 있다.
③ 생명 활동은 뇌나 심장과 같은 특정 기관에서만 일어난다.
❹ 소화·호흡·순환·배설의 작용이 원활해야 건강할 수 있다.

考えや主題を選ぶ問題 ☞ パターン5

※ [45~46] 다음은 강연입니다. 잘 듣고 물음에 답하십시오.

講演聴解

남자 : 성격은 선천적으로 타고나는 것일까요? 아니면 만들어지는 것일까요? 흔히 "저 친구는 성격이 문제야."라고 말합니다. 어떤 사람이 문제가 되는 행동을 할 때 그것이 일시적이라고 보이지 않거나 누구를 만나든 그의 태도가 사람들과 어울리는 데 문제가 될 때 '성격이 문제'라고 말합니다. 그런데 성격에 대해 이야기하면서 A형이라서 소심하다거나 AB형이라서 까칠하다는 둥 타고난 체질을 강조하기도 하죠. 또는 "가정교육을 어떻게 받았기에 성질이 저 모양이야?"라며 자라면서 겪은 경험을 중요시하기도 합니다. 좋은 성격은 우월한 유전자를 물려받았다는 부러움을 사며, 좋은 집안에서 잘 자라난 인격체로 부모까지 칭찬받습니다. 그러나 나쁜 성격일 경우 체질과 경험에 모두 문제가 있다고 여기는데, 도대체 무엇이 먼저인지 궁금해집니다. '닭이 먼저인지, 달걀이 먼저인지' 같은 답이 없는 문제는 아니지만, 이와 관련해서 생각해 볼 점이 많은 것 같습니다.

45. 들은 내용과 일치하는 것을 고르십시오.

① 성격은 선천적으로 타고나는 것이다.
② A형과 AB형은 성격이 안 좋다는 인식을 갖고 있다.
❸ 문제가 되는 행동을 반복할 때 성격이 문제라고 말한다.
④ 좋은 집안에서 자라면 좋은 성격을 가진 사람이

内容に一致する文を選ぶ問題 ☞ パターン4

라고 생각한다.

46. 남자의 태도로 가장 알맞은 것을 고르십시오.
❶ 각 견해에 대해 예를 들어 설명하고 있다.
② 각 견해에 대해 종합적으로 평가하고 있다.
③ 예시와 근거를 통해 자신의 견해를 증명하고 있다.
④ 각 견해에 대해 통계 자료를 가지고 주장하고 있다.

発言者の態度を選ぶ問題
☞ パターン9

※ [47~48] 다음은 대담입니다. 잘 듣고 물음에 답하십시오.

対談聴解

여자 : 소장님, 베란다와 거실의 화분만으로도 가습기 없이 건강하게 겨울을 보낼 수 있다는데 정말 식물의 가습 효과 덕분인가요?
남자 : 식물도 사람처럼 숨쉬기 운동을 해요. 식물은 잎 뒷면에 숨구멍이 있는데 그곳을 통해서 실내에 있는 수분을 배출합니다. 그러다 보니까 실내 환경에, 특히 겨울철 건조하기 쉬운 실내에 습도도 올려 주고 공기의 질도 개선해 줄 수 있습니다. 실제로 밀폐된 공간에 공기정화식물과 새집증후군 유발 물질을 넣고 실험을 했는데요. 그 결과 유해 물질 농도가 70%나 낮아졌다고 합니다. 대단하죠? 환기가 어려운 겨울철, 실내 식물이 그만큼 유용한데요. 공기 정화뿐만 아니라 녹색식물을 규칙적으로 3분씩 바라보면 안구건조증을 예방한다는 연구 결과도 있습니다.

47. 들은 내용과 일치하는 것을 고르십시오.

① 식물의 잎 앞면에 숨구멍이 있다.
② 식물을 키우면 습도가 70% 높아진다.
❸ 식물은 건조한 공기의 질을 개선해 준다.
④ 식물을 너무 많이 키우면 안구건조증이 발생한다.

内容に一致する文を選ぶ問題　☞パターン4

48. 남자의 태도로 가장 알맞은 것을 고르십시오.

① 상대방의 의견에 강하게 반대하고 있다.
② 경험을 통해 자신의 의견을 주장하고 있다.
③ 상대방의 의견에 대해 이의를 제기하고 있다.
❹ 연구 결과를 토대로 자신의 의견을 설명하고 있다.

発言者の態度を選ぶ問題　☞パターン9

※ [49~50] 다음은 강연입니다. 잘 듣고 물음에 답하십시오.

講演聴解

여자 : 문화는 한곳에만 머무르지 않습니다. 사람과 사람이 만나고 지역과 지역이 교류하는 동안 문화는 지리적으로 서서히 넓게 퍼져 나갑니다. 문화는 각기 다른 시공간을 따라서 마치 생명을 가진 생명체처럼 이동하며 바뀌어 갑니다. 인도에서 시작된 불교의 석굴 문화는 중국을 거쳐 한국으로 들어왔습니다. 한국의 석굴암은 인도나 중국의 석굴과는 다른 모습을 지닙니다. 이처럼 문화는 전파 과정에서 그 지역의 특색에 따라 조금씩 변형되기 마련입니다. 또한 문화는 전파 과정에서 여러 문제와 부딪치게 됩니다. 실제로 남아프리카공화국에서는 과거 수십 년

동안 정치적 이유로 TV의 수입을 법으로 금지하여 TV 문화가 대중에게 보급되지 않았습니다. 또 철저히 사회주의 체제를 고수하는 북한은 자본주의의 상징이라 할 수 있는 세계적 규모의 패스트푸드 회사와 청량음료 제조 및 판매 회사를 정책적으로 수용하지 않고 있습니다.

49. 들은 내용과 일치하는 것을 고르십시오.

① 문화는 교류하면서 지리적으로 서서히 좁혀 나간다.
❷ 문화는 전파 과정에서 지역의 특색에 따라 변형된다.
③ 문화는 같은 시공간을 통해 생명체처럼 바뀌어 간다.
④ 문화는 전파 과정에서 여러 가지 문제를 해결하게 된다.

内容に一致する文を選ぶ問題 ☞パターン4

50. 여자의 태도로 가장 알맞은 것을 고르십시오.

① 문화에 대해 결론을 열어 두고 있다.
② 문화를 새로운 관점에서 해석하고 있다.
❸ 문화를 구체적인 사례를 들어 설명하고 있다.
④ 문화에 대해 자신의 경험을 들어 평가하고 있다.

発言者の態度を選ぶ問題 ☞パターン9

쓰기 (51번 ~ 54번)

※ [51~52] 다음을 읽고 (   )에 들어갈 말을 각각 한 문장씩으로 쓰십시오.

51.

> 　　　　　　　　　　2014년 11월 5일 금요일
> 오늘 대학 입학 면접 시험을 보았다. 면접 시험장에 들어가는데 얼마나 (㉠   ). 면접을 무사히 끝내고 가벼운 마음으로 돌아왔다. 나는 대학 입학 시험을 위해 최선을 다했다. 마지막으로 (㉡   ). 합격자 발표는 다음 주 수요일에 한다.

52.

> 　거절하는 데 익숙하지 못한 사람이 많다. 가까운 사람이 어떤 일을 부탁할 때 (㉠   ). 그래서 하기 힘든 일인 줄 알면서도 부탁을 들어주는 경우가 있다. 하지만 일을 시작한 이상 그 일의 결과는 자신의 책임이다. 그러므로 (㉡   ).

※解答例は省略します。

쓰기 (書き取り)
TOPIK IIの書き取りの問題は全4問。これを約50分で解く。

( )の中に入る文を書く問題
( )の前後の文脈を読み取り、文脈に合う内容を( )に書き入れる。解答は一文で行う。
問題51は、招待状や案内状などの文章が出題される傾向にある。文章の目的が述べられる部分が( )になることが多い。
問題52は、論理的な文章が出題されることが多い。一つ目の( )は、前後と論理的に繋がるように書く。二つ目の( )は最後の文章にある場合が多く、( )の前には接続副詞が来て文章の結論になる。

※ [53] 다음 표를 보고 전자 도서의 장단점에 대해 쓰고, 올바른 독서를 위해서 전자 도서를 어떻게 활용해야 하는지 200~300자로 쓰십시오.

전자 도서의 장단점	
전자 도서의 장점	전자 도서의 단점
① 휴대가 간편하고 언제 어디서든 볼 수 있다. ② 종이 책보다 비용이 저렴하다.	① 전자 기기를 사용하므로 눈이 불편하다. ② 환경과 도구가 갖추어지지 않으면 접근할 수 없다.

与えられた情報に対して、自分の考えを書いたり、情報を整理したりする作文問題

特定のテーマに対して情報が与えられ、200~300字で、その特徴や傾向を整理したり、自分の意見を書いたりする問題。

まず初めに、文章の導入部分を1段落書く。ここでは、文章の背景や抽象的・全体的な話題から文章を開始する。

次の段落で与えられた情報を整理して記す。相反する内容を羅列する場合には、그러나 (しかし)やそうでないが (けれども)、반면 (反面)、한편 (一方) など逆接の接続詞や表現などで繋ぐとよい。

最後の段落で、結びの部分を書くが、問題により、自分の考えを述べる必要がある場合と、必要がない場合があるので、設問をよく読んで注意する必要がある。自分の考えを求められる場合でも、自分自身の本当の考えを述べる必要はなく、前の段落で述べた情報を根拠として、論理的に破綻しない結論を書くことができれば問題ない。

作文問題の取り組み方としては、まずおおよその骨組みを問題用紙の端などにメモ程度に書いて、展開と結論を定めてから書き始めると良い。

※ [54] 다음을 주제로 하여 자신의 생각 600~700자로 글을 쓰십시오.

> 현대 사회문제 중의 하나로 양극화 현상을 들 수 있습니다. 양극화 현상을 줄일 수 있는 효과적인 방법에 대해 아래의 내용을 중심으로 주장하는 글을 쓰십시오.

- 양극화 현상으로 인해 어떤 문제가 생깁니까?
- 양극화 현상의 원인은 무엇입니까?
- 양극화 현상을 극복할 수 있는 효과적인 방법은 무엇입니까?

与えられた主題に沿って自分の考えを書く作文問題

特定のテーマに対して、自分の意見を600〜700字で書く問題。文章に含まなければならない内容が質問の形式で提示されているので、それを土台に文章を構成する。

文章構成の方法は、問題53とほぼ同様である。導入部分である序論、具体例を挙げる本論、文章のまとめである結論の3段構成が基本となる。提示された三つの質問がそれぞれ序論、本論、結論に対応していることが多いので、この質問に対する答えを用意することで簡単な骨組みを構成することができる。骨組みができたら、自分が思い付く内容を肉付けしていくが、ここでも自分の体験した内容や自分の本当の意見を書く必要はない。論理的な文章が書けるかどうかが重要である。

問題53に比べて文字数が多いので、書く内容を箇条書きするなど初めにしっかり計画を立ててから書き始める必要がある。

읽기 (1번 ~ 50번)

※ [1~2] ( )에 들어갈 알맞은 것을 고르십시오.

1.

오늘 날씨가 바람이 ( ) 춥지는 않다.

① 세든지   ② 차거니와
③ 강한 데다가   ❹ 불기는 하지만

※ [3~4] 다음 밑줄 친 부분과 의미가 비슷한 것을 고르십시오.

3.

대형 할인점의 매출이 증가한다는 기사를 보니 경제 상황이 <u>나아지는 것 같다</u>.

❶ 나아지는 듯하다   ② 나아질 턱이 없다
③ 나아지기 일쑤이다   ④ 나아지느니만 못하다

※ [5~8] 다음은 무엇에 대한 글인지 고르십시오.

5.

사라지는 주름, 바를수록 젊어지는 피부를 느껴 보세요.

① 염색약   ② 다리미   ③ 영양제   ❹ 화장품

읽기（読解）
TOPIK IIの読解の問題は全50問。これを70分で解いていく。

穴埋め問題（語彙・文法）
☞ パターン1
選択肢に挙げられた語彙や語尾・表現の中から、適切なものを選ぶ。問題1で語彙を、問題2で語尾・表現を問われることが多い。

＊問題2も同形式

下線部言い換え問題
☞ パターン2
下線部に使われた語尾・表現などについて、意味が近く置き換えることができるものを選ぶ文法問題。

＊問題4も同形式

ポスターや広告の内容を選ぶ問題 ☞ パターン3
絵や装飾などと共に示された宣伝の文章を読み、何について述べているのかを選ぶ。

6.

장미 향기와 함께하는 즐거운 시간
■ 전 세계 50여 종의 장미를 즐길 수 있는 축제
■ 세상에서 가장 무서운 롤러코스터
■ 아기 동물에게 먹이 주기 체험

① 박물관   ② 항공사
③ 여행사   ❹ 놀이공원

＊問題7、8も同形式

※ [9~12] 다음 글 또는 도표의 내용과 같은 것을 고르십시오.

内容に一致する文を選ぶ問題

9.

한국어 사랑 유학생 경험담 공모
문화교육부에서는 유학생들의 한국어 학습 경험담을 공모합니다.

◆ 내용 : 한국어를 공부하면서 가장 기억에 남는 경험
◆ 대상 : 한국에 거주하는 유학생
◆ 접수 기간 및 일정
  - 접수 기간 : 7. 7(월) ~ 8. 8(금) ※ 인터넷 접수만 가능
  - 발표 : 8. 14(목) ※ 홈페이지에 발표(www.hangeul.go.kr)
  - 시상식 : 8. 18(월)
◆ 시상 내용
  1등 : 300만 원(1명) / 2등 : 200만 원(2명) / 3등 : 100만 원(3명)

① 상을 받는 사람은 모두 7명이다.

図表や案内の内容に一致する文を選ぶ問題
☞ パターン4
図表や案内の中に書かれた情報を読み取り、それに一致する文を選ぶ。図表や案内をまず読むのではなく、選択肢を読んで内容と合っているかを確認しながら解くのが良い。

❷ 접수는 인터넷을 통해서만 가능하다.
③ 한국에 사는 외국인은 모두 신청할 수 있다.
④ 발표는 개별 통지하고 홈페이지에 발표한다.

11.

　학교에서 학생들이 과학 수업 중에 강의나 실험 이외에 집단으로 주제를 정하여 연구를 해 보는 과제 활동은 대단히 중요하다. 연구 과제를 수행하는 동안 새로운 것을 발견하는 기쁨을 느끼고, 연구의 즐거움과 어려움을 동시에 경험해 볼 수 있기 때문이다. 이 과정에서 어떻게 협력할 것인지에 관하여 서로 생각을 교환하는 것도 인격 형성에 좋은 영향을 미칠 수 있다.

① 학생들의 과학 수업은 강의와 실험이면 충분하다.
② 집단으로 과제를 수행할 때는 개인의 능력을 나타내기 힘들다.
③ 집단으로 연구하는 수업은 학생들 사이를 나쁘게 만들 수 있다.
❹ 학생들은 집단으로 과제를 수행하면서 연구의 기쁨을 경험한다.

※ [13~15] 다음을 순서대로 맞게 나열한 것을 고르십시오.

13.

(가) 문학은 사람들의 삶을 반영한다.
(나) 이러한 삶은 인간이라면 누구나 경험할 수 있는 보편적이고 일반적인 것이다.

＊問題10も同形式

内容に一致する文を選ぶ問題　☞パターン5
文章の内容を把握して、その内容に一致することを述べている文を選ぶ。文章の種類は説明文や随筆、小説などである。

＊問題12も同形式

並べ替え問題
　　　　　☞パターン6
提示された四つの文の順番を並べ替えて、意味の通る文章を作る。それぞれの文の文頭に来る接続詞がヒントになる。選択肢では1番目の文が二種類しかないので、

(다) 작가의 상상력을 통해 새롭게 구성된 삶을 반영한다.
(라) 그러나 사진을 찍듯이 있는 그대로의 삶을 옮기는 것은 아니다.

❶ (가)-(라)-(다)-(나)　② (나)-(가)-(라)-(다)
③ (가)-(다)-(라)-(나)　④ (나)-(다)-(가)-(라)

どちらが1番目の文になるかが分かれば二つの選択肢を除外できる。

14.

(가) 스마트폰의 카메라 기능과 화질이 개선되면서 사진을 찍는 사람들이 많아졌다.
(나) 초점을 맞추고 싶은 부분의 화면을 살짝 건드려 원하는 구성을 잡는 것이다.
(다) 이들은 취미를 넘어 스마트폰으로 사진 작품을 완성하기도 한다.
(라) 사진 작품에서 가장 중요한 것은 화면 구성이다.

① (다)-(라)-(나)-(가)　❷ (가)-(다)-(라)-(나)
③ (다)-(라)-(가)-(나)　④ (가)-(나)-(라)-(다)

＊問題15も同形式

※ [16~18] 다음을 읽고 (　)에 들어갈 내용으로 가장 알맞은 것을 고르십시오.

16.

　농경문화를 바탕으로 한 동양 사람들은 주로 정착 생활을 하면서 가족 단위의 노동 중심으로 농경에 필요한 노동력을 해결했다. (　　　) 일찍부터 가족에 대한 관심이 컸으며 이로 인해 가족 제도가 발달했다. 또한 사회나 국가도 가족이 확대된 것으로 이해하였다.

穴埋め問題（内容理解）
☞パターン7
長文を読み、（　）の前後の文脈を見て、（　）に入る内容を選ぶ。接続詞などによる論理展開を把握することが重要となる。

① 사회와 국가의 빠른 발전을 위해서
② 가족이 많아야 경쟁에서 이길 수 있기 때문에
❸ 가족 단위의 노동이 농경에 필수적이었던 만큼
④ 개인은 가족을 벗어나서 살 수가 없었기 때문에

17.

　인체 내부에는 시계와 비슷한 것이 있어서 시간에 따른 인체의 생체리듬을 관리하는데 이를 생체 시계라고 하며 사람이 밤이 되면 졸리고 아침에 깨는 것은 생체 시계의 조절 때문이다. 사람의 몸에서는 기분이 좋을 때 특정 호르몬이 나오는데 이것이 많으면 생체 시계가 느려지고 줄어들면 빨라진다고 한다. 이 호르몬은 (　　　) 사람들이 나이가 들수록 시간이 빨리 지나간다고 느끼고 젊은 사람들은 시간이 천천히 흐르는 것처럼 느낀다고 한다.

① 남녀에 따라서 종류가 달라서
❷ 나이가 들수록 줄어들기 때문에
③ 생활환경이 변하면 양도 변해서
④ 밤과 아침에 분비되는 양이 달라서

＊問題18も同形式

※ [19~20] 다음을 읽고 물음에 답하십시오.

長文読解

　일상생활에서 사용하는 말을 가만히 들어 보면 잘못된 발음을 하는 경우를 (　) 볼 수 있다. 문자로 표기를 할 때는 어법에 맞게 쓰려는 노력을 많이 하지만 음성언어의 경우에는 그렇지 못한 경우가 많다. 하지만 이것이 습관이 되다 보면 결과적

48

으로 그 발음에 따라서 표기도 엉터리로 하게 되는 경우가 많다. 즉 발음하는 대로 쓰는 경우가 발생하는 것이다.

19. ( )에 들어갈 알맞은 것을 고르십시오.
① 끝내 ② 줄곧 ❸ 흔히 ④ 불과

穴埋め問題（語彙・文法）
☞パターン1

20. 이 글의 내용과 같은 것을 고르십시오.
① 어법과 발음은 관계가 별로 없다.
② 정확한 표기를 위해 어법 교육이 필요하다.
❸ 발음을 잘못하면 쓸 때도 문제가 생길 수 있다.
④ 표기를 잘못하는 사람은 발음도 정확하지 않다.

内容に一致する文を選ぶ問題
☞パターン5

※ [21~22] 다음을 읽고 물음에 답하십시오.

長文読解

　지구의 기후는 자연의 순환 시스템에 의해서 서서히 변하여 왔다. 그러나 최근 수십 년 동안 인간의 활동 때문에 지구에 급격한 기후 변화가 ( ). 그 대표적인 현상이 지구 온난화이다. 이는 최근 수십 년에 걸쳐 진행되고 있으며 앞으로도 지속될 것으로 예측되는데 가장 큰 문제는 기상 이변을 일으키는 데 결정적인 영향을 준다는 점이다. 따라서 지구 온난화만 막을 수 있다면 지구상의 모든 기상 이변과 이 때문에 생기는 여러 가지 피해를 막을 수 있다. 이제는 전 세계 국가들이 지구 온난화에 대한 심각성을 인식하고 공동의 협력을 위해 협의할 시점인 것이다.

21. ( )에 들어갈 알맞은 것을 고르시오.

① 눈 밖에 났다   ❷ 꼬리를 물고 있다
③ 발목을 잡고 있다   ④ 된서리를 맞고 있다

22. 이 글의 중심 생각을 고르십시오.

① 인간의 활동으로 지구에 기후 변화가 발생했다.
② 지구 온난화는 앞으로도 계속될 것으로 전망된다.
❸ 각국은 지구 온난화의 해결을 위해 함께 노력해야 한다.
④ 지구 온난화를 막으면 모든 기상 이변 피해를 막을 수 있다.

穴埋め問題（語彙・文法）
☞ パターン1

文章の主題を選ぶ問題
☞ パターン8
文章がどのような主題について述べているのかを選ぶ。細かい内容よりも、文章全体の主張を読み取ることが重要である。

※ [23~24] 다음을 읽고 물음에 답하십시오.

長文読解（随筆・感想文）

　초등학교 4학년 때의 일이다. 나는 초등학교 합창 대회에 참가하기 위해 학교 합창단원으로 뽑혔다. 합창단원이 되었다는 사실이 무척 자랑스럽고 기뻤다. 연습을 시작한 지 이틀째가 되는 날 선생님께서 학생 한 명 한 명의 노랫소리를 자세히 들으시더니 나에게 입만 벌리고 소리는 내지 말라고 하셨다. 나는 선생님 말씀대로 하다가 '이 많은 학생이 노래하는데 내 목소리가 들리겠어?' 생각하고 다시 노래를 부르기 시작했다. 잠시 후 선생님께서 오시더니 나를 합창단에서 빼셨다. 나는 얼굴이 벌게지고 고개를 숙인 채 합창단에서 나왔다. 지금도 그때를 생각하면 얼굴이 뜨거워지고 창피한 생각이 다시 떠오른다.

23. 밑줄 친 부분에 나타난 나의 기분으로 알맞은 것을 고르십시오.

① 노래를 잘하는 친구들이 부럽다.
❷ 자존심이 상해서 창피하고 부끄럽다.
③ 합창 대회에 나갈 수 없게 되어서 화가 난다.
④ 선생님이 합창단에서 제외시켜서 원망스럽다.

24. 이 글의 내용과 같은 것을 고르십시오.

① 나는 합창 대회에 나가서 노래를 불렀다.
② 합창 연습을 하면서 '조화'의 의미를 알게 되었다.
③ 나는 노래를 부르지 말라고 해서 합창단을 그만두었다.
❹ 선생님이 나에게 노래 부르지 말고 흉내만 내라고 하셨다.

※ [25~27] 다음은 신문 기사의 제목입니다. 가장 잘 설명한 것을 고르십시오.

25.

김밥 할머니, 평생 김밥 장사로 번 돈 기부

❶ 할머니는 김밥 장사로 모은 돈을 기부하였다.
② 할머니는 평생 김밥만 먹으면서 돈을 모았다.
③ 평생 김밥 장사를 한 할머니가 부자가 되었다.
④ 김밥 장사를 하면 기부할 만큼 돈을 많이 벌 수 있다.

下線部での心情・態度を選ぶ問題 ☞パターン9
下線を引いた部分の記述から人物の心情や態度を把握し、それに一致する文を選ぶ。随筆や小説では人物の心情、論説文では論理の展開から著者の意図を読み取る。

内容に一致する文を選ぶ問題 ☞パターン5

記事の見出しから内容を把握して選ぶ問題
☞パターン10
ニュースの記事に付けられた短い見出しからキーワードを読み取り、その内容を述べた文を選ぶ。見出しは完全な文ではなく、助詞が抜けたり名詞で終わったりする。また、漢字語が多く使われるのも特徴である。

26.

나홀로족 증가, 소형 가전 인기 '급상승'

① 외롭게 사는 사람이 증가하여 전자제품이 잘 팔린다.
② 가전 회사에서 소형 제품 판매에 많은 신경을 쓰고 있다.
③ 소형 가전제품을 좋아하는 사람은 혼자 사는 사람들뿐이다.
❹ 혼자 사는 사람의 수가 많아져서 작은 가전제품이 잘 팔린다.

＊問題27も同形式

※ [28~31] 다음을 읽고 (   )에 들어갈 내용으로 가장 알맞은 것을 고르십시오.

穴埋め問題（内容理解）
☞パターン7

28.

사람들은 저마다 한두 가지의 징크스를 가지고 있다. 징크스는 으레 그렇게 될 수밖에 없는 악운으로 여겨지는데, 사람의 무의식 속에 은밀히 존재하여 언제 닥칠지 모르는 위험으로부터 자신을 보호하려는 의도에서 비롯한다. (   ) 것은 이 때문이다. 징크스를 지키지 않은 경우 심리적 불안 상태가 되기 때문에 되도록 징크스를 지키는 편을 선택하게 된다.

① 징크스로 인하여 사고가 발생하는
❷ 징크스에 걸리면 저항하기 쉽지 않은
③ 많은 사람이 징크스를 가지고 싶어 하는
④ 인간과 동물 모두에게 징크스가 있을 수 있는

29.

　따뜻한 봄날이 되면, 자주 피곤해지고 오후만 되면 졸리고, 업무나 일상에도 의욕을 잃기도 하는데 이를 춘곤증이라고 한다. (　　　　) 일시적인 증상으로서, 봄철에 많은 사람이 흔히 느끼는 피로 증상이라고 해서 춘곤증이라는 이름으로 불린다. 춘곤증은 겨울 동안 활동을 줄였던 인체의 신진대사 기능이 봄을 맞아 활발해지면서 생기게 되는 피로 증세로서, 이는 자연스러운 생리 현상이며 질병은 아니다.

① 몸 안의 영양소가 부족할 때 생기는
② 적당한 운동을 하지 못할 때 몸에 발생하는
③ 신체에 문제가 있을 때 인간에게 경고를 하는
❹ 계절의 변화에 우리 몸이 잘 적응을 못 해서 생기는

＊問題30、31も同形式

※ [32~34] 다음을 읽고 내용이 같은 것을 고르십시오.

内容に一致する文を選ぶ問題　☞パターン５

32.

　전통사회에서는 결혼이 필수적인 것으로 받아들여졌으나 최근 생활양식의 변화로 다양한 생활양식을 추구하는 사람이 많아지면서 결혼은 필수가 아닌 선택으로 인식되고 있다. 하지만 아직도 대부분의 성인 남녀는 결혼을 필수라고 여기며, 결혼을 통해 사랑을 완성하고 가족을 이루며 살고자 한다. 일반적으로 결혼한 사람이 독신보다 만족감이나 행복감이 높고 장수한다고 한다.

① 보통 독신은 결혼한 사람보다 오래 사는 편이다.

② 대부분의 사람들은 혼자 사는 것을 선택하고 있다.
❸ 결혼은 필수가 아닌 선택이라고 생각하는 사람이 많아졌다.
④ 전통사회에서 결혼은 필수는 아니었지만 하는 사람이 많았다.

＊問題33、34も同形式

※ [35~38] 다음 글의 주제로 가장 알맞은 것을 고르십시오.

文章の主題を選ぶ問題
☞パターン8

35.

정부가 온실가스 배출량을 줄이기 위해 보행로와 자전거 도로를 크게 늘리고, 자전거 주차장도 800곳 가까이 새로 마련하면서 보행과 자전거, 대중교통을 활성화하는 방안을 발표했다. 먼저 보행을 활성화하는 방안으로 사람 중심의 도로 환경을 만들기 위해 보행로를 새로 만들거나 보도와 차도를 분리한다. 자전거 이용을 확대하기 위해서는 전국적으로 자전거 도로를 새로 만들고 주차장도 많이 만들 계획이다.

① 환경을 위해 인간이 희생해야 한다.
❷ 온실가스를 줄이기 위해 노력해야 한다.
③ 보행과 자전거 이용은 건강에 도움이 된다.
④ 대기 오염을 줄이기 위해서 투자가 필요하다.

36.

당장은 힘들어도 스트레스를 극복함으로써 앞으로 삶이 더 나아질 수 있는 스트레스는 좋은 스트레스이고, 극복하려고 노력하는데도 불구하고 지속되는 스트레스는 불안이나 우울 등의 증상을 일으킬 수 있는 나쁜 스트레스라고 할 수 있다. 스트레스 요인이 전혀 없는 것도 반드시 건강에 좋은 것은 아니다. 때로는 지겨움이나 권태가 지속되면 의욕이 없는 상태가 되어 우울증 등이 생길 수 있다. 적당한 스트레스가 정신건강과 신체 건강에 도움이 되기도 한다.

① 스트레스가 심하면 우울증이 발생한다.
② 인간이 스트레스에 대처하는 것은 어렵다.
③ 사람에게 스트레스는 좋은 점보다 나쁜 점이 많다.
❹ 스트레스는 적절하게 반응하면 꼭 나쁜 것만은 아니다.

＊問題37、38も同形式

※ [39~41] 다음 글에서 〈보기〉의 문장이 들어가기에 알맞은 것을 고르십시오.

39.

최근 들어 큰 키를 선호하는 현상이 확산되면서 키에 대한 관심이 늘어나고 있다. (㉠) 이로 인해 키를 크게 해 준다는 다양한 방법이 등장하고 있다. (㉡) 그중에서 특정 운동을 하는 것만으로도 성장판이 자극되어 키 성장에 도움이 된다는 말을 많이 한다. (㉢) 운동이 키 성장에 도움이 되지만 특정 운동만 효과가 있는 것은 아니다. (㉣)

〈보기〉
신체를 적당하게 자극하는 운동이라면 어떤 종류의 운동이든 뼈 성장에 도움이 된다.

文を挿入する位置を選ぶ問題　☞パターン11
長文の中に四つの（　）が用意され、そのうちのどれかに提示された文を挿入する。本文や提示された文の接続詞などに注目し、どの（　）に入れれば論理がうまく展開するかを考える。先に提示された文を読んでから本文を読んでいくと良い。

① ㉠   ② ㉡   ③ ㉢   ❹ ㉣

40.

　가격은 일상생활과 경제학에서 중요한 기본 개념이다. (㉠) 하나의 시장에서 같은 상품에 대해 하나의 가격만 있다는 것은 상식이다. (㉡) 사람들은 좀 더 싼 물건을 사려고 하기 때문에 높은 가격의 제품을 사지 않아 가격이 떨어진다. (㉢) 그리고 싼 가격의 제품은 수요가 몰려 가격이 올라가 결국 가격이 하나로 정해지기 때문이다. (㉣)

〈보기〉
만약 어떤 상품이 같은 시장에서 다른 가격을 갖는다면 정상적인 시장이라고 볼 수 없다.

① ㉠   ❷ ㉡   ③ ㉢   ④ ㉣

*問題41も同形式

※ [42~43] 다음을 읽고 물음에 답하시오.

長文読解(小説)

　잎싹은 달걀을 얻기 위해 기르는 암탉이다. 잎싹은 양계장에 들어온 뒤부터 알만 낳으면서 일 년 넘게 살아왔다. 돌아다니거나 날개를 움직일 수 없고, 알도 품을 수 없는 철망 속에서 나가 본 일이 없다. 그런데도 남몰래 소망을 가졌다. 마당에 사는 암탉이 귀여운 병아리를 데리고 다니는 것을 본 뒤부터였다.
　<u>'단 한 번만이라도 알을 품을 수 있다면, 그래서 병아리의 탄생을 볼 수 있다면……'</u>
　알을 품어서 병아리의 탄생을 보는 것, 잎싹은 이 소망을 한시도 잊은 적이 없었다. 하지만 알이

굴러 내려가도록 앞으로 기울어진 데다 알과 암탉이 가로막힌 철망 속에서는 불가능한 일이었다. 잎싹은 얼마 전부터 입맛을 잃었다. 알을 낳고 싶은 마음도 없어졌다. 주인 아주머니가 알을 가져갈 때마다 알을 낳았을 때 뿌듯하던 기분은 곧 슬픔으로 바뀌곤 했다. 발끝으로조차 만져 볼 수 없는 알, 바구니에 담겨 밖으로 나간 뒤에는 어떻게 되는지 알 수도 없는 알을 일 년 넘게 낳으면서 잎싹은 지쳐 버렸다.

42. 밑줄 친 부분에 나타난 닭의 감정으로 알맞은 것을 고르십시오.

① 비참하다 ② 거만하다
③ 뻔뻔하다 ❹ 간절하다

下線部での心情・態度を選ぶ問題　☞パターン9

43. 이 글의 내용과 같은 것을 고르십시오.

① 잎싹은 병아리를 키우고 있다.
❷ 잎싹은 양계장에서 알을 낳도록 키우는 닭이다.
③ 양계장 주인 아주머니는 잎싹의 이름을 알고 있다.
④ 잎싹이 낳은 알 하나가 병아리가 되어 마당에 산다.

内容に一致する文を選ぶ問題　☞パターン5

※ [44~45] 다음을 읽고 물음에 답하십시오.

우리가 모르는 사이에 우리의 몸에는 독성 물질이 쌓여간다. 숨 쉬는 공기, 먹는 음식, 생활하는 집 안에도 눈에 보이지 않는 독성 물질이 있기 때문이다. 환경뿐 아니라 식품의 오염도 심각하다. 이렇게

長文読解

쌓인 독소는 청소년 성장 발달을 방해하고 여러 가지 질병이 생기게 하는 등 인간 건강에 큰 영향을 준다. 몸속에 쌓인 독소를 빼내는 것을 해독이라고 하는데 (   ). 해독을 위한 첫 번째는 물을 많이 먹고 해독에 좋은 음식을 먹는 것인데 고기보다는 야채, 과일을 많이 먹는 것이 좋다. 또한 잠을 많이 자고 적당하게 운동하는 것이 필수이다. 독성 물질이 무서운 것은 당장 무슨 병이 생기는 것이 아니라 알지 못하는 사이 몸속에 쌓여 각종 심각한 증세로 나타나기 때문에 독성 물질이 쌓이지 않게 독소를 청소하는 해독은 반드시 필요하다.

44. 이 글의 주제로 알맞은 것을 고르십시오.

① 환경오염 때문에 몸에 독소가 쌓인다.
② 독성 물질이 쌓이면 빼내는 것이 힘들다.
❸ 건강하게 살기 위해 몸속 독소를 제거해야 한다.
④ 몸속 독소만 제거하면 병에 걸리지 않을 수 있다.

文章の主題を選ぶ問題
☞パターン8

45. (   )에 들어갈 내용으로 알맞은 것을 고르십시오.

① 음식을 가리지 않고 먹는 것이 좋다
② 다양한 운동을 많이 하는 것이 도움이 된다
③ 생활환경을 깨끗하게 유지하는 것이 필요하다
❹ 음식만 잘 먹어도 독성 물질을 많이 배출할 수 있다

穴埋め問題（内容理解）
☞パターン7

※ [46~47] 다음을 읽고 물음에 답하십시오.

長文読解

한 가전회사가 냄새를 전달하는 후각 텔레비전을 개발하겠다고 하여 화제가 된 적이 있었다. 예를 들면 피자 광고가 나올 때 피자 냄새를 전달하여 시청자가 더 실감 나게 느낄 수 있도록 하겠다는 것이다. (㉠) 후각 텔레비전이 어려운 이유는 후각이 시각이나 청각과는 근본적으로 다른 특성이 있기 때문이다. (㉡) 시각으로 인지되는 빛이나 소리는 파장으로 나타낼 수 있다. 빛과 소리는 물리적으로 표현될 수 있는 실체이기 때문에 송신이 비교적 자유롭다. (㉢) 반면에 냄새는 화학적인 결합을 통해 만들어지는 것이기 때문에 과정이 복잡하다. 지금까지 후각에 대해 많은 연구를 했지만 아직도 후각과 냄새에 대해 밝히지 못한 부분이 많다. (㉣)

46. 다음 문장이 들어가기에 가장 알맞은 곳을 고르십시오.

그러나 입체 영상과 음향이 나오는 텔레비전이 상용화된 지금도 후각 텔레비전에 대한 이야기는 아이디어 수준에 머무르고 있다.

❶ ㉠　　② ㉡　　③ ㉢　　④ ㉣

47. 이 글의 내용과 같은 것을 고르십시오.
① 후각과 청각은 기본 원리가 비슷하다.
② 소리는 물리적으로 표현할 수 있는 실체가 아니다.
❸ 냄새는 화학적 결합으로 만들어져 송신하기 어렵다.
④ 음식의 냄새를 맡을 수 있는 텔레비전이 상용화되었다.

※ [48~50] 다음을 읽고 물음에 답하십시오.

　공정 무역 커피는 다국적 기업이나 중간 상인을 거치지 않고 커피 농가에 합리적인 가격으로 직접 지불하고 사는 커피를 말한다. 대부분의 커피는 가난한 농민들이 재배하는데 대기업이나 중간 상인들이 이 커피를 싸게 사서 소비자에게 비싼 가격으로 팔아 폭리를 취하기 때문에 생산자들은 여전히 가난하다. 이에 공정 무역 커피는 (　　　　　) 커피의 최저가격을 보장하고, 생산자와 공평한 관계를 만들고자 생겨났다. 저개발국가의 소외된 생산자와 노동자에게 좋은 조건을 제공하며 그 권리를 보호하고 있는 것이다. 덕분에 5,000원 정도의 커피값 중 원두 생산자에게 10원도 돌아가지 않는 현재 상황에서 벗어나 거래자가 직접 생산자에게 제값을 주고 커피를 구입하여 소비자에게 판매한다. 우리가 한잔의 커피를 마시기까지는 여러 과정을 거치고 수많은 사람의 노동력이 필요하다. <u>가볍게 즐기는 커피 한잔이지만 공정 무역 커피를 마시면 정직한 생산자로부터 좋은 원두를 지속적으로 공급받을 수 있게 되는 셈이다.</u>

48. 필자가 이 글을 쓴 목적을 고르십시오.
① 커피를 생산하는 어려움을 알리기 위해
② 커피 재배자들이 가난한 이유를 알리기 위해
❸ 공정 무역 커피를 알리고 소비를 권하기 위해
④ 커피 생산과 유통 과정의 복잡성을 설명하기 위해

長文読解

筆者の目的を選ぶ問題
☞パターン12
筆者が論説文を書くことによって果たそうとした目的を選ぶ。論説文には筆者の主張が根拠や具体例と共に述べられているので、その主張の部分を読み取ることが重要である。

49. (　　)에 들어갈 내용으로 알맞은 것을 고르십시오.

① 소비자가 직접 가서 농사를 지어
② 생산자에게 가격을 낮추도록 해서
❸ 생산자와 소비자의 직거래를 기본으로
④ 커피를 많이 생산할 수 있는 기술개발로

穴埋め問題（内容理解）
☞パターン7

50. 밑줄 친 부분에 나타난 필자의 태도로 알맞은 것을 고르십시오.

① 커피 생산의 어려움을 모르는 사람을 비난하고 있다.
② 커피 생산자는 반드시 정직해야 한다고 역설하고 있다.
③ 커피의 소비를 줄이고 가난한 사람을 돕자고 제안하고 있다.
❹ 공정 무역 커피는 생산자와 소비자에게 유익함을 주장하고 있다.

下線部での心情・態度を選ぶ問題　☞パターン9

問題パターン別練習

　ここまでTOPIK IIの問題パターンを見てきましたが、次に、「聞き取り」と「読解」の問題について、そのパターン別の問題を実際に解いてみましょう。

※各パターンの見出しの右にある「☞」に続いて示された問題番号は、実際の試験での問題番号を示しています。聞き取り問題は付録のCDに音声を収めてあります（TR001〜013。音声の後にポーズは設けていません）。

聞き取り

パターン1 ▶ 適切な絵や図表を選ぶ問題　　☞ 問題1〜3

다음을 듣고 알맞은 그림을 고르십시오.

(TR001)

1) ①　② 
　 ③ 　④

2) ① 연령별 게임 선호도

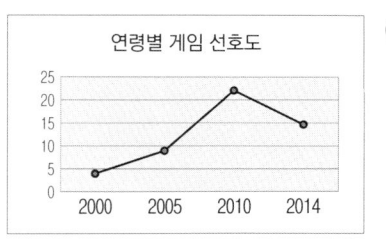

② 연도별 TV 시청률

③ 청소년 여가활동

④ 한국 사람의 여가활동

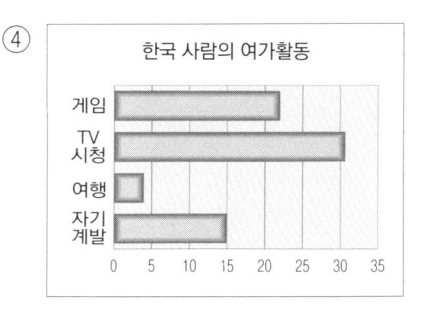

■ スクリプト・解答・解説

1) 여자 : 동건아, 학교에 늦겠어. 얼른 일어나.
   남자 : 엄마, 조금만 더 자면 안 될까요? 어제 과제 하다가 늦게 잤거든요.
   여자 : 도대체 몇 시에 수업이 있길래 계속 잔다는 거니?

   正解は①。女性の**학교에 늦겠어**(学校に遅れるわよ)、**얼른 일어나**(早く起きなさい)や、男性の**조금만 더 자면 안 될까요?**(もう少し寝ちゃ駄目ですか?)という発言から、男性は家で寝ている状態だと分かるので、①が正解である。

   > 女:トンゴン、学校に遅れるわよ。早く起きなさい。
   > 男:ママ、もう少し寝ちゃ駄目ですか? 昨日課題をしていて寝るのが遅かったんです。
   > 女:いったい、何時に授業があるからって寝続けるの?

2) 남자 : 지난해 한국 청소년들의 여가 활동을 조사한 결과 TV 시청이 가장 많은 것으로 조사되었습니다. 그다음으로는 게임, 사교 활동, 자기 계발 순으로 나타났습니다. TV 시청은 31%, 게임은 22%로 조사에 응답한

TOPIK IIの問題パターンと練習_63

10대 청소년 절반 이상이 여가 활동으로 TV 시청과 게임을 하고 있다는 것을 알 수 있습니다. 이처럼 청소년들의 여가 활동이 TV 시청과 게임에만 몰린 이유는 무엇일까요?

正解は③。**청소년들의 여가 활동을 조사한 결과**(青少年たちの余暇活動を調査した結果)と言っているので、③が正解と見当をつけられる。さらに**TV 시청이 가장 많은 것**(テレビの視聴が最も多いこと)、**그다음으로는 게임, 사교 활동, 자기 계발 순으로**(その次にはゲーム、社交活動、自己啓発の順で)と言っているので、この情報に合うのは③のグラフである。従って、③が正解となる。

男：昨年、韓国の青少年たちの余暇活動を調査した結果、テレビの視聴が最も多いと分かりました。その次にはゲーム、社交活動、自己啓発の順で現れました。テレビの視聴は31％、ゲームは22％で、調査に応じた10代の青少年の半分以上が余暇活動としてテレビの視聴とゲームをしているということが分かります。このように、青少年たちの余暇活動がテレビの視聴とゲームにだけ集中する理由は何でしょうか？

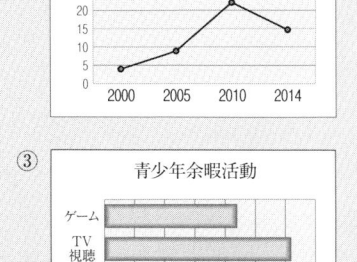

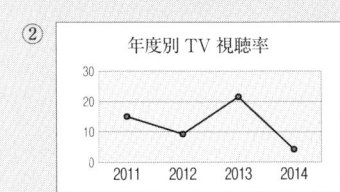

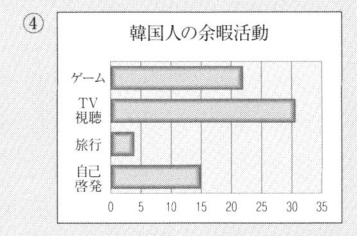

① 年齢別ゲーム選好度
② 年度別 TV 視聴率
③ 青少年余暇活動
④ 韓国人の余暇活動

パターン2　会話の後に続く言葉を選ぶ問題　☞ 問題4〜8

다음 대화를 잘 듣고 이어질 수 있는 말을 고르십시오.

3) ① 네, 방금 다 끝냈습니다.
   ② 아무래도 예산이 부족할 것 같네요.
   ③ 아마 김 대리가 내일 보고할 거예요.
   ④ 그럼 다 끝나는 대로 바로 보고해 주세요.

■ スクリプト・解答・解説

3) 남자 : 이 대리, 올 상반기 예산 보고서 준비되었나요?
   여자 : 아니요. 아직 더 정리해야 합니다. 오늘 오후에는 모두 끝날 것 같습니다.
   正解は④。男性の**준비되었나요?**（準備できましたか？）という質問に対して、女性は**오늘 오후에는 모두 끝날 것 같습니다**（今日の午後には全て終わると思います）と答えているので、次に続く男性の発言は準備が終わったら渡してほしいという内容になるのが自然である。従って、④が正解である。

> 男：イ代理、今年の上半期の予算報告書、準備できましたか？
> 女：いいえ。まだ整理しなければいけません。今日の午後には全て終わると思います。
>   ①はい、今終わりました。
>   ②どうやら予算が足りないようです。
>   ③おそらくキム代理が明日報告するでしょう。
>   ④それでは、終わり次第報告してください。

パターン3　会話の後に行われる行動を選ぶ問題

☞ 問題9～12、24

다음 대화를 잘 듣고 여자가 이어서 할 행동으로 알맞은 것을 고르십시오.

4) ① 시험을 본다.　　　　　② 도서관에 간다.
　　③ 문학 책을 산다.　　　　④ 교수님을 찾아간다.

■ スクリプト・解答・解説

4) 남자 : 수업도 끝났는데 뭐 할 거야? 나는 다음 주에 있는 문학 시험공부를 하려고.
여자 : 그래? 안 그래도 나도 시험공부를 하려고 했어. 어디에서 할 거야?
남자 : 도서관에서 하려고. 같이 공부할래? 나는 수업 끝나고 잠깐 교수님을 뵙기로 했거든. 교수님만 뵙고 바로 도서관으로 갈 거야. 먼저 가 있어.
여자 : 그래. 좋아. 그럼 내가 먼저 가서 네 자리도 맡아 놓을게.

正解は②。내가 먼저 가서 네 자리도 맡아 놓을게 (私が先に行ってあなたの席も取っておくわね) という女性の発言から、女性はこれから図書館に向かうことが分かる。従って、②が正解である。

> 男：授業も終わったけど、何するつもり？ 僕は来週ある文学の試験勉強をしようと思う。
> 女：そう？ ちょうど私も試験勉強しようと思ってたの。どこでするの？
> 男：図書館でするつもり。一緒に勉強する？ 僕は授業が終わって少し教授にお会いすることにしたんだ。教授にお会いしてすぐ図書館に行くつもり。先に行ってて。
> 女：うん。いいわ。それじゃ、私が先に行ってあなたの席も取っておくわね。
> ①試験を受ける。　　　　②図書館に行く。
> ③文学の本を買う。　　　④教授のところに行く。

パターン4　内容に一致する文を選ぶ問題
☞ 問題13～16、22、26、28、30、34、36、38、40、41、43、45、47、49

※問題21以降は音声2回読み上げ

다음을 듣고 내용과 일치하는 것을 고르십시오.

5) ① 기술 지원팀 컴퓨터를 모두 교체할 것이다.
   ② 컴퓨터를 설치하는 데 한 시간 정도 걸린다.
   ③ 중요한 자료는 미리 다른 곳에 저장해야 한다.
   ④ 컴퓨터 교체는 퇴근 시간 전에 이루어질 것이다.

6) ① 유기농법으로 농산물의 생산량은 조금 늘었다.
   ② 유기농법은 비료와 농약을 사용하는 농사 방법이다.
   ③ 값이 비싸더라도 유기 농산물을 찾는 사람들이 늘어났다.
   ④ 농산물을 비싼 값에 판매하기 때문에 소득이 오히려 줄었다.

■ スクリプト・解答・解説

5) 남자 : 안녕하세요. 기술 지원팀입니다. 저희가 다음 주 목요일에 관리팀 컴퓨터를 모두 교체할 예정입니다.
   여자 : 네, 알고 있습니다. 그럼 저희가 지금 사용하고 있는 컴퓨터에 있는 자료는 어떻게 하면 되지요?
   남자 : 직원들에게 컴퓨터에 있는 중요한 자료는 모두 다른 곳에 저장해 두라고 말씀해 주세요. 그리고 컴퓨터를 설치하는 데 두 시간 정도 걸립니다.
   여자 : 네, 알겠습니다. 그럼 정확히 몇 시에 와서 교체할 건가요? 교체하는 동안 컴퓨터를 사용하지 못하기 때문에 업무에 차질이 없도록 미리 대비를 해야 하니까요.
   남자 : 교체는 퇴근 시간 이후에 할 예정이니 업무에 큰 지장은 없을 겁니다.
   正解は③。컴퓨터에 있는 중요한 자료는 모두 다른 곳에 저장해 두라고(コンピューターにある重要な資料は全て別の場所に保存しておくようにと)とあるので、③が正解である。他の選択肢は内容に一致しない。

男：こんにちは。技術支援チームです。私たちが来週木曜日に管理チームのコンピューターを全て交換する予定です。
女：はい、知っています。それでは、私たちが今使っているコンピューターにある資料はどうすればいいですか？
男：職員たちに、コンピューターにある重要な資料は全て別の場所に保存しておくようにとおっしゃってください。それから、コンピューターを設置するのに2時間ほどかかります。
女：はい、分かりました。それでは、正確に何時に来て交換するんですか？ 交換する間、コンピューターを使えないので、業務に手違いがないように事前に備えなければいけませんから。
男：交換は退勤時間後に行う予定ですので、業務に大きな支障はないはずです。
① 技術支援チームのコンピューターを全て交換する予定だ。
② コンピューターを設置するのに1時間ほどかかる。
③ 重要な資料はあらかじめ他の場所に保存しなければならない。
④ コンピューターの交換は退勤時間前に終わる予定だ。

6) 여자 : 요즘은 친환경 유기농법으로 농사를 짓는 농가가 증가하고 있다고 하는데요. 어떤 장점이 있습니까?

남자 : 무엇보다도 비료와 농약을 사용하지 않는 유기농법의 등장은 생태계를 바꾸어 놓았습니다. 논에는 사라졌던 메뚜기가 나타나고 강물은 깨끗해져 물고기가 많아지게 되었지요. 이러한 환경은 사람이 살기 좋은 환경이 되었음을 의미합니다. 경제가 발달하고 삶이 윤택해지면서 값이 비싸더라도 유기 농산물을 찾는 사람들이 늘어나게 되었죠. 비료와 농약을 사용하지 않는 농민들은 생산량은 조금 줄었지만 농산물을 비싼 값에 판매하므로 소득이 오히려 늘어나게 되었고, 도시 사람들은 질 좋은 음식을 먹을 수 있게 된 것입니다.

正解は③。값이 비싸더라도 유기 농산물을 찾는 사람들이 늘어나게 되었죠（値段が高くても有機農産物を求める人が増えました）とあるので、③が正解である。その他の選択肢は内容に反している。

女：最近は環境にやさしい有機農法で農業をする農家が増加しているといいます。どのような長所がありますか？
男：何よりも、肥料と農薬を使わない有機農法の登場は、生態系を変えました。田んぼには消えていたバッタが現れ、川の水はきれいになって魚が増えました。このような環境は人が住み良い環境になったことを意味します。経済が発達して生活が豊かになるにつれ、値段が高くても有機農産物を求める人が増えました。肥料と農薬を使わない農民たちは、生産量は少し減りましたが、農産物を高い値段で売ることにより、所得が

むしろ増え、都市の人たちは良質な食べ物を食べられるようになったのです。
① 有機農法で農産物の生産量は少し増えた。
② 有機農法は肥料と農薬を使う農業の方法だ。
③ 値段が高くても有機農産物を求める人が増えた。
④ 農産物を高い値段で販売するため、所得がむしろ減った。

パターン5 考えや主題を選ぶ問題

☞ 問題17～20、21、25、31、37、42、44

남자의 생각으로 맞는 것을 고르십시오.

7) ① 벤처 기업이 성공하는 경우는 극히 일부분이다.
   ② 벤처 기업은 기존 기업과 차별화된 기업이 될 수 있다.
   ③ 벤처 기업은 새로운 분야를 개척하기 때문에 위험하다.
   ④ 벤처 기업은 대기업과 다른 환경이어서 성공할 확률이 높다.

■ スクリプト・解答・解説

7) 여자 : 벤처 기업의 근무 환경은 대기업에 비해서 활동적이고 자유로운 분위기인 경우가 많아. 그런 분위기 속에서 나온 독창적인 아이디어와 새로운 기술로 대기업이나 기존 기업과는 차별화된 분야에서 주로 활동하지. 새로운 분야를 개척하는 위험이 따르지만, 성공하면 시장에서 경쟁 상대가 없는 독점적인 위치를 차지하게 되는 거야.
   남자 : 그 말도 어느 정도 일리는 있지만 성공하는 기업은 그중 극히 일부분이야. 벤처 기업은 소규모 회사이기 때문에 자금이 부족해서 경영이 힘든 경우가 많아. 또 좋은 아이디어로 우수한 기술을 개발했다고 해도 시장과 유통에 대한 경험이 부족해서 제품화하지 못하는 경우가 많고, 운

좋게 시장 개발에 성공했다고 해도 모방 제품이 쏟아져 나오는 바람에 제대로 경쟁도 해 보지 못하고 문을 닫는 기업들도 많다고 해.

正解は①。男性は冒頭で 성공하는 기업은 그중 극히 일부분이야（成功する企業はそのうちのごく一部分だ）と述べていることから、①が正解である。

> 女：ベンチャー企業の勤務環境は、大企業に比べて活動的で自由な雰囲気である場合が多いわ。そんな雰囲気の中から出た独創的なアイデアと新しい技術で大企業や既存の企業とは差別化された分野で主に活動するの。新しい分野を開拓する危険が伴うけど、成功すれば市場で競争相手がいない独占的な位置を占めるようになるのよ。
> 男：その言葉もある程度一理あるけど、成功する企業はそのうちのごく一部分だ。ベンチャー企業は小規模な会社だから資金が不足して経営が厳しい場合が多い。また、良いアイデアで優秀な技術を開発したとしても、市場と流通に対する経験が足りないので製品化できないことが多く、運良く市場開発に成功したとしても、模倣製品があふれ出てくるせいでちゃんと競争もできずに廃業する企業も多いって。
> ① ベンチャー企業が成功する場合は、ごく一部分だ。
> ② ベンチャー企業は既存の企業と差別化された企業になり得る。
> ③ ベンチャー企業は新しい分野を開拓するので危険だ。
> ④ ベンチャー企業は大企業と違う環境なので成功する確率が高い。

パターン6　行っている行動を選ぶ問題　☞ 問題23、35

남자는 무엇을 하고 있는지 고르십시오.

🔊 TR 008

8) ① 신경숙 작가의 최신 소설을 읽고 있다.
　② 어제 읽은 소설에 대해 이야기하고 있다.
　③ 친구에게 새로 나온 책을 빌려 주고 있다.
　④ 신경숙 작가의 작품을 비교 분석하고 있다.

■ スクリプト・解答・解説

8) 남자 : 어제 신경숙 작가의 최신 소설을 다 읽었어. 혹시 읽고 싶으면 빌려 줄게.
   여자 : 정말? 나도 좋아하는 작가거든. 다른 작품을 몇 권 읽은 적이 있는데 **훌륭하더라고**. 정말 재능이 많은 작가 같아. 이것도 다른 작품처럼 괜찮았어?
   남자 : 솔직히 구성은 요즘 나오는 소설과 큰 차이는 없었어. 그래도 등장인물이 흥미롭고 현실적이라 좋았어.
   여자 : 그래? 그렇다면 나도 읽어 볼래.
   남자 : 책이 기숙사에 있거든. 그런데 내가 지금 학교 식당으로 민주를 만나러 가야 해서. 내일 빌려 줄게.
   여자 : 응, 그래. 고마워. 나도 이번 주에는 시험공부를 해야 해서 어차피 바로 읽을 수는 없거든.

正解は②。冒頭で男性が어제 신경숙 작가의 최신 소설을 다 읽었어（昨日シン・ギョンスク作家の最新小説を読み終えたんだ）と言っており、その後もその小説についての話が続くので、②が正解である。

> 男 : 昨日シン・ギョンスク作家の最新小説を読み終えたんだ。もし読みたいなら貸してあげるよ。
> 女 : 本当？ 私も好きな作家なんだ。他の作品を何冊か読んだことあるけど、素晴らしかったわ。本当に才能があふれる作家みたい。これも他の作品のように良かった？
> 男 : 正直、構成は最近出ている小説と大きな違いはなかった。でも、登場人物が興味深くて現実的だから良かったよ。
> 女 : そう？ だったら私も読んでみる。
> 男 : 本は寮にあるんだ。でも、僕は今、学食にミンジュに会いに行かなきゃいけなくて。明日貸してあげるよ。
> 女 : うん、そっか。ありがとう。私も今週は試験勉強をしなくちゃいけないから、どのみちすぐには読めないんだ。
> ①シン・ギョンスク作家の最新小説を読んでいる。
> ②昨日読んだ小説について話している。
> ③友達に新しく出た本を貸している。
> ④シン・ギョンスク作家の作品を比較分析している。

パターン7　質問者の目的を選ぶ問題

☞ 問題27

여자가 내비게이션에 대해 남자에게 질문한 이유를 고르십시오.

9) ① 길을 잘 모르기 때문에
　 ② 비용이 너무 비싸기 때문에
　 ③ 장착하는 방법을 잘 모르기 때문에
　 ④ 사용하는 방법을 잘 모르기 때문에

■ スクリプト・解答・解説

9) 여자 : 안녕하세요. 차를 빌리고 싶은데요. 가격이 얼마인가요?
　 남자 : 네, 며칠이나 사용하실 예정인가요?
　 여자 : 제가 오늘부터 금요일까지 있을 예정이니 총 4일 동안 필요해요.
　 남자 : 기본 소형차는 하루에 5만 원입니다. 그리고 보험료는 별도로 내셔야 하구요.
　 여자 : 그렇군요. 그럼 내비게이션은 모두 장착이 되어 있나요? 제가 길을 잘 몰라서 내비게이션이 없으면 운전을 하기가 힘들어서요. 내비게이션 사용도 추가 비용이 있나요?
　 남자 : 네, 원래는 내비게이션 비용도 별도입니다. 하지만 이 소형차를 선택하시면 내비게이션에 대한 비용은 빼 드리겠습니다.

正解は①。내비게이션은 모두 장착이 되어 있나요?(ナビゲーションは全て着いていますか?) という質問の後に제가 길을 잘 몰라서(私、道がよく分からなくて)と付け加えて言っているので、道が分からないことが質問の理由である。従って、①が正解である。

> 女 : こんにちは。車を借りたいんですが。値段はいくらでしょうか?
> 男 : はい、何日お使いになる予定ですか?
> 女 : 私は今日から金曜日までいる予定なので、全部で4日間必要です。
> 男 : 基本、小型車は1日5万ウォンです。そして、保険料は別途お支払いいただきます。

女：そうですか。それでは、ナビゲーションは全て付いていますか？ 私、道がよく分からなくて、ナビゲーションがないと運転するのが大変でして。ナビゲーション使用も追加費用がありますか？
男：はい、本来はナビゲーションの費用も別途です。ですが、この小型車をお選びになれば、ナビゲーションの費用はお引きします。
　① 道がよく分からないので　　　　　② 費用がとても高いので
　③ 装着する方法がよく分からないので　④ 使う方法がよく分からないので

パターン8　発言者がどのような人物かを選ぶ問題　☞ 問題29

남자는 누구인지 고르십시오.

10) ① 경찰관　　　　　　　　② 신문 기자
　　③ 사회복지사　　　　　　④ 자원 봉사자

■ スクリプト・解答・解説

10) 여자 : 안녕하세요. 쉬는 날이면 독거노인을 돌보느라 바쁘다고 들었는데요. 처음에 어떻게 시작하게 되셨나요?
　　남자 : 처음에 어떤 술에 취한 할아버지께서 경찰서에 와서 난동을 부렸어요. 왜 그러시냐고 물어보니 가족은 모두 곁을 떠났고 생활은 점점 어려워지고 건강은 갈수록 나빠지니 삶의 희망이 없다고 하소연을 하시더라고요. 그래서 그 주변 독거노인을 시간 나는 대로 찾아가 봐야겠다고 결심했어요. 나이 들고 거동이 불편한 독거노인을 돕는다는 게 생각보다 쉽지는 않았어요. 하지만 노인들의 집을 나설 때면 뭔지 모를 뿌듯함과 밝은 세상을 느낄 수 있어요. 비록 청장님의 관심 사항이 아니더라도 지역 독거노인을 지역 경찰들이 수시로 방문해 보호하는 것은 경찰관으로서 의무 중 하나라고 생각합니다.

正解は①。最後に**경찰관으로서**(警察官として)と述べていることから、この人物は警察官であると考えられる。従って、①が正解である。

> 女：こんにちは。休みの日になると、独居老人の面倒を見るのに忙しいと聞きましたが。最初、どうやって始めることになったのですか？
> 男：最初、とある酒に酔ったおじいさんが警察署に来て大暴れしました。どうしてそんなことするのか聞いてみると、家族が皆自分の元を去って、生活はだんだん厳しくなり、健康はますます悪くなるので、人生の希望がないと苦しい事情を訴えたのです。それで、その周辺の独居老人を時間ができるたびに訪ねなければならないと決心しました。年を取って動くのに不自由する独居老人を助けるというのは、思ったより簡単ではありませんでした。ですが、老人たちの家を出る時は、何だか分からない満足感と明るい世界を感じることができます。たとえ長官の関心事項ではないとしても、地域の独居老人を地域の警察が随時訪問して保護することは、警察官として、義務の一つだと思います。
> ①警察官　②新聞記者　③社会福祉士　④ボランティア

パターン9　発言者の態度を選ぶ問題　☞ 問題32、46、48、50

남자의 태도로 가장 알맞은 것을 고르십시오.

11) ① 상대방의 의견을 강하게 비판하고 있다.
　　② 경험을 통해 자신의 의견을 주장하고 있다.
　　③ 상대방의 의견에 대해 이의를 제기하고 있다.
　　④ 양측에 대해 설명하고 자신의 의견을 주장하고 있다.

■ スクリプト・解答・解説

11) 여자 : 최근 미디어법에 대한 논란이 많았는데요. 왜 그렇게 논란이 많은 건가요?
　　남자 : 미디어법이란 대기업이나 신문사에서도 방송사를 만들 수 있게 하자는 법입니다. 찬성하는 쪽에선 미디어 매체가 다양해지면 시청자들의 선택

의 폭도 넓어지고 새로운 일자리가 많이 생기게 될 거라는 거고, 반대 입장은 언론이 정부와 재벌의 눈치를 보게 될 거라는 거죠. 예를 들어 A방송국의 주인이 B라는 재벌인데 만약에 B재벌이 무슨 잘못을 저질렀다고 생각해 보세요. A방송국은 그 사실을 보도하기가 아무래도 좀 불편하겠지요? 만약 그렇게 된다면 민주주의의 가장 큰 원칙 중의 하나인 언론의 자유를 잃게 되는 것이지요.

正解は④。찬성하는 쪽에선(賛成する側では)や반대 입장은(反対の立場は)という発言をしていることから、双方の立場からの意見をそれぞれ説明する態度を取っていることが分かる。さらに언론의 자유를 잃게 되는 것이지요(言論の自由を失うことになるのです)という発言者自らの意見も主張している。従って、④が正解である。

> 女：最近、メディア法に対する非難がたくさんありましたが。どうしてそのように非難が多いのでしょうか？
> 男：メディア法とは、大企業や新聞社でも放送社を作れるようにしようという法です。賛成する側では、メディア媒体が多様になれば視聴者の選択の幅も広がり、新しい働き口がたくさん生じることになるというもので、反対の立場は言論が政府や財閥の顔色をうかがうようになるというものです。例えば、A放送局の持ち主がBという財閥で、もしB財閥が何か過ちを犯したと考えてみてください。A放送局はその事実を報道することがどうにも居心地悪そうですよね？ もしそうなったら、民主主義の最も大きな原則中の一つである言論の自由を失うことになるのです。
> ①相手方の意見を強く批判している。
> ②経験を通じて自身の意見を主張している。
> ③相手方の意見に対して異議を提起している。
> ④両方の側について説明し、自身の意見を主張している。

パターン10　音声の性格を選ぶ問題　☞ 問題33

무엇에 대한 내용인지 맞는 것을 고르십시오.

12) ① 나날이 심각해지고 있는 사이버 범죄
    ② 현실 세계에서 사이버 공간으로 도피
    ③ 삶을 편리하게 하는 사이버 공간의 장점
    ④ 국가와 기업에 미치는 사이버 세계의 영향

■ スクリプト・解答・解説

12) 여자 : 사이버 공간에서의 범죄가 심각합니다. 사이버 공간은 생활을 편리하게 만들고 다양한 사람의 의견과 정보를 제공해 주는 장점이 있지만, 범죄 공간으로 이용되는 단점도 있습니다. 그 결과 사이버 공간에서 범죄 행위는 나날이 심각해지고 있습니다. 먼저 사이버 공간에서는 얼굴을 맞대고 얘기하지 않아도 되는 익명성이 보장되기 때문에 함부로 상대방을 공격하려고 합니다. 이런 사이버 테러로 피해를 입은 사람은 공포심과 수치심으로 사회생활에 지장을 받고 대인기피증에 걸리거나 심지어 자살을 생각하기도 하죠. 또한 해킹으로 국가의 중요한 정보가 빠져나갈 위험도 있습니다. 국가의 안보나 중요한 정책이 새어 나간다면 큰 문제가 될 것입니다. 또 기업의 일급 기술이 노출된다면 피해액도 엄청날 거고요. 사이버 범죄는 예방이 무엇보다 중요하고, 만약 의심되는 사례가 발생하면 즉시 사이버 범죄 수사대에 의뢰하는 것이 좋습니다.

正解は①。사이버 공간에서의 범죄가 심각합니다 (サイバー空間での犯罪が深刻です) や 사이버 공간에서 범죄 행위는 나날이 심각해지고 있습니다 (サイバー空間において、犯罪行為は日増しに深刻になっています) という内容から、①が正解であると分かる。

> 女：サイバー空間での犯罪が深刻です。サイバー空間は生活を便利にして多様な人の意見や情報を提供してくれる長所がありますが、犯罪空間として利用される短所もあります。その結果、サイバー空間において、犯罪行為は日増しに深刻になっています。まず、サイバー空間では顔を突き合わせて話さなくてもいい匿名性が保障されるので、むやみに相手方を攻撃しようとします。このようなサイバーテロで被害を受けた人は、恐怖心と羞恥心で社会生活に支障を来して対人忌避症にかかったり、その上自殺を考えたりもします。また、ハッキングで国家の重要な情報が抜かれる危険もあります。国家の安保や重要な政策が漏れたら、大きな問題になるでしょう。また、企業の1級技術が露出されたら、被害額もすさまじいでしょう。サイバー犯罪は予防が何より重要で、もし疑われる事例が発生したらすぐにサイバー犯罪捜査隊に依頼するするのが良いです。

① 日増しに深刻になっているサイバー犯罪
② 現実世界からサイバー空間へ逃避
③ 暮らしを便利にするサイバー空間の長所
④ 国家と企業に及ぼすサイバー世界の影響

パターン11　直前の内容を推測して選ぶ問題　☞ 問題39

이 담화 앞의 내용으로 알맞은 것을 고르십시오.

🔊 TR 013

13) ① 전 세계적으로 우주 개발에 힘쓰고 있다.
　　② 우주 개발은 인류에게 꼭 필요한 것이다.
　　③ 앞으로 우주 개발 연구는 중단될 것이다.
　　④ 우주 개발로 인해 환경오염이 심각해졌다.

■ スクリプト・解答・解説

13) 남자 : 지금까지 이야기 나눈 것처럼 세계는 앞다투어 우주 개발에 막대한 자금과 연구를 아끼지 않고 있습니다. 그렇다면 우주 개발이 정말 인류에게 필요한 것인가요?
　　여자 : 저는 우주 개발이 꼭 좋은 것만은 아니라고 생각합니다. 밑 빠진 독에 물 붓기가 되지 않을까 염려됩니다. 우주 개발에는 막대한 비용이 들어갑니다. 몇십 년이 아니라 몇백 년, 몇천 년이 걸릴지도 모르는 성과를 두고 어마어마한 돈을 투자해서 우주 개발을 하기보다는 그 돈을 지구촌에 사용하는 것이 더 낫지 않을까요? 당장 굶어 죽는 아이들을 살리고, 아픈 곳을 치료해 주고, 환경 파괴를 막는 산업에 투자하는 것이 더 인류를 위하는 길이라고 생각합니다.
　　正解は①。세계는 앞다투어 우주 개발에 막대한 자금과 연구를 아끼지 않고 있습니다(世界はわれ先にと、宇宙開発に莫大な資金と研究を惜しまずにいます)というのが、直前の内容を受けた発言である。従って、①が正解である。

> 男:今まで話してきたように、世界はわれ先にと、宇宙開発に莫大な資金と研究を惜しまずにいます。では、宇宙開発が本当に人類に必要なのでしょうか?
> 女:私は、宇宙開発は必ずしも良いことばかりではないと思います。底の抜けた甕(かめ)に水を注ぐことになるのではないかと気がかりです。宇宙開発には莫大な費用がかかります。数十年ではなく数百年、数千年かかるかもしれない成果をめぐって、ものすごい金を投資して宇宙開発をするよりは、その金を地球村に使うのがもっと良いのではないでしょうか? すぐにでも飢え死にする子どもたちを助け、悪い所を治療してやり、環境破壊を防ぐ産業に投資するのが、より人類のための道だと思います。
> ①全世界的に宇宙開発に尽力している。
> ②宇宙開発は人類に必ず必要なことだ。
> ③今後、宇宙開発研究は中断されるだろう。
> ④宇宙開発によって環境汚染が深刻になった。

読解

パターン1 穴埋め問題（語彙・文法）　☞ 問題1、2、19、21

(　　)에 들어갈 알맞은 것을 고르십시오.

1)

| 나는 공부를 할 때 커피를 (　　) 집중이 잘 된다. |

① 마셔야
② 먹다가
③ 넘기는 대신
④ 들이마셔서는

2)

| 세상에서 가장 힘이 세고 무서운 동물은 무엇일까? 아마도 그것은 사자나 코끼리처럼 몸집이 큰 동물일 것이다. 그렇다면 이러한 동물들도 무서워하는 것이 있을까? 그렇다. 세상에서 가장 힘이 세고 무서운 동물도 무서워하는 것이 있게 마련이다. 예를 들면, 사자는 모기를 무서워한다. 동물의 왕인 사자가 모기를 무서워한다니 (　　) 일이다. 또 코끼리는 피를 빨아 먹는 거머리를 무서워하고 하늘을 지배하는 독수리는 거미를 무서워한다. 이것은 몸집이 크고 힘이 강해서 세상에 두려울 것이 없어 보이는 것이라도 무서워하는 것이 있고 몸집이 작고 약한 것이라도 다른 동물에게 두려움을 줄 수 있다는 말이다. |

① 벽에 부딪칠
② 손에 땀을 쥘
③ 알다가도 모를
④ 색안경을 끼고 볼

■ 解答・解説

1) 正解は①。-아/어야（〜してこそ）は、前の内容が成立して初めて後ろの内容が成立するということを表す。日本語に訳す場合、「コーヒーを飲んでこそ」「コーヒーを飲んで初めて」と直訳できるほか、「コーヒーを飲まなければ集中できない」のように前後の内容をそれぞれ否定に変えて意訳することもできる。

> 私は勉強をする時、コーヒーを（　　　）よく集中できる。
> ① 飲んでこそ　　　　　　　　② 飲んでいる途中で
> ③ 手渡す代わりに　　　　　　④ 飲み込んでは

2) 正解は③。直前に동물의 왕인 사자가 모기를 무서워한다니 (動物の王であるライオンが蚊を恐れるというと) とある。一般に蚊はとても小さく弱い生物であるという印象があると考えられるため、この内容は受け入れがたい。従って、③が正解である。알다가도 모르다 (分かりそうで分からない) という慣用句には語尾の-다가 (〜しかけて) が使われている。

> 世界で最も力が強く恐ろしい動物は何だろうか？ おそらく、それはライオンやゾウのように体が大きい動物であるはずだ。だとすれば、このような動物も恐れるものがあるのだろうか？ その通りだ。世界で最も力が強く恐ろしい動物も、恐れるものがあるものなのだ。例えば、ライオンは蚊を恐れる。動物の王であるライオンが蚊を恐れるというと、（　　　）ことだ。また、ゾウは血を吸うヒルを恐れ、空を支配するワシはクモを恐れる。これは、体が大きく力が強くて世界に怖いものがないように見えるものでも恐れるものがあり、体が小さくて弱いものでも他の動物に恐怖を与えられるということだ。
> ① 壁にぶつかる　　　　　　　② 手に汗握る
> ③ すぐには理解できない　　　④ 色眼鏡をかけて見る

パターン2　下線部言い換え問題　☞ 問題3、4

다음 밑줄 친 부분과 의미가 비슷한 것을 고르십시오.

3)
> 약속이 있는데 일이 늦어서 일이 <u>끝나기가 무섭게</u> 택시를 타고 갔다.

① 끝나게　　　　　② 끝나거든
③ 끝날까 봐　　　④ 끝나자마자

■ 解答・解説

3) 正解は④。-기가 무섭게（〜するが早いか）と-자마자（〜するや否や）は、どちらも前の内容が終わるとすぐに次の内容が起こることを表す表現である。なお、-거든（〜したら）も前の行動を終えたら次の行動を起こすという意味の連結語尾だが、後ろには命令形が来なければならないため、ここで使うことはできない。

> 約束があるのだが仕事が遅くなったので、仕事が終わるが早いかタクシーに乗って行った。
> 　①終わるように　　　②終わったら
> 　③終わるんじゃないかと　④終わるや否や

パターン3　ポスターや広告の内容を選ぶ問題　☞ 問題5〜8

다음은 무엇에 대한 글인지 고르십시오.

4)

> 여름 더위 걱정은 이제 그만, 초절전 냉방 가능!

① 에어컨　　② 청소기　　③ 정수기　　④ 냉장고

■ 解答・解説

4) 正解は①。여름 더위（夏の暑さ）や초절전 냉방（超節電冷房）という内容から、①が正解である。

> 夏の暑さの心配はもう不要、超節電冷房可能！
> 　①エアコン　②掃除機　③浄水器　④冷蔵庫

TOPIK IIの問題パターンと練習_81

パターン4 図表や案内の内容に一致する文を選ぶ問題

☞ 問題9、10

다음 글 또는 도표의 내용과 같은 것을 고르십시오.

5)

> 디자인학과 졸업생 작품 전시회
>
> 안녕하십니까? 학생 여러분, 디자인학과 학생들이 4년 동안의 학업을 마치면서 그동안 노력의 결과를 여러분에게 소개하려고 합니다. 여러분의 많은 관심 부탁드립니다.
> - ■기간 : 11월 17일(월) ~ 22일(토)
> - ■시간 : 오전 9시 ~ 오후 6시(토요일은 저녁 7시 30분까지)
> - ■장소 : 예술대학 1층 전시실
> - ■기타 : 토요일은 전시회가 끝난 후에 의류디자인학과 학생들의 작품으로 패션쇼가 있을 예정
> - ■전시 기간 중 정상 수업함.

① 토요일에는 전시를 두 시간 더 한다.
② 전시회 마지막 날에는 패션쇼가 열린다.
③ 전시회 기간 중에는 휴강을 하는 수업도 있다.
④ 패션쇼에는 의류디자인학과 학생들만 입장할 수 있다.

■ 解答・解説

5) 正解は②。**토요일은 전시회가 끝난 후에**(土曜日は展示会が終わった後に)、**패션쇼가 있을 예정**(ファッションショーがある予定)とあるので、②が正解である。①と③は内容に反しており、④は内容からは読み取れない。

デザイン学科卒業生作品展示会
こんにちは。学生の皆さん、デザイン学科の学生が4年間の学業を終えるにあたり、その間の努力の結果を皆さんに紹介しようと思います。皆さんの多くの関心をお願いいたします。
- ■ 期間：11月17日（月）〜22日（土）
- ■ 時間：午前9時〜午後6時（土曜日は夜7時30分まで）
- ■ 場所：芸術大学1階展示室
- ■ その他：土曜日は展示会が終わった後に衣類デザイン学科の学生の作品でファッションショーがある予定
- ■ 展示期間中、通常授業を行う。
  ① 土曜日には展示を2時間長く行う。
  ② 展示会の最終日にはファッションショーが開かれる。
  ③ 展示会の期間中には休講をする授業もある。
  ④ ファッションショーには衣類デザイン学科の学生だけ入場できる。

パターン5　内容に一致する文を選ぶ問題

☞ 問題11、12、20、24、32〜34、43、47

다음 글의 내용과 같은 것을 고르십시오.

6)

> 우리는 살면서 매 순간 크고 작은 선택을 한다. 우리가 선택을 할 수 있는 것은 우리에게 자유 의지가 있기 때문이다. 자유 의지는 스스로 행동을 결정할 수 있는 힘이다. 외부의 압력 없이 스스로 생각하고 판단하여 어떤 행동을 선택할 때 우리는 인간다울 수 있다. 그리고 그 선택의 책임을 스스로 져야 한다.

① 우리가 어떤 선택을 할 때는 스스로 하기 힘들다.
② 인간은 자유 의지가 있어서 다른 동물과 구별된다.

③ 인간은 스스로 행동을 결정할 수 있어서 인간다울 수 있다.
④ 선택을 할 때는 다른 사람의 의견을 들어 보는 것도 중요하다.

7)

> 낡은 버스 안에서 엄마는 진한 선글라스를 끼고 앉아 있고 깔끔한 옷차림의 상우는 화가 난 것처럼 아무 말도 하지 않고 엄마 옆에 앉아 있다. 버스에 가득 찬 승객들은 거의 노인이거나 어린아이인데 모두 큰 보따리나 산 닭 등을 안고 있다. 버스는 흔들리고 애 우는 소리, 반갑다고 떠드는 소리 등등이 끊이지 않고 창밖으로 보이는 풍경은 갈수록 초라해진다. 엄마는 뒷사람의 커다란 짐이 머리를 망칠까 봐 자꾸 돌아보며 눈치를 주는 중이다. 상우가 이 모든 상황이 마음에 들지 않아 툴툴거리자 상우의 머리를 한 대 때렸다.
> "왜 때려?" (중략)
> 엄마가 떠난 후 할머니 집에 혼자 남게 된 상우는 텔레비전 채널을 이리저리 돌려 보지만 제대로 나오는 것이 없다. 텔레비전이 안 나오자 게임기를 꺼내어 게임을 시작했다. 앉아서 했다가 기대서 했다가 누워서까지 계속했다. 할머니는 이런 상우를 앉아서 보다가 기대서 보다가 누워서도 계속 조용히 보고만 있다. 눈을 떼지도 감지도 못한다.

① 상우는 할머니와 같이 살게 된 것이 좋다.
② 엄마는 상우와 시골에서 함께 살려고 왔다.
③ 할머니는 상우가 예뻐서 자꾸 바라보고 있다.
④ 상우는 할머니와 같이 도시에 가서 살고 싶다.

■ 解答・解説

6) 正解は③。**외부의 압력 없이 스스로 생각하고 판단하여 어떤 행동을 선택할 때 우리는 인간다울 수 있다**（外部の圧力なしに自ら考え、判断し、何かの行動を選択する時、私たちは人間らしくいられる）という部分から、③が正解である。他の選択肢については内容からは読み取れない。

> 私たちは、生きながら各瞬間に大小の選択をする。私たちが選択をできるのは、私たちに自由意志があるからだ。自由意志は、自ら行動を決定できる力だ。外部の圧力なしに自ら考え、判断し、何かの行動を選択する時、私たちは人間らしくいられる。そして、その選択の責任を自ら負わなければならない。
> ① 私たちが何かの選択をする時は、自らするのは大変だ。
> ② 人間は自由意志があるので他の動物と区別される。
> ③ 人間は自ら行動を決定できるので人間らしくいられる。
> ④ 選択をする時は他の人の意見を聞いてみることも重要だ。

7) 正解は③。**할머니는 이런 상우를 앉아서 보다가 기대서 보다가 누워서도 계속 조용히 보고만 있다**（祖母はこんなサンウを座って見たりもたれかかって見たり、寝転がってでも静かにただ見続けていた）という祖母の行動や、**눈을 떼지도 감지도 못한다**（目を離すこともつぶることもできない）という部分から、サンウをずっと見ていたいという祖母のサンウへの愛情が読み取れる。従って、③が正解である。

> 古いバスの中で、母は濃いサングラスをかけて座っていて、さっぱりした服装のサンウは怒ったように何も言わず母の横に座っている。バスいっぱいに乗った乗客はほとんど老人や幼い子どもだが、皆大きな包みや生きた鶏などを抱えている。バスは揺れ、子どもの泣き声、うれしいと騒ぐ声などなどが絶えず、窓の外に見える風景は行くほどに生気がなくなっていく。母は後ろの人の大きな荷物が髪を台無しにするんじゃないかとしきりに振り向いて目配せしているところだ。サンウがこの全ての状況が気に入らずぶつぶつ言うと、サンウの頭を1発叩いた。
> 「どうして叩くの?」（中略）
> 母が去った後、祖母の家に一人残ることになったサンウはテレビのチャンネルをあれこれ回してみるが、ちゃんと映るものがない。テレビが映らないとゲーム機を取り出してゲームを始めた。座ってやったりもたれかかってやったり、寝転がってまで続けた。祖母はこんなサンウを座って見たりもたれかかって見たり、寝転がってでも静かにただ見続けていた。目を離すこともつぶることもできない。
> ① サンウは祖母と一緒に暮らすことになったことがうれしい。
> ② 母はサンウと田舎で一緒に暮らそうと来た。

③ 祖母はサンウがかわいくてずっと見ている。
④ サンウは祖母と一緒に都市に行って暮らしたいと思っている。

パターン6　並べ替え問題　　☞ 問題13〜15

다음을 순서대로 맞게 나열한 것을 고르십시오.

8)

> (가) 그러나 잠을 잘 자기 위해 피해야 할 식품도 있다.
> (나) 이러한 식품에 들어 있는 카페인이 수면을 방해하기 때문이다.
> (다) 잠이 오지 않을 때 따뜻한 우유 한 잔을 마시면 잠을 쉽게 잘 수 있다.
> (라) 커피나 초콜릿과 같은 식품은 먹지 않는 것이 좋다.

① (가)-(나)-(다)-(라)　　② (다)-(가)-(라)-(나)
③ (가)-(다)-(나)-(라)　　④ (다)-(가)-(나)-(라)

■ 解答・解説

8) 正解は②。(가)の文頭には**그러나**(しかし)という単語があるので、(가)が最初に来ることはない。従って①と③を除外できるので、最初に来る文が(다)であることが分かる。②と④を見ると、2番目は(가)で固定されており、(나)と(라)の順序のみが問題であることが分かる。(나)を見ると、文頭に**이러한 식품**(このような食品)とある。これが指しているのが(라)の**커피나 초콜릿**(コーヒーやチョコレート)であると分かるので、(라)が先に来る。従って(다)→(가)→(라)→(나)となるので、②が正解である。

(가) しかし、しっかり眠るために避けなければならない食品もある。
(나) このような食品に入っているカフェインが、睡眠を妨害するためだ。
(다) 眠れない時、1杯の温かい牛乳を飲むと、簡単に眠れる。
(라) コーヒーやチョコレートのような食品は食べない方が良い。

パターン7 穴埋め問題（内容理解） ☞ 問題16~18、28~31、45、49

다음을 읽고 (　)에 들어갈 내용으로 가장 알맞은 것을 고르십시오.

9)

> 우리는 분쟁이나 갈등이 발생했을 때 서로 합의가 이루어지지 않으면 법적인 절차를 통해 이를 해결한다. 법은 사회 질서를 유지하고 인권을 보장하기 위한 사회적 약속이므로 우리는 법을 존중해야 한다. 그러므로 자신의 권리를 빼앗기거나 분쟁이 발생하는 경우 (　　　　　) 필요하다. 그러나 법질서를 존중한다는 것이 무조건적으로 복종하는 것을 의미하는 것은 아니다.

① 문제가 있는 사람들끼리 해결하는 것이
② 싸움이 생기지 않도록 참고 이해하는 것이
③ 합법적인 절차를 통해 문제를 해결하려는 태도가
④ 사람들의 의견을 물어서 누가 옳은지 결정하는 태도가

■ 解答・解説

9) 正解は③。**법적인 절차를 통해 이를 해결한다**(法的な手続きを通じてこれを解決する)とあるので、これと同じ内容である③が正解である。他の選択肢については触れられていない。

われわれは紛争やいざこざが発生した時、互いに合意に至らなければ、法的な手続きを通じてこれを解決する。法は社会秩序を維持し、人権を保障するための社会的な約束なので、われわれは法を尊重しなければならない。そのため、自分の権利を奪われたり紛争が発生する場合、(　　　) 必要だ。しかし、法秩序を尊重するということは、無条件で服従することを意味するものではない。

① 問題がある人同士で解決することが
② けんかが起きないように耐えて理解することが
③ 合法的な手続きを通じて問題を解決しようとする態度が
④ 人の意見を聞いて誰が正しいか決める態度が

パターン8　文章の主題を選ぶ問題　☞ 問題22、35～38、44

다음 글의 주제로 가장 알맞은 것을 고르십시오.

10)

> 피부에 주름이 생기는 가장 큰 원인으로는 햇빛을 들 수 있다. 지속적으로 햇빛에 노출되면 피부가 건조해지면서 피부 노화가 일어난다. 얼굴 표정 또한 주름 생성에 영향을 주는데 근육이 계속 수축하면서 주름살이 생긴다. 이때 발생하는 주름은 일반적으로 다른 원인에 의해 발생한 주름보다 깊다. 피부의 건조함도 주름에 영향을 주는데, 나이가 들면서 피부의 수분을 유지시켜 주는 기능이 떨어지면서 피부가 건조해지고, 탄력이 떨어져 주름이 생긴다. 그 외에도 담배, 유전적인 요인 등도 주름 형성에 영향을 준다고 한다.

① 주름이 생기는 데는 여러 가지 이유가 있다.
② 근육이 계속 수축하면 깊은 주름이 만들어진다.

③ 피부에 주름이 생기는 가장 큰 원인은 얼굴 표정이다.
④ 사람이 나이가 들면서 주름이 생기는 것은 자연스러운 현상이다.

■ 解答・解説

10) 正解は①。しわの原因として**햇빛**(日差し)、**표정**(表情)、**피부의 건조함**(皮膚の乾燥)、**담배**(たばこ)、**유전적인 요인**(遺伝的要因)などさまざまなものが挙げられている。文章全体の主題としては、①が最も適切である。

> 皮膚にしわができる最も大きな原因としては、日差しが挙げられる。持続的に日差しに露出すれば、皮膚が乾燥して皮膚の老化が起きる。顔の表情もまたしわの生成に影響を与えるのだが、筋肉が収縮し続けてしわの筋ができる。この時発生するしわは一般的に他の原因によって発生したしわより深い。皮膚の乾燥もしわに影響を与えるのだが、年を取って皮膚の水分を維持させる機能が落ちて皮膚が乾燥し、弾力が落ちてしわができる。その他にもたばこ、遺伝的要因などもしわの形成に影響を与えるそうだ。
> ①しわができるのにはいろいろ理由がある。
> ②筋肉が収縮し続けると深いしわが作られる。
> ③皮膚にしわができる最も大きな原因は顔の表情だ。
> ④人が年を取ってしわができるのは自然な現象だ。

パターン9　下線部での心情・態度を選ぶ問題

☞ 問題23、42、50

밑줄 친 부분에 나타난 나의 기분으로 알맞은 것을 고르십시오.

11)

> 처음으로 도서관에 갔던 날을 기억한다. 나는 초등학교 1학년이었고 수업이 끝나고 건널목을 세 개나 건너 도서관을 찾아갔다. 여덟 살짜리 아이가 혼자 도서관을 찾아가는 일은 모험이나 다름없었다. 마침내 도서관이 보이기 시작했다. <u>발걸음은 빨라지고 가</u>

슴은 두근거렸다. 도서관으로 뛰어 들어가 어린이 열람실의 문을 열었다. 서가에 꽂힌 책들은 누군가 찾아와서 만져 주기를 기다리는 듯한 표정을 하고 있었다. 나는 책 한 권을 뽑아 들었다. 책장을 넘기는 속도가 점점 빨라져 가고 있었다. 그 책은 슬픈 내용의 동화였는데 나는 그 책을 읽으면서 울었고 그 책을 다 읽었을 때는 동화의 주인공 남자아이와 어느새 친구가 되어 있었다. 그 뒤로 나는 매일 학교가 끝나면 도서관으로 향했다.

① 도서관에 가게 되어서 기쁘다.
② 도서관에 혼자 찾아오느라고 힘들다.
③ 혼자서만 도서관에 가게 되어 외롭다.
④ 도서관에 같이 오지 않는 친구가 원망스럽다.

■ 解答・解説

11) 正解は①。혼자 도서관을 찾아가는 일은 모험이나 다름없었다（一人で図書館を訪れることは冒険も同然だった）とあることから、冒険のように感じられてうれしい気持ちがあったことが読み取れる。従って、①が正解である。

> 初めて図書館に行った日を覚えている。私は小学校1年生で、授業が終わって踏切を三つも越えて図書館を訪ねた。8歳の子どもが一人で図書館を訪れることは冒険も同然だった。ついに図書館が見えはじめた。足取りは速くなり、胸はドキドキした。図書館に走って入り、子ども閲覧室の扉を開けた。書架に挿された本は、誰かがやってきて触ってくれることを待っているような表情をしていた。私は1冊の本を選んで手に取った。ページをめくる速度がだんだん速くなっていった。その本は悲しい内容の童話だったが、私はその本を読みながら泣き、その本を読み終わった時は童話の主人公の男の子といつの間にか友達になっていた。それ以降、私は毎日学校が終わると図書館に向かった。
> ①図書館に行くことになってうれしい。
> ②図書館に一人で来て大変だ。
> ③一人だけで図書館に行くことになって寂しい。
> ④図書館に一緒に来ない友達がうらめしい。

パターン10　記事の見出しから内容を把握して選ぶ問題
☞ 問題25～27

다음은 신문 기사의 제목입니다. 가장 잘 설명한 것을 고르십시오.

12)

> 전공 따로, 직업 따로 '대졸 취업자 소득·만족도 하락'

① 직업을 구할 때 전공은 생각하지 않아도 된다.
② 소득과 만족도가 낮은 직업은 적성에 맞지 않는다.
③ 전공에 따라서 대졸자의 소득과 만족도가 결정된다.
④ 전공과 관련 없는 직업을 선택해 소득과 만족도가 떨어진다.

■ 解答・解説

12) 正解は④。전공 따로, 직업 따로(専攻と仕事は別)という原因によって소득·만족도 하락(所得・満足度下落)という結果が起きているということが見出しから読み取れる。従って、④が正解である。

> 専攻と仕事は別「大卒就職者 所得・満足度下落」
> ①仕事を探す時、専攻は考えなくてもいい。
> ②所得と満足度が低い仕事は適正に合わない。
> ③専攻によって大卒者の所得と満足度が決定される。
> ④専攻と関係ない仕事を選んで所得と満足度が落ちる。

パターン11　文を挿入する位置を選ぶ問題
☞ 問題39～41、46

다음 글에서 〈보기〉의 문장이 들어가기에 알맞은 것을 고르십시오.

13)

> 같은 언어라도 지역적으로 떨어져 오랜 시간이 흐르면 서로 다른 모습으로 바뀐다. (㉠) 방언의 형태가 유사한 경우도 있지만 전혀 다른 모습을 보이기도 한다. (㉡) 방언은 같은 지역 사람들 사이에 친밀감과 유대감을 주지만 타 지역 사람들과 의사소통에 혼란을 줄 수 있으므로, 공식적인 자리에서는 표준어를 사용하는 것이 좋다. (㉢) 한편 방언은 각 지역의 특성을 가지고 있어서 말의 다양성을 보여 주는 훌륭한 언어 자료이므로 아끼고 보존하려는 노력을 해야 한다. (㉣)

보기

지역에 따라 달라진 언어를 지역 방언이라 한다.

① ㉠   ② ㉡   ③ ㉢   ④ ㉣

■ 解答·解説

13) 正解は①。本文の最初に **같은 언어라도 지역적으로 떨어져 오랜 시간이 흐르면 서로 다른 모습으로 바뀐다** (同じ言語でも、地域的に離れて長い時間が流れれば、互いに異なる姿に変わる) という内容がある。挿入する文を見ると、**지역에 따라 달라진 언어** (地域によって変わった言語) とあるので、これが本文の冒頭と同じ内容となっており、その言語を **지역 방언** (方言) と呼ぶことが分かる。また、㉠の直後から **방언** (方言) という言葉が使われているので、その前に方言についての説明を入れるのが適切であると判断できる。従って、①が正解である。

> 同じ言語でも、地域的に離れて長い時間が流れれば、互いに異なる姿に変わる。(㉠) 方言の形態が似る場合もあるが、まったく異なる姿を見せたりもする。(㉡) 方言は同じ地域の人の間に親密感や連帯感を与えるが、他の地域の人との意思疎通に混乱を与えることがあるので、公式な場では標準語を使うのが良い。(㉢) 一方、方言は各地域の特性を持っており、言葉の多様性を見せてくれる素晴らしい言語資料なので、大切にして保存

する努力をしなければならない。（ㄹ）

地域によって変わった言語を地域方言と言う。

パターン12　筆者の目的を選ぶ問題　　☞ 問題48

필자가 이 글을 쓴 목적을 고르십시오.

14)

> 　아파트와 같은 공동 주택에서 한 층에서 발생한 소리가 다른 층 집에 전달되는 소음인 층간 소음으로 인한 문제가 심각하다. 아파트의 층간 소음은 아이들이 뛰는 소리, 문을 닫는 소리, 애완견이 짖는 소리, 늦은 시간이나 이른 시간에 세탁기·청소기·운동기구 등을 사용하는 소리 등인데 현대인이 공동 주택에 많이 거주하게 되면서 층간 소음으로 인한 이웃 사이의 다툼도 증가하고 있다. 이러한 다툼은 폭력이나 살인 사건으로 이어지는 경우도 있어서 층간 소음 문제는 사회 전체의 문제가 되고 있다. 이러한 층간 소음 문제를 해결하기 위해서는 무엇보다 먼저 이웃 사이에 소통이 이루어져야 한다. 이웃 사이에 음식을 나눠 먹거나 자주 교류하다 보면 자연스럽게 소통은 이뤄진다. 또 다른 방법은 아파트 단지 주민끼리 층간소음에 관한 규칙을 만들어 구체적으로 주민이 하지 말아야 할 행동을 정하는 것이다. 주민끼리 모여 의견을 나누면 이웃 사이에 소통이 이뤄지고 한 가족처럼 서로를 배려하고 이해하는 마음도 커질 것이다.

① 층간 소음 문제의 해결책을 제시하기 위해
② 공동 주택 증가로 인한 문제점을 알리기 위해
③ 공동 주택에 층간 소음이 많다는 것을 증명하려고
④ 층간 소음이 발생하는 원인을 찾아서 없애기 위해

■ **解答・解説**

14) 正解は①。이러한 층간 소음 문제를 해결하기 위해서는 (このような階間騒音問題を解決するためには) とあり、その後からさまざまな解決策が示されていることから、①が正解である。

> マンションのような共同住宅で、ある階で出た音が他の階の家に伝わる騒音である階間騒音による問題が深刻だ。マンションの階間騒音は、子どもたちが走る音、ドアを閉める音、ペットの犬が吠える声、遅い時間や早い時間に洗濯機・掃除機・運動器具などを使う音などであるが、現代人が共同住宅に多く住むようになるにつれて階間騒音による隣人の間のいざこざも増えている。このようないざこざは、暴力や殺人事件に繋がる場合もあるので、階間騒音問題は社会全体の問題になっている。このような階間騒音問題を解決するためには何よりまず隣人間で疎通がなされなければならない。隣人間で食べ物を分けて食べたり、よく交流してみれば自然に疎通はなされる。また、他の方法はマンション団地の住民同士、階間騒音に関する規則を作って具体的に住民がしてはならない行動を決めることだ。住民同士集まって意見を交換すれば隣人間で疎通がなされ、一つの家族のように互いに配慮して理解する気持ちも大きくなるはずだ。
> 　　①階間騒音問題の解決策を提示するため
> 　　②共同住宅増加による問題点を知らせるため
> 　　③共同住宅に階間騒音が多いということを証明しようと
> 　　④階間騒音が発生する原因を見つけてなくすため

模擬試験 1
1회 모의고사

TOPIK II

1교시	듣기, 쓰기
2교시	읽기

・「聞き取り」は、CD-ROM音声のTR101–120を使用します。

・解答用紙は巻末にあります。切り取ってお使いください。

・正解と問題ごとの配点はP.248に掲載されています。

수험번호(Applicaton No.)		
이름 (Name)	한국어(Korean)	
	영　어(English)	

유 의 사 항
Information

1. 시험 시작 지시가 있을 때까지 문제를 풀지 마십시오.
   Do not open the booklet until you are allowed to start.

2. 수험번호와 이름은 정확하게 적어 주십시오.
   Write your name and application number on the answer sheet.

3. 답안지를 구기거나 훼손하지 마십시오.
   Do not fold the answer sheet; keep it clean.

4. 답안지의 이름, 수험번호 및 정답의 기입은 배부된 펜을 사용하여 주십시오.
   Use the optical mark reader(OMR) pen only.

5. 정답은 답안지에 정확하게 표시하여 주십시오.
   Mark your answer accurately and clearly on the answer sheet.

   marking example ① ● ③ ④

6. 문제를 읽을 때에는 소리가 나지 않도록 하십시오.
   Keep quiet while answering the questions.

7. 질문이 있을 때에는 손을 들고 감독관이 올 때까지 기다려 주십시오.
   When you have any questions, please raise your hand.

듣기 (1번 ~ 50번)

※ [1~3] 다음을 듣고 알맞은 그림을 고르십시오. (각 2점)

1. ① ②  ③  ④

2. ① ② ③ ④

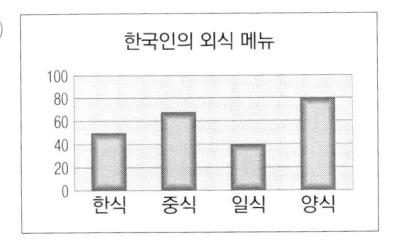

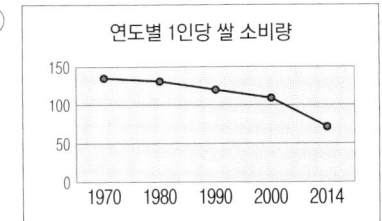

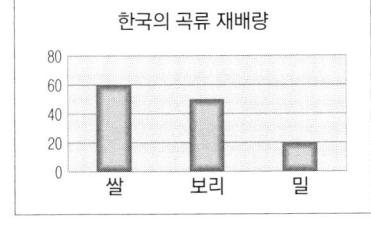

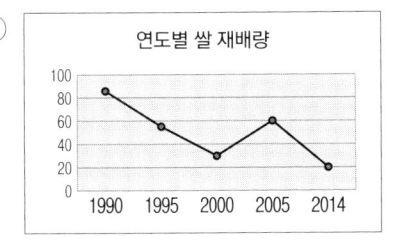

3. ① 한국인의 외식 메뉴
② 연도별 1인당 쌀 소비량
③ 한국의 곡류 재배량
④ 연도별 쌀 재배량

※ [4~8] 다음 대화를 잘 듣고 이어질 수 있는 말을 고르십시오. (각 2점)

4. ① 글쎄, 우리 지각할 것 같은데.
   ② 적어도 전화는 할 수 있었잖아.
   ③ 알아. 그게 내가 화가 난 이유야.
   ④ 항상 약속 시간보다 늦어서 미안해.

5. ① 그럼 이제부터 같이 퇴근해요.
   ② 건강도 중요하니까 운동도 좀 하세요.
   ③ 그래서 회사생활이 많이 즐거워졌어요.
   ④ 그러고 싶은데 무엇을 해야 할지 잘 모르겠어요.

6. ① 직원들이 참 많이 있네요.
   ② 주방장을 새로 뽑지 않나요?
   ③ 역시 음식점은 음식이 맛있어야 해요.
   ④ 이 음식은 제가 주문한 것이 아닌 것 같아요.

7. ① 맞아요. 저축만으로 충분해요.
   ② 그렇군요. 저도 고민을 해 봐야겠어요.
   ③ 괜찮아요. 저는 다른 일을 배울 생각이 없어요.
   ④ 아니에요. 이번 주에 회사를 그만둔다고 하더라고요.

8. ① 특별한 주제는 없는 강연회입니다.
    ② 그럼 일요일에는 시간이 나십니까?
    ③ 안 그래도 선생님을 모시러 갈 생각입니다.
    ④ 문화센터는 시청역 2번 출구에서 300m 앞에 있습니다.

※ [9~12] 다음 대화를 잘 듣고 여자가 이어서 할 행동으로 알맞은 것을 고르십시오. (각 2점)

9. ① 직업을 찾는다.　　　　② 여행을 떠난다.
    ③ 블로그를 만든다.　　　④ 작가를 찾아간다.

10. ① 도서관에서 책을 빌린다.　　② 도서관 이용 카드를 만든다.
    ③ 직원이 준 서류를 작성한다.　④ 직원에게 신분증을 보여 준다.

11. ① 발표 주제를 정한다.
    ② 한류에 대한 정보를 찾아본다.
    ③ 한글에 대한 자료를 읽어 본다.
    ④ 방송국 홈페이지에서 자료를 찾아본다.

12. ① 신제품 홍보 자료를 찾는다.
    ② 회의 참석자 명단을 작성한다.
    ③ 각 부서에 준비된 자료를 보낸다.
    ④ 새로 나온 제품 수량을 확인한다.

※ [13~16] 다음을 듣고 내용과 일치하는 것을 고르십시오. (각 2점)

13. ① 여자는 내일 8시까지 출근을 해야 한다.
　　② 여자의 옷은 드라이클리닝을 해야 한다.
　　③ 세탁소는 아침 시간에 바빠서 배달이 안 된다.
　　④ 여자는 옷을 맡기면서 세탁비도 같이 계산했다.

14. ① 쉽고 재미있는 소설책을 읽는다.
　　② 고전 소설과 관련된 영화를 볼 것이다.
　　③ 영화를 이해하는 것이 이 수업의 목표이다.
　　④ 소설을 읽고 난 후 감상을 이야기해야 한다.

15. ① 산불로 인해 여섯 명이 다쳤다.
　　② 소방서에서 이미 불을 모두 껐다.
　　③ 당분간 양양에서 등산이 금지된다.
　　④ 건조한 날씨에는 작은 불씨에도 쉽게 불이 난다.

16. ① 청소년의 흡연율은 점점 줄어들고 있다.
　　② 청소년기에 담배를 피우면 폐 질환이 생기기 쉽다.
　　③ 청소년은 성인에 비해 담배를 끊는 것이 어렵지 않다.
　　④ 흡연은 청소년에게는 안 좋지만, 성인에게는 나쁘지 않다.

※ [17~20] 다음을 듣고 남자의 중심 생각을 고르십시오. (각 2점)

17. ① 자전거는 비싸고 기능이 많은 것이 좋다.
    ② 무리해서 비싼 자전거를 살 필요가 없다.
    ③ 가격보다는 마음에 드는 것을 사는 게 좋다.
    ④ 자전거가 너무 저렴하면 마음에 들지 않는다.

18. ① 인터넷 쇼핑을 하면 돈을 절약할 수 있다.
    ② 인터넷 쇼핑은 배송이 빠르기 때문에 좋다.
    ③ 눈으로 직접 보고 사는 것이 믿을 수 있어서 좋다.
    ④ 마음에 안 들어도 구입한 물건을 반품하기 어렵다.

19. ① 적당량의 카페인 섭취는 건강에 좋다.
    ② 커피는 다양한 질병을 유발할 수 있다.
    ③ 졸릴 때 마시는 커피는 몸에 좋지 않다.
    ④ 커피를 많이 마시면 기억력이 나빠진다.

20. ① 인터넷은 행동 장애의 원인이 된다.
    ② 부끄러움이 많은 학생은 인터넷 사용을 싫어한다.
    ③ 인터넷 사용은 젊은 사람들에게 긍정적인 영향을 미친다.
    ④ 인터넷은 일부 사람들이 자신을 표현하는 데 도움을 준다.

※ [21~22] 다음을 듣고 물음에 답하십시오. (각 2점)

21. 남자의 중심 생각으로 맞는 것을 고르십시오.
    ① 다양한 경험은 인생을 풍부하게 만든다.
    ② 요즘 대학생들은 해외에만 나가려고 한다.
    ③ 배낭여행을 하면 외국인을 많이 사귈 수 있다.
    ④ 배낭여행은 학생이 가기에는 비용이 많이 든다.

22. 들은 내용으로 맞는 것을 고르십시오.
    ① 취업을 하려면 배낭여행을 가야 한다.
    ② 다양한 문화를 알아야 취업이 잘된다.
    ③ 요즘 대학생들은 해외 취업을 선호한다.
    ④ 다양한 경험을 쌓으려는 대학생들이 많다.

※ [23~24] 다음을 듣고 물음에 답하십시오. (각 2점)

23. 남자는 무엇을 하고 있는지 고르십시오.
    ① 통계 프로그램을 최종 검토를 하고 있다.
    ② 프로젝트를 위한 보고서를 작성하고 있다.
    ③ 통계 프로그램을 인터넷에서 알아보고 있다.
    ④ 프로젝트 문제에 대해 친구와 이야기하고 있다.

24. 남자가 해야 할 일을 고르십시오.
   ① 최종 보고서를 학교에 보낸다.
   ② 통계 자료를 최종적으로 검토한다.
   ③ 프로그램을 이용해 데이터를 계산한다.
   ④ 친구에게 연락해서 통계 프로그램을 받는다.

※ [25~26] 다음을 듣고 물음에 답하십시오. (각 2점)

25. 남자의 중심 생각으로 맞는 것을 고르십시오.
   ① 학생들은 수술비를 스스로 마련해야 한다.
   ② 학생들이 졸업 후 성형외과에 가는 것을 막아야 한다.
   ③ 학생들의 외모에 대한 집착은 대중매체의 영향 때문이다.
   ④ 학생들이 방학에 피부 관리를 받는 것은 심각한 문제이다.

26. 들은 내용으로 맞는 것을 고르십시오.
   ① 졸업을 하면 모든 학생이 달라진다.
   ② 요즘 청소년들은 외모에 관심이 없다.
   ③ 성형수술보다는 피부 관리가 인기가 많다.
   ④ 일부 학생은 수술비 마련을 위해 공부를 소홀히 한다.

※ [27~28] 다음을 듣고 물음에 답하십시오. (각 2점)

27. 여자가 운동에 대해 남자에게 질문한 이유를 고르십시오.
   ① 살이 너무 많이 찔까 봐 걱정되어서
   ② 운동을 하게 되면 몸이 더 아플까 봐 걱정되어서
   ③ 건강이 안 좋아서 수술을 하게 될까 봐 걱정되어서
   ④ 먹고 싶은 음식을 마음껏 먹을 수 없을까 봐 걱정되어서

28. 들은 내용으로 맞는 것을 고르십시오.
   ① 여자는 다리가 아파서 운동을 하면 안 된다.
   ② 여자는 수영 같은 유산소 운동을 해야 한다.
   ③ 여자는 짠 음식은 피하고 고기만 먹어야 된다.
   ④ 여자는 살을 빼기 위해 다이어트 식단으로 먹어야 한다.

※ [29~30] 다음을 듣고 물음에 답하십시오. (각 2점)

29. 남자는 누구인지 고르십시오.
   ① 소방대원   ② 여행 작가
   ③ 전문 산악인   ④ 여행 가이드

30. 들은 내용으로 맞는 것을 고르십시오.
    ① 사고가 나면 이정표를 따라 하산하면 된다.
    ② 등산을 할 때 긴장을 하면 오히려 더 위험할 수 있다.
    ③ 사고를 당했을 때 침착함을 잃지 않는 것이 중요하다.
    ④ 겨울에는 평상시보다 등산을 일찍 시작하는 것이 좋다.

※ [31~32] 다음을 듣고 물음에 답하십시오. (각 2점)

31. 여자의 생각으로 맞는 것을 고르십시오.
    ① 최근 여성의 사회적 지위가 높아지고 있다.
    ② 여자를 일정한 비율로 채용하는 것은 필요하다.
    ③ 최근에는 여성의 고용을 기업에서 꺼려하지 않는다.
    ④ 단지 여자라는 이유로 의무적인 채용은 불공평하다.

32. 여자의 태도로 맞는 것을 고르십시오.
    ① 조심스럽게 상대방의 동조를 구하고 있다.
    ② 상대방의 의견을 긍정적으로 수용하고 있다.
    ③ 구체적인 사례를 들어 상대방의 주장을 반박하고 있다.
    ④ 상황을 객관적으로 분석하며 상대방의 책임을 묻고 있다.

※ [33~34] 다음을 듣고 물음에 답하십시오. (각 2점)

33. 무엇에 대한 내용인지 맞는 것을 고르십시오.
   ① 점점 발전하고 있는 디지털 문화
   ② 산업 전 영역으로 확산되고 있는 복고 열풍
   ③ 벼룩시장에서 물건을 싸게 살 수 있는 방법
   ④ 과거 사람들의 생활을 엿볼 수 있는 역사 이야기

34. 들은 내용으로 맞는 것을 고르십시오.
   ① 복고 열풍에 사람들은 피로감을 느끼고 있다.
   ② 벼룩시장에서 물건을 사는 것은 값이 싸기 때문이다.
   ③ 복고는 사람들에게 따뜻한 감성과 여유를 제공해 준다.
   ④ 복고는 물건에 담긴 유형의 가치와 소통하려는 태도이다.

※ [35~36] 다음을 듣고 물음에 답하십시오. (각 2점)

35. 남자는 무엇을 하고 있는지 고르십시오.
   ① 대학교의 프로그램을 알리고 있다.
   ② 대학교의 설립 목표를 밝히고 있다.
   ③ 대학교의 신입생들을 축하하고 있다.
   ④ 대학교 교육의 중요성을 역설하고 있다.

36. 들은 내용으로 맞는 것을 고르십시오.
    ① 열정이 없으면 성공의 기회가 오지 않는다.
    ② 대학교 운영을 위해 프로그램을 변경하기로 했다.
    ③ 자신이 좋아하는 일을 하는 것이 성공적인 삶이다.
    ④ 미래를 위한 도전과 꿈이 없다면 미래는 밝지 않을 것이다.

※ [37~38] 다음은 교양프로그램입니다. 잘 듣고 물음에 답하십시오. (각 2점)

37. 남자의 중심 생각을 고르십시오.
    ① 이벤트는 입소문이 나야 성공할 수 있다.
    ② 다양한 이벤트 프로그램은 만족도를 높일 수 있다.
    ③ 이벤트에 스토리텔링을 이용하면 설득력을 높일 수 있다.
    ④ 단순한 이야기로 구성된 이벤트는 소비자의 공감을 얻기가 쉽다.

38. 여기에서 소개하고 있는 마케팅 전략의 내용과 일치하는 것을 고르십시오.
    ① 고객의 호기심을 최대한 자극하라.
    ② 고객에게 다양한 행사를 제공하라.
    ③ 고객이 공감할 수 있는 이야기를 만들어라.
    ④ 고객에게 경품을 제공하여 만족도를 높여라.

※ [39~40] 다음은 대담입니다. 잘 듣고 물음에 답하십시오. (각 2점)

39. 이 담화 앞의 내용으로 알맞은 것을 고르십시오.
    ① 충분한 수면 시간은 사람에 따라 차이가 있다.
    ② 불면증에 시달리는 원인에는 여러 가지가 있다.
    ③ 사람의 체질에 따라 불면증 치료법도 달라진다.
    ④ 잠을 잘 자는 사람들은 생활 습관이 규칙적이다.

40. 들은 내용과 일치하는 것을 고르십시오.
    ① 원인을 없애도 불면증을 고치기는 쉽지 않다.
    ② 사람의 체질에 따라 불면증의 치료법을 달리해야 한다.
    ③ 불면증을 고치기 위해서는 식습관을 우선적으로 개선해야 한다.
    ④ 실제로는 불면증이 아니지만 불면증이라고 생각하는 경우가 있다.

※ [41~42] 다음은 은퇴 설계에 대한 강연입니다. 잘 듣고 물음에 답하십시오. (각 2점)

41. 들은 내용과 일치하는 것을 고르십시오.
    ① 은퇴 이후에도 경제 활동을 하는 것이 중요하다.
    ② 많은 사람이 노후를 위한 준비가 되어 있지 않다.
    ③ 이제는 사람들이 은퇴 설계의 중요성을 알고 있다.
    ④ 은퇴 설계는 돈에 여유가 있는 사람들이 하는 것이다.

42. 은퇴 설계에 대한 남자의 생각으로 맞는 것을 고르십시오.
    ① 은퇴 이후에는 스스로 살아가는 것은 거의 불가능할 것이다.
    ② 은퇴 설계는 소득 규모가 많은 사람에게 더욱 필요할 것이다.
    ③ 노후 자금을 준비하지 않으면 은퇴 후 생활이 어려워질 것이다.
    ④ 은퇴 이후에 경제 활동을 하게 되면 노후 자금을 마련할 수 있다.

※ [43~44] 다음은 다큐멘터리입니다. 잘 듣고 물음에 답하십시오. (각 2점)

43. 기업이 비정규직 채용을 늘리는 이유로 맞는 것을 고르십시오.
    ① 유지비를 줄일 수 있기 때문에
    ② 복지 혜택을 강화할 수 있기 때문에
    ③ 더 많은 인원을 고용할 수 있기 때문에
    ④ 더 많은 일자리를 창출할 수 있기 때문에

44. 이 이야기의 중심 생각으로 맞는 것을 고르십시오.
    ① 비정규직 고용이 일의 능률을 높일 수 있다.
    ② 비정규직 고용이 사회를 불안하게 만들고 있다.
    ③ 비정규직 고용이 장기적으로는 기업에 좋지 않다.
    ④ 비정규직 고용이 기업의 손해를 줄이는 방법이다.

※ [45~46] 다음은 강연입니다. 잘 듣고 물음에 답하십시오. (각 2점)

45. 들은 내용과 일치하는 것을 고르십시오.
    ① 떡볶이는 굉장히 오래전부터 먹은 음식이다.
    ② 앞으로 정부는 떡볶이 연구소를 만들 예정이다.
    ③ 떡볶이는 원래 간장에 볶아서 만든 궁중 음식이었다.
    ④ 자장을 넣어 팔기 시작하면서 지금과 같은 떡볶이가 되었다.

46. 남자의 태도로 가장 알맞은 것을 고르십시오.
    ① 논리적으로 문제의 책임을 묻고 있다.
    ② 견해에 대해 근거를 들어 반박하고 있다.
    ③ 견해에 대해 사례를 들어 설명하고 있다.
    ④ 상황을 침착하게 분석하며 설득하고 있다.

※ [47~48] 다음은 대담입니다. 잘 듣고 물음에 답하십시오. (각 2점)

47. 들은 내용과 일치하는 것을 고르십시오.
    ① 독신인 사람도 가족으로 분류하고 있다.
    ② 최근 1인 가구가 절반 이상을 차지하고 있다.
    ③ 사회학에서는 1인 가구도 가족이 될 수 있다.
    ④ 1인 가구를 가족으로 분류하기에는 어려움이 있다.

48. 남자의 태도로 가장 알맞은 것을 고르십시오.
   ① 상대방의 의견에 적극 동조하고 있다.
   ② 자신의 의견을 예를 들어 주장하고 있다.
   ③ 경험을 통해 자신의 의견을 주장하고 있다.
   ④ 상대방의 의견에 대해 이의를 제기하고 있다.

※ [49~50] 다음은 강연입니다. 잘 듣고 물음에 답하십시오. (각 2점)

49. 들은 내용과 일치하는 것을 고르십시오.
   ① TV에 나오는 가족의 모습은 문제가 많이 있다.
   ② 전통적인 가족의 모습으로 회복하는 것은 어렵다.
   ③ 가족의 모습은 사회 형태에 따라 변한다는 주장도 있다.
   ④ 결혼과 출산을 하는 사람이 줄어들면서 가족 형태가 변했다.

50. 여자의 태도로 가장 알맞은 것을 고르십시오.
   ① 가족의 중요성을 주장하고 있다.
   ② 가족 해체의 문제점을 비판하고 있다.
   ③ 가족의 다양성에 대해 설명하고 있다.
   ④ 가족 변화에 대한 결론을 열어 두고 있다.

쓰기 (51번 ~ 54번)

※ [51~52] 다음을 읽고 (   )에 들어갈 말을 각각 한 문장씩으로 쓰십시오. (각 10점)

51.

감사의 말씀

항상 여러분의 가정에 행운이 가득하시길 바랍니다.
바쁘실 텐데 오셔서 저희의 결혼식을 (㉠   ). 그리고 오시지는 못했지만 멀리서 축하의 인사를 보내 주신 분들께도 감사드립니다. 찾아뵙고 인사를 드려야 하는데 이렇게 (㉡). 앞으로도 건강하시고 하시는 일 모두 이루시길 바랍니다.

52.

많은 사람이 외모가 연애, 결혼 등과 같은 사생활은 물론 취업, 승진과 같은 전반적인 사회 활동에 영향을 미친다고 생각한다. 그래서 성형수술과 다이어트를 하는 사람들이 늘고 있다. 자신의 내면을 가꾸는 것보다 외모를 가꾸는 데에 많은 시간과 에너지를 낭비하고 있는 것이다. 하지만 진정한 아름다움이란 외모의 아름다움이 아니라 (㉠   ). 그러므로 (㉡   ).

※ [53] 다음 표를 보고 텔레비전의 장단점에 대해 쓰고, 텔레비전을 잘 이용하기 위해서 어떻게 해야 하는지 200~300자로 쓰십시오. (30점)

텔레비전의 장단점

텔레비전의 장점	텔레비전의 단점
① 정보와 지식을 얻을 수 있다. ② 스트레스를 풀 수 있다.	① 비교육적인 프로그램도 많다. ② 해야 할 일을 못 하게 된다.

※ [54] 다음을 주제로 하여 자신의 생각을 600~700자로 글을 쓰십시오. (50점)

최근 출산율이 급격하게 줄어들고 있습니다. 저출산 문제를 해결할 수 있는 효과적인 방법에 대해 아래의 내용을 중심으로 주장하는 글을 쓰십시오.

- 저출산으로 인해 어떤 문제가 생기고 있습니까?
- 저출산의 원인은 무엇입니까?
- 저출산 문제를 해결할 수 있는 효과적인 방법은 무엇입니까?

* **원고지 쓰기의 예**

	한	국		사	람	은		'	우	리	'	라	는
말	을		자	주		쓴	다	.	이	는		가	족	주
의	에	서		비	롯	되	었	다	.				

実際の試験では、1時間目の「聞き取り」「書き取り」の試験終了後に30分間の休憩時間（14時50分～15時20分）があります。2時間目の「読解」の試験開始時間は15時20分です（入室時間15時10分）。

읽기 (1번 ~ 50번)

※ [1~2] (   )에 들어갈 알맞은 것을 고르십시오. (각 2점)

1. 한국 신문을 (   ) 이해를 못해서 잘 안 읽어요.
   ① 보는 김에   ② 읽어 봤자   ③ 아는 만큼   ④ 공부하고자

2. 열심히 공부를 (   ) 원하는 회사에 취직을 할 수 있었을 것이다.
   ① 하더니   ② 하더라도   ③ 했더라면   ④ 한다고 해도

※ [3~4] 다음 밑줄 친 부분과 의미가 비슷한 것을 고르십시오. (각 2점)

3. 수업 시간에 선생님 말씀을 <u>듣는 척했지만</u> 사실은 어제 일을 생각하고 있었다.
   ① 듣는 체했지만   ② 들을 뻔했지만
   ③ 들어서 그런지   ④ 듣다시피 했지만

4. 유명한 배우들이 출연을 해도 작품의 완성도가 낮은 영화는 영화 관객들에게 외면을 <u>받기 십상이다</u>.
   ① 받기 쉽다   ② 받는 셈이다
   ③ 받기로 했다   ④ 받을걸 그랬다

※ [5~8] 다음은 무엇에 대한 글인지 고르십시오. (각 2점)

5.
> 체육대회, 야유회 행사별 다양한 메뉴.
> 단체 주문 폭탄 할인!

① 서점　　② 도시락　　③ 커피숍　　④ 노래방

6.
살과의 영원한 이별
▸ 전문 강사의 체계적인 지도
　▸ 댄스 요가 무료 수업
　　▸ 최신식 사우나 완비
　　　※ 3개월 등록하면 1개월 무료

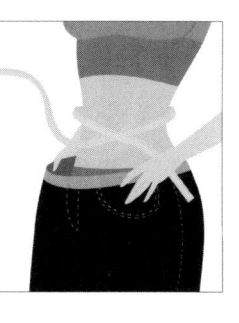

① 사진관　　② 노래방　　③ 영어 학원　　④ 헬스클럽

7.
> 당신의 인격에 어울리는 공간이 필요하십니까?
>
> 품격이 숨 쉬는 공간
> 최고급 자재 및 격조 높은 인테리어
> 최고급 디자인 주방 가구
> 지하철역 10분 거리

① 대학 소개　　② 주택 분양　　③ 개업 인사　　④ 학원 안내

8.

> ⚠️ 여러분의 주의로 정보를 지킬 수 있습니다.
> 비밀번호가 알려지지 않도록 주의하십시오.
> 접거나 TV 등 자석이 있는 물건 위에 놓지 마십시오.

① 지갑　　② 여권　　③ 일기　　④ 신용카드

※ [9~12] 다음 글 또는 도표의 내용과 같은 것을 고르십시오. (각 2점)

9.

국립박물관 방학 특별 전시 안내

- 전시명 : 세계문명전
- 기간 : 2014년 7월 25일(금) ~ 8월 24일(일)
- 관람시간 : 화~금(오전 9시~오후 6시) / 토, 일요일(오전 9시~오후 7시) / 매주 월요일 휴관
- 관람료 : 5,000원 (13세 이하 어린이 무료 / 인터넷 예매 20% 할인)
- 문의처 : ☎ 02)1234-4567, http://museum.co.kr

① 학생은 모두 20% 할인을 받을 수 있다.
② 인터넷을 통해서 예매를 하면 할인받는다.

③ 평일에는 오전 9시부터 오후 6시까지 관람할 수 있다.
④ 12세 어린이와 같이 온 부모는 무료로 입장할 수 있다.

10.

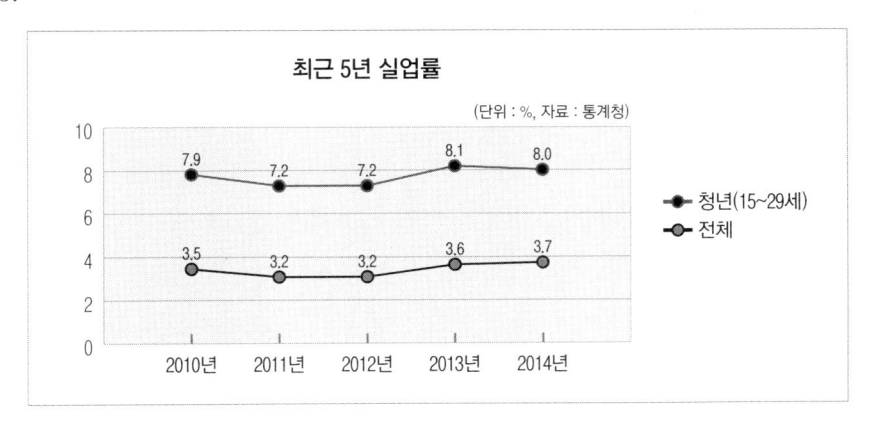

최근 5년 실업률

(단위 : %, 자료 : 통계청)

연도	청년(15~29세)	전체
2010년	7.9	3.5
2011년	7.2	3.2
2012년	7.2	3.2
2013년	8.1	3.6
2014년	8.0	3.7

① 청년 실업률은 2012년 이후 계속 감소 추세에 있다.
② 전체 실업률은 2010년부터 조금씩 꾸준히 증가하고 있다.
③ 2014년에는 전체 실업률은 증가했고 청년실업률은 줄었다.
④ 전체 실업률과 청년 실업률이 모두 감소한 해는 2013년이다.

11.

> 다문화 사회에 대한 인식을 넓히고 국내 거주 외국인들에게 실질적인 도움을 주기 위한 기업들의 지원이 활발해지고 있다. 2014년 현재 국내에 거주하는 외국인이 120만 명에 이르는 것으로 조사되었다. 이에 따라 기업들은 이들에 대한 장기적인 투자를 하는 것으로 볼 수 있다.

① 외국인의 국내 거주가 증가하면서 문제가 발생한다.
② 다문화 사회로 변하면서 기업들의 인식도 변하고 있다.
③ 기업들은 사회의 변화와 기업의 투자와는 관계가 없다고 생각한다.
④ 국내 거주 외국인이 증가함에 따라 기업의 투자가 어려워지고 있다.

12.

> 자기 자신보다 다른 사람들에게 더 친절해야 한다고 생각하는 사람들이 많다. 하지만 이것은 잘못된 생각이다. 다른 사람과 잘 지내고 싶다면 먼저 자신과 친해져야 한다. 사랑받기를 원한다면 먼저 자기를 사랑해야 한다. 자기 자신과 평화롭게 지내지 못하는 사람은 다른 사람과도 평화롭게 지낼 수 없다.

① 다른 사람에게 친절해야 사랑받을 수 있다.
② 평화로운 인생을 위해서는 다른 사람과 잘 지내야 한다.
③ 나를 사랑하는 사람이 다른 사람에게도 사랑받을 수 있다.
④ 인생에서 가장 중요한 것은 다른 사람들과 평화롭게 지내는 것이다.

※ [13~15] 다음을 순서대로 맞게 나열한 것을 고르십시오. (각 2점)

13.

> (가) 그런 훈련을 하기에 좋은 것이 신문이다.
> (나) 그러한 시사 문제에 관심을 가지면 비판적 사고를 기를 수 있다.
> (다) 신문에는 사회의 다양한 문제가 실려 있기 때문이다.
> (라) 논술 문제를 잘 풀기 위해서는 평소에 사고력을 키워야 한다.

① (라)-(가)-(다)-(나) ② (가)-(나)-(라)-(다)
③ (라)-(다)-(가)-(나) ④ (가)-(다)-(나)-(라)

14.

> (가) 지구가 처음 만들어졌을 때는 산소가 풍부하지 않았다.
> (나) 따라서 우리가 세상을 사는 것은 식물 덕분이라고 할 수 있다.
> (다) 이러한 지구에 산소를 많이 있게 한 것은 녹색 식물이다.
> (라) 식물이 지구에 산소를 공급하면서 동물이 생기기 시작했다.

① (가)-(라)-(다)-(나) ② (다)-(나)-(라)-(가)
③ (가)-(다)-(라)-(나) ④ (다)-(가)-(라)-(나)

15.

> (가) 그러나 과학 기술의 부작용을 걱정하는 사람들도 많다.
> (나) 오늘날 과학 기술의 발전으로 사회가 크게 변하고 있다.
> (다) 이제는 기술을 어떻게 선택하고 활용할 것인지가 중요하다.
> (라) 이를 위해 과학 기술 시대의 가치 있는 삶에 대한 평가가 필요하다.

① (가)-(나)-(다)-(라) ② (나)-(가)-(다)-(라)
③ (가)-(다)-(나)-(라) ④ (나)-(라)-(가)-(다)

※ [16~18] 다음을 읽고 ( )에 들어갈 내용으로 가장 알맞은 것을 고르십시오. (각 2점)

16.

> 게임 중독으로 인해 많은 문제점이 나타나고 있지만 이것을 게임의 탓으로만 돌리는 것은 옳지 않다. 게임도 가정이나 일상생활과 조화를 이룬다면 이로울 수 있다. 특히 스트레스를 풀어 주는 놀이 문화가 될 수도 있다. 따라서 게임을 ( ) 이끌어야 할 것이다.

① 더욱 재미있게 만들 수 있도록
② 계속 발전시키기 위한 방법을 찾도록

③ 중독이 되지 않을 정도로만 할 수 있게
④ 무조건 막기보다는 올바르게 이용하도록

17.

> 광고는 소비자에게 많은 정보를 제공해 준다. 잘 만든 광고 하나가 소비자에게 (   ) 기업 입장에서 광고의 역할은 매우 중요하다. 똑같은 제품이라고 해도 소비자는 일류 브랜드를 선호한다. 즉, 소비자는 단지 제품을 구매하는 것이 아니라 브랜드를 사기 위해 많은 돈을 지불하는 것이다.

① 제품의 우수성을 강조할 수 있어서
② 가격의 합리성을 설명할 기회가 되므로
③ 긍정적인 기업 이미지를 심어 주기 때문에
④ 경쟁 회사보다 좋은 회사임을 알릴 수 있어서

18.

> 남자가 사랑하는 사람에게 마음을 표현하는 방법에는 여러 가지가 있다. 말을 직접 하거나 꽃을 주거나 편지나 문자메시지를 보내거나 손을 잡는 행위를 통해서도 마음을 전할 수 있을 것이다. 우리는 (   ) 자신의 생각을 전할 수 있다. 주변에서 말하는 사람을 한번 자세히 관찰해 보면 말하는 동안 눈빛, 얼굴 표정, 손짓을 이용하는 것을 볼 수 있다. 한마디로 말해서 사람들은 온몸으로 말을 하고 있는 것이다.

① 다른 사람의 행동을 통해서
② 언어뿐 아니라 행동을 통해서도
③ 주변의 분위기를 바꾸는 것에 의해서
④ 여러 가지 기계를 사용해서 더 효과적으로

※ [19~20] 다음을 읽고 물음에 답하십시오. (각 2점)

> 악의적인 댓글을 줄이고 선의의 댓글을 확산하려는 운동은 의미가 있다. 하지만 이런 운동을 할 때는 매우 신중한 태도가 필요하다. 악의적인 댓글을 줄여가는 방법이 강제적이면 역효과를 불러일으킬 수 있기 때문이다. 이러한 방법은 (   ) 강제적인 법을 만든다거나 일시적 구호로 그칠 수 있다. 그러므로 사회 심리에 대한 깊은 연구 없이는 실질적인 효과는 없이 구호만 요란할 수 있으므로 주의해야 한다.

19. (   )에 들어갈 알맞은 것을 고르십시오.
    ① 간혹   ② 자칫   ③ 미처   ④ 무려

20. 이 글의 내용과 같은 것을 고르십시오.
    ① 악의적인 댓글을 다는 것도 의견을 표현하는 방법이다.
    ② 선의의 댓글이 확산되면 악의적 댓글은 줄어들 것이다.
    ③ 악의적 댓글을 방지하려면 법으로 정하여 막는 방법도 있다.
    ④ 강압적인 방법으로 댓글에 대한 제한을 하면 반대 효과가 날 수 있다.

※ [21~22] 다음을 읽고 물음에 답하십시오. (각 2점)

> 한국은 2000년에 이미 고령 사회에 진입했으며 2030년 정도면 한국 전체 인구 중 노년층의 비율이 30% 이상을 차지할 것으로 예상하고 있다. 노년층은 현재 한국에서 가장 큰 구매자로 (   ). 노인들은 이미 은퇴를 했을 뿐만 아니라 장래가 불안하기 때문에 과소비를 하지 않는 경우가 많다. 또한 활동 범위가 좁아 주로 집 주변에서 식품과 같은 필수품을 구입하는 경향이 있다. 이로 인해 백화점 매출은 줄고 동네 상점, 편의점들의 매출이 늘고 있다. 앞으로 어떤 종류의 사업을 하든, 가장 유력한 구매자인 노인을 고려해야 할 것이다.

21. (   )에 들어갈 알맞은 것을 고르시오.
    ① 가닥을 잡고 있다　　② 골탕을 먹고 있다
    ③ 각광을 받고 있다　　④ 다리를 놓고 있다

22. 이 글의 중심 생각을 고르십시오.
    ① 고령 인구가 증가하여 사회 문제가 되고 있다.
    ② 노인 인구의 증가로 생필품 산업이 발전할 것이다.
    ③ 은퇴 후의 준비가 안 된 노인들의 미래가 불안하다.
    ④ 고령화 사회에 앞으로 노인이 중요한 소비자가 될 것이다.

※ [23~24] 다음을 읽고 물음에 답하십시오. (각 2점)

> 그동안 어머니는 나를 위해서 비밀을 혼자 간직하고 계셨던 것이다. 어머니의 말씀을 듣고 한동안 조용히 입을 다물고 있던 아내가 이제 더 이상 참을 수 없어진 듯 갑자기 나를 흔들어 깨웠다. 그녀의 목소리는 이제 울먹임 때문에 떨리고 있었다. 나는 아직도 눈을 뜰 수가 없었다. 불빛 아래 눈을 뜨고 일어날 수가 없었다. <u>눈꺼풀 밑으로 뜨겁게 차오르는 것</u>을 아내와 어머니 앞에 보일 수가 없었다. 그것이 너무도 부끄러웠기 때문이다. 아내는 나를 흔들어 깨웠지만 나는 눈꺼풀을 꾹꾹 눌러 참으며 잠이 든 척할 수밖에 없었다. "아침에 나서려면 피곤할 텐데 자고 있는 사람을 왜 깨우니?" 어머니는 차분한 음성으로 말했다.

23. 밑줄 친 부분에 나타난 나의 기분으로 알맞은 것을 고르십시오.
   ① 어머니의 사랑을 깨닫고 가슴이 벅차다.
   ② 자고 있는데 아내가 깨워서 짜증이 난다.
   ③ 잠이 깼는데 자는 척하는 것이 힘이 든다.
   ④ 어머니의 말씀에 찬성할 수 없어 화가 난다.

24. 이 글의 내용과 같은 것을 고르십시오.
   ① 어머니와 아내는 나의 문제로 다투고 있다.
   ② 어머니는 자신보다 자식의 마음을 더 생각한다.
   ③ 아내는 어머니가 비밀을 숨긴 것에 대해 화를 냈다.
   ④ 나는 어머니의 말씀을 듣기 싫어서 자는 척하고 있다.

※ [25~27] 다음은 신문 기사의 제목입니다. 가장 잘 설명한 것을 고르십시오. (각 2점)

25.

| 봉사, 베풂이나 나눔이 아닌 친구가 되어 주는 것 |

① 봉사는 가난한 사람들에게 나누어 주는 것이다.
② 베풀어 주는 것이 봉사의 가장 중요한 부분이다.
③ 직접적인 도움보다 친구만 되어 주는 것이 더 좋다.
④ 어려움을 이해하고 꾸준하게 함께하는 봉사가 필요하다.

26.

| 개인 정보 유출대란 금융권 '인사 태풍' |

① 개인 정보가 금융 업계에 알려져 혼란스럽다.
② 금융 회사 간에 경쟁이 심해서 인력 이동이 많다.
③ 개인 정보가 알려져 시민의 피해가 점차 커지고 있다.
④ 개인 정보가 지켜지지 않아서 담당자가 책임을 지게 될 것이다.

27.

| 버스 추돌 사고 희생자, 장기 기증으로 새 생명 '선물' |

① 교통사고 환자가 장기 기증 선물을 받았다.
② 교통사고 부상자에게 장기 기증이 시급하다.
③ 교통사고 희생자가 장기를 기증하고 세상을 떠났다.
④ 교통사고가 증가하면서 장기 기증에 대한 인식이 바뀌고 있다.

※ [28~31] 다음을 읽고 (   )에 들어갈 내용으로 가장 알맞은 것을 고르십시오. (각 2점)

28.

> 사람을 해치는 동물은 이전에 사람들에게 해를 입었던 적이 대부분 있다고 한다. 사람을 해친 호랑이를 연구한 전문가는 사람을 해친 호랑이는 예외 없이 부상을 입었거나 늙고 쇠약한 상태였다고 한다. 또 사람을 해친 호랑이 오십여 마리의 머리뼈 중에 사십여 개는 심한 상처를 입고 있었다고 했다. 사람을 해친 호랑이의 (   ) 전문가는 주장한다.

① 대부분은 사람이 만들어 낸 결과라고
② 많은 수는 사람을 자주 해친 경험이 있다고
③ 상당수는 서식지의 파괴로 인해서 죽었다고
④ 일부는 자기들끼리 대결을 했기 때문이라고

29.

> 한 나라의 살림을 위해 국민이 서로 나누어 내는 돈을 '세금'이라고 한다. 국민이라면 누구나 부담해야 하는 공통의 경비가 세금이다. 어떤 경우에 얼마만큼의 세금을 내야 하는지는 국민의 대표 기관인 국회에서 만든 법률로 정해져 있다. 그런데 세금을 기꺼이 내겠다고 하는 사람은 거의 없다. 세금 부담은 피부에 와 닿는 일이지만 (   ).

① 국가에 도움을 준다고 생각하기 때문이다
② 국가가 세금을 가져가는 것이 싫기 때문이다
③ 법률로 세금을 정하는 것이 부당하기 때문이다
④ 그로 인한 혜택은 우리 눈에 보이지 않기 때문이다

30.

> 국가뿐 아니라 각종 사회단체와 자원 봉사자들도 사회적 약자에게 도움을 주고 있다. 특히 선진국에서는 전체 국민의 30% 이상이 이에 참여하고 있다고 한다. 선진 사회일수록 자원 봉사 활동이 활발한 이유는 그만큼 많은 사람이 주인 의식을 갖고, (   ) 때문이다. 진정한 자원 봉사 활동은 동정이 아니라 더불어 사는 사회를 만들기 위한 노력에서 비롯된다는 사실을 알 수 있다.

① 희생을 해야만 한다고 생각하기
② 사회적 역할을 다해야 한다고 믿기
③ 개인의 건강과 부를 지키기 위해 살기
④ 불쌍한 사람을 돕는 것이 의무라고 생각하기

31.

> 공연 예술은 무대와 같이 공개된 장소에서 연출되는 예술로서 음악, 무용, 연극 등이 이러한 예에 속한다. 공연 예술은 영상물과는 달리 무대 위의 공연자를 통해 공연되는 동안에만 존재하기 때문에 (   ). 또한 공연 예술은 연기자와 관객이 같은 공간에 있어 서로 감정이 통할 수 있으므로, 공연이 이루어지는 현장 상황과 관객의 반응에 따라 그 구성과 내용이 일부 달라지기도 한다.

① 매번 유일한 무대가 연출된다
② 항상 똑같은 내용의 공연이 이루어진다
③ 관객의 관람 방법이 공연마다 달라져야 한다
④ 연출자는 동일한 공연을 하기 위해 노력해야 한다

※ [32~34] 다음을 읽고 내용이 같은 것을 고르십시오. (각 2점)

32.

> 편견이란 고정관념을 바탕으로 어떤 사회 구성원에 대해 갖고 있는 부정적인 태도를 말한다. 이러한 편견은 선천적으로 타고나는 것이 아니라 주로 학습의 결과로 발생하는데, 그 원인은 여러 가지가 있다. 정치·경제적 갈등이 계속되는 경우 이에 관계된 집단의 사람들은 상대방을 점점 더 부정적인 시각으로 보게 된다. 결국 사람들은 상대방을 적대시하고, 자신의 집단을 더 우수하다고 생각하게 되는 것이다.

① 편견은 태어날 때부터 가지고 있는 경우가 많다.
② 고정관념은 편견의 형성에 별로 영향을 주지 않는다.
③ 갈등이 있는 집단 사이에는 서로 좋지 않은 시선으로 보게 된다.
④ 편견은 특정한 원인에 의해 발생하며 오래 지속되는 특징이 있다.

33.

> '이야기' 하면 사람들은 먼저 종이 책 속의 문학 작품을 떠올린다. 하지만 세상을 둘러보면 이야기는 이미 종이 밖으로 뛰쳐나와 삶의 곳곳에 숨 쉬며 살고 있다. 연극·영화·애니메이션은 물론이고 광고·제품 디자인까지. 오늘날 모든 분야에 활발하게 이용되고 있는 이 최신 트렌드의 본질이 '이야기' 라는 사실을 깨닫지 못하고 있을 뿐이다.

① 예술성이 없는 '이야기'는 그 활용 가치가 별로 없다.
② '이야기'는 문학 작품 속에서만 그 생명력을 이어간다.
③ 다양한 예술, 산업 분야에서 '이야기'가 활용되고 있다.
④ 최신 추세 속에 '이야기'가 있음을 사람들이 인식하고 있다.

34.

> 인간 사회에는 서로 다른 생각과 이해관계를 가진 사람들이 모여 살기 때문에, 공동체 구성원들 사이에 충돌이 일어나기 마련이다. 공동체 생활을 안정적으로 유지하기 위한 구성원들 사이의 약속이 세대를 거치면서 사회적 규칙으로 정해지고 법이 만들어졌다. 현대의 법은 종류가 과거에 비해 다양해서 사람들이 내용을 잘 알지 못하는 경우도 많다. 이는 사회가 복잡해지고 갈등 요소가 많아지고 있기 때문이다.

① 시대가 변하면서 법은 간결하게 변하는 추세이다.
② 인간은 법이 없으면 공동체 생활을 유지할 수 없다.
③ 인간은 개인적으로 살 수 없기 때문에 법이 꼭 필요하다.
④ 원만한 사회적 관계를 유지하며 살기 위해 법이 만들어졌다.

※ [35~38] 다음 글의 주제로 가장 알맞은 것을 고르십시오. (각 2점)

35.

> 월드컵과 같이 국가끼리 경쟁하는 경기를 관람할 때 지나치게 응원을 해서 문제가 되는 경우가 발생하기도 한다. 경기의 결과에 만족하지 못하여 종종 폭력 사태가 벌어지기도 한다. 하지만 스포츠는 그 자체로 즐길 필요가 있다. 월드컵을 무슨 종교처럼 바라보지 말고 축제처럼 즐겨야 한다는 것이다. 각 나라의 관중끼리 지나친 경쟁의식을 가지고 더 나아가 과도한 애국주의를 내세우는 응원 분위기는 변해야 한다.

① 바람직하고 건전한 응원 문화를 만들어야 한다.
② 운동 경기에서의 응원과 애국심과는 별로 관계가 없다.
③ 국민들의 애국심을 높이기 위해서 스포츠를 이용하기도 한다.
④ 국제 경기에서의 국민의 응원은 애국심을 키울 수 있는 방법이다.

36.

> 목표를 세웠지만 그 목표로 인해 의욕이나 힘이 생기지 않는다면 그 목표에 무엇인가 부족한 점이 있다는 것이다. 목표에 대한 확신이 생기지 않는다면, 자신이 세운 목표에 대해 다시 생각해 봐야 한다. 사실 목표는 외부에 있는 것이 아니다. 내 마음속 어딘가에 숨어 있다. 어렸을 때 자신의 마음을 움직이게 했던 일들을 떠올리며 자신의 내면과 대화를 해야 한다. 또 주변 사람과 이야기를 나누어 보면서 자기 자신에 대해 잘 살펴보아야 한다.

① 목표를 달성하려면 자신에게 맞는 목표를 정해야 한다.
② 주위 사람들의 의견은 나의 목표에 별로 영향을 줄 수 없다.
③ 자신의 목표를 정한 후에는 지키려고 노력하는 것이 중요하다.
④ 목표를 정할 때는 외부적인 조건도 중요하게 고려할 필요가 있다.

37.

> 통계청 보고에 따르면 2016년부터 국내 65세 이상 노인 인구가 14세 이하 인구보다 많아지게 된다. 2018년부터는 본격적인 '고령화 사회'가 시작된다고 하니, 이를 위한 법적·제도적 준비가 시급하다. 우선 노인 일자리 관련 방안을 개선해서 노인이 되어도 일을 할 수 있도록 해야 한다. 노년기에도 계속 일을 할 수 있다면 삶의 질이 보장되고 사회 복지 비용도 줄어들 수 있다. 또한 출산율을 높이기 위한 방법 마련도 필요하다.

① 노년층은 사회에서 점차 부담스러운 존재가 되고 있다.
② 고령화 사회를 대비하여 여러 가지 대책 방안이 필요하다.
③ 고령화 사회의 원인을 분석하여 저출산과의 관계를 알아내야 한다.
④ 노인 일자리 마련보다는 출산율을 높이는 것이 더 중요한 문제이다.

38.

> 피부 노화는 노인 누구에게나 일어나는 보편적인 현상이다. 그러나 젊은 나이부터 시작되는 현상이므로 젊었을 때 젊음을 과신하여 햇빛 노출에 대하여 적절한 보호 조치를 하지 않는 부주의한 생활습관 등을 지속한다면 노년이 아니더라도 피부 노화가 조기에 발생할 수 있다. 피부 노화는 어느 짧은 기간에 한꺼번에 일어나는 것이 아니라 장기간에 걸쳐 누적되는 변화이다. 따라서 자외선 차단제를 충분히 바르는 등의 피부 노화를 예방하기 위한 조치는 가급적 어렸을 때부터 시작하여 평생 동안 시행하는 것이 가장 바람직하다.

① 햇빛에 자주 노출되면 피부 노화가 발생할 수 있다.
② 피부 노화를 방지하려면 젊은 시절부터 피부 관리를 해야 한다.
③ 개인마다 피부 노화의 속도에 차이가 있어서 대처 방법이 다르다.
④ 피부 노화는 자연스러운 현상이기 때문에 노력해도 예방하기 어렵다.

※ [39~41] 다음 글에서 보기의 문장이 들어가기에 알맞은 것을 고르십시오. (각 2점)

39.

초콜릿은 뇌의 엔도르핀 분비를 자극하는 효과가 있는데 엔도르핀은 고통을 완화시키고 기분 좋게 하는 효과를 낸다. (㉠) 초콜릿에는 기분이 좋아지는 것과 관계가 있는 신경 전달 물질인 세로토닌의 분비를 자극하는 효과도 있다. (㉡) 뇌의 세로토닌이 감소하면 초콜릿 같은 단 음식이 먹고 싶어진다고 한다. (㉢) 초콜릿이야말로 '천연 복합 우울증 치료제'인 셈이다. 어쨌거나 우울할 때는 밀크 초콜릿보다는 다크 초콜릿을 먹는 것이 도움이 된다. 다크 초콜릿에 카카오가 더 풍부하게 들어 있기 때문이다. (㉣)

보기
이런 모든 물질이 복합적으로 우리의 기분을 좋게 해 주고 있다.

① ㉠   ② ㉡   ③ ㉢   ④ ㉣

40.

　　독감은 인플루엔자 바이러스에 의하여 발생하는 급성 호흡기 질환이다. (㉠) 독감을 의미하는 영어인 '인플루엔자'라는 단어는 이탈리아 어로부터 영어에 유입되었는데 이는 영향을 받는다는 뜻으로 바이러스의 존재를 모르던 시대에는 별의 영향으로 독감에 걸린다고 생각하였다. (㉡) 독감은 10~15년 주기로 전 세계에 유행하는데 1918년 유럽에서는 '스페인 독감'이 발생하여 수천만 명의 목숨을 앗아갔다. (㉢) 인플루엔자 바이러스는 사람들 간의 약간의 신체 접촉이나 공기로도 전염이 용이하기 때문에 만약 생물학 무기로 이용된다면 스페인 독감 이상의 피해가 예상되고 있다. (㉣)

보기

의학자들은 이에 버금가는 '슈퍼 독감'의 발생 가능성을 경고하고 있다.

① ㉠　　　② ㉡　　　③ ㉢　　　④ ㉣

41.

> 토마토는 19세기 초 일본을 거쳐서 한국에 들어왔다고 추정되는데 처음에는 관상용으로 심었으나 차츰 영양가가 밝혀지고 밭에서 키우게 되면서 대중화되었다. (㉠) 빨간 토마토에는 라이코펜이 많이 들어 있는데 이것은 그냥 먹으면 체내 흡수율이 떨어지므로 열을 가해 조리해서 먹는 것이 좋다. (㉡) 열을 가하면 라이코펜이 토마토 세포벽 밖으로 빠져나와 우리 몸에 잘 흡수된다. (㉢) 예를 들면, 토마토소스에 들어 있는 라이코펜의 흡수율은 생토마토의 다섯 배에 달한다. (㉣)

보기

> 토마토는 파란 것보다 빨간 것이 건강에 더 유익한 성분이 많으므로 완전히 익혀서 먹는 것이 좋다.

① ㉠   ② ㉡   ③ ㉢   ④ ㉣

※ [42~43] 다음을 읽고 물음에 답하시오. (각 2점)

> 까비는 우리 집에서 키우던 개의 이름인데 나에게는 개라기보다는 가족과 같은 존재였다. 그러던 어느 날 주민위원회에서 사냥개가 아닌 개는 키우지 말라는 결정이 내려져 우리는 까비를 우리 집에서 4킬로미터 정도 떨어져 있는 삼촌의 집으로 보내게 되었다. 까비를 보내던 날 나는 학교도 안 가고 하루 종일 울었고 까비도 자신의 운명을 아는지 하루 종일 먹이를 먹지 않았다. 우리의 송별식은 간단했다. 나는 울고 까비는 꿇어앉더니 두 눈에서 눈물이 찔끔 나왔다. 나는 개가 눈물을 흘리는 것을 처음 보았다.
> (중략)
> 까비가 삼촌네 집으로 간 지 사흘째 되는 날 기적이 일어났다. 까비가 우리 집에 돌아온 것이다. 나는 달려가 목을 끌어안고 보니 까비의 몸은 상처투성이였고 배는 홀쭉해져 있었다. 나는 <u>쏟아지는 눈물을 참을 수 없어 까비를 안고 울었다</u>. 까비는 긴 혀를 놀려 나의 손을 핥으며 힘없이 꼬리를 흔들었다.

42. 밑줄 친 부분에 나타난 인물의 감정으로 알맞은 것을 고르십시오.
① 안쓰럽다　② 황당하다　③ 담담하다　④ 참담하다

43. 이 글의 내용과 같은 것을 고르십시오.
① 주인공은 너무 슬퍼서 개가 운다고 착각을 했다.
② 주인공은 까비가 떠나던 날 학교에서 계속 울었다.
③ 까비는 동물이라서 인간의 마음을 이해하지 못했다.
④ 주인공과 개의 관계가 깊어서 기적 같은 일이 일어났다.

※ [44~45] 다음을 읽고 물음에 답하십시오. (각 2점)

> 서양 미술사에서 화려한 르네상스 미술이 꽃필 수 있었던 것은 예술가들의 역량을 인정하고 지원해 준 후원자가 있었기 때문이다. 위대한 예술가로 명성을 날린 다빈치, 미켈란젤로, 라파엘로 같은 화가의 배후에도 막강한 후원자가 있었다. 그러나 이 시기 예술가들의 작품은 후원자의 주문에 맞춰 제작하는 방식이었기 때문에 예술가들은 자신의 예술 의지를 펼치기보다는 후원자의 취향에 맞게 그림을 그릴 수밖에 없었다. 르네상스 이후 예술가들이 후원자의 보호를 떠나 자유롭게 활동하게 되면서 그들은 비로소 (   ) 나아가 독창적 개성을 표출하는 그림을 그릴 수 있게 되었다.

44. 이 글의 주제로 알맞은 것을 고르십시오.
① 자유로운 환경에서 더욱 창의적인 예술 활동이 이루어진다.
② 후원자들의 경제적 지원이 있어야 활발한 작품 활동이 가능하다.
③ 후원자들은 예술가에게 자신에게 맞는 그림을 그릴 것을 요구했다.
④ 예술가들은 후원자의 보호 아래 자신의 개성을 표현하는 작품을 제작했다.

45. (   )에 들어갈 내용으로 알맞은 것을 고르십시오.
① 자유로운 신분이 되어 이동이 자유로워졌고
② 경제적으로 독립하여 수입이 증가하게 되었고
③ 종교 지도자들의 억압으로부터 풀려나게 되었고
④ 자신들의 고유한 예술의 자율성을 확보할 수 있었고

※ [46~47] 다음을 읽고 물음에 답하십시오. (각 2점)

경제에서 빼놓을 수 없는 것이 역시 '돈'이다. (㉠) 돈을 잘 쓰면 우리 생활이 풍요롭지만, 제대로 사용하지 못하면 불행한 일이 생기게 된다. (㉡) 현대 사회에서 돈과 함께 많이 사용하는 것이 신용카드인데 신용카드는 현금을 가지고 다니지 않아도 되고, 또 큰 금액을 여러 번 나눠서 지출할 수 있다는 장점이 있다. 그런데 신용카드를 사용하다 보면 지출한 금액이 눈에 보이지 않기 때문에 자기 능력을 넘어서 사용하게 되고, 결국 신용 불량자가 되기도 한다. (㉢) 우리는 지금부터라도 소비를 조절하는 능력을 키워야 한다. 그러기 위해서는 돈의 사용을 기록하는 습관을 기르는 것이 필요하다. (㉣)

46. 다음 문장이 들어가기에 가장 알맞은 곳을 고르십시오.

그러므로 합리적인 소비를 위해 돈에 대한 올바른 태도와 지출 습관을 키워야 한다.

① ㉠   ② ㉡   ③ ㉢   ④ ㉣

47. 이 글의 내용과 같은 것을 고르십시오.
① 지출 내용을 기록하면 저축을 할 수 있다.
② 신용카드를 많이 사용하면 신용 불량자가 된다.
③ 신용카드는 편리하지만 계획적으로 사용해야 한다.
④ 돈이나 신용카드의 과도한 사용은 모두 사회의 책임이다.

※ [48~50] 다음을 읽고 물음에 답하십시오. (각 2점)

> 우리에게 닥친 위험의 실체를 알기 위해서는 현재의 위험이 과거의 위험과 어떻게 다른지 비교해 볼 필요가 있다. 옛날의 위험은 호랑이가 자주 나오는 산, 비어 가는 쌀통처럼 눈에 보이는 위험이어서 그 실체를 정확하게 파악할 수 있었고 (   ). 하지만 오늘날의 위험은 새로운 바이러스의 발생, 환경오염, 생태계 파괴 등 전 지구적인 성격이 강하다. 현대의 위험이 가진 또 다른 특징은 눈에 드러나지 않기 때문에 미리 대비하는 것이 거의 불가능하다는 것이다. 그런데 이러한 위험은 우리 인간의 욕망이 만든 것이다. 그러나 <u>과학 기술이 위험을 가져온다고 해서 시간을 뒤로 돌릴 수는 없는 일이다</u>. 중요한 것은 과학 기술과 자연을 다루는 인간의 자세에 있다. 인간의 편리함과 욕망만을 추구하던 태도를 근본적으로 바꿀 필요가 있다는 것이다.

48. 필자가 이 글을 쓴 목적을 고르십시오.
① 인간의 욕심이 얼마나 위험한지를 알려 주기 위해
② 과거의 위험과 현대의 위험의 차이점을 설명하기 위해
③ 과거의 생활 방식으로 돌아가야 하는 이유를 알리기 위해
④ 현대 사회의 위험을 알고 인간의 태도 변화를 유도하기 위해

49. ( )에 들어갈 내용으로 알맞은 것을 고르십시오.
① 사람의 생명을 위협하는 위험은 없었다
② 사람의 경험이나 지식으로 예측이 가능했다
③ 인간이 완벽하게 대비할 수 있는 위험이었다
④ 갑자기 위험이 들이닥치는 일이 거의 없었다

50. 밑줄 친 부분에 나타난 필자의 태도로 알맞은 것을 고르십시오.
① 인간의 무모한 욕망을 무조건적으로 비판하고 있다.
② 과학의 거부가 아닌 과도하지 않은 사용을 주장하고 있다.
③ 과학이 인간의 위험을 증대시켰다는 의견에 반발하고 있다.
④ 인간이 예측이 가능한 과거로 돌아가야 한다고 역설하고 있다.

模擬試験 2
2회 모의고사

TOPIK II

| 1교시 | 듣기, 쓰기 |
| 2교시 | 읽기 |

・「聞き取り」は、CD-ROM音声のTR201-220を使用します。
・解答用紙は巻末にあります。切り取ってお使いください。
・正解と問題ごとの配点はP.312に掲載されています。

수험번호(Applicaton No.)	
이름 (Name)	한국어(Korean)	
	영 어(English)	

유 의 사 항
Information

1. 시험 시작 지시가 있을 때까지 문제를 풀지 마십시오.
   Do not open the booklet until you are allowed to start.

2. 수험번호와 이름은 정확하게 적어 주십시오.
   Write your name and application number on the answer sheet.

3. 답안지를 구기거나 훼손하지 마십시오.
   Do not fold the answer sheet; keep it clean.

4. 답안지의 이름, 수험번호 및 정답의 기입은 배부된 펜을 사용하여 주십시오.
   Use the optical mark reader(OMR) pen only.

5. 정답은 답안지에 정확하게 표시하여 주십시오.
   Mark your answer accurately and clearly on the answer sheet.

   marking example ① ● ③ ④

6. 문제를 읽을 때에는 소리가 나지 않도록 하십시오.
   Keep quiet while answering the questions.

7. 질문이 있을 때에는 손을 들고 감독관이 올 때까지 기다려 주십시오.
   When you have any questions, please raise your hand.

듣기 (1번 ~ 50번)

※ [1~3] 다음을 듣고 알맞은 그림을 고르십시오. (각 2점)

1. ① ②
   ③ ④

2. ① ②  ③  ④

3. ① 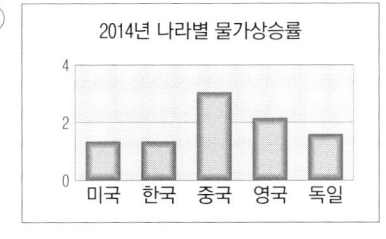 2014년 나라별 물가상승률
미국 한국 중국 영국 독일

② 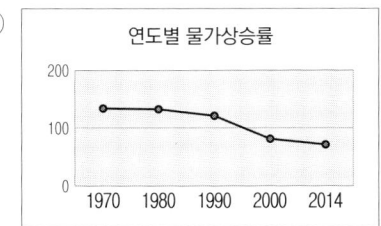 연도별 물가상승률
1970 1980 1990 2000 2014

③ 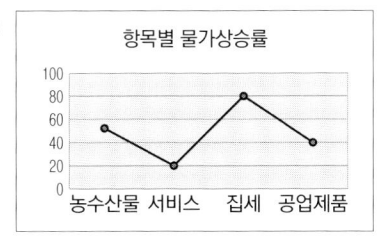 항목별 물가상승률
농수산물 서비스 집세 공업제품

④ 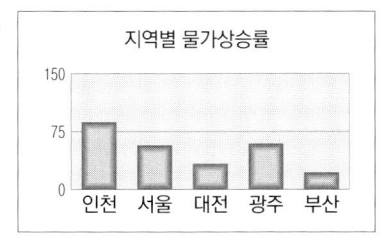 지역별 물가상승률
인천 서울 대전 광주 부산

※ [4~8] 다음 대화를 잘 듣고 이어질 수 있는 말을 고르십시오. (각 2점)

4. ① 오, 그거 처음 듣는 이야기인데요.
   ② 네, 그럼 이 양식을 작성해 주세요.
   ③ 깜빡 잊고 신분증을 안 가져 왔어요.
   ④ 죄송합니다. 아직 강습이 안 끝났어요.

5. ① 내 수업에 다시는 빠지지 마세요.
   ② 네 공책 덕분에 나 시험에 합격했어.
   ③ 알겠어. 하지만 이번 딱 한 번뿐이야.
   ④ 나는 한국어의 이해 수업을 신청할 생각이야.

6. ① 그래서 이사 날짜는 정했나요?
   ② 이사할 때 도와주고 싶지만 선약이 있어서요.
   ③ 회사에 다닐 때 교통이 편리한 것도 중요한 것 같아요.
   ④ 이사로 스트레스 많이 받더니 마음에 든다니 다행이네요.

7. ① 그래요? 정말 고민이 되겠네요.
   ② 괜찮아요. 저에게는 필요가 없어요.
   ③ 맞아요. 그만두는 것보다는 나을 거예요.
   ④ 네. 저도 사업을 할지 회사를 다닐지 고민했어요.

8. ① 인터넷으로 물건을 처음 샀어요.
   ② 제가 언제 물건을 받을 수 있을까요?
   ③ 어제 문자로 온 번호를 말하면 되나요?
   ④ 제가 주문한 것은 검은색이 아니라 파란색이에요.

※ [9~12] 다음 대화를 잘 듣고 남자가 이어서 할 행동으로 알맞은 것을 고르십시오. (각 2점)

9. ① 기차표를 예매한다.   ② 휴가 계획을 세운다.
   ③ 부산으로 출장을 간다.   ④ 휴가 기간을 변경한다.

10. ① 약속을 취소한다.   ② 회사로 다시 돌아간다.
    ③ 택시를 타고 회사에 간다.   ④ 박 차장에게 전화를 한다.

11. ① 발표 주제를 정한다.
    ② 교수님께 자료를 빌린다.
    ③ 발표 주제와 관련 있는 논문을 쓴다.
    ④ 도서관 홈페이지에서 자료를 찾아본다.

12. ① 축구 경기에 참가한다.
    ② 공원에서 운동을 한다.
    ③ 다른 지역으로 출장을 간다.
    ④ 회사 동료들과 영화를 보러 간다.

※ [13~16] 다음을 들고 내용과 일치하는 것을 고르십시오. (각 2점)

13. ① 여자는 산간 지역에 살고 있다.
    ② 여자는 이번 주에 노트북이 필요하다.
    ③ 여자는 전자매장에서 노트북을 사고 있다.
    ④ 노트북은 고장이 나면 항상 무상 수리가 가능하다.

14. ① 올해 입출금 통장의 금리가 올라갔다.
    ② 높은 금리를 받으려면 부지런해야 한다.
    ③ 요즘은 금리가 좋은 통장이 인기가 많다.
    ④ 요즘은 수수료 혜택이 많은 통장으로 바꾸고 있다.

15. ① 강릉에 24년 만에 눈이 내렸다.
    ② 강릉에 삼 일 동안 눈이 내리고 있다.
    ③ 강릉 지역에 지금은 눈이 내리고 있지 않다.
    ④ 강릉 지역 폭설은 8일에 집중적으로 내린 것이다.

16. ① 청소년의 절반 이상이 스마트폰 중독이다.
    ② 청소년은 스트레스를 풀 수 있는 방법이 많다.
    ③ 작년 대비 스마트폰 중독 청소년은 두 배가 증가하였다.
    ④ 성인은 자제력이 부족하여 스마트폰 중독이 더 심각하다.

※ [17~20] 다음을 듣고 남자의 중심 생각을 고르십시오. (각 2점)

17. ① 방학 때 봉사 활동만 하는 것은 시간이 아깝다.
    ② 졸업을 하면 지금보다 시간적 여유가 많을 것이다.
    ③ 취업을 하게 되면 배낭여행을 가기가 쉽지 않을 것이다.
    ④ 대학 마지막 방학은 취업 준비에 아주 중요한 시기이다.

18. ① 반려동물은 혼자 사는 사람에게 좋다.
    ② 반려동물로 개를 키우는 것이 가장 좋다.
    ③ 반려동물을 키우려면 책임감을 가져야 한다.
    ④ 반려동물에게 질병이 있으면 키우면 안 된다.

19. ① 전자책을 읽으면 피곤하다.
    ② 전자책보다 종이책이 집중이 잘된다.
    ③ 전자책은 종이책에 비해 장점이 많다.
    ④ 전자책은 인터넷 검색이 가능해서 더 좋다.

20. ① 패스트푸드, 인스턴트식품은 건강에 도움이 안 된다.
    ② 건강기능식품으로 영양소를 모두 섭취하기는 어렵다.
    ③ 세끼 식사를 모두 하면 비타민과 무기질이 부족하지 않다.
    ④ 건강기능식품은 부족한 영양소를 보충해 주어 건강에 도움을 준다.

※ [21~22] 다음을 듣고 물음에 답하십시오. (각 2점)

21. 남자의 중심 생각으로 맞는 것을 고르십시오.
    ① 주부들이 사업에 성공할 가능성이 많다.
    ② 사업은 마음만 있으면 누구나 할 수 있다.
    ③ 주부들을 위한 사업을 시작하면 성공할 수 있다.
    ④ 사업은 자신이 잘 아는 것을 하면 성공할 수 있다.

22. 들은 내용으로 맞는 것을 고르십시오.
    ① 스팀 청소기는 사업가가 개발하였다.
    ② 스팀 청소기는 주부들에게 호응을 얻지 못했다.
    ③ 스팀 청소기는 회사 소독을 하다가 개발하였다.
    ④ 스팀 청소기를 개발한 사람은 평범한 주부였다.

※ [23~24] 다음을 듣고 물음에 답하십시오. (각 2점)

23. 남자는 무엇을 하고 있는지 고르십시오.
    ① 집을 팔기 위해 홍보를 하고 있다.
    ② 부동산 중개인과 통화를 하고 있다.
    ③ 집을 구하려고 부동산에 가고 있다.
    ④ 부동산 홈페이지에 광고를 올리고 있다.

24. 남자가 해야 할 일을 고르십시오.
　　① 다른 부동산에 전화를 한다.
　　② 집을 보러 직접 그 집을 찾아간다.
　　③ 여자에게 자신의 메일 주소를 알려 준다.
　　④ 자신의 집 사진을 찍어서 여자에게 보낸다.

※ [25~26] 다음을 듣고 물음에 답하십시오. (각 2점)

25. 남자의 중심 생각으로 맞는 것을 고르십시오.
　　① 결혼을 하지 않으면 문제가 생긴다.
　　② 출산 후 복직에 대한 사회적 인식을 바꿔야 한다.
　　③ 출산보다 양육에 대한 부담감 때문에 결혼을 기피한다.
　　④ 결혼을 기피하는 현상에 대해 정부가 정책을 마련해야 한다.

26. 들은 내용으로 맞는 것을 고르십시오.
　　① 정부는 육아에 대한 정책을 마련하고 있다.
　　② 여자들은 결혼을 하면 사회 진출이 어려워진다.
　　③ 결혼을 하지 않는 이유는 경제적인 부담 때문이다.
　　④ 요즘 젊은 사람들은 결혼은 꼭 해야 한다고 생각한다.

※ [27~28] 다음을 듣고 물음에 답하십시오. (각 2점)

27. 여자가 장학금에 대해 남자에게 질문한 이유를 고르십시오.
   ① 장학금을 타면 외국어를 배우고 싶어서
   ② 학교 등록을 하지 못하게 될까 봐 걱정되어서
   ③ 교환학생 신청에 장학 증서를 제출하고 싶어서
   ④ 교환학생 신청 기간이 마감이 될까 봐 걱정이 되어서

28. 들은 내용으로 맞는 것을 고르십시오.
   ① 여자는 외국어 자격증이 있다.
   ② 여자는 교환학생에 선발되었다.
   ③ 여자는 장학 증서를 받을 수 있다.
   ④ 여자는 내일 장학금 선정 결과를 알 수 있다.

※ [29~30] 다음을 듣고 물음에 답하십시오. (각 2점)

29. 여자는 누구인지 고르십시오.
   ① 영화감독   ② 여행 작가
   ③ 연극배우   ④ 공연 연출가

30. 들은 내용으로 맞는 것을 고르십시오.
    ① 김광석의 삶을 뮤지컬로 만들었다.
    ② 김광석의 음악 콘서트를 할 예정이다.
    ③ 이 뮤지컬은 연극적인 요소와 유머가 많다.
    ④ 이 뮤지컬은 1999년의 대학가를 배경으로 만들었다.

※ [31~32] 다음을 듣고 물음에 답하십시오. (각 2점)

31. 여자의 생각으로 맞는 것을 고르십시오.
    ① 어릴 때부터 조기 교육을 하는 것이 중요하다.
    ② 너무 어린아이만 아니라면 조기 교육은 필요하다.
    ③ 조기 교육은 스트레스만 줄 뿐 아이에게 좋지 않다.
    ④ 아이가 원할 경우 조기 교육을 하는 것은 나쁘지 않다.

32. 여자의 태도로 맞는 것을 고르십시오.
    ① 상대방의 의견을 긍정적으로 수용하고 있다.
    ② 구체적인 사례를 들어 상대방의 주장을 반박하고 있다.
    ③ 상대방의 의견을 수용하면서 자신의 의견을 말하고 있다.
    ④ 상황을 객관적으로 분석하며 상대방의 책임을 묻고 있다.

※ [33~34] 다음을 듣고 물음에 답하십시오. (각 2점)

33. 무엇에 대한 내용인지 맞는 것을 고르십시오.
   ① 음악가 모집 안내문
   ② 회사에서 개최하는 음악회 안내
   ③ 학교를 구하기 위한 음악회 일정
   ④ 실력파 뮤지션과 유망주의 공연 소개

34. 들은 내용으로 맞는 것을 고르십시오.
   ① 관람권은 본사 로비에서 신청할 수 있다.
   ② 음악회는 회사 임직원들만 참석할 수 있다.
   ③ 음악회는 광희초등학교에서 열릴 예정이다.
   ④ 클래식 공연과 재즈 음악의 합동 무대가 있을 것이다.

※ [35~36] 다음을 듣고 물음에 답하십시오. (각 2점)

35. 남자는 무엇을 하고 있는지 고르십시오.
   ① 올림픽 개최 장소를 밝히고 있다.
   ② 올림픽의 개회사를 연설하고 있다.
   ③ 올림픽의 프로그램을 알리고 있다.
   ④ 올림픽에 참가하는 선수들을 소개하고 있다.

36. 들은 내용으로 맞는 것을 고르십시오.
    ① 일등만이 올림픽에서 승자가 될 수 있다.
    ② 내일 밤부터 올림픽 경기는 시작될 것이다.
    ③ 이 올림픽은 올해가 열두 번째로 열리는 것이다.
    ④ 이번 올림픽에는 문화, 교육 프로그램도 마련되어 있다.

※ [37~38] 다음은 교양프로그램입니다. 잘 듣고 물음에 답하십시오. (각 2점)

37. 남자의 중심 생각을 고르십시오.
    ① 영화가 흥행하면 광고 상품도 항상 성공한다.
    ② 드라마 제작비 마련을 위해서 광고를 할 수밖에 없다.
    ③ 영화가 성공하기 위해서는 상품 광고를 하는 것이 좋다.
    ④ 광고 효과가 좋더라도 과도한 남발은 작품의 질을 떨어뜨린다.

38. 여기에서 소개하고 있는 광고 기법의 내용과 일치하는 것을 고르십시오.
    ① 배우가 상품을 사용하게 하라.
    ② 배우가 상품을 직접 사게 하라.
    ③ 고객이 상품의 이름을 부르게 하라.
    ④ 고객이 직접 상품을 홍보하게 하라.

※ [39~40] 다음은 대담입니다. 잘 듣고 물음에 답하십시오. (각 2점)

39. 이 담화 앞의 내용으로 알맞은 것을 고르십시오.
    ① 유비쿼터스는 이미 생활 속에서 실현되고 있다.
    ② 유비쿼터스는 인간의 생활을 편리하게 만들어 줄 것이다.
    ③ 유비쿼터스가 확대되면 사람들이 컴퓨터에 의존할 것이다.
    ④ 유비쿼터스 시스템에 의존하게 되면 많은 문제가 있을 것이다.

40. 들은 내용과 일치하는 것을 고르십시오.
    ① 유비쿼터스 시스템을 따르면 큰 문제는 발생하지 않을 것이다.
    ② 유비쿼터스 환경에서 사람들은 컴퓨터처럼 계산을 잘 할 것이다.
    ③ 유비쿼터스가 확대되면 언제나, 어디서나 컴퓨터를 사용할 수 있다.
    ④ 유비쿼터스 환경에서 사람들이 간단한 것도 기억하지 못할 수도 있다.

※ [41~42] 다음은 우주에 대한 강연입니다. 잘 듣고 물음에 답하십시오. (각 2점)

41. 들은 내용과 일치하는 것을 고르십시오.
    ① 우주에서 여성보다 남성이 시력 변화가 크다.
    ② 우주에 대한 사람들의 관심은 날로 줄어들고 있다.
    ③ 무중력 상태에서는 골밀도가 높아지고 시력이 변한다.
    ④ 과학자들은 현재 인간이 우주에 적응 가능하다고 했다.

42. 우주에 대한 남자의 생각으로 맞는 것을 고르십시오.
   ① 인간은 우주에 적응할 수 있다.
   ② 인간의 몸은 우주에서 살 수 있을 만큼 진화하였다.
   ③ 아직 문제가 많기 때문에 연구는 계속 이루어져야 한다.
   ④ 문제는 있지만 심각하지 않기 때문에 금방 해결할 수 있다.

※ **[43~44] 다음은 다큐멘터리입니다. 잘 듣고 물음에 답하십시오. (각 2점)**

43. 목소리가 경쟁력이 되는 이유로 맞는 것을 고르십시오.
   ① 취업 경쟁을 하지 않아도 되기 때문에
   ② 이성 친구를 많이 만날 수 있기 때문에
   ③ 성형수술을 한 것이나 다름없기 때문에
   ④ 말의 전달력과 신뢰도가 높아지기 때문에

44. 이 이야기의 중심 생각으로 맞는 것을 고르십시오.
   ① 좋은 목소리는 취업을 잘하기 위해서는 꼭 필요한 요소이다.
   ② 갈수록 치열해지는 사회에서 목소리 하나만으로는 경쟁력이 없다.
   ③ 좋은 목소리가 경쟁력이 될 수 있지만 진심을 말하는 것이 중요하다.
   ④ 좋은 목소리를 갖기 위해서 성형수술을 하는 것을 비판하면 안 된다.

※ [45~46] 다음은 뉴스입니다. 잘 듣고 물음에 답하십시오. (각 2점)

45. 들은 내용과 일치하는 것을 고르십시오.
① 가공식품은 보통 성분 표시가 되어 있다.
② 참치 통조림에는 성분 표시가 되어 있지 않다.
③ 햄 제조업체에서는 햄의 지방 함량을 줄이기로 했다.
④ 모든 캔 햄의 지방 함량이 하루 기준치의 절반 이상이었다.

46. 남자의 태도로 가장 알맞은 것을 고르십시오.
① 견해에 대해 종합적으로 평가를 하고 있다.
② 견해에 대해 자신의 경험을 통해 설명하고 있다.
③ 예시와 근거를 통해 자신의 견해를 주장하고 있다.
④ 견해에 대해 전문 기관 분석 자료를 이용해 설명하고 있다.

※ [47~48] 다음은 대담입니다. 잘 듣고 물음에 답하십시오. (각 2점)

47. 들은 내용과 일치하는 것을 고르십시오.
① 인터넷에서는 받침을 빼거나 말을 줄이면 안 된다.
② 인터넷 언어 사용은 맞춤법에 혼란을 가져올 수 있다.
③ 인터넷 언어 사용은 언어생활에 긍정적인 영향을 미친다.
④ 인터넷보다 실제 생활에서 은어나 비속어를 더 많이 사용한다.

48. 남자의 태도로 가장 알맞은 것을 고르십시오.
    ① 잘못된 사회적 관행을 비판하고 있다.
    ② 상대방의 의견을 강하게 비판하고 있다.
    ③ 상대방의 의견에 대해 이의를 제기하고 있다.
    ④ 구체적인 사례를 들어 자신의 의견을 설명하고 있다.

※ [49~50] 다음은 강연입니다. 잘 듣고 물음에 답하십시오. (각 2점)

49. 들은 내용과 일치하는 것을 고르십시오.
    ① 비정규직 사원은 육아 휴직을 쓸 수 없다.
    ② 남성들의 육아 휴직률이 여성보다 높아졌다.
    ③ 남성 육아 휴직자는 2005년보다 크게 감소하였다.
    ④ 휴직한 사원을 다시 고용하면 지원금을 받을 수 있다.

50. 여자의 태도로 가장 알맞은 것을 고르십시오.
    ① 육아 휴직 제도의 도입을 연기할 것을 촉구하고 있다.
    ② 육아 휴직 제도에 대한 근본적인 문제를 제기하고 있다.
    ③ 육아 휴직 제도의 효과에 대해 긍정적인 입장을 밝히고 있다.
    ④ 육아 휴직 제도의 부작용에 대한 대안이 없음을 지적하고 있다.

쓰기 (51번 ~ 54번)

※ [51~52] 다음을 읽고 ( )에 들어갈 말을 각각 한 문장씩으로 쓰십시오. (각 10점)

51.

> **지식 박사에게 물어보세요.**
>
> **질문하기**: 아이가 뜨거운 물에 손을 데었어요. 어떻게 해야 하나요?
>
> **답변하기**: 빨리 응급처치를 해야 합니다. 먼저 손을 차가운 물에 10분 정도 담그세요. 심한 경우 상처 위의 의복이나 양말을 (㉠). 찬물을 부어 충분히 식히고 나서 서서히 벗기십시오. 그런 다음 가까운 (㉡). 화상을 집에서 치료할 경우 상처가 더 심해질 수 있습니다.

52.

> 옛날에 우산을 파는 아들과 짚신을 파는 아들을 둔 어머니가 있었다. 이 어머니는 비가 오면 짚신 파는 아들을, 날씨가 좋으면 우산 파는 아들을 걱정하느라 마음이 편한 날이 없었다. 그런데 어느 날 어머니의 (㉠). 비가 오면 우산이, 날이 좋으면 짚신이 잘 팔릴 것이라고 생각한 것이다. 그 후로 어머니는 행복해졌다. 결국 행복은 (㉡).

※ [53] 다음 표를 보고 성형수술의 장단점에 대해 쓰고, 성형수술에 대한 자신의 생각을 200~300자로 쓰십시오. (30점)

성형수술의 장단점

성형수술의 장점	성형수술의 단점
① 장애나 사고로 고통받는 사람들에게 도움이 된다. ② 외모에 대한 콤플렉스를 극복할 수 있다.	① 자신만의 개성이 없어질 수 있다. ② 수술 부작용과 성형수술 중독의 위험이 있다.

※ [54] 다음을 주제로 하여 자신의 생각을 600~700자로 글을 쓰십시오. (50점)

인간의 끊임없는 연구와 노력으로 과학 기술이 나날이 발전하고 있습니다. 과학 기술의 올바른 발전 방향에 대해 아래의 내용을 중심으로 주장하는 글을 쓰십시오.

- 과학 기술의 발달이 우리에게 미친 영향은 무엇입니까?
- 과학 기술 발달의 장점과 단점은 무엇입니까?
- 과학 기술의 올바른 발전 방향은 무엇입니까?

※ 원고지 쓰기의 예

	한	국		사	람	은		'	우	리	'	라	는
말	을		자	주		쓴	다	.	이	는		가	족	주
의	에	서		비	롯	되	었	다	.				

> 実際の試験では、1時間目の「聞き取り」「書き取り」の試験終了後に30分間の休憩時間（14時50分〜15時20分）があります。2時間目の「読解」の試験開始時間は15時20分です（入室時間15時10分）。

읽기 (1번 ~ 50번)

※ [1~2] ( )에 들어갈 알맞은 것을 고르십시오. (각 2점)

1. 컴퓨터로 일을 많이 (   ) 눈이 나빠졌다.
   ① 하건만   ② 하는 한   ③ 하고서야   ④ 하는 바람에

2. 유럽에 출장을 갔는데, 출장을 (   ) 주말에는 시내 여행을 했다.
   ① 갈 겸   ② 간 김에   ③ 가다가는   ④ 가는 탓에

※ [3-4] 다음 밑줄 친 부분과 의미가 비슷한 것을 고르십시오. (각 2점)

3. 요즘 취업 때문에 스트레스가 많아서 밤에 잠도 못 잘 정도이다.
   ① 잘 지경이다   ② 자는 법이다
   ③ 잘 리가 없다   ④ 자려던 참이다

4. 사람들이 모두 신입사원을 칭찬하는 것을 보니 신입사원이 일을 굉장히 잘하나 보다.
   ① 잘할 따름이다   ② 잘하는 모양이다
   ③ 잘하는 수가 있다   ④ 잘할락 말락 하다

※ [5~8] 다음은 무엇에 대한 글인지 고르십시오. (각 2점)

5.

얼룩도 **깔끔하게**, 옷감 손상은 **최소화**,
조용히 강하다!

① 청소기　　② 세탁기　　③ 냉장고　　④ 에어컨

6.

나의 사랑은 어디에
전쟁으로 헤어진 연인들의 가슴 아픈 이야기
환상적인 무대와 배우들의 아름다운 노래
가족이 함께 즐길 수 있는 공연

① 영화　　② 연극　　③ 드라마　　④ 뮤지컬

7.

당신의 재산이 불안하십니까?
최첨단 장비
신고 후 3분 안에 출동
고객의 안전을 최우선으로

① 여행사　　② 경찰서　　③ 경비 회사　　④ 전자 회사

8.

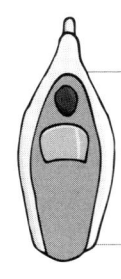

귀를 약간 잡아당기고 제품을 안으로 넣는다.
측정 버튼을 누르고 1~2초 기다린다.
신호 소리가 나면 숫자를 확인한다.

① 상품 안내　　② 주의 사항　　③ 주문 안내　　④ 사용 안내

※ [9~12] 다음 글 또는 도표의 내용과 같은 것을 고르십시오. (각 2점)

9.

주민자치센터 **바리스타 교실**

향기로운 커피를 내 손으로 만들 수 있고 자격증 취득도 가능

** 기간: 7월 25일(화) ~ 8월 24일(목)
** 시간: 매주 화요일, 목요일 오전 10시 ~ 12시
** 수강료: 무료　※ 재료비 3만원
** 신청 가능 인원: 선착순 15명
** 신청 방법: 주민자치센터 방문 접수
** 기타: 수료 후 원하는 사람은 커피 전문점에 취업 지원

① 수강료는 없지만 재료비는 내야 한다.
② 수강생은 전화로 수강 신청을 할 수 있다.

③ 교육이 끝나면 수강생 모두 취업이 가능하다.
④ 수강을 원하는 사람은 모두 교육을 받을 수 있다.

10.

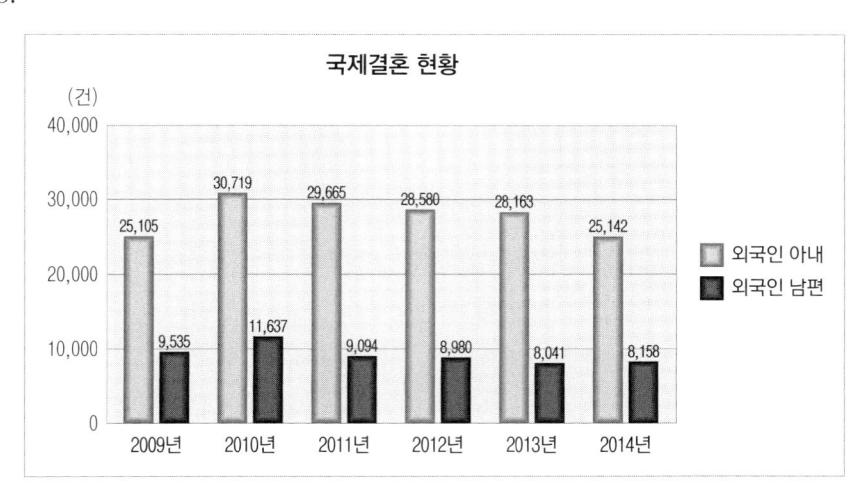

국제결혼 현황

연도	외국인 아내	외국인 남편
2009년	25,105	9,535
2010년	30,719	11,637
2011년	29,665	9,094
2012년	28,580	8,980
2013년	28,163	8,041
2014년	25,142	8,158

① 외국인 남성과 결혼하는 여성은 해마다 증가하고 있다.
② 외국인을 아내로 맞는 남성은 2011년부터 감소하고 있다.
③ 2013년에는 외국인 남성과 결혼한 여성이 전년보다 늘었다.
④ 2010년과 2011년 모두 외국인과 결혼한 남성과 여성이 전년보다 증가했다.

11.

> 요즘 아프리카에 해마다 술에 취한 코끼리 수가 증가하고 있다. 개발이 이루어지면서 생활 터전인 밀림이 없어지는 데다가, 남아 있는 생활공간도 부족하게 되자 코끼리는 스트레스를 심하게 받고 있다. 그래서 코끼리들은 그 스트레스를 해소할 수 있는 유일한 방법으로 알코올 열매를 찾아다니며 먹고 잊으려는 것이다.

① 코끼리는 알코올을 좋아하는 동물이다.
② 환경 파괴로 코끼리의 생태계가 파괴되고 있다.
③ 스트레스를 받은 코끼리가 위험한 존재가 되었다.
④ 술에 취한 코끼리로 인하여 피해가 발생하고 있다.

12.

> 다른 사람들은 대개 수학 과목이 어렵다고 한다. 하지만 나는 수학 시간이 재미있다. 바로 수업을 진행하시는 수학 선생님 덕분이다. 수학 선생님은 유머로 지루한 수학 시간을 즐겁게 만들곤 했다. 수학 선생님의 재미있는 설명 덕분에 우리들은 수학 수업을 좋아하게 되었고, 성적도 많이 좋아졌다.

① 수업은 재미있지만 성적이 올라가지는 않았다.
② 수학은 어려운 과목이라서 성적을 올리기 어렵다.
③ 즐거운 수업 시간으로 인해서 지루했던 수학이 좋아졌다.
④ 수학 선생님은 재미있기는 하셨지만 실력이 좋지는 않았다.

※ [13~15] 다음을 순서대로 맞게 나열한 것을 고르십시오. (각 2점)

13.

(가) 우리가 사는 사회는 모든 사람이 만족하며 살 수는 없다.
(나) 이러한 갈등을 해소하기 위한 방법이 사회 복지인 것이다.
(다) 따라서 어떤 사회든지 물질의 부족에서 비롯된 갈등이 존재한다.
(라) 물질은 한정되어 있고 인간의 욕구는 무한하기 때문이다.

① (가)-(라)-(다)-(나) ② (다)-(나)-(라)-(가)
③ (가)-(다)-(라)-(나) ④ (다)-(가)-(라)-(나)

14.

(가) 그런데 문제가 다른 사람과의 관계에서 발생할 경우 의사소통이 필요하다.
(나) 이때 의사소통의 수단인 말하기와 쓰기가 문제를 해결하는 과정에서 필요하다.
(다) 우리는 생활 속에서 많은 문제점을 접하게 된다.
(라) 말하기와 쓰기는 목표 지향적 과정이라 현실의 문제 해결과 비슷하다.

① (다)-(나)-(가)-(라) ② (가)-(나)-(라)-(다)
③ (다)-(가)-(나)-(라) ④ (가)-(다)-(나)-(라)

15.

> (가) 책을 읽음으로써 인간은 과거를 회상하고 미래를 생각할 수 있다.
> (나) 책은 인간의 기억과 상상을 확산시켜 준다.
> (다) 그러나 책장에 꽂혀 있는 책은 죽은 상상일 뿐이다.
> (라) 그런데 많은 사람들은 책을 꽂아 두는 것만으로 그 내용을 가진 것처럼 생각한다.

① (가)-(나)-(다)-(라) ② (나)-(가)-(다)-(라)
③ (가)-(다)-(나)-(라) ④ (나)-(라)-(가)-(다)

※ [16~18] 다음을 읽고 (   )에 들어갈 내용으로 가장 알맞은 것을 고르십시오. (각 2점)

16.

> 기술 유출은 기업 내부의 직원이 경쟁 업체로 옮기면서 기술을 갖고 가는 형태가 대부분이다. 즉 기술 유출의 가장 큰 주범은 '개발자'인 것이다. 이들은 보통 (   ) 생각에, 기술을 외부로 유출하는 것에 대해 죄책감을 느끼지 않는다. 자신의 행동으로 인해 발생할 국가적·기업적 손실을 인식하지 못하는 것이다.

① 경제적으로 이익을 가질 수 있다는
② 모든 사람에게 기술을 알릴 수 있다는
③ 자신이 개발한 기술을 자기가 활용한다는
④ 국가의 기술 발전에 본인이 기여할 수 있다는

17.

>   나를 알고 타인을 알아 가는 것은 모든 관계의 시작이다. 세계의 여러 민족과 국가가 서로 긴밀한 관계를 맺고 있는 오늘, 그들이 맺은 관계는 이익을 주기도 하지만 서로에게 상처를 주는 분쟁으로 이어지기도 한다. 분쟁의 대부분은 (   ). 그러므로 우리는 세계 여러 민족과 지역의 역사와 문화를 이해하는 것이 필요하다.

① 서로 관계를 맺기 싫어하기 때문이다
② 서로에 대한 오해와 편견에서 비롯되고 있다
③ 잘살기 위해서 지나치게 경쟁하기 때문이다
④ 언어가 통하지 않아서 발생하는 경우가 많다

18.

> 인간은 자연에서 태어나서 다시 자연으로 되돌아간다는 말이 있다. 그만큼 자연 환경은 인간의 생존과는 불가피한 관계인데, 산업화 이후 자연이 크게 훼손되어 동물의 멸종, 지구 온난화, 이상 기온 현상 등 생태계의 질서까지 위협받고 있다. 이러한 문제를 해결하기 위해서는 먼저 인간의 의식 구조를 바꾸어야 한다. 자연 환경은 극복하고 개발해야 하는 대상이 아니라 인간이 살아가는 공간이고, (   ).

① 인간이 자연보다 중요함을 느껴야 한다
② 인간이 자연의 지배자라는 것을 알아야 한다
③ 자연을 적극 활용해야 한다는 생각을 가져야 한다
④ 인간도 자연의 한 부분이라는 인식을 가져야 한다

※ [19~20] 다음을 읽고 물음에 답하십시오. (각 2점)

> 　모든 사람에게 똑같은 기회를 준다고 해서 (　　　) 그 사회를 공평한 사회라고 할 수는 없다. 똑같은 기회를 준다고 하더라도 타고난 재능이나 소질의 차이로 노력과 상관없는 결과가 나올 수 있기 때문이다. 100미터 경주에 비유한다면 원래 신체 조건이 매우 뛰어난 사람과 그렇지 않은 사람을 같은 출발선에서 뛰게 하는 것은 공평하지 못하다. 이러한 경주에서는 당연히 신체 조건이 뛰어난 사람이 유리할 수밖에 없다.

19. (　　)에 들어갈 알맞은 것을 고르십시오.
　　① 드디어　　　② 비로소　　　③ 마침내　　　④ 무조건

20. 이 글의 내용과 같은 것을 고르십시오.
　　① 뛰어난 조건을 가진 사람이 유리한 것은 불공평하다.
　　② 조건이 좋은 사람은 그렇지 못한 사람을 도와야 한다.
　　③ 사회에서 타고난 재능과 소질의 차이를 인정할 수는 없다.
　　④ 모든 사람에게 같은 기회를 주면 공평한 사회라고 할 수 있다.

※ [21~22] 다음을 읽고 물음에 답하십시오. (각 2점)

> 결혼할 상대자를 고를 때 사람마다 다르기는 하지만 조건이 있을 것이다. 가장 우선적인 것은 내가, 아니 서로 사랑하고 있어야 한다는 것이다. 사랑하지도 않는 사람과 원만한 결혼 생활을 할 수 없을 것이다. 물론 아무 조건 없이 사랑만으로 그 사람과 하나가 되는 것은 어려운 일이다. 하지만 서로 사랑할 땐 그 사람만 보이고 다른 조건은 중요하게 생각되지 않는다. 사랑하는 사람과도 결혼해서 이혼을 하는데 서로의 물질적인 조건만을 보고 (　　　　) 풍족한 결혼 생활을 한다고 해도 행복할 수 없을 것이다.

21. (　)에 들어갈 알맞은 것을 고르시오.
　① 못을 박는다면　　　② 앞뒤를 잰다면
　③ 바가지를 쓴다면　　④ 바람을 일으킨다면

22. 이 글의 중심 생각을 고르십시오.
　① 사랑하는 사이에는 가난해도 행복하다.
　② 결혼을 할 때는 조건보다 사랑이 중요하다.
　③ 이혼을 하는 데 경제적 상황이 중요하게 작용한다.
　④ 사랑을 중요하게 생각하는 부부는 이혼하지 않는다.

※ [23~24] 다음을 읽고 물음에 답하십시오. (각 2점)

> 재미있는 줄거리와 유명한 배우들이 나오는 영화가 인기를 끄는 요즘, 이 영화는 한 편의 시 같은 영화이다. 갈등이나 반전도 없고 화려한 배우들도 나오지 않는다. 농촌의 사계절 풍경이 나오고 그 조용한 화면에 농부의 힘든 노동과 땀이 그대로 느껴진다. 무엇보다 우리의 가슴을 따뜻하게 하는 것은 농부와 소의 아름다운 사랑과 믿음이다. 말없이 주어진 삶을 살다 조용히 죽는 소, <u>평생을 같이한 소를 보내는 농부의 마음은 가족을 떠나보내는 것과 다르지 않다.</u> 자식을 떠나보내는 부모의 마음은 아무도 헤아릴 수 없다. 이 영화는 현대의 삶 속에서 잊고 살았던 우리 아버지와 그 동반자인 소에게 바치는 영화라고 할 수 있다.

23. 밑줄 친 부분에 나타난 농부의 기분으로 알맞은 것을 고르십시오.
   ① 가족이 죽은 것처럼 가슴이 아프다.
   ② 소가 자신보다 먼저 죽어서 미안하다.
   ③ 일을 해야 하는 소가 죽어서 걱정된다.
   ④ 소에게 일을 너무 많이 시킨 것이 후회된다.

24. 이 글의 내용과 같은 것을 고르십시오.
   ① 영화에는 노인과 소의 갈등이 나온다.
   ② 인간과 동물은 가족처럼 지내기가 쉽지 않다.
   ③ 농촌을 배경으로 하는 영화는 흥행하기 어렵다.
   ④ 유명 배우가 나오지 않아도 감동을 주는 영화가 있다.

※ [25~27] 다음은 신문 기사의 제목입니다. 가장 잘 설명한 것을 고르십시오. (각 2점)

25.

부동산 경기 띄우기 총력, 주택 시장에도 봄은 오는가.

① 봄이 오면서 부동산 경기가 살아나고 있다.
② 부동산 시장의 불경기가 심하여 거래가 없다.
③ 주택 거래가 활성화되어 부동산 경기가 살아났다.
④ 주택 거래가 잘 이루어지도록 최선의 노력을 하고 있다.

26.

"여기저기 또 다른 내가" 명의 도용 범죄 기승

① 여러 곳에 개인의 정보를 알려 주는 것은 범죄다.
② 나를 따라하는 범죄가 늘어나서 경찰이 단속에 나서고 있다.
③ 돈을 받고 여기저기에 자신의 이름을 빌려 주는 사람이 많다.
④ 다른 사람의 이름과 정보를 훔쳐서 이용하는 범죄가 늘고 있다.

27.

> 음주 뺑소니 운전자 추격한 택시 기사, 경찰 표창

① 택시 기사가 음주 운전을 한 경찰을 추격하였다.
② 음주 운전을 하고 도망간 택시 기사가 경찰에게 잡혔다.
③ 경찰은 음주 운전 사고를 내고 도망간 사람을 잡기 위해 택시를 탔다.
④ 음주 운전 사고를 낸 후 도망간 운전자를 잡은 택시 기사가 경찰에게 상을 받았다.

※ [28~31] 다음을 읽고 (   )에 들어갈 내용으로 가장 알맞은 것을 고르십시오. (각 2점)

28.

우리는 어떤 사람을 처음 만날 때 그 사람이 어떤 사람인지를 판단하려고 한다. 이때 대부분은 외모, 말투, 태도 등 제한된 정보에 근거하여 판단이 이루어진다. 부족한 정보에도 불구하고 우리는 그 사람에 대해 모든 것을 알았다는 듯이 결론을 짓는다. 더구나 이렇게 한번 형성된 인상은 (   ). 따라서 나중에 이것과 반대되는 정보가 들어와도 쉽게 이전의 인상을 바꾸지 않는다.

① 본인의 의지로 바꾸는 것이 불가능하다
② 다른 사람의 의견에 의해 바뀌기도 한다
③ 심리적으로 일관성이 유지되는 경향이 강하다
④ 일관성 있게 유지되어 바꾸는 것이 불가능하다

29.

한국은 현재 영화 제작사의 과도한 경쟁으로 인해 연간 적정 제작 편수인 80여 편보다 훨씬 많은 작품이 제작되고 있다. 이 중에서 수익을 낸 작품의 수는 별로 많지 않고 제작비도 못 건지는 영화가 많다. 또한 이렇게 너무 많은 작품이 제작되다 보니 수준 이하의 작품도 많다. 이는 관객들에게 (   ), 이로 인해 한국 영화 전체가 외면당하는 결과를 가져올 수 있다.

① 작품 수준을 제대로 인식하기 힘들게 하여
② 한국 영화 산업 발전에 관심을 가지게 하고
③ 한국 영화 전체에 대한 부정적인 인상을 주게 되고
④ 영화를 선택할 때 영화가 너무 많아서 혼란을 주게 되고

30.

> 보통 사람들은 옷을 고를 때 자신이 좋아하는 색을 고르는 경우가 많다. 그렇지만 이는 다시 생각해 볼 필요가 있다. 내가 '좋아하는 색'과 내게 '어울리는 색'은 다르다. 대부분의 사람들이 (   ). 내가 좋아하는 색의 옷을 입으면 내게 어울려 보인다고 착각하기 때문이다. 누구에게나 피부색, 머리카락 색 등을 전체적으로 봤을 때 '어울리는 색'이라는 것이 있다.

① 유행하는 색의 옷을 사는 경우가 많다
② 비싼 가격의 옷이 좋다고 생각하기도 한다
③ 다른 사람의 의견을 듣고 사는 경우가 많다
④ 이 차이를 생각하지 않고 사는 경우가 많다

31.

사람들은 그림을 그릴 때 사물을 있는 그대로 그리는 것이 중요하고 잘 그린다고 생각한다. 그러나 19세기 말 사진기의 발명으로 화가들은 위기의식을 느끼게 되었다. 아무리 실물을 그대로 그려도 사진만큼 똑같이 그릴 수는 없었기 때문이다. 화가들은 사물을 보이는 그대로 그리는 방법 대신 새로운 방법을 찾기 시작했다. 그 결과 그들은 (   ). 이후 이런 표현은 사회에 빠르게 퍼져 나갔다.

① 미술의 다른 분야에 관심을 가지게 되었다
② 그림 그리는 것을 포기해 화가들이 사라지게 되었다
③ 사진기처럼 정확하게 사물을 표현하는 방법을 찾았다
④ 주관적인 정신세계를 표현하는 것을 중시하게 되었다

※ [32~34] 다음을 읽고 내용이 같은 것을 고르십시오. (각 2점)

32.

풍력 발전은 석유 등의 연료를 사용하지 않고 바람의 운동 에너지를 이용해 전기 에너지를 얻는 기술이다. 과학자들은 바람의 운동 에너지를 조금이라도 더 얻기 위해 바람에 따라 풍력 발전기의 방향을 바꾸는 등 여러 가지 방법을 사용한다. 풍력 발전은 위치에 따라서도 영향을 받는데 높은 산과 같은 곳이 바람이 일정한 속도로 불기 때문에 유리하다고 한다. 그러나 풍력 발전기를 높게 설치하기 위해서는 많은 비용이 드는 문제점이 있다.

① 풍력 발전은 친환경 에너지 생산 방법이다.
② 풍력 발전은 어느 곳에 설치해도 효과가 좋다.
③ 운동으로 바람을 만들어야 전기 에너지가 생긴다.
④ 높은 위치에 풍력 발전기를 설치해야 특별한 문제가 없다.

33.

　　인류는 음식을 오래 보관하기 위해 소금을 이용해 식품을 절이는 방법을 개발했고, 이것이 김치의 시작이었다. 한국인은 쌀을 주로 먹었기 때문에 부족한 비타민과 각종 미네랄을 채소를 통해 섭취했다. 그러나 사계절이 뚜렷한 기후 특징으로 겨울에 채소를 먹을 수 없게 되자 소금으로 배추를 절이게 되었고, 이것이 점차 발전하여 오늘날의 김치가 된 것이다. 김치는 오랜 역사를 가지고 있지만 오늘날의 김치 모양은 1600년대 고추가 많이 쓰이기 시작하면서 나타났다.

① 김치는 1600년대부터 먹기 시작했다.
② 한국은 사계절이 뚜렷하여 채소가 풍부하다.
③ 쌀을 주로 먹는 한국인은 채소를 먹을 필요가 없다.
④ 김치는 한국인에게 부족한 영양소를 공급한 음식이다.

34.

　　많은 사람 앞에 서면 아무리 말을 잘하는 사람이라도 긴장하지 않을 수 없다. 이 긴장은 의사소통에 장애가 된다. 하지만 긴장은 의사소통에 적극적인 동기를 만들고 집중하게 만드는 긍정적인 작용도 한다. 그것은 청중에게 있어서도 마찬가지이다. 보통 연설의 시작 부분에서는 말하는 사람과 청중 사이의 심리적 긴장 관계를 해소하고 공감대를 형성하는 것이 일반적이지만 적절한 긴장감을 조성하여 청중으로 하여금 말하는 사람의 화제에 집중하게 하는 것도 효과적인 방법이 될 수 있다.

① 말하는 사람의 긴장과 의사소통은 관계가 없다.
② 연설을 할 때 듣는 사람은 긴장할 필요가 전혀 없다.
③ 긴장감은 말하는 사람과 청중 사이에 긍정적인 효과를 주기도 한다.
④ 청중이 화제에 집중할 수 있도록 일부러 긴장감을 조성할 필요가 있다.

※ [35~38] 다음 글의 주제로 가장 알맞은 것을 고르십시오. (각 2점)

35.

> 자유는 인간이 존엄한 존재라는 사실을 알려 주며, 개인이나 국가 발전을 위한 중요한 요소이다. 그러나 자유에는 몇 가지 한계가 있다. 먼저 나의 자유만 강조하면 다른 사람의 자유를 침해할 수 있다. 예를 들어 나만 좋다고 큰 소리로 웃고 떠든다면 이웃에게 피해를 줄 수 있다.

① 개인이 자유를 누리는 것이 가장 중요하다.
② 자유는 남을 배려하는 것을 포함하고 있어야 한다.
③ 이웃에게 피해를 주는 일은 절대로 해서는 안 된다.
④ 다른 사람의 자유는 그 사람이 알아서 누려야 한다.

36.

> 　문학 작품에는 다양한 삶이 반영되어 있다. 철학과 역사 역시 우리의 삶을 이야기하지만, 문학은 논리로 삶을 이야기하는 것이 아니라 감정을 중심으로 삶의 진실을 나타낸다. 따라서 문학 작품을 감상하는 것은 독자가 삶과 마주하는 또 다른 방법이라고 할 수 있다. 문학 작품을 읽으면서 독자는 문학 작품 속에 나타나는 삶을 통해 다양한 정서를 경험하고 자신의 삶을 돌아보게 된다.

① 철학과 역사는 논리적인데 반해 문학은 감성적이다.
② 문학 작품을 통해 독자는 인생을 간접 경험하게 된다.
③ 문학에서는 아름답게 삶을 표현하는 것이 대단히 중요하다.
④ 독자는 문학 작품을 읽으면서 삶의 나아갈 방향을 결정한다.

37.

> 　학교의 재정 상태가 좋지 않을 때 제일 먼저 폐지되는 것이 예술 관련 교과 과정이지만, 예술은 청소년 교육에 빠져서는 안 될 필수 요소이다. 예술은 순수 학문을 통해서는 얻기 힘든 기술과 지혜를 학생들에게 가르쳐 준다. 또한 예술 교육은 학생들의 심리적인 면에도 좋은 영향을 준다. 예를 들어 연극은 말하기 능력과 자신감을 키워 준다. 하나의 예술 형식이라도 깊이 있게 가르치면 다양한 방식으로 학생들에게 자극을 줄 수 있다.

① 예술 교육은 학생들의 성적 향상에 도움을 준다.
② 예술 교육은 학생들의 정서 교육에 도움을 준다.
③ 학교의 재정 상태에 따라 교과 과정을 정해야 한다.
④ 학생들을 자극하기 위해서 다양한 시도가 필요하다.

38.

> 지역 개발과 관련해서 발생하는 갈등에는 대부분 타당한 이유가 있다. 그러므로 갈등을 단순히 지역 이기주의라고 비판하는 것은 옳지 않다. 이러한 문제들을 해결하기 위한 출발점은 먼저 객관적인 시각에서 갈등의 원인을 알아내는 것이 우선이다. 다음으로 관련된 사람들의 이해관계를 충분히 고려하여 서로에게 이익이 될 수 있는 최선의 방법을 찾아야 한다. 특히 기피 시설과 관련된 갈등을 풀기 위해서는 공공의 이익과 개인의 이익이 조화를 이룰 수 있도록 타협하는 과정이 중요하다.

① 사람들이 지역 이기주의를 비판하는 것은 당연하다.
② 기피 시설과 관련된 갈등이 생기면 공공의 이익이 우선이다.
③ 지역 개발로 인해 갈등이 생기면 원인을 찾고 타협해야 한다.
④ 공동의 발전을 위해서는 모든 지역의 의견을 받아들일 수는 없다.

※ [39~41] 다음 글에서 <보기>의 문장이 들어가기에 알맞은 것을 고르십시오. (각 2점)

39.

걷기는 특별한 장비나 돈을 들이지 않고 누구나 할 수 있는 가장 안전한 운동이다. (㉠) 그리고 건강이 좋지 않은 사람을 포함한 거의 모든 사람이 하기 쉬운 운동이며, 성인병의 예방과 치료 및 몸 안의 지방을 감소시키는 데에도 효과가 뛰어나다. (㉡) 운동을 위한 걷기는 일상생활에서의 걷기와 약간 차이가 있어야 한다. (㉢) 운동으로서의 걷기는 자연스럽고 편안하게 하고 천천히 걷기부터 시작하여 경쾌하면서도 약간 빠르게 해야 효과가 있다. (㉣)

보기

따라서 운동을 처음 시작하는 사람, 노약자, 임산부가 하기에 좋다.

① ㉠ ② ㉡ ③ ㉢ ④ ㉣

40.

　치맥이란 치킨과 맥주를 합쳐서 짧게 줄여 부르는 말인데 요즘 한 드라마의 인기와 더불어 치맥 열풍이 불고 있다. (㉠) 대표적인 것이 치킨과 맥주인데 맥주는 맛이 강하기 때문에 고기와 어울려서 시원한 맥주와 치킨을 먹을 때 더욱 맛있게 느끼는 것이다. (㉡) 이처럼 음식 중에는 따로 먹을 때보다 함께 먹을 때 더 맛있게 느껴지는 음식들이 있다. (㉢) 예를 들면 삼겹살과 소주, 와인과 치즈, 피자와 콜라 등이 있다. (㉣)

보기
음식 중에서는 같이 먹으면 잘 어울리는 음식이 있다.

① ㉠ ② ㉡ ③ ㉢ ④ ㉣

41.

> 정보를 정확하고 신속하게 수집하고 이용하기 위한 도구와 기술은 인류 문명의 발달에 중요한 역할을 해 왔다. (㉠) 이러한 정보 기술은 특히 15세기 중반 인쇄와 종이를 만드는 기술이 결합하여 모든 분야에 큰 발전을 가져왔다. (㉡) 오늘날에도 컴퓨터와 통신 기술의 개발로 정보 기술이 급성장하고 있다. (㉢) 컴퓨터 통신 기술의 비약적 발전으로 정보의 수집과 관리에서 정보화 사회로 변화되고 있다. (㉣)

보기

그 변화의 속도가 워낙 빠르고 범위가 넓어서 사람들이 따라가기가 힘들 정도이다.

① ㉠　　② ㉡　　③ ㉢　　④ ㉣

※ [42~43] 다음을 읽고 물음에 답하시오. (각 2점)

> 뜯어먹을 만한 풀이 돋자 돌이는 학교에서 돌아오는 대로 송아지를 데리고 언덕으로 나갔다가 풀을 먹이고 저녁때가 되어야 돌아오곤 했다. 한번은 송아지의 고삐를 놓아주었더니 막 달려서 혼자 집을 찾아가는 게 아닌가. 그때부터 언덕에서 집으로 돌아올 때는 항상 송아지와 달리기 시합을 했지만 언제나 이 시합에서는 돌이가 졌다. 하지만 시합에 져도 돌이는 항상 행복했다. (중략)
>
> 그러던 어느 날 전쟁의 상황이 심각해져서 돌이 가족은 남쪽으로 피난을 가게 되었다. 떠나는 날 아침에 돌이는 아버지에게 물었다.
> "송아지도 데리고 가지?"
> 아버지는 짐만 챙길 뿐 대답이 없었다. 돌이는 송아지 먹을 것을 넉넉히 챙겨주고 외양간에 묶고 송아지에게 말했다.
> "내 곧 데리러 올게."
> 집을 나와 걷다가 돌이는 무심코 집 쪽을 돌아보았다. 뜻밖에도 송아지가 울타리 너머로 이쪽을 바라보고 있었다. 그리고 갑자기 버둥거리는 것 같더니 울타리를 뚫고 달려 나왔다. 고삐를 끊은 것이다. 송아지는 돌이 쪽으로 달려오고 있었다.

42. 밑줄 친 부분에 나타난 돌이의 말투로 알맞은 것을 고르십시오.
① 끔찍하다
② 덤덤하다
③ 처량하다
④ 안타깝다

43. 이 글의 내용과 같은 것을 고르십시오.
   ① 돌이와 송아지는 친구처럼 우정을 쌓았다.
   ② 돌이 가족은 송아지와 함께 피난을 가기로 했다.
   ③ 송아지와의 달리기 시합에서 돌이가 이기기도 했다.
   ④ 송아지는 돌이 가족이 집을 떠나자 외양간에서 기다렸다.

※ [44~45] 다음을 읽고 물음에 답하십시오. (각 2점)

> 초고령 사회의 노동력 부족에 대한 해법으로 임금 피크제가 제안되고 있다. 임금 피크제란 근무 연수에 따라서 임금을 증가시키다가 일정한 연령에 이르면 해마다 임금을 삭감하면서 정년을 보장하거나 연장할 수 있도록 하는 제도이다. 인간의 평균 수명이 늘어나는 상황에서 고령 인력을 활용하기 위해서 정년을 보장하고 60세 미만으로 되어있는 정년을 연장하는 방법을 생각할 수 있다. 그런데 이렇게 되면 기업이 고액의 임금을 부담해야 하고, 정년이 연장되는 만큼 (   ). 그러나 고령 인구의 상당수가 연금 대신 임금을 받게 되면 젊은 층의 세금 부담을 덜어주는 효과가 있기도 하다.

44. 이 글의 주제로 알맞은 것을 고르십시오.
① 고령 인구의 경제 활동은 국가 경제에 도움이 된다.
② 임금 피크제는 고령화 시대에 고용 문제 해법이 될 수 있다.
③ 고령 인구가 연금 대신 임금을 받으면 국가 재정이 좋아진다.
④ 임금 피크제를 도입하게 되면 기업의 생산성이 떨어질 수 있다.

45. (   )에 들어갈 내용으로 알맞은 것을 고르십시오.
① 인건비가 늘어 사업 투자비용이 줄어들 것이다
② 국가는 세금을 많이 걷을 수 있어 재정이 좋아진다
③ 젊은이들은 일자리를 구하기가 어려워지는 문제가 있다
④ 정년이 연장된 직원들에게 더욱 많은 업무를 맡길 것이다

※ [46~47] 다음을 읽고 물음에 답하십시오. (각 2점)

> '사이비 과학'은 과학적이지 않은 것들에 '과학적'이라는 말이 붙여지는 경우를 뜻한다. (㉠) 사이비 과학에 비판적인 사람들은 '전혀 과학적이지 않은 것을 과학적인 이론에 기초하여 주장하는 아이디어들의 모음'이라고 정의한다. (㉡) 사이비 과학은 과학의 시대라는 21세기에도 줄어들기는커녕 점점 더 많은 사람을 유혹한다. (㉢) 사이비 과학의 문제는 '증명되지 않은 것'을 마치 사실인 것처럼 오해하기 쉽도록 사람들을 속인다는 것이다. 최근 유행하는 혈액형 심리학 역시 이런 사이비 과학에 속한다고 할 수 있다. 혈액형 심리학은 어떤 통계적 결과도 없으며 그것이 설명하는 사람의 특성과 맞지 않는 경우도 많은데 이 증거들이 무시되고 있다. (㉣)

46. 다음 문장이 들어가기에 가장 알맞은 곳을 고르십시오.

> 이는 현대인은 이미 과학의 놀라운 가능성을 경험했기 때문에 '과학적'이라는 말을 쉽게 믿는다는 사실을 이용하는 것이다.

① ㉠　　② ㉡　　③ ㉢　　④ ㉣

47. 이 글의 내용과 같은 것을 고르십시오.
① 사이비 과학 중에는 믿을 만한 내용들도 많이 있다.
② 사람들은 과학이라는 단어가 붙으면 무조건 믿는다.
③ 사이비 과학은 검증되지 않은 사실을 과학적 사실처럼 포장한다.
④ 혈액형 심리학은 여러 사람의 사례에서 과학적 사실로 인정되었다.

※ [48~50] 다음을 읽고 물음에 답하십시오. (각 2점)

> 사람들은 대부분 미술 감상을 미술 분야의 공부를 했거나 전문적인 식견을 가진 특별한 사람들만이 하는 고상한 취미 활동이라고 생각한다. 그러나 영화를 감상하는 데 특별한 지식이 없어도 되듯이 미술을 감상하기 위해서도 특별한 지식이 없어도 된다. <u>감상이란 마음에서 느껴 일어나는 현상이다</u>. 자연을 감상하듯 편안하게, 열린 시선으로 미술 작품을 바라본다면 느낌이 자연스럽게 떠오를 것이다. 미술 감상은 (   ). 우선 눈으로 '좋다' 또는 '좋지 않다' 가 평가의 기준이 되는 것이다. 눈으로 보아 즉각적으로 일어나는 감정이 미술 감상의 가장 기본적인 요소라고 할 수 있다. 미술 작품을 감상하기 위해 관련 지식을 깊이 있게 공부하거나 그 작가에 대한 모든 것을 알 필요는 없다. 평범한 일반인들도 편안한 마음으로 미술 전시회에 가서 감상하면 되는 것이다.

48. 필자가 이 글을 쓴 목적을 고르십시오.
① 미술 감상이 인생에서 필요한 이유를 알리려고
② 미술 감상에 전문적인 지식이 필요함을 설명하려고
③ 일반인이 미술 전시회에 가지 않는 이유를 알아보려고
④ 부담 없이 미술 감상을 시작하는 방법을 안내하기 위해서

49. (   )에 들어갈 내용으로 알맞은 것을 고르십시오.
    ① 전문가의 해설이 필요하다
    ② 전문적인 관찰력이 있어야 한다
    ③ 순간적인 시각적 판단에서 시작된다
    ④ 감상 전에 화가에 대한 연구가 필요하다

50. 밑줄 친 부분에 나타난 필자의 태도로 알맞은 것을 고르십시오.
    ① 미술 감상의 어려움을 역설하고 있다.
    ② 마음으로 감상하지 못하는 사람을 비판하고 있다.
    ③ 감상은 마음에서 느끼는 것이라고 주장하고 있다.
    ④ 느낌을 잘 아는 것이 얼마나 중요한지 언급하고 있다.

模擬試験 3
3회 모의고사

TOPIK II

1교시	듣기, 쓰기
2교시	읽기

3회 모의고사

・「聞き取り」は、CD-ROM音声のTR301-320を使用します。
・解答用紙は巻末にあります。切り取ってお使いください。
・正解と問題ごとの配点はP.374に掲載されています。

수험번호(Applicaton No.)		
이름 (Name)	한국어(Korean)	
	영 어(English)	

유 의 사 항
Information

1. 시험 시작 지시가 있을 때까지 문제를 풀지 마십시오.
   Do not open the booklet until you are allowed to start.

2. 수험번호와 이름은 정확하게 적어 주십시오.
   Write your name and application number on the answer sheet.

3. 답안지를 구기거나 훼손하지 마십시오.
   Do not fold the answer sheet; keep it clean.

4. 답안지의 이름, 수험번호 및 정답의 기입은 배부된 펜을 사용하여 주십시오.
   Use the optical mark reader(OMR) pen only.

5. 정답은 답안지에 정확하게 표시하여 주십시오.
   Mark your answer accurately and clearly on the answer sheet.

   marking example   ① ● ③ ④

6. 문제를 읽을 때에는 소리가 나지 않도록 하십시오.
   Keep quiet while answering the questions.

7. 질문이 있을 때에는 손을 들고 감독관이 올 때까지 기다려 주십시오.
   When you have any questions, please raise your hand.

듣기 (1번 ~ 50번)

※ [1~3] 다음을 듣고 알맞은 그림을 고르십시오. (각 2점)

1. ① ②  ③  ④

2. ① ② ③ ④

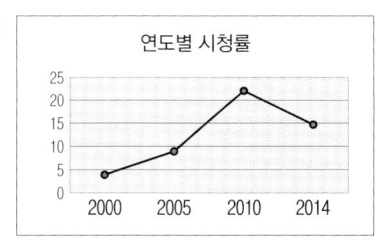

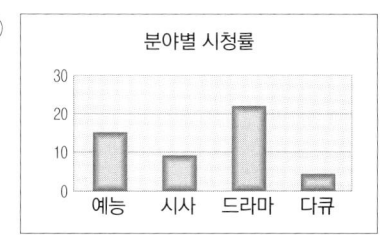

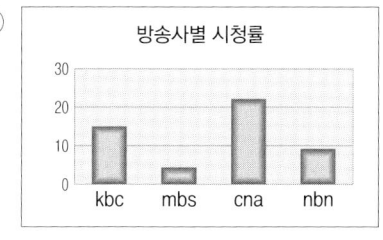

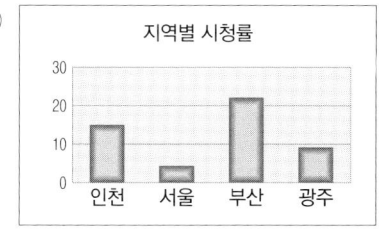

3. ① 연도별 시청률 ② 분야별 시청률 ③ 방송사별 시청률 ④ 지역별 시청률

※ [4~8] 다음 대화를 잘 듣고 이어질 수 있는 말을 고르십시오. (각 2점)

4. ① 네, 팀장님도 맛있게 드십시오.
   ② 혹시 어느 식당에서 식사하셨어요?
   ③ 네, 식사 안 했으면 같이 가실래요?
   ④ 어떡하죠? 식당에 지갑을 놓고 왔어요.

5. ① 아니, 나는 테니스를 별로 좋아하지 않아.
   ② 좋아. 나도 운동을 좋아하니까 즐거울 것 같아.
   ③ 그래? 그럼 내일 저녁에 나와 테니스 시합 어때?
   ④ 맞아. 운동을 너무 심하게 하면 오히려 안 좋은 것 같아.

6. ① 생일 파티가 언제라고 했지?
   ② 주말 전까지 못 끝낼 정도로 과제가 많아?
   ③ 이번 주말에 학교에서 과제를 준비할 거야.
   ④ 지난 생일 파티에 안 갔더니 서운해하더라고.

7. ① 문화 회관에 도착하려면 아직 멀었나요?
   ② 고객에게 전단지를 확실하게 배달했나요?
   ③ 인쇄가 다 되면 고객을 기다리면 될 것 같아요.
   ④ 그럼 인쇄가 끝나자마자 제가 차로 배달할게요.

8. ① 그렇군요. 요금이 많이 비싼가요?
   ② 이상하네요. 제 가방을 찾을 수가 없네요.
   ③ 그래요? 제가 언제 가방을 받을 수 있을까요?
   ④ 괜찮아요. 기다리는 동안 책을 읽으면 됩니다.

※ [9~12] 다음 대화를 잘 듣고 여자가 이어서 할 행동으로 알맞은 것을 고르십시오. (각 2점)

9. ① 시험 공부를 한다. ② 공연장에 찾아간다.
   ③ 공연 표를 예매한다. ④ 뮤지컬 내용을 찾아본다.

10. ① 음식을 주문한다. ② 샌드위치를 먹는다.
    ③ 하반기 실적을 조사한다. ④ 임원진에게 전화를 한다.

11. ① 친구에게 전화를 한다.
    ② 친구와 매장을 방문한다.
    ③ 백화점에서 놀거리를 찾는다.
    ④ 친구에게 연락처를 가르쳐 준다.

12. ① 배송 업체에 전화한다.
    ② 납품 업체에 직접 찾아간다.
    ③ 다른 연구팀 동료에게 간다.
    ④ 오늘 실험을 모두 취소한다.

※ [13~16] 다음을 듣고 내용과 일치하는 것을 고르십시오. (각 2점)

13. ① 여자는 전시된 그림을 살 수 있다.
    ② 남자는 최근 북아프리카를 여행하고 왔다.
    ③ 남자는 사무실에 풍경화를 놓을 예정이다.
    ④ 여자는 작업실에 있는 작품을 사기로 했다.

14. ① 한국 역사 강의를 시작하려고 한다.
    ② 80% 이상 출석하면 수강료가 할인된다.
    ③ 신청서에 강좌명은 빈칸으로 남겨 둬도 된다.
    ④ 신청서를 다 작성하면 강사에게 제출하면 된다.

15. ① 이번 공사로 병실을 두 배로 늘렸다.
    ② 이 병원은 최첨단 의료 시설을 완비하였다.
    ③ 올해 전문의들에게 의료 교육을 제공하였다.
    ④ 병원의 규모 확장 프로젝트는 모두 완료되었다.

16. ① 음식물 쓰레기는 환경오염에 영향을 미치지 않는다.
    ② 음식물 쓰레기 종량제를 도입한 후 불법 투기가 사라졌다.
    ③ 감시 카메라와 경고문은 음식물 쓰레기 감소에 효과가 있다.
    ④ 음식물 쓰레기를 주로 밤에 불법 투기하기 때문에 단속이 쉽지 않다.

※ [17~20] 다음을 듣고 여자의 중심 생각을 고르십시오. (각 2점)

17. ① 채식이 다이어트에 도움이 많이 된다.
    ② 채식을 하면 영양이 부족해서 건강이 나빠진다.
    ③ 채소만 먹어야 진정한 채식주의라고 할 수 있다.
    ④ 자신의 건강 상태에 따라 채식하는 것이 중요하다.

18. ① 아파트 값을 떨어뜨리는 시설이 들어서면 안 된다.
    ② 복지 시설보다는 주민들의 생활환경이 더 중요하다.
    ③ 어려운 사람을 배려하는 것이 성숙한 시민 정신이다.
    ④ 살기 좋은 환경을 만들기 위해서 권리를 주장해야 한다.

19. ① 결혼을 하려면 한국어 습득을 하는 것이 필요하다.
    ② 다문화 가정 아이는 엄마 나라의 말을 배워야 한다.
    ③ 빠른 시간 안에 외국인의 수를 늘리는 것이 중요하다.
    ④ 다문화 가정의 문제를 해결하기 위해 정부가 나서야 한다.

20. ① 옷이나 구두는 신상품을 사는 것이 좋다.
    ② 신상품은 오프라인 매장에서 구매하는 것이 좋다.
    ③ 재고 상품은 품질이 떨어져 구매하지 않는 것이 좋다.
    ④ 마음에 드는 상품은 조금 기다렸다가 사는 것이 좋다.

※ [21~22] 다음을 듣고 물음에 답하십시오. (각 2점)

21. 남자의 중심 생각으로 맞는 것을 고르십시오.
　① 재능 기부는 마음만 있으면 누구나 할 수 있다.
　② 재능 기부는 재능이 많은 사람이라면 할 수 있다.
　③ 재능 기부는 효과적인 마케팅 전략이 될 수 있다.
　④ 재능 기부는 여유 있는 사람이라면 참여할 수 있다.

22. 들은 내용으로 맞는 것을 고르십시오.
　① 지금은 개인도 재능 기부에 많이 참여하고 있다.
　② 재능 기부는 기업이 기술 개발을 위해 시작했다.
　③ 큰 재능 하나가 작은 재능 여럿보다 기여도가 높다.
　④ 재능 기부는 아직까지 물질적인 기부가 많은 편이다.

※ [23~24] 다음을 듣고 물음에 답하십시오. (각 2점)

23. 남자는 무엇을 하고 있는지 고르십시오.
　① 호텔을 예약하고 있다.
　② 식당에서 메뉴를 고르고 있다.
　③ 송별회 할 장소를 알아보고 있다.
　④ 인터넷으로 회사 홈페이지를 보고 있다.

24. 남자가 해야 할 일을 고르십시오.
    ① 다른 식당을 알아본다.
    ② 송별회 날짜를 변경한다.
    ③ 사장님께 보고를 드린다.
    ④ 홈페이지에서 메뉴를 고른다.

※ [25~26] 다음을 듣고 물음에 답하십시오. (각 2점)

25. 남자의 중심 생각으로 맞는 것을 고르십시오.
    ① 저소득층은 주택을 구입하는 것이 좋다.
    ② 고소득층의 주택 구입 감소는 바람직한 현상이다.
    ③ 고소득층으로 인해 저소득층의 주거 부담이 커졌다.
    ④ 저소득층으로 인해 고소득층이 전세나 월세를 선택했다.

26. 들은 내용으로 맞는 것을 고르십시오.
    ① 저소득층의 주택 구입은 작년 대비 감소하였다.
    ② 고소득층의 주택 구입 비용은 작년 대비 증가하였다.
    ③ 저소득층은 부동산의 불경기 때문에 월세를 선택했다.
    ④ 고소득층이 보증금으로 쓴 돈이 절반 이상 증가하였다.

※ [27~28] 다음을 듣고 물음에 답하십시오. (각 2점)

27. 여자가 회원권 취소에 대해 남자에게 질문한 이유를 고르십시오.
    ① 환불액이 많지 않았기 때문에
    ② 헬스클럽이 마음에 들지 않았기 때문에
    ③ 당분간 헬스클럽을 다닐 수 없기 때문에
    ④ 헬스클럽의 회원권이 너무 비쌌기 때문에

28. 들은 내용으로 맞는 것을 고르십시오.
    ① 여자는 헬스클럽 기간을 보류하였다.
    ② 여자의 회원권은 할인이 많이 되었다.
    ③ 취소 환불액은 절반 정도밖에 안 된다.
    ④ 여자는 5개월 간 지방으로 파견을 간다.

※ [29~30] 다음을 듣고 물음에 답하십시오. (각 2점)

29. 남자는 누구인지 고르십시오.
    ① 영화배우   ② 영화감독
    ③ 여행 작가   ④ 공연 연출가

30. 들은 내용으로 맞는 것을 고르십시오.
    ① 영화에는 서울의 아름다운 모습만 담았다.
    ② 영화를 위해 모은 동영상이 160개가 넘었다.
    ③ 이번 영화는 세계인에게 큰 호평을 받지 못했다.
    ④ 영화는 서울의 모습을 담은 동영상을 편집하여 만들었다.

※ [31~32] 다음을 듣고 물음에 답하십시오. (각 2점)

31. 여자의 생각으로 맞는 것을 고르십시오.
    ① 건강을 위해서 소금을 적게 먹는 것이 맞다.
    ② 소금 섭취가 많을 때보다 적을 때가 더 위험하다.
    ③ 음식을 싱겁게 먹는 것이 오히려 건강에 안 좋다.
    ④ 싱겁게 먹는 사람들이 심장병에 걸릴 확률이 높다.

32. 여자의 태도로 맞는 것을 고르십시오.
    ① 조심스럽게 상대방의 동조를 구하고 있다.
    ② 상황을 객관적으로 분석하며 상대방의 책임을 묻고 있다.
    ③ 상대방의 의견을 수용하면서 자신의 의견을 말하고 있다.
    ④ 전문가의 의견을 바탕으로 상대방의 의견을 반박하고 있다.

※ [33~34] 다음을 듣고 물음에 답하십시오. (각 2점)

33. 무엇에 대한 내용인지 맞는 것을 고르십시오.
    ① 이색 도서관을 소개하고 있다.
    ② 전통문화 체험에 대해 소개하고 있다.
    ③ 산에서 바라본 풍경을 소개하고 있다.
    ④ 최근 인기가 있는 책을 소개하고 있다.

34. 들은 내용으로 맞는 것을 고르십시오.
    ① 전통 한옥을 찾는 외국인들이 많아지고 있다.
    ② 시청에서 전통문화 체험 행사가 열리고 있다.
    ③ 요즘은 잔디밭에 누워 책을 읽는 사람이 많다.
    ④ 조선시대 서원을 그대로 재현한 어린이 도서관이 있다.

※ [35~36] 다음을 듣고 물음에 답하십시오. (각 2점)

35. 남자는 무엇을 하고 있는지 고르십시오.
    ① 수상 소감을 말하고 있다.
    ② 소설의 심사평을 말하고 있다.
    ③ 새로 나온 소설을 소개하고 있다.
    ④ 아내에게 쓴 글을 낭독하고 있다.

36. 들은 내용으로 맞는 것을 고르십시오.
   ① 작가의 선생님이 심사 위원이었다.
   ② 작가는 글을 쓸 수 있어 행복함을 느낀다.
   ③ 작가는 소설을 쓰는 과정이 매우 힘들었다.
   ④ 작가는 매일 똑같은 일상을 지겨워하고 있다.

※ [37~38] 다음은 교양프로그램입니다. 잘 듣고 물음에 답하십시오. (각 2점)

37. 남자의 중심 생각을 고르십시오.
   ① 어린이 전용 통장은 아이들의 용돈 관리가 잘 될 수 있다.
   ② 어린이 전용 통장은 아이들이 목돈 마련을 위해 필요하다.
   ③ 어린이 전용 통장은 보통 예금이 적금 통장보다 금리가 더 좋다.
   ④ 어린이 전용 통장은 보통 예금과 적금 통장을 같이 만드는 것이 좋다.

38. 여기에서 소개하고 있는 마케팅 전략의 내용과 일치하는 것을 고르십시오.
   ① 무료 서비스를 더욱 확대하라.
   ② 캐릭터를 적극적으로 이용하라.
   ③ 고객의 눈높이에 맞춰 서비스를 제공하라.
   ④ 다양한 혜택이 있는 패키지 상품을 만들어라.

※ [39~40] 다음은 대담입니다. 잘 듣고 물음에 답하십시오. (각 2점)

39. 이 담화 앞의 내용으로 알맞은 것을 고르십시오.
   ① 협동이 잘 되면 갈등은 생길 수가 없다.
   ② 갈등이 생기는 이유는 개인주의적 사고방식 때문이다.
   ③ 협동이 실제로 잘 이루어지기 위해서는 공정해야 한다.
   ④ 갈등이 일어나지 않기 위해서는 서로 경쟁을 해야 한다.

40. 들은 내용과 일치하는 것을 고르십시오.
   ① 협동만으로 집단을 유지할 수 있다.
   ② 갈등은 집단의 분열을 가져올 수 있다.
   ③ 협동은 집단이 발전할 수 있는 원동력이 될 수 있다.
   ④ 갈등은 집단에 같은 생각을 가진 사람이 많을 때 생긴다.

※ [41~42] 다음은 농업 관련 뉴스입니다. 잘 듣고 물음에 답하십시오. (각 2점)

41. 들은 내용과 일치하는 것을 고르십시오.
   ① 채소가 풍년이지만 가격은 떨어졌다.
   ② 지난해보다 가격이 오른 품목은 토마토뿐이다.
   ③ 2009년 이후 계속해서 채소 생산량이 감소했다.
   ④ 물량 많은 채소는 올여름부터는 제값을 받을 수 있다.

42. 이 뉴스에 대한 남자의 생각으로 맞는 것을 고르십시오.
　　① 폐기되는 농산물에 대한 해결책이 필요하다.
　　② 농가가 어려우면 유통업계에도 영향이 있다.
　　③ 농산물 가격에 대한 근본적인 대책이 필요하다.
　　④ 해마다 거듭되는 농산물 저장 문제를 해결해야 한다.

※ [43~44] 다음은 다큐멘터리입니다. 잘 듣고 물음에 답하십시오. (각 2점)

43. 열대우림이 사라지고 있는 이유로 맞는 것을 고르십시오.
　　① 나무를 다른 나라로 수출하고 있기 때문에
　　② 사람들이 나무를 함부로 베고 있기 때문에
　　③ 산불로 열대우림의 30%가 손실되었기 때문에
　　④ 아마존 강 유역의 동물들이 멸종하고 있기 때문에

44. 이 이야기의 중심 생각으로 맞는 것을 고르십시오.
　　① 열대우림이 사라지게 되면 생태계가 파괴될 것이다.
　　② 열대우림 손실은 더 이상 해결 가능한 문제가 아니다.
　　③ 열대우림을 지키기 위해서는 동식물을 보호해야 한다.
　　④ 도시 발전을 위한 열대우림 손실은 어쩔 수 없는 일이다.

※ [45~46] 다음은 강연입니다. 잘 듣고 물음에 답하십시오. (각 2점)

45. 들은 내용과 일치하는 것을 고르십시오.
   ① 스트레스를 구별하고 견뎌 내는 과정은 너무 복잡하다.
   ② 해결할 수 없는 스트레스는 그냥 잊어버리는 것이 가장 좋다.
   ③ 해결할 수 있는 스트레스는 그대로 받아들이는 것이 중요하다.
   ④ 스트레스를 줄이려면 어떤 스트레스인지 구별하는 것이 중요하다.

46. 남자의 태도로 가장 알맞은 것을 고르십시오.
   ① 객관적으로 평가를 하고 있다.
   ② 근거를 들어 비판을 하고 있다.
   ③ 자신의 경험을 예를 들어 설명하고 있다.
   ④ 전문 기관 분석 자료를 가지고 설명하고 있다.

※ [47~48] 다음은 대담입니다. 잘 듣고 물음에 답하십시오. (각 2점)

47. 들은 내용과 일치하는 것을 고르십시오.
   ① 종업원은 주인이 시켜야만 열심히 일을 한다.
   ② 식당의 주인이 직접 일을 해야 큰 이익을 낼 수 있다.
   ③ 종업원이 주인정신을 갖게 하려면 포상 제도가 있어야 한다.
   ④ 주인은 자신의 이익보다 사업의 이익을 더 중요하게 생각한다.

48. 여자의 태도로 가장 알맞은 것을 고르십시오.
① 상대방의 의견에 대해 강하게 비판하고 있다.
② 경험을 통해 자신의 의견을 주장하고 있다.
③ 상대방의 의견에 대해 이의를 제기하고 있다.
④ 구체적인 사례를 들어 자신의 의견을 설명하고 있다.

※ [49~50] 다음은 강연입니다. 잘 듣고 물음에 답하십시오. (각 2점)

49. 들은 내용과 일치하는 것을 고르십시오.
① 현대에는 가족이나 공동체에서 복지를 맡고 있다.
② 사람이 행복하게 살아가는 데 복지제도는 필요하지 않다.
③ 기본 생활이 보장되지 않으면 계층 간 경쟁이 심해질 것이다.
④ 국민이 어려움에 처했을 때 나라는 복지제도를 마련해야 한다.

50. 남자의 태도로 가장 알맞은 것을 고르십시오
① 견해에 대해 근거를 들어 설명하고 있다.
② 견해에 대해 종합적으로 비판을 하고 있다.
③ 견해에 대해 통계 자료를 가지고 주장하고 있다.
④ 견해에 대해 자신의 경험을 예를 들어 설명하고 있다.

쓰기 (51번 ~ 54번)

※ [51~52] 다음을 읽고 ( )에 들어갈 말을 각각 한 문장씩으로 쓰십시오. (각 10점)

51.

전기밥솥 사용 후기

어제 홈쇼핑을 보고 전기밥솥을 주문했는데 오늘 받았어요. 명절 전이라 주문이 많아서 (㉠). 그런데 일찍 배송되어서 다행이에요. 밥맛도 좋고 색깔도 예쁘고 디자인도 괜찮네요. (㉡). 후회하지 않으실 거예요.

52.

사람은 누구나 실수를 한다. 특히 어떤 일을 처음 할 때는 (㉠). 실수를 두려워한다면 우리는 아무것도 할 수 없다. 우리는 실수 후의 아픔을 통해서 새로운 것을 알게 되고 다른 사람을 이해하는 마음도 배우게 된다. 그러므로 (㉡).

※ [53] 다음 표를 보고 교복의 장단점에 대해 쓰고, 학생들에게 의무적으로 교복을 입게 하는 것에 대한 자신의 생각을 200~300자로 쓰십시오. (30점)

교복의 장단점

교복의 장점	교복의 단점
① 단정하고 깔끔해 보인다. ② 부모의 경제 수준에 관계없이 모두 평등하다는 느낌을 줄 수 있다.	① 활동하기 불편하다. ② 학생 개개인의 개성 표현이 어렵다.

※ [54] 다음을 주제로 하여 자신의 생각을 600~700자로 글을 쓰십시오. (50점)

인터넷 보급 이후 사이버 폭력 문제가 끊임없이 제기되고 있습니다. 사이버 폭력을 줄일 수 있는 효과적인 방법에 대해 아래의 내용을 중심으로 주장하는 글을 쓰십시오.

- 사이버 폭력으로 인해 어떤 문제가 생기고 있습니까?
- 사이버 폭력의 원인은 무엇입니까?
- 사이버 폭력의 대처 방안은 무엇입니까?

* 원고지 쓰기의 예

	한	국		사	람	은		'	우	리	'	라	는	
말	을		자	주		쓴	다	.		이	는		가	족	주
의	에	서		비	롯	되	었	다	.					

実際の試験では、1時間目の「聞き取り」「書き取り」の試験終了後に30分間の休憩時間(14時50分~15時20分)があります。2時間目の「読解」の試験開始時間は15時20分です(入室時間15時10分)。

읽기 (1번 ~ 50번)

※ [1~2] (   )에 들어갈 알맞은 것을 고르십시오. (각 2점)

1. 오늘까지 보고서를 제출해야 하는데 잠이 (   ).
   ① 올까 한다
   ② 깨는 듯하다
   ③ 들고 말았다
   ④ 달아날 뿐이다

2. 새로 들어간 회사는 월급은 많이 (   ) 일이 많아서 힘들다.
   ① 주고도
   ② 주는 나머지
   ③ 주는 덕분에
   ④ 주는 반면에

※ [3~4] 다음 밑줄 친 부분과 의미가 비슷한 것을 고르십시오. (각 2점)

3. 새로 이사한 집은 학교에서 <u>가까울 뿐만 아니라</u> 방도 깨끗하다.
   ① 가깝거나
   ② 가까울수록
   ③ 가까울지라도
   ④ 가까울뿐더러

4. 어제 얼마나 피곤했던지 공부를 하다가 컴퓨터를 <u>켜 놓고</u> 잠이 들었다.
   ① 켜 놓도록
   ② 켜 놓은 채로
   ③ 켜 놓은 대로
   ④ 켜 놓으면서도

※ [5~8] 다음은 무엇에 대한 글인지 고르십시오. (각 2점)

5.

> 더 얇고 더 가볍고 더 선명해진 화면!

① 노트북　② 프린터　③ 헤드폰　④ 스피커

6.

> **위대한 역사의 마지막 이야기**
> 주인공은 나라를 구할 수 있을 것인가
> 역사 속 영웅들의 영화 같은 이야기
> 한 줄 한 줄 느껴지는 역사의 숨소리!
> 저자 : 김한국

① 책　② 영화　③ 연극　④ 드라마

7.

> 높은 기름 값이 걱정이십니까?
> 최신 디자인의 "씽씽이"를 추천합니다.
> ▷ 새로운 소재 사용으로 가벼워진 무게
> ▷ 반으로 접을 수 있어 휴대가 간편
> ▷ 산에도 다닐 수 있는 튼튼함

① 배　② 자전거　③ 자동차　④ 오토바이

8.
> **여러분의 노력으로 여러분을 지킬 수 있습니다.**
>
> 기침을 할 때는 손으로 입을 막는다.
> 사람이 많은 곳에 가지 말고 손을 자주 씻는다.

① 의료기　　② 감기약　　③ 병원 안내　　④ 독감 예방

※ [9~12] 다음 글 또는 도표의 내용과 같은 것을 고르십시오. (각 2점)

9.

스키 동아리 '눈사람' 모임 안내

기다리던 하얀 눈의 계절이 돌아왔습니다. '눈사람' 정기 모임을 설악 스키장에서 하려고 합니다.
- 일시: 12월 30일 토요일 아침 8시
- 출발 장소: 외국어대학 앞 (단체 버스로 이동)
- 준비물: 스키복, 모자, 고글 등

※ 스키는 단체로 대여하여 30% 할인을 받을 예정입니다. 점심 식사와 물, 간식은 동아리에서 준비합니다.

① 회원은 각자 스키장까지 가야 한다.
② 점심과 간식은 개인이 준비할 필요가 없다.
③ 스키복은 단체 구매하여 30% 할인을 받는다.
④ 스키복과 모자는 스키장에 가서 대여하면 된다.

10.

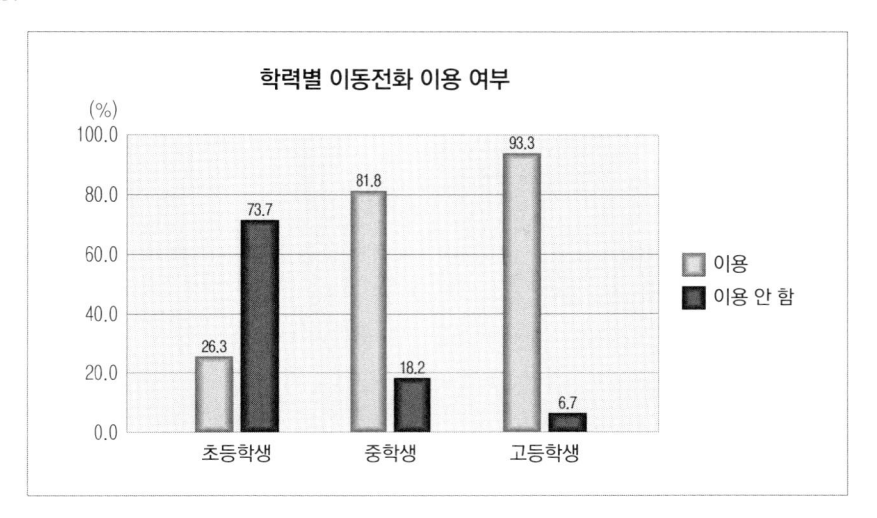

학력별 이동전화 이용 여부

(%)
- 초등학생: 이용 26.3, 이용 안 함 73.7
- 중학생: 이용 81.8, 이용 안 함 18.2
- 고등학생: 이용 93.3, 이용 안 함 6.7

① 이동전화를 사용하지 않는 비율은 고등학생이 제일 높다.
② 중학생은 이동전화를 사용하는 비율이 고등학생에 비해 높다.
③ 초등학생과 중학생의 이동전화 이용률은 큰 차이가 있다.
④ 중학생은 이동전화를 사용하지 않는 비율이 사용하는 비율의 절반이다.

11.

> 감사의 말이나 사과의 말을 해야 하는데도 이런저런 이유 때문에 주저하다가 그냥 지나치는 경우가 많다. 고마움과 미안함을 표현하지 않고 지나치면 예의가 없다는 오해를 받을 수 있다. 본인의 생각과 상관없이 버릇이 없는 사람이 될 수도 있는 것이다. 사소하더라도 고맙거나 미안한 일이 있을 때 감사의 말, 사과의 말을 하면 사람들과 인간관계를 잘 맺을 수 있다.

① 인사를 하지 않는다고 오해를 하면 안 된다.
② 인사를 안 해도 상황에 따라 이해해야 한다.
③ 감사나 사과의 말은 인간관계 유지에 중요하다.
④ 감사하는 마음만 있으면 표현하지 않아도 된다.

12.

> 동물도 필요한 정보를 주고받는다. 꿀벌은 춤을 추어서 방향을 알리고 개는 소리나 냄새로 정보를 교환한다고 한다. 인간의 의사소통은 주로 말을 하거나 글로 이루어진다. 인간의 의사소통은 음성이나 문자의 조합으로 무한한 표현이 가능해서 동물의 소통과는 근본적으로 다르다. 이렇게 인간은 언어를 사용하는 능력이 있기 때문에 동물과 달리 문화를 창조할 수 있는 것이다.

① 동물은 소통이 근본적으로 불가능하다.
② 동물도 간단한 문자의 이해가 가능하다.
③ 인간의 의사소통은 주로 행동으로 이루어진다.
④ 인간은 문자와 음성을 이용해 의사소통을 한다.

※ [13~15] 다음을 순서대로 맞게 나열한 것을 고르십시오. (각 2점)

13.

> (가) 좋아하는 라디오 프로그램을 잔잔히 틀어놓는 것도 방법이 될 수 있다.
> (나) 잠을 잘 자기 위해서는 침실에 소음이 없어야 한다.
> (다) 하루의 피로를 없애려면 잠을 잘 자는 것이 중요하다.
> (라) 그런데 소음을 완전히 제거할 수 없을 때는 소리를 낮고 일정한 정도로 조절하는 것도 괜찮다.

① (다)-(나)-(라)-(가) ② (가)-(라)-(나)-(다)
③ (다)-(가)-(라)-(나) ④ (가)-(다)-(라)-(나)

14.

> (가) 자신의 적성을 알고 맞는 직업을 선택하면 직업에 대한 만족감이 높다.
> (나) 자신에게 맞는 직업이 무엇인지 찾으려면 자기 자신을 아는 것이 중요하다.
> (다) 그중에서 적성은 특정한 분야에서 남보다 더 잘할 수 있는 소질을 의미한다.
> (라) 특히 적성, 성격, 흥미 등을 알면 직업 선택에 도움이 된다.

① (나)-(라)-(다)-(가) ② (다)-(나)-(라)-(가)
③ (나)-(다)-(라)-(가) ④ (다)-(가)-(라)-(나)

15.

> (가) 민주 사회에서 시민들은 자유롭게 의견을 제시할 권리를 가진다.
> (나) 모두의 동의를 얻는 것이 좋지만 현실적으로 불가능하기 때문에 다수결 원리에 따른다.
> (다) 그러나 각자의 입장이 다르기 때문에 갈등이 생기기도 한다.
> (라) 이러한 경우 다수의 의견으로 의사를 결정하는 것이 다수결 원리이다.

① (가)-(나)-(라)-(다) ② (라)-(다)-(가)-(나)
③ (가)-(다)-(라)-(나) ④ (라)-(다)-(나)-(가)

※ [16~18] 다음을 읽고 (   )에 들어갈 내용으로 가장 알맞은 것을 고르십시오. (각 2점)

16.

> 비가 많이 오지 않는 지역에 거주하는 사람들은 비가 적기 때문에 지붕을 평평히 하고, 주변에서 쉽게 구할 수 있는 흙으로 벽돌을 만들어 집을 지었다. 한편 눈이 많이 오는 지역에 사는 사람들은 지붕의 경사를 급하게 만들고 창문을 많이 만들지 않았다. 이처럼 사람들은 (   ).

① 집을 짓는 재료를 구하려고 노력하며 살아왔다
② 아름다운 건물을 짓는 것을 중요하게 생각한다
③ 자연환경에 적응하면서 다양한 문화를 형성한다
④ 다른 지역의 사람들끼리 경쟁하면서 건물을 짓는다

17.

> 유전공학의 발달로 현재 과학자들은 일부 동물의 복제에 성공했으며 질병 치료를 목적으로 인간의 장기 복제 연구도 이루어지고 있다. 이 연구가 성공하면 불치병의 치료가 가능하고 장기를 만들어 장기를 구하지 못해 이식수술을 못하고 죽는 사람들을 더욱 많이 살릴 수 있게 된다. 그러나 인간 복제가 가능해진다면 (　　　　) 이로 인해 인간의 존엄성이 파괴된다는 문제가 발생한다.

① 인간은 영원히 살 수 있고
② 인구가 급격하게 증가하게 되고
③ 인격을 가진 복제 인간이 생겨나게 되고
④ 인간이 치료할 수 없는 병은 사라지게 되고

18.

　　과학 기술의 발달이 많은 혜택을 주면서 사람들은 인류에게 행복을 가져다 줄 것이라는 낙관적인 생각을 하게 되었다. 그러나 과학 기술의 발달은 동시에 부정적인 결과도 가져왔다. 자원의 지나친 사용으로 환경 위기가 심각하고 인류의 생존을 위협하고 있다. 또한 생명 공학 기술의 발달로 다양한 윤리 문제가 발생하여 결국 사람들은 과학 혜택에 대해 의심하게 되었고 과학 기술의 (　　　　　　　　) 하기 시작했다.

① 발전을 더 빠르게 하기 위한 연구를
② 혜택을 더 많은 사람이 누릴 수 있도록 연구를
③ 부정적인 결과와 위험성에 대한 사회적 논의를
④ 부정적인 사실보다는 낙관적인 사실을 알리는 활동을

※ [19~20] 다음을 읽고 물음에 답하십시오. (각 2점)

　　쌀 재배에 필요한 재료의 가격과 인건비가 (　　) 30~40%나 올랐는데 이에 비해 쌀값은 10% 가까이 하락하여 농민들의 어려움과 고통이 날로 커지고 있다. 이는 빵, 라면, 피자 등과 같은 밀가루 식품의 소비 증가와 관련이 깊은데 밀가루가 쌀을 대신하는 비율이 점점 커져 쌀값이 하락한 것이다. 쌀을 원료로 하는 다양한 식품을 개발하여 밀가루 소비를 쌀 소비로 전환해야 한다.

19. ( )에 들어갈 알맞은 것을 고르십시오.
   ① 무려   ② 대개   ③ 대충   ④ 고작

20. 이 글의 내용과 같은 것을 고르십시오.
   ① 쌀값이 올라서 농민의 소득이 증가했다.
   ② 쌀을 재배하는 데 필요한 경비가 줄어들고 있다.
   ③ 밀가루로 만든 음식의 소비가 늘고 쌀의 소비가 줄었다.
   ④ 생산비가 많이 들어가는 쌀 대신 밀가루를 많이 먹어야 한다.

※ [21~22] 다음을 읽고 물음에 답하십시오. (각 2점)

> 우리는 현재보다 더욱 편리하고 여유로운 생활이 가능한 미래를 꿈꾼다. 이런 미래를 실현하는 데 로봇이 그 중심에 있다. 로봇은 우리가 어릴 때부터 만화나, 소설, 영화 등에서 자주 보아 왔기 때문에 친숙한 느낌이 들지만, 실제로는 컴퓨터, 기계 공학 등 여러 학문과 기술이 종합되어 만들어진 것이다. 인간처럼 행동하는 로봇을 만드는 것은 인류의 오랜 꿈이었다. 현재 개발 중인 로봇은 걷고 달리며 춤도 출 수 있다고 하는데 이처럼 과거에는 ( ) 일들이 현실로 이루어지고 있다.

21. ( )에 들어갈 알맞은 것을 고르시오.
   ① 꿈도 못 꾸던   ② 나 몰라라 하던
   ③ 고개가 수그러지던   ④ 간에 기별도 안 가던

22. 이 글의 중심 생각을 고르십시오.
   ① 로봇은 인간에게 꼭 필요한 존재이다.
   ② 로봇을 만드는 것은 인간에게 위험이 될 수 있다.
   ③ 로봇은 여러 가지 기술이 발달해야 제조가 가능하다.
   ④ 과학의 발달로 생각하지 못했던 일들이 가능해지고 있다.

※ [23~24] 다음을 읽고 물음에 답하십시오. (각 2점)

> 나는 거위 두 마리를 데려다 키웠다. 한 마리가 울면 다른 한 마리가 따라서 우는 것이 마치 무슨 이야기를 나누는 듯하고 물도 함께 마시고 모이도 함께 먹었다. 날마다 거위가 노는 것을 보는 것이 하나의 재미였는데 어느 날 밤에 그중 한 마리가 죽어 버렸다. 아침에 일어나 보니 살아 있는 거위가 죽은 거위를 품고서 날개를 치며 울고 있었다. 죽은 거위를 치우자 산 거위는 이리저리 왔다 갔다 움직이기 시작했다. 울음소리는 더욱 간절해지고 너무 울어 나중에는 소리도 제대로 내지 못하게 되었다. <u>나는 이 모습을 보면서 할 말을 잃었다.</u> 세상 사람들도 모두 너희와 같은 마음을 가지면 얼마나 좋을까?

23. 밑줄 친 부분에 나타난 나의 기분으로 알맞은 것을 고르십시오.
    ① 동물이 이상하게 행동하는 것이 신기하다.
    ② 거위의 행동이 보통 동물과 달라서 놀랐다.
    ③ 인간이 동물보다 뛰어남을 확인하고 안심했다.
    ④ 거위의 행동에 감동을 받았고 거위가 불쌍했다.

24. 이 글의 내용과 같은 것을 고르십시오.
    ① 동물도 인간과 같은 감정을 가질 수 있다.
    ② 거위는 인간과 사이좋게 지내는 동물이다.
    ③ 인간은 동물보다 모든 면에서 뛰어난 존재이다.
    ④ 거위는 같이 살던 한 마리가 죽으면 따라 죽는다.

※ [25~27] 다음은 신문 기사의 제목입니다. 가장 잘 설명한 것을 고르십시오. (각 2점)

25.

몰려오는 관광객, 전국은 호텔 투자 '열풍'

① 관광객이 증가하여 문제가 발생하고 있다.
② 관광객이 많이 와서 전국 호텔에 문제가 많다.
③ 관광객이 늘어나서 호텔 투자가 급증하고 있다.
④ 호텔이 부족하여 관광 산업에 많은 피해가 발생했다.

26.

| 더 벌어도 지갑 안 열어, 대형 마트 울상 |

① 수입 증가로 지갑을 안 사서 마트가 힘들다.
② 수입이 늘어도 소비자의 지출이 늘지 않아 마트가 힘들다.
③ 대형 마트에서 소비를 즐기는 소비자를 원망한다.
④ 대형 마트에서 소비를 늘리기 위해 노력하고 있다.

27.

| 택시 승차 거부 3회 적발 땐 자격 취소 |

① 택시 기사는 3회까지 승차 거부가 가능하다.
② 승차 거부가 3회 발견된 택시 기사는 자격이 취소된다.
③ 승객은 승차 거부하는 택시 기사를 세 번 신고할 수 있다.
④ 택시 기사는 세 번 사고를 내면 무조건 자격증이 없어진다.

※ [28~31] 다음을 읽고 (   )에 들어갈 내용으로 가장 알맞은 것을 고르십시오. (각 2점)

28.

> 옛날 사람들은 자연을 두려워하여, 자연에 순응하며 살아가고자 했다. 그러나 자연에 대한 지식을 축적하고 과학 기술이 발달하면서, 인간은 더 이상 자연을 두려워하지 않고, (   ) 여기게 되었다. 이러한 것을 통해 인간의 생활은 풍요롭고 편리해졌지만 자연은 심각하게 훼손되었다.

① 자연을 개발해야 할 대상으로
② 평화롭게 지내야 하는 동반자로
③ 자연을 무섭고 두려운 대상으로
④ 인간의 생활과는 관계없는 상대로

29.

> 설탕은 본인이 모르는 사이 의존하게 되는 중독성이 매우 강한 식품 중 하나이다. 전문가들에 따르면 설탕은 마약보다 8배나 더 중독성이 강하다. 이 때문에 설탕은 (   ). 설탕은 음식을 달게 만들어 주는 역할을 하기도 하지만 오늘날 많은 사람이 겪고 있는 질병의 큰 원인이 되고 있기 때문에 되도록이면 섭취를 줄이는 것이 좋다.

① 음식을 만들 때 꼭 필요하다
② 건강을 유지하기 위해 필요하다
③ 많이 먹을수록 더 많이 먹게 된다
④ 절대로 먹어서는 안 되는 식품이다

30.

　　다문화 사회에서 이민자 정책 중에 샐러드 볼 이론이라는 것이 있다. 이 이론은 이민 과정을 커다란 샐러드 볼 안에서 다양한 맛과 모양을 가진 재료들이 고유한 맛을 유지하는 샐러드에 비유한다. 모든 문화가 (　　　　　) 하나의 새로운 문화로서 의의를 가지도록 하려는 이론이다. 이는 어느 한 문화만이 우월하다는 것이 아닌 다양성을 존중하는 의미를 포함하고 있다.

① 서로 공통의 목표를 가지고 발전하면서
② 자기만의 독특한 문화적 특성을 유지하면서도
③ 모두 사라지고 다시 독창적인 문화를 창조하여
④ 지배적인 문화의 영향을 받아서 그 문화에 흡수되어

31.

　　진짜 산타가 살았다는 전설이 있는 핀란드의 산타마을에는 크리스마스가 되면 전 세계에서 어린이와 어른들이 찾아온다. 이곳에는 산타클로스가 일하는 사무실, 도서관, 우체국 등이 있다. 우체국은 전 세계 어린이들이 보내 온 편지로 가득한데, 이곳에 편지나 선물이 도착하면 나라별로 분류되어 산타클로스에게 전해진다. 산타클로스는 어린이들이 보낸 (　　　　　), 이를 위해 12개 국어에 능통한 비서들이 산타클로스를 돕고 있다.

① 편지에 모두 답장을 해 주는데
② 편지에 쓴 소원은 모두 들어주는데
③ 선물은 모두 핀란드 정부로 전달되는데
④ 선물은 모두 전 세계 어린이에게 주는데

※ [32~34] 다음을 읽고 내용이 같은 것을 고르십시오. (각 2점)

32.

> 눈은 사람의 감정이나 느낌의 변화를 가장 잘 나타내 주는 곳이다. 대화를 하면서 수시로 변하는 감정이나 느낌을 가장 빠르고도 정확하게 반영해 주는 곳이 바로 눈이기 때문에 상대방의 눈을 보면서 이야기하는 것은 적극적인 대화에서 꼭 필요한 요소가 된다. 눈의 크기, 눈동자의 움직임 등을 통해서 눈은 거의 모든 종류의 의미를 전달할 수 있다.

① 상황에 따라서 말없이 눈으로 대화할 수 있다.
② 눈에는 말하는 사람의 느낌, 기분 등이 나타난다.
③ 자신의 감정을 눈에 표현하여 상대를 설득할 수 있다.
④ 눈의 크기를 변화시키는 것은 의미 전달과 관계가 없다.

33.

　　아파트는 폐쇄적인 구조여서 주민들끼리 정을 나눌 기회가 없어 자신의 사생활만 생각하는 이기적인 태도를 갖게 만든다. 그리고 정을 바탕으로 한 이웃의 전통적인 관계를 약화시키며 특히 혼례, 장례 등 한국의 전통 의례와 잘 맞지 않는 공간이다. 이로 인해 아파트에 사는 사람들은 여러 모임을 만들어 친목과 정을 나눌 수 있는 자리를 마련하려고 노력한다.

① 아파트는 한국의 전통에 어울리는 장소이다.
② 아파트는 개방적인 구조로 이웃이 어울리기 좋은 공간이다.
③ 아파트에 사는 사람들은 현대적인 공간에 맞게 전통을 바꾼다.
④ 아파트는 사생활 보호에는 좋지만 이웃과 소통을 하기 어렵다.

34.

　　동양화의 특징은 여러 가지가 있겠지만 그중 여백의 미를 빼놓을 수 없다. 여백의 미가 없는 그림은 동양화라 할 수 없을 정도로 여백은 동양화에서 흔히 볼 수 있는 특징이다. 여백은 상상력을 발휘할 수 있는 바탕이 된다. 오히려 자세히 그린 것보다 더 많은 것을 표현하기도 한다. 이처럼 여백은 다 그리고 난 나머지가 아니라 저마다의 역할이 있는 의도적인 표현이다.

① 동양화의 여백은 서양화에서 영향을 받았다.
② 여백은 동양화의 일부에서 발견되는 특징이다.
③ 여백은 그림에서 그리지 않고 그대로 두는 것이다.
④ 동양화에서 여백은 상상력을 자극하는 역할을 한다.

※ [35~38] 다음 글의 주제로 가장 알맞은 것을 고르십시오. (각 2점)

35.

> 소리가 나오는 영화가 나왔던 1920년대 후반에 유럽의 영화감독들은 영화 속의 소리에 부정적인 의견이 많았다. 그들은 영화가 아름다운 장면의 연속체라고 여겼다. 그래서 그들은 영화 속 소리가 영화의 예술적 효과와 상상력을 빼앗을 것이라고 주장했다. 하지만 영화를 볼 때 소리가 없다면 내용이나 분위기 등을 파악하기 힘들 것이다. 소리는 다양한 기능이 있기 때문에 현대 영화감독들은 영화 속 소리를 적극적으로 활용하고 있다.

① 영화에서 소리가 영화의 장면보다 중요하다.
② 영화에서 소리의 역할이 커지면서 상상력이 감소했다.
③ 현대 영화감독들은 장면보다 소리를 더 중요하게 생각한다.
④ 소리는 영화 속 장면을 효과적으로 전달하는 데 도움을 준다.

36.

> 문화의 차이와 다양성을 인정하지 않으면 세대, 지역, 인종 등에 따른 집단 사이의 문화 갈등이 나타날 수 있다. 이러한 문화 갈등을 줄이려면 각 사회의 문화를 그 사회의 맥락에서 이해하려는 문화상대주의적 태도가 필요하다. 문화를 각 사회의 고유한 삶의 방식으로 보는 문화상대주의적 태도는 다른 문화와 다름을 인정하는 것이기 때문이다. 하지만 무비판적인 문화상대주의적 태도는 경계해야 한다. 인간의 존엄성을 해치는 풍습까지 문화적 다양성으로 인정하기는 곤란하기 때문이다.

① 인류의 발전을 위해 문화의 통일이 필요하다.
② 문화 갈등은 사회 현상이기 때문에 해결할 수 없다.
③ 올바른 비판과 선택을 통해서 서로의 문화를 인정해야 한다.
④ 각 사회의 문화는 고유문화이므로 무조건 다름을 인정해야 한다.

37.

> 인터넷과 각종 기기의 발달로 그들만의 여가 문화를 형성하고 있는 청소년들이 늘어나고 있다. 사이버 여가 활동은 관련 산업 성장에 기여하는 면도 있지만 인터넷 중독, 게임 중독, 스마트 폰 중독 등을 일으키는 부정적인 면도 있다. 청소년기에 이루어지는 친교 활동이나 야외 문화 활동은 사회화는 물론 신체 발달에도 긍정적 영향을 미친다. 반면에 청소년들의 사이버 여가 활동은 건전한 사회화를 방해하고 신체 발달에도 부정적 영향을 미친다. 청소년들을 위한 다양한 문화 활동 프로그램이 필요하다.

① 사이버 여가 활동은 청소년의 성장을 방해한다.
② 청소년들에게 건전한 여가 프로그램이 필요하다.
③ 사이버 여가 활동은 산업 발달에 많은 기여를 한다.
④ 청소년 인터넷 중독이 심각하여 사회 문제가 되었다.

38.

> 공정 여행은 여행지의 주민을 존중하고 환경을 보호하며 지역 경제를 활성화하자는 목적으로 착한 여행이라 불리기도 한다. 그동안의 여행이 여행지의 환경을 파괴하고 여행자의 즐거움만을 중시했다는 반성에서 출발한 공정 여행은 조금 느리고 불편하지만 지속 가능한 여행을 목표로 하였다. 공정 여행을 실천하려면 지역 경제를 살리는 소비를 해야 한다. 지역 주민이 운영하는 숙박 시설을 이용하고 지역에서 생산되는 특산물로 만든 음식을 먹으면 된다. 유명 관광지에서 사진을 찍는 것보다 공정 여행으로 가슴에 남을 사진을 찍는 것이 어떨까?

① 공정 여행이 아닌 여행은 환경을 많이 파괴한다.
② 지역 경제에 도움이 되는 공정 여행을 활성화해야 한다.
③ 공정 여행에서는 지역 주민들의 역할과 활동이 중요하다.
④ 공정 여행은 여행자의 즐거움과 편안함을 중시하지 않는다.

※ [39~41] 다음 글에서 <보기>의 문장이 들어가기에 알맞은 것을 고르십시오. (각 2점)

39.

우리는 신문, 라디오, 텔레비전, 인터넷 등을 통해서 정보를 주고받고 서로의 생각을 나누기도 한다. (㉠) 이러한 전달 수단을 매체라고 한다. (㉡) 대중 매체는 오늘날 많은 양의 정보를 전달하며 세상과 접속하는 '창문'으로서 매우 중요한 역할을 한다. (㉢) 그러나 편집 과정에서 정보의 신뢰성이 훼손되기도 하고, 자료의 폭력성, 상업성 등이 문제가 되기도 한다. (㉣)

보기

따라서 대중 매체 자료를 읽을 때는 비판적, 객관적 태도를 가져야 한다.

① ㉠   ② ㉡   ③ ㉢   ④ ㉣

40.

돈, 지위, 권력이 불평등하게 분배되고, 그에 따라 개인과 집단이 서열화되는 것을 사회 계층화 현상이라고 한다. (㉠) 이러한 현상이 생기는 이유를 개인의 능력 차이로 인해 생긴다고 보는 관점이 있다. (㉡) 그러나 사회 계층화 현상이 지배 집단의 권력 유지가 원인이 된다는 주장도 있다. (㉢) 그 결과 집단 간의 대립을 가져오고, 사회 전체의 안정을 해치는 역할을 한다고 주장한다. (㉣)

> **보기**
> 이는 능력에 따라 인재를 배치하면서 나타나는 현상이라고 주장한다.

① ㉠ ② ㉡ ③ ㉢ ④ ㉣

41.

> 운석은 우주로부터 지구로 떨어진 돌이다. (㉠) 운석을 연구하면 우주가 어떻게 시작됐는지 알 수 있으며 다른 별을 이루는 물질의 종류를 찾아 그 별에 생명체가 사는지에 대한 비밀도 밝힐 수 있다. (㉡) 러시아에서는 운석을 넣은 특별한 올림픽 금메달을 선수들에게 주어서 화제가 되기도 했다. (㉢) 운석이 떨어진 것을 발견하면 큰 행운을 얻은 것이니 그야말로 별에서 온 선물이라고 할 수 있다. (㉣)

> **보기**
> 운석의 이러한 귀한 연구 가치 때문에 종류에 따라서 다이아몬드보다도 훨씬 가격이 비싸기도 하다.

① ㉠ ② ㉡ ③ ㉢ ④ ㉣

※ [42~43] 다음을 읽고 물음에 답하시오. (각 2점)

> 나는 아저씨가 준 편지를 어머니에게 전했다. <u>편지를 읽는 어머니의 얼굴은 파랬다 빨갰다 하고 손은 떨리고 있었다.</u> 여러 날이 지난 후 어머니는 나를 불러 말씀하셨다.
> "이 손수건, 저 아저씨 손수건인데, 갖다 드리고 와."
> 손수건을 들고 가면서 나는 접어진 손수건 속에 종이가 들어 있는 것처럼 생각되었지만 그것을 펴 보지 않고 그냥 아저씨에게 주었다.
> 어느 날 오후에 내가 오래간만에 아저씨 방에 갔더니 아저씨가 짐을 싸느라고 바빴다. 내가 아저씨에게 손수건을 갖다 드린 다음부터는 아저씨가 나를 보아도 예전처럼 놀아 주지 않고 언제나 슬프고 걱정이 있는 사람처럼 나를 바라보곤 했는데 짐을 싸는 것을 보고 깜짝 놀랐다. (중략)
> 그날 오후에 아저씨가 떠나간 다음 나는 어머니와 뒷동산에 올라갔다. 뒷동산에서는 정거장이 내려다보였다. 기차가 정거장에 잠시 섰다가 다시 움직였다.
> "기차 떠난다."
> 나는 손뼉을 쳤다. 어머니는 기차가 사라질 때까지 가만히 서서 그것을 바라다보았다.

42. 밑줄 친 부분에 나타난 인물의 반응으로 알맞은 것을 고르십시오.
    ① 당황스럽다
    ② 조심스럽다
    ③ 퉁명스럽다
    ④ 익살스럽다

43. 이 글의 내용과 같은 것을 고르십시오.
   ① 나는 어머니가 심부름시키는 것이 싫다.
   ② 어머니는 아저씨를 좋아했지만 헤어졌다.
   ③ 아저씨는 화가 나서 나와 놀아 주지 않았다.
   ④ 아저씨는 어머니와 사이가 좋지 않아서 집을 나갔다.

※ [44~45] 다음을 읽고 물음에 답하십시오. (각 2점)

> 20세기 두 차례에 걸친 세계 대전 이후 인류는 국민의 인권을 억압하는 국가가 인류 전체의 인권을 위협할 수도 있다는 사실을 깨달았다. 따라서 특정 국가나 지역을 초월한 인류 전체의 인권의식이 만들어지기 시작했다. 1948년 국제 연합 총회에서 세계 인권 선언을 채택하였고, 인권을 (   ) 인식이 확산되었다. 이제 사람들은 전쟁, 가난 등으로 어려움을 겪는 나라에 물자를 보내거나 의료진을 파견하기도 한다. 또 국가를 넘어 개인이나 민간단체가 나서서 어려운 상황에 있는 사람들이 보다 인간다운 삶을 누릴 수 있도록 노력하고 있다. 국가, 종교 등의 조건보다는 인간 자체를 중요하게 생각하게 된 것이다.

44. 이 글의 주제로 알맞은 것을 고르십시오.
① 상황이 어려운 사람을 도와주는 일은 당연한 일이다.
② 인권은 국가와 민족에 상관없이 보장받아야 하는 것이다.
③ 국민을 억압하는 나라는 다른 나라의 국민도 억압할 수 있다.
④ 세계 인권 선언이 만들어져서 인류의 인권이 모두 보장되고 있다.

45. (   )에 들어갈 내용으로 알맞은 것을 고르십시오.
① 국가에서 상황에 따라 보호해야 한다는
② 개인이 지키기 위해서 스스로 노력해야 한다는
③ 국가뿐만 아니라 모든 인류가 공유해야 한다는
④ 지키기 위해서 다른 나라와 전쟁을 해도 된다는

※ [46~47] 다음을 읽고 물음에 답하십시오. (각 2점)

> 기부란 공공사업이나 자선, 장학 사업 등의 일을 돕기 위해 개인이나 단체가 대가 없이 돈을 내는 것을 말한다. (㉠) 반면 사회봉사란 사회의 이익과 복지를 위해 돈을 받지 않고 시간과 재능, 노동력이나 경험 등을 제공하는 것을 말한다. (㉡) 기부나 사회봉사는 가난한 사람, 병든 사람, 소외된 사람을 돌봄으로써 공동체의 삶의 질을 높이는 활동이다. (㉢) 따라서 소득이 높거나 특별한 사람만이 하는 것이 아니라 시민이라면 누구나 할 수 있는 일이다. 기부나 사회봉사를 하는 것은 사회적으로도 많은 의의가 있다. 자신이 살고 있는 지역의 모습과 사회문제를 쉽게 이해할 수 있어 함께 살아가는 건전한 사회를 만들 수 있다. (㉣)

46. 다음 문장이 들어가기에 가장 알맞은 곳을 고르십시오.

> 즉, 기부는 물질적으로 기여하는 것인 반면, 사회봉사는 어떠한 행위로 기여하는 것이다.

① ㉠   ② ㉡   ③ ㉢   ④ ㉣

47. 이 글의 내용과 같은 것을 고르십시오.
① 기부는 재산이 많은 사람이 하는 일이다.
② 소득이 높은 사람은 사회에 대한 의무가 많다.
③ 기부와 사회봉사는 사회 구성원 모두가 가능한 일이다.
④ 건전한 사회를 만들기 위해서는 시민은 반드시 봉사를 해야 한다.

※ [48~50] 다음을 읽고 물음에 답하십시오. (각 2점)

> 신용카드로 자신의 소득보다 더 많이 소비를 하여 이를 갚지 못해 재산을 압류당하는 신용불량자가 많아지고 있다. 이는 자신의 형편을 생각하지 않고 소비를 지나치게 많이 하는 데에서 비롯된 것이다. 이처럼 과도한 소비는 자신의 소득 수준이나 지불 능력을 생각하지 않고, 소비를 더 많이 하는 소비 형태를 말한다. 필요하지 않은 물건을 충동적으로 구매하거나 다른 사람의 소비 행동을 그대로 따라 하고, 남에게 자신의 부를 과시하기 위한 과정에서 과도한 소비가 나타난다. 과도한 소비는 본인의 경제생활을 어렵게 할 수 있고 돈을 제대로 갚지 못하여 다양한 사회 문제를 일으키기도 한다. <u>그리고 건전한 저축을 통한 자본 축적을 방해하여 경제 성장에 좋지 못한 영향을 주기도 한다.</u> 신용이 중요한 현대 사회에서는 (   ) 노력하는 것이 필요하다.

48. 필자가 이 글을 쓴 목적을 고르십시오.

① 충동구매의 불필요함을 설명하기 위해
② 과도한 소비의 악영향을 알리기 위해
③ 현대 사회에서 소비의 중요성을 알리기 위해
④ 저축을 많이 해야 하는 이유를 설명하기 위해

49. (　　)에 들어갈 내용으로 알맞은 것을 고르십시오.
① 자신의 소득 안에서 바람직한 소비를 하도록
② 소득이 많은 직업을 찾아 소득을 증가시키도록
③ 제품을 구매하지 않고 재활용하는 방법을 찾도록
④ 은행에 저축을 최대한 많이 할 수 있게 홍보하도록

50. 밑줄 친 부분에 나타난 필자의 태도로 알맞은 것을 고르십시오.
① 저축을 하지 못하는 사람을 비난하고 있다.
② 저축이 늘면 경제가 반드시 성장한다고 확신하고 있다.
③ 경제가 성장하지 못하는 것에 대해 정부를 비판하고 있다.
④ 과도한 소비가 경제 성장을 저해할 수 있다고 역설하고 있다.

模擬試験 1
1회 모의고사

解答・解説・訳

模擬試験 1　解答

※左の数字は問題番号、丸数字は正解、右の数字は配点です。
書き取り問題の配点はP.12とP.283〜287をご参照下さい。

聞き取り

問題	正解	配点
1	④	2
2	①	2
3	②	2
4	②	2
5	④	2
6	③	2
7	②	2
8	①	2
9	③	2
10	①	2
11	④	2
12	②	2
13	②	2
14	②	2
15	④	2
16	②	2
17	③	2
18	③	2
19	①	2
20	④	2
21	①	2
22	④	2
23	④	2
24	④	2
25	③	2

問題	正解	配点
26	④	2
27	②	2
28	②	2
29	①	2
30	③	2
31	②	2
32	③	2
33	②	2
34	③	2
35	③	2
36	③	2
37	③	2
38	③	2
39	①	2
40	④	2
41	②	2
42	③	2
43	①	2
44	③	2
45	③	2
46	③	2
47	④	2
48	②	2
49	③	2
50	④	2

読解

問題	正解	配点
1	②	2
2	③	2
3	①	2
4	①	2
5	②	2
6	④	2
7	②	2
8	④	2
9	②	2
10	③	2
11	②	2
12	③	2
13	①	2
14	③	2
15	②	2
16	④	2
17	③	2
18	②	2
19	②	2
20	④	2
21	③	2
22	④	2
23	①	2
24	②	2
25	④	2

問題	正解	配点
26	④	2
27	③	2
28	①	2
29	④	2
30	②	2
31	①	2
32	③	2
33	③	2
34	④	2
35	①	2
36	①	2
37	②	2
38	②	2
39	②	2
40	③	2
41	①	2
42	①	2
43	④	2
44	①	2
45	④	2
46	②	2
47	③	2
48	④	2
49	②	2
50	②	2

模擬試験 1　解説・訳　※聞き取り問題は解説の前に音声のスクリプトを掲載しました。

聞き取り

[1-3] 다음을 듣고 알맞은 그림을 고르십시오.

1. 남자 : 안녕하세요. 손님, 무엇을 도와 드릴까요?
　　여자 : 네, 제가 방을 예약했는데요. 이름은 김민주예요.
　　남자 : 네, 확인됐습니다. 방은 301호입니다. 짐이 많은데 도와 드릴까요?

正解 : ④

解説 : **방을 예약했는데요**や**방은 301호입니다**という発言から、ホテルのチェックイン時のやりとりであることが分かる。従って、ホテルのフロントで会話している④の絵が正解となる。

> [1-3] 次を聞いて、適切な絵を選びなさい。
> 1. 男 : こんにちは。お客さま、何をお手伝いしましょうか？
> 　　女 : はい、部屋を予約しているんですが。名前はキム・ミンジュです。
> 　　男 : はい、確認できました。部屋は301号室です。荷物が多いですが、手伝いましょうか？

2. 남자 : 이건 내가 주문한 음식이 아닌데? 당신이 주문한 건 맞아요?
　　여자 : 네, 제 건 제대로 나왔어요. 음식이 잘못 나왔다고 직원에게 말하세요.
　　남자 : 여기요. 음식이 잘못 나온 것 같은데요.

正解 : ①

解説 : 男性の**주문한 음식**、**당신이 주문한 건**という発言から、男性が料理を作っている②や、女性が席に着いていない③を除外することができる。また、**여기요**は遠くにいる店員を呼び寄せるための表現なので、カウンターが描かれた④も除外できる。従って、①が正解となる。

> 2. 男 : これは僕が注文した料理じゃないな？ あなたが注文したものは合ってますか？
> 　　女 : はい、私のはちゃんと出てきました。料理が間違って出てきたと職員に言ってください。
> 　　男 : すみません。料理が間違って出てきたようですけど。

3. 남자 : 우리나라 국민의 1인당 연간 쌀 소비량이 1970년 135kg이었으나 그 후 매년 감소해 2014년에는 절반가량 감소한 71kg으로 나타났습

니다. 통계청이 발표한 조사에 따르면 국민 1인당 연간 쌀 소비량은 1970년대부터 매년 약 2~3kg씩 감소해 오다가 2000년대에 들어서 급속도로 감소하여 2014년에는 71kg으로 40년 만에 절반가량 줄어든 것으로 조사됐습니다. 이를 1인당 하루 소비량으로 계산하면 밥 두 공기가 채 안 되는 양이라고 합니다.

正解：②

解説：最初に**1인당 연간 쌀 소비량**と言っており、最後までこの話題が続く。従って②が正しいグラフとなる。他の選択肢のグラフに関する情報は、この内容では触れられていない。

3. 男：韓国国民の一人当たりの米の年間消費量が1970年に135kgだったが、その後毎年減少して2014年には半分ほど減少した71kgと分かりました。統計庁が発表した調査によると、国民一人当たりの米の年間消費量は1970年代から毎年約2～3kgずつ減少してきたのが、2000年代に入って急速に減少して2014年には71kgで40年で半分ほど減ったと調査で分かりました。これを一人当たりの一日の消費量として計算すると、ご飯2杯にもならない量だそうです。

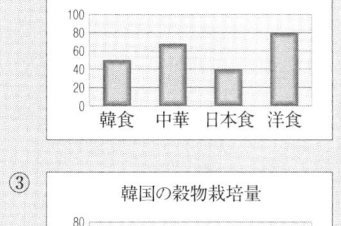

① 韓国人の外食メニュー
② 年代別一人当たりの米消費量
③ 韓国の穀物栽培量
④ 年代別米栽培量

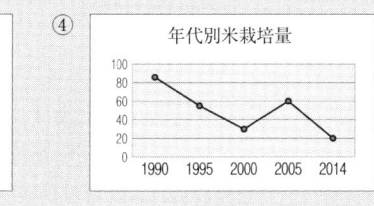

[4-8] 다음 대화를 잘 듣고 이어질 수 있는 말을 고르십시오.

4. 여자 : 무슨 일 있었니? 한 시간이나 늦었잖아.
남자 : 미안해. 오는 길에 교통사고가 나는 바람에 늦었어.

正解：② **적어도 전화는 할 수 있었잖아.**

解説：女性が**무슨 일 있었니?**と聞いていることから、到着するまで何も連絡をしてい

なかったことが分かる。従って、この後に続くのは②が自然である。①は冒頭の**글씨**が会話の流れと合わない。③では**알아**と返しているが、音声では女性の質問に男性が答えているので、さらに続く女性の発言として不適当である。④は遅刻したことを謝まる内容だが、遅れたのは男性なので不適当である。

[4-8] 次の会話をよく聞いて、続く言葉を選びなさい。
4. 女：何かあったの？　1時間も遅れたじゃない。
   男：ごめん。来る途中で交通事故があったせいで遅れたんだ。
   ①さあね、私たち遅刻すると思うけど。
   ②少なくとも電話はできたでしょ。
   ③分かってる。それが私が怒ってる理由よ。
   ④いつも約束の時間より遅れてごめん。

5. 여자 : 요즘 회사 다니는 게 영 재미가 없어요. 매일 똑같은 시간에 출근하고 퇴근하고. 하루하루가 똑같아요.

남자 : 일만 하니까 그런 거 아닐까요? 퇴근 후에 취미 활동을 해 보는 게 어때요?

正解 : ④그러고 싶은데 무엇을 해야 할지 잘 모르겠어요.

解説 : 男性の**퇴근 후에 취미 활동을 해 보는 게 어때요?**という提案に対する返答として適切なのは④である。①では**같이 퇴근해요**とあるが、男性も一緒に何かをするという話はしていないので不適当である。②では女性が**운동도 좀 하세요**と返すが、何かをしようとしているのは女性の方なので不適当である。③では**즐거워졌어요**とあるが、女性はまだ何も行動していないので不適当である。

5. 女：近頃、会社に通うのがまったく面白くありません。毎日同じ時間に出勤して退勤して。毎日が同じです。
   男：仕事だけするからそうなんじゃないでしょうか？　退勤後に趣味の活動をしてみるのはどうですか？
   ①それじゃ、これから一緒に退勤しましょう。
   ②健康も重要だから、ちょっとは運動もしてください。
   ③だから会社生活がとても楽しくなりました。
   ④そうしたいけど、何をすべきか分かりません。

6. 여자 : 사장님, 식당에 손님이 부쩍 늘어난 것 같아요.

남자 : 네, 맞아요. 새로 채용한 주방장의 음식 솜씨 덕분에 요즘 손님이 많아진 것 같아요.

正解：③역시 음식점은 음식이 맛있어야 해요.
解説：손님이 부쩍 늘어난 것 같아요や음식 솜씨 덕분에とあるので、料理がおいしくなったために客が増えたと考えるのが自然である。従って、続く言葉としては③が適切である。①では客の話が職員の話に変わっており、それまでの会話に続かないので不適当である。②は새로 뽑지 않나요?とあるが、料理長を新しく採用した結果の話をしているので不適当である。④は、それまでの会話に続かないので不適当である。

6. 女：社長、食堂にお客さまがぐっと増えたようです。
   男：はい、そうです。新しく採用した料理長の料理の腕前のおかげで、近頃お客さまが増えたようです。
   ①社員がとてもたくさんいますね。
   ②料理長は新しく採らないんですか？
   ③やはり、飲食店は料理がおいしくなければいけません。
   ④この料理は私が注文したものではないようです。

7. 여자：박 부장님은 회사를 그만두고 난 다음에 어떻게 생활할지 대책은 세워 놓으셨나요? 저축은 하고 계시죠?
남자：네, 그럼요. 그래도 저축만으로는 힘들 것 같더라고요. 그래서 퇴직 후 할 수 있는 일을 배워 볼까 생각하고 있어요.

正解：②그렇군요. 저도 고민을 해 봐야겠어요.
解説：それぞれの選択肢の一言目に注目することが大切である。女性が대책은 세워 놓으셨나요?と質問し、それに対して男性が答えているので、さらに続くものとして그렇군요で始まる②が正解であると判断できる。①の内容は、男性の저축만으로는 힘들 것 같더라고요という発言に反するので、맞아요が一言目に来るのはおかしい。また、③は勧誘文、④は疑問文に対する応答ならば自然であるが、男性の배워 볼까 생각하고 있어요という叙述文に続く応答としては適切でない。

7. 女：パク部長は会社を辞めた後、どうやって生活するか対策は立てておかれたんですか？ 貯蓄はされてますよね？
   男：はい、もちろんです。それでも貯蓄だけでは大変だと思いました。そのため、退職後にできる仕事を勉強してみようかと考えています。
   ①その通りです。貯蓄だけで十分です。
   ②なるほど。私も悩んでみなければいけませんね。

③ 平気です。私は他の仕事を学ぶつもりはありません。
④ いいえ。今週会社を辞めるそうですよ。

8. 여자 : 이번 달에 선생님을 문화센터 초청 강사로 모시고 싶습니다. 마지막 주 토요일 저녁에 강의가 가능하신가요?
   남자 : 예, 가능합니다. 특별히 정한 주제가 있으면 알려 주세요.

正解 : ① 특별한 주제는 없는 강연회입니다.

解説 : 특별히 정한 주제가 있으면 알려 주세요라는 의뢰로 끝나고 있으므로, 그 의뢰에 답하고 있는 ①이 정해이다. 다른 선택지에서는, 남성이 의뢰한 것에 답하지 않고 다른 이야기를 하고 있기 때문에, 회화가 이어지지 않는다.

8. 女 : 今月、先生を文化センター招待講師としてお迎えしたいです。最後の週の土曜日の夕方に講義が可能でしょうか？
   男 : はい、可能です。特別に決まったテーマがあれば教えてください。
   ① 特別なテーマはない講演会です。
   ② それでは、日曜日には時間がおありですか？
   ③ そうでなくても先生をお迎えに上がるつもりです。
   ④ 文化センターは市庁駅2番出口の300m先にあります。

[9-12] 다음 대화를 잘 듣고 여자가 이어서 할 행동으로 알맞은 것을 고르십시오.

9. 남자 : 너는 어떤 직업을 갖고 싶어?
   여자 : 나는 여행기를 쓰는 여행 작가가 되고 싶어. 하지만 무작정 여행을 다닌다고 모두 다 여행 작가가 되는 건 아니잖아. 어떻게 해야 할 수 있는지 잘 모르겠어.
   남자 : 요즘은 블로그에 여행기를 올리면서 유명해지는 여행 작가가 많은 것 같아.
   여자 : 그래? 그럼 블로그를 먼저 시작해야겠구나.

正解 : ③ 블로그를 만든다.

解説 : 一番最後に블로그를 먼저 시작해야겠구나と言っていることが聞き取れれば、この後にまずすることは③블로그를 만든다であると分かる。먼저という副詞が重要。

[9-12] 次の会話をよく聞いて、女性がこの後する行動として適切なものを選びなさい。
9. 男：君はどんな仕事をしたいんだ？
   女：私は旅行記を書く旅行作家になりたい。だけど、やみくもに旅行したからってみんなが旅行作家になるわけじゃないじゃない。どうすればできるのか、よく分からないの。
   男：最近はブログに旅行記をアップして有名になる旅行作家が多いみたいだよ。
   女：そう？ それじゃあ、ブログをまず始めなくちゃ。
   ① 仕事を探す。　　　　　　　　② 旅行に行く。
   ③ ブログを作る。　　　　　　　④ 作家を訪ねる。

10. 여자 : 저…… 책을 빌리고 싶은데요. 어떻게 해야 하나요?
남자 : 아, 그러세요? 우선, 도서관 카드를 만드셔야 해요. 일단 신분증부터 주세요. 그리고 이 서류도 작성해 주세요.
여자 : 네, 여기 있습니다.
(잠깐 쉬고)
남자 : 여기 도서관 카드입니다. 빌리고 싶은 책과 함께 카드를 제시하시면 됩니다. 오늘부터 이용 가능합니다.
여자 : 다행이네요. 필요한 책이 있었거든요.

正解 : ① 도서관에서 책을 빌린다.
解説 : 여기 도서관 카드입니다라고 말하고 있으므로、図書館カードを作るための手続きは全て終わっていることが分かる。この少し前の **신분증부터 주세요, 서류도 작성해 주세요**という発言がカードを作る手続きを示しているので、①以外の選択肢は全て除外できる。

10. 女：あの……本を借りたいんですが。どうしたらいいですか？
    男：あ、そうですか？ まず、図書館カードを作らなければいけません。とりあえず身分証をください。それから、この書類も作成してください。
    女：はい、これです。
    (少し休んで)
    男：こちらが図書館カードです。借りたい本と一緒にカードを提示なされればいいです。今日から利用可能です。
    女：よかったです。必要な本があったんですよ。
    ① 図書館で本を借りる。　　　　② 図書館利用カードを作る。
    ③ 職員がくれた書類を作成する。　④ 職員に身分証を見せる。

11. 남자 : 어제 텔레비전에서 한류에 대한 다큐멘터리를 했는데, 봤어요?
여자 : 아니요. 어떤 내용이었는데요?
남자 : 한류 열풍에 대한 내용이었는데 전 세계적으로 한류 때문에 한국어를 많이 배운다고 하더라고요. 방송국 홈페이지에 자료가 있으니 한번 들어가 보세요.
여자 : 그래야겠어요. 안 그래도 이번 발표 주제가 한류에 관한 것인데 좋은 정보 고마워요.

正解 : ④ 방송국 홈페이지에서 자료를 찾아본다.
解説 : **방송국 홈페이지에 자료가 있으니 한번 들어가 보세요. 그래야겠어요**と いうやりとりから、④が正解であると分かる。

> 11. 男 : 昨日テレビで韓流についてのドキュメンタリーをやっていましたけど、見ましたか?
> 女 : いいえ。どんな内容だったんですか?
> 男 : 韓流ブームについての内容だったんですが、全世界的に韓流のために韓国語をたくさんの人が学んでいるそうなんですよ。放送局のホームページに資料がありますから、一度見てみてください。
> 女 : そうしなければいけませんね。ちょうど今度の発表テーマが韓流に関するものなので、良い情報ありがとうございます。
> ① 発表テーマを決める。　　　　② 韓流についての情報を探す。
> ③ ハングルについての資料を読んでみる。　④ 放送局のホームページで資料を探す。

12. 남자 : 이번 신제품 회의 준비는 잘되고 있나요?
여자 : 네. 신제품 홍보 자료는 다 정리했고 지금은 빠진 자료가 없는지 확인하고 있습니다.
남자 : 회의에 참석할 사람들 명단은 작성했나요?
여자 : 아니요. 그건 아직 못 했는데요.
남자 : 그럼 그것부터 하세요. 명단이 나와야 회의 자료를 사람 수에 맞게 준비할 수 있으니까요.

正解 : ② 회의 참석자 명단을 작성한다.
解説 : **그것부터 하세요**という指示を聞き取ることが重要である。**부터**という助詞には、やるべきことの中で優先順位が高いものを示す用法がある。**그것**が指すのは、その前に男性が発言した**회의에 참석할 사람들 명단은 작성했나요?**であると分かるので、②が正解である。

12. 男：今度の新製品の会議の準備はうまくいっていますか?
    女：はい。新製品の広報資料は全て整理して、今は抜けている資料がないか確認しています。
    男：会議に出席する人の名簿は作成しましたか?
    女：いいえ。それはまだできていません。
    男：それでは、それからやってください。名簿がないと、会議の資料を人数に合わせて準備できませんから。
    ① 新製品の広報資料を探す。　　　② 会議出席者の名簿を作成する。
    ③ 各部署に準備できた資料を送る。　④ 新しく出た製品の数量を確認する。

[13-16] 다음을 듣고 내용과 일치하는 것을 고르십시오.

13. 여자: 코트 세탁 좀 맡기려고 왔어요. 넘어져서 흙이 묻었는데 잘 안 지워지네요.
남자: 어디 한번 보죠. 음, 이건 기름이 묻어서 그런 건데요. 오늘 드라이클리닝을 맡기면 내일 찾으실 수 있을 것 같네요.
여자: 내일 아침에 이 코트 입고 출근해야 해요. 아침 시간에 바쁠 것 같아서 그러는데, 배달도 해 주시나요?
남자: 네, 배달 가능합니다.
여자: 그럼 내일 아침 8시까지 배달 좀 해 주세요. 세탁비는 내일 아침에 드릴게요. 얼마죠?

正解：② 여자의 옷은 드라이클리닝을 해야 한다.
解説：男性から 오늘 드라이클리닝을 맡기면 내일 찾으실 수 있을 것 같네요と言われて、女性はそれに従っているので、②が正解である。①の8시까지という時間は配達の時間であり、出勤の時間ではない。③は、男性が 배달 가능합니다と言っているので間違いである。④は、女性が 세탁비는 내일 아침에 드릴게요と言ってその場でクリーニング代を支払っていないので間違いである。

[13-16] 次を聞いて、内容と一致するものを選びなさい。
13. 女：コートのクリーニングを頼もうと思って来ました。転んで土が付いたんですが、うまく取れないんです。
    男：ちょっと見せてください。うーん、これは油が付いているからですね。今日ドライクリーニングに預ければ、明日お受け取りいただけると思います。
    女：明日の朝にこのコートを着て出勤しなければいけないんです。朝の時間慌ただしくなりそうなのでお聞きしますが、配達もしていただけるんですか?

男：はい、配達可能です。
女：それでは、明日朝8時までに配達してください。クリーニング代は明日朝に払います。いくらですか？
① 女性は明日8時までに出勤しなければならない。
② 女性の服はドライクリーニングをしなければならない。
③ クリーニング屋は朝の時間は忙しくて配達できない。
④ 女性は服を預ける時にクリーニング代も一緒に払った。

14. 남자 : 여러분, 고전 문학이라면 보통 어렵게 생각하지요? 그래서 이번 강의는 고전 소설을 바탕으로 만들어진 영화를 보면서 소설을 이해하는 시간을 갖겠습니다. 책이 아닌 영화로 보기 때문에 지루하지 않고 어렵지 않게 볼 수 있을 겁니다. 그리고 영화를 보고 난 후에는 각자 감상을 이야기해 보는 시간을 갖겠습니다. 자, 그럼 우선 영화를 관람하겠습니다.

正解 : ② 고전 소설과 관련된 영화를 볼 것이다.

解説 : 고전 소설을 바탕으로 만들어진 영화를 보면서 소설을 이해하는, 영화를 보고 난 후에는 각자 감상을 이야기해 보는という発言から、②以外の選択肢を除外することができる。

14. 男：皆さん、古典文学といえば普通難しく考えますよね？　そこで今回の講義は、古典小説を基に作られた映画を見ながら小説を理解する時間を持ちます。本ではない映画で見るので、退屈ではなく難しくないように見られると思います。そして、映画を見た後には、それぞれが感想を話す時間を持ちます。さあ、それでは、まず映画を観覧します。
① 簡単で面白い小説を読む。
② 古典小説と関連した映画を見る。
③ 映画を理解することがこの授業の目標だ。
④ 小説を読んだ後、感想を話さなければならない。

15. 여자 : 한동안 비가 내리지 않아 건조해진 날씨 때문에 산불 사고가 이어지고 있습니다. 한 시간 전에도 강원도 양양에서 산불이 났다고 합니다. 현재 소방서에서 산불을 진압 중이며 아직까지 인명 피해는 없다고 합니다. 이번 달 들어 전국적으로 산불이 벌써 여섯 번째입니다. 이는 대부분 등산객이 버린 담배 불씨가 원인이라고 합니다. 지금처럼 건조한 날씨에는 작은 불씨에도 쉽게 불이 옮겨붙어 큰 불로 이어지기 때

문에 등산객들의 주의가 필요합니다.
正解：④ 건조한 날씨에는 작은 불씨에도 쉽게 불이 난다.
解説：건조한 날씨에는 작은 불씨에도 쉽게 불이 옮겨붙어 라고 말하고 있으므로, 同じ内容を述べた④が正解となる。산불の発音が [산뿔] となることに注意。①と②は内容に反しており、③は触れられていない。

> 15. 女：しばらく雨が降らず、乾燥した天気のため、山火事の事故が続いています。1時間前にも江原道襄陽 (ヤンヤン) で山火事が発生したそうです。現在、消防署が山火事を鎮圧中で、今のところ人命被害はないとのことです。今月に入り、全国で山火事がすでに6件目です。これは、ほとんどが登山客が捨てたたばこの火種が原因だそうです。今のように乾燥した天気では、小さな火種でも簡単に火がついて大火に繋がるので、登山客の注意が必要です。
> ① 山火事によって6人がけがをした。
> ② 消防署ですでに火を全て消した。
> ③ しばらくの間、襄陽で登山が禁止される。
> ④ 乾燥した天気には小さな火種でも簡単に火事になる。

16. 여자 : 최 박사님, 최근 청소년 흡연 문제를 어떻게 보십니까?
남자 : 최근 들어 청소년의 흡연율이 급격히 증가하고 있어서 교육자의 한 사람으로서 매우 걱정입니다. 통계청의 통계에 따르면 담배를 피우는 고등학생들이 전체의 4분의 1을 넘는 것으로 나타났습니다. 흡연은 성인의 건강에도 안 좋지만, 성장기 아이들에게는 아주 나쁜 영향을 미칩니다. 어려서 담배를 피우면 폐의 발육을 방해해 어른이 된 후에 폐 질환이 생기기 쉽습니다. 게다가 청소년은 자제력이 성인보다 약하기 때문에 담배를 끊기가 매우 어렵습니다.

正解：② 청소년기에 담배를 피우면 폐 질환이 생기기 쉽다.
解説：어려서 담배를 피우면 폐의 발육을 방해해 어른이 된 후에 폐 질환이 생기기 쉽습니다 と言っているので、②が正解であると分かる。他の選択肢は内容に反している。

> 16. 女：チェ博士、最近の青少年の喫煙問題をどうご覧になりますか？
> 男：最近になり、青少年の喫煙率が急激に増加しており、教育者の一人としてとても心配です。統計庁の統計によると、たばこを吸う高校生が全体の4分の1を超えると分かりました。喫煙は成人の健康にも良くないですが、成長期の子どもにはとても悪い影響を及ぼします。小さいころからたばこを吸うと、肺の発育を妨げ、大人に

なった後に肺疾患にかかりやすいです。その上、青少年は自制力が成人より弱いため、たばこを断つのがとても難しいです。
① 青少年の喫煙率はだんだん減っている。
② 青少年期にたばこを吸うと、肺疾患にかかりやすい。
③ 青少年は成人に比べてたばこをやめることが難しくない。
④ 喫煙は青少年には良くないが、成人には悪くない。

[17-20] 다음을 듣고 남자의 중심 생각을 고르십시오.

17. 여자 : 이번에 자전거를 구입하려고 하는데 마음에 드는 것은 비싸더라고.
남자 : 아무래도 디자인이 예쁘거나 기능이 많을수록 비싸니까. 하지만 나는 비싸더라도 마음에 드는 것을 사는 게 좋다고 생각해. 괜히 마음에 들지 않는데 가격 때문에 저렴한 것을 구입하면 나중에 꼭 후회하게 되더라고. 그리고 가격이 비싸면 품질은 어느 정도 보장된다고 생각해. 너무 비싼 가격만 아니라면 마음에 드는 자전거를 사는 게 좋다고 봐.

正解 : ③ 가격보다는 마음에 드는 것을 사는 게 좋다.
解説 : 비싸더라도 마음에 드는 것을 사는 게 좋다고 생각해という発言から、③ が正解だと判断できる。他の選択肢については述べられていない。

[17-20] 次を聞いて、男性の考えを選びなさい。
17. 女 : 今回自転車を買おうと思うけど、気に入ったのは高くて。
男 : やっぱりデザインが良かったり機能が多いほど高いからね。だけど、僕は高くても気に入ったものを買うのが良いと思う。気に入らないのに、値段のために安いのを買うと、後で必ず後悔することになるんだ。それと、値段が高ければ品質はある程度保障されると思うよ。あまりに高い値段でさえなければ、気に入った自転車を買うのが良いと思うな。
① 自転車は高くて機能が多いものが良い。
② 無理して高い自転車を買う必要はない。
③ 値段よりは気に入ったものを買うのが良い。
④ 自転車があまりに安いと、気に入らない。

18. 남자 : 인터넷으로 쇼핑을 자주 하니?
여자 : 응, 직접 가지 않아도 되고 배송도 바로 해 주니까 쇼핑하는 시간을 절약할 수도 있어서 자주 하는 편이야. 또 할인 쿠폰도 많아서 저렴하

게 구입할 수 있거든.

남자 : 하지만 직접 보고 사는 것이 아니기 때문에 품질을 믿을 수 없잖아. 막상 받고 나서 마음에 안 들면 반품하기도 귀찮고. 또 반품에 대한 배송료도 물어야 하잖아. 그래서 나는 인터넷 쇼핑보다는 직접 눈으로 확인하고 사는 것이 더 좋은 것 같아.

正解 : ③ 눈으로 직접 보고 사는 것이 믿을 수 있어서 좋다.

解説 : 인터넷 쇼핑보다는 직접 눈으로 확인하고 사는 것이 더 좋은 것 같아という発言から、③が正解だと判断できる。①は内容で触れられておらず、②は女性の発言であるため男性の考えとは言えない。④は男性が반품하기도 귀찮고と述べてはいるが、難しいとは述べていないので適切ではない。

18. 男 : インターネットで買い物をよくする？
   女 : うん、直接行かなくてもいいし、配送もすぐしてくれて買い物する時間を節約することもできるから、よくする方だよ。あと、割引クーポンも多くて安く買えるの。
   男 : だけど、じかに見て買うわけじゃないから、品質を信じられないじゃないか。実際に受け取ってみて気に入らなかったら返品するのも面倒だし。あと、返品の配送料も払わなきゃいけないじゃないか。だから、僕はインターネットショッピングよりは直に目で確認して買うのがもっと良いと思う。
   ① インターネットショッピングをすると、お金を節約できる。
   ② インターネットショッピングは配送がはやいため良い。
   ③ 目で直に見て買うのが信頼できて良い。
   ④ 気に入らなくても、買った物を返品するのは難しい。

19. 여자 : 민수 씨는 매일 커피를 마시는 것 같아요.

남자 : 아, 네. 졸릴 때 커피를 마시면 카페인 성분 때문인지 잠이 깨는 것 같거든요.

여자 : 하지만 카페인은 몸에 안 좋지 않아요? 커피를 많이 마시면 기억력이 나빠진다고 하던데요.

남자 : 카페인을 과다 섭취하면 건강에 안 좋을 수도 있지만 적당량의 카페인은 건강에 좋다고 해요. 심장 질환이나 당뇨병 같은 질병의 위험을 줄일 수 있다는 연구 결과가 있거든요.

正解 : ① 적당량의 카페인 섭취는 건강에 좋다.

解説 : 적당량의 카페인은 건강에 좋다고 해요と言っているので、同じ内容の①が正解である。他の選択肢はコーヒーについては否定的な考えだが、과다

摂取すると健康に良くないかもしれないと断りつつも、男性はカフェインに対しては肯定的な考えを持っていることを読み取ることが重要。

19. 女：ミンスさんは毎日コーヒーを飲んでいるようですね。
    男：あ、はい。眠い時コーヒーを飲むとカフェイン成分のためか眠気が覚める気がするんですよ。
    女：だけど、カフェインは体に良くないんじゃないですか？　コーヒーをたくさん飲むと記憶力が悪くなると言ってましたけど。
    男：カフェインを過度に摂取すれば健康に良くないかもしれませんが、適量のカフェインは健康に良いそうです。心臓疾患や糖尿病のような疾病の危険を減らせるという研究結果があるんですよ。
    ① 適量のカフェイン摂取は健康に良い。
    ② コーヒーはさまざまな疾病を誘発し得る。
    ③ 眠い時飲むコーヒーは体に良くない。
    ④ コーヒーを飲み過ぎると記憶力が悪くなる。

20. 여자 : 요즘 인터넷 사용에 대한 논의가 많은데요. 박사님은 인터넷을 통한 인간관계 형성에 대해 어떻게 생각하십니까?
남자 : 한 연구에 따르면 소심한 학생들에게 사이버 공간에서의 유대관계는 부정적인 효과보다는 긍정적인 효과를 줄 수 있다고 합니다. 인터넷 사용이 고립의 원인이 될 수도 있지만, 사람들 속에서 부끄러움을 탄다고 말한 학생들 중 3분의 2가 온라인상에서는 좀 더 편안하게 소통할 수 있어 대인관계 형성에 자신감을 갖게 된다고 말합니다.

正解：④ 인터넷은 일부 사람들이 자신을 표현하는 데 도움을 준다.
解説：부끄러움을 탄다고 말한 학생들 중 3분의 2가 온라인상에서는 좀 더 편안하게 소통할 수 있어 대인관계 형성에 자신감을 갖게 된다と言っているので、④が正解だと分かる。온라인は、ここでは[온나인]と発音されている。①と②は内容では触れられていない。また、一部の若い人を念頭において効果を論じているので、③も不適切である。

20. 女：近頃、インターネット使用に対する議論が多いですが。博士はインターネットを通じた人間関係形成について、どのようにお考えですか？
    男：ある研究によると、小心な学生たちにとってサイバー空間での繋がりは、否定的な効果よりは肯定的な効果を及ぼすことがあるそうです。インターネットの使用が孤立の原因になることもありますが、人々の中では恥ずかしさを感じると言う学生のうち、3分の2がオンライン上ではより楽にやりとりでき、対人関係形成に自信を持つように

なると言います。
① インターネットは行動障害の原因になる。
② 恥ずかしがり屋の学生はインターネットの使用を嫌がる。
③ インターネットの使用は若い人に肯定的な影響を及ぼす。
④ インターネットは一部の人が自分を表現するのを手助けする。

[21-22] 다음을 듣고 물음에 답하십시오.

여자: 요즘은 다양한 경험을 쌓기 위해 방학 동안 배낭여행을 가는 대학생들이 많아진 것 같아요.

남자: 그렇죠. 이러한 경험이 취업할 때 도움이 되기도 하거든요. 아무래도 아무것도 안 해 본 사람보다 더 낫지 않겠어요?

여자: 하지만 아무리 배낭여행이라고 하더라도 학생들이 가기에는 비용도 많이 들어요. 그리고 과연 그 경험이 얼마나 취업에 도움이 될까요? 요즘 대학생들은 취업이라는 핑계로 해외로 나가려고만 하는 것 같아요.

남자: 저 같은 경우에는 대학생 때 갔다 왔던 배낭여행이 취업뿐만 아니라 인생에 도움이 많이 되었어요. 여러 나라를 여행하면서 문화의 다양성을 배웠고 외국 친구들도 많이 사귀었거든요. 그 친구들과 아직도 연락하면서 지내고요. 이런 경험이 인생을 더욱 풍부하게 만드는 것 같아요.

21. 正解: ① 다양한 경험은 인생을 풍부하게 만든다.

解説: 男性が이런 경험이 인생을 더욱 풍부하게 만드는 것 같아요と発言していることから、①が正しいと考えることができる。②と④は女性の考えである。また、男性が외국 친구들도 많이 사귀었거든요と言ってはいるが、これは話の主要な内容とは言えないので、③は不適切である。

[21-22] 次を聞いて、問いに答えなさい。
女：近頃はさまざまな経験を積むため、学期休みに自由旅行をする大学生が増えているようです。
男：そうですね。このような経験が就職する時に役に立ったりもするんです。やっぱり、何もしなかった人より良さそうではありませんか？
女：ですが、いくら自由旅行と言っても、学生が行くには費用もたくさんかかります。それに、

果たしてその経験がどれくらい就職に役に立つのでしょうか? 近頃の大学生は、就職という口実で海外に行こうとしているだけのように思います。
男:私の場合は、大学生の時に行ってきた自由旅行が就職だけでなく人生でも大きく役に立ちました。いろいろな国を旅しながら、文化の多様性を学び、外国の友達もたくさん付き合ったんです。その友達と今でも連絡していますし。このような経験が人生をより豊かにすると思います。

21. 男性の考えとして、適切なものを選びなさい。
① さまざまな経験は人生を豊かにする。
② 最近、大学生は海外にばかり行こうとする。
③ 自由旅行をすれば、外国人とたくさん付き合える。
④ 自由旅行は学生がするには費用がたくさんかかる。

22.
正解:④ 다양한 경험을 쌓으려는 대학생이 많다.
解説:다양한 경험을 쌓기 위해 방학 동안 배낭여행을 가는 대학생들이 많아진 것 같아요とあるので、④が正解だと分かる。他の選択肢は内容では触れられていない。

22. 聞いた内容として、適切なものを選びなさい。
① 就職をするには自由旅行をしなければならない。
② さまざまな文化を知ってこそ就職がうまくいく。
③ 最近、大学生は海外就職を好む。
④ さまざまな経験を積もうとする大学生が多い。

[23-24] 다음을 듣고 물음에 답하십시오.
남자:프로젝트를 마무리해야 하는데 문제가 생겼어.
여자:뭐가 문제인데?
남자:최종 검토를 위한 정확한 통계 자료를 계산할 수가 없어.
여자:혹시 현주에게 통계 프로그램을 받지 않았니?
남자:아니, 무슨 프로그램을 말하는 거야?
여자:그 데이터를 계산하는 데 필요한 프로그램 말이야. 현주에게 연락해서 그 프로그램에 대해 물어보면 자세히 알려 줄 거야.

23. 正解：④ 프로젝트 문제에 대해 친구와 이야기하고 있다.

解説：최종 검토를 위한 정확한 통계 자료를 계산할 수가 없다という発言と、통계 프로그램을 받지 않았니?という発言から、統計プログラムを使って統計資料を計算し、プロジェクトの最終検討をしなければならないことが分かる。この統計プログラムがなかったために、現在 문제가 생겼어と言っているので、これらのことから④以外の選択肢が全て除外できる。

[23-24] 次を聞いて、問いに答えなさい。
男：プロジェクトを締めくくらなければならないんだけど、問題が起きた。
女：何が問題なの?
男：最終検討のための正確な統計資料を計算できないんだ。
女：もしかして、ヒョンジュから統計プログラムをもらってないの?
男：いや、何のプログラムのことを言ってるんだ?
女：そのデータを計算するのに必要なプログラムよ。ヒョンジュに連絡してそのプログラムについて聞いてみれば詳しく教えてくれるはずよ。

23. 男性は何をしているか、選びなさい。
① 統計プログラムを最終検討している。
② プロジェクトのための報告書を作成している。
③ 統計プログラムをインターネットで調べている。
④ プロジェクトの問題について友達と話している。

24. 正解：④ 친구에게 연락해서 통계 프로그램을 받는다.

解説：最後に현주에게 연락해서 그 프로그램에 대해 물어보면 자세히 알려 줄 거야と言っているので、④が正解である。

24. 男性がしなければならないことを選びなさい。
① 最終報告書を学校に送る。
② 統計資料を最終的に検討する。
③ プログラムを利用してデータを計算する。
④ 友達に連絡して統計プログラムを受け取る。

[25-26] 다음을 듣고 물음에 답하십시오.
여자：요즘 청소년들의 외모에 대한 집착이 심각한 문제로 대두되고 있습니다. 이에 대해 어떻게 생각하십니까?

남자 : 네, 맞습니다. 요즘 청소년들의 외모에 대한 집착이 도를 넘고 있습니다. 방학이 끝나고 나면 학생들의 모습이 달라지고, 또 졸업을 하기가 무섭게 성형외과로 달려 갑니다. 이뿐만이 아니라 이제는 피부 관리로 확산되고 있습니다. 학생들은 수술비용을 마련하기 위해 아르바이트를 하기도 합니다. 그러면서 당연히 공부는 뒷전이 될 수밖에 없습니다. 이는 성형수술을 너무 가볍게 생각하고 외모를 중요시하는 대중매체의 영향 때문이라고 할 수 있습니다.

25. 正解 : ③ 학생들의 외모에 대한 집착은 대중매체의 영향 때문이다.

解説 : 외모를 중요시하는 대중매체의 영향 때문이라고 할 수 있습니다と言っていることから、③が正解であると判断できる。①や②は、そのようにしなければならないとは述べられていない。④も심각한 문제であるとは述べられていない。

[25-26] 次を聞いて、問いに答えなさい。
女 : 最近、青少年たちの外見に対する執着が深刻な問題として台頭しています。これについて、どうお考えですか？
男 : はい、その通りです。最近、青少年たちの外見に対する執着は度を越しています。学期休みが終わると学生たちの姿が変わり、そして卒業するや否や美容外科に走ります。これだけでなく、今では肌ケアへと拡大しています。学生は手術代を用意するためにアルバイトをしたりもします。そうすると、当然勉強は後回しになるしかありません。これは、整形手術をあまりにも軽く考え、外見を重要視するマスメディアの影響のせいだと言えます。

25. 男性の考えとして、適切なものを選びなさい。
① 学生たちは手術代を自ら用意しなければならない。
② 学生たちが卒業後、美容外科に行くのを止めなければならない。
③ 学生たちの外見に対する執着はマスメディアの影響のせいだ。
④ 学生たちが学期休みに肌ケアを受けるのは深刻な問題だ。

---

26. 正解 : ④ 일부 학생은 수술비 마련을 위해 공부를 소홀히 한다.

解説 : 학생들은 수술비용을 마련하기 위해 아르바이트를 하기도 합니다という発言や공부는 뒷전이 될 수밖에 없습니다という発言から、④が正しいと分かる。音声の뒷전이 되다が選択肢では소홀히 하다という表現に言い換えられているので注意する。

26. 聞いた内容として、適切なものを選びなさい。
   ① 卒業をすれば全ての学生が変わる。
   ② 最近、青少年たちは外見に関心がない。
   ③ 整形手術よりは皮膚ケアが人気がある。
   ④ 一部の学生は手術代を用意するために勉強をおろそかにしている。

[27-28] 다음을 듣고 물음에 답하십시오.

여자 : 선생님, 제 검사 결과가 어떻게 나왔나요?
남자 : 환자 분은 고혈압이 있으시네요. 짜고 매운 음식, 기름기 많은 음식은 피하시고 과식을 하면 안 됩니다. 특히, 고기는 가급적 드시지 마시고, 드셔도 지방이 없는 살코기만 드세요.
여자 : 그럼 음식만 잘 먹으면 괜찮나요? 따로 운동은 안 해도 되는 거죠? 전에 운동을 했을 때 관절에 무리가 가서 몸이 더 안 좋아졌거든요.
남자 : 아니요. 하셔야 합니다. 환자 분은 폐 기능이 약하니까 걷기나 수영 같은 유산소 운동을 하시는 게 좋습니다. 특히, 수영은 관절에도 무리가 가지 않으니 하시기에 어렵지 않으실 겁니다.
여자 : 그럼 운동은 일주일에 얼마나 하는 것이 좋을까요?
남자 : 일주일에 3~4회 정도 하시는 게 적당할 것 같습니다.

27. 正解 : ② 운동을 하게 되면 몸이 더 아플까 봐 걱정되어서
解説 : 전에 운동을 했을 때 관절에 무리가 가서 몸이 더 안 좋아졌거든요と言っているので、②が正しいと分かる。

[27-28] 次を聞いて、問いに答えなさい。
女 : 先生、私の検査結果はどうだったでしょうか?
男 : 患者さんは高血圧がおありですね。しょっぱくて辛い食べ物、油っこい食べ物はお避けになり、食べ過ぎてはいけません。特に、肉はできるだけ食べず、食べても脂肪のない赤身だけ食べてください。
女 : それでは、食べ物だけちゃんと食べれば大丈夫ですか? 他に運動はしなくてもいいんですよね? 以前運動した時に関節に無理がかかって体がもっと悪くなったんですよ。
男 : いいえ。なさらなければいけません。患者さんは肺機能が弱いので、ウオーキングや水泳のような有酸素運動をなさるのが良いでしょう。特に、水泳は関節にも無理がかかりませんので、なさるのに難しくないと思いますよ。
女 : それでは、運動は1週間にどれくらいするのが良いでしょうか?

男：１週間に３～４回ほどなさるのが適当だと思います。

27. 女性が運動について男性に質問した理由を選びなさい。
① すごく太るんじゃないかと心配で
② 運動をするようになれば体がより痛むんじゃないかと心配で
③ 健康状態が良くなくて手術をすることになるんじゃないかと心配で
④ 食べたい物を存分に食べられないんじゃないかと心配で

28.
正解：② 여자는 수영 같은 유산소 운동을 해야 한다.

解説：하셔야 합니다, 고기는 가급적 드시지 마시고, 고혈압이 있으시네요という これらの発言から、②以外の選択肢が除外される。つまり、①は運動をしなければならないので不適切であり、②は肉をできるだけ食べないよう指示されているので不適切であり、④はダイエットのためでなく高血圧のために食事の調整をしているので不適切である。

28. 聞いた内容として、適切なものを選びなさい。
① 女性は足が痛いので運動をしてはいけない。
② 女性は水泳のような有酸素運動をしなければならない。
③ 女性はしょっぱい食べ物を避けて肉だけ食べなければならない。
④ 女性は痩せるためにダイエットメニューで食べなければならない。

[29-30] 다음을 듣고 물음에 답하십시오.

여자 : 요즘 겨울 산행 중 안타까운 사고가 많이 발생하고 있는데요. 안전한 산행을 하려면 무엇을 지켜야 할까요?

남자 : 겨울에는 해가 빨리 지는 만큼, 평상시보다 일찍 하산하고 등산로 곳곳에 붙어 있는 이정표를 봐 두는 것도 중요합니다. 만에 하나 사고가 났을 경우, 119에 신고해 '조금 전 어떤 이정표 근처를 지난 기억이 난다'는 정도만 알려 줘도 저희 소방대원이 찾는 데 결정적 도움이 됩니다. 또 하나는 '침착함'입니다. 정상적인 등산 과정에서는 물론이고, 갑자기 날이 저물어 주변이 어두워졌을 때, 뜻하지 않은 사고를 당했을 때도 침착함을 잃어선 안 됩니다. 아름다운 풍경 속에 위험을 품고 있는 겨울 산인만큼 항상 조심해야 합니다. 즐거움보다 중요한 것은 안전입니다.

29. 正解：① 소방대원

解説：男性が저희 소방대원と言っていることから、①が正解である。

> [29-30] 次を聞いて、問いに答えなさい。
> 女：近頃、冬の山歩き中に気の毒な事故がたくさん発生していますが。安全な山歩きをするには何を守らなければならないでしょうか？
> 男：冬には日が早く沈む分、普段より早く下山し、登山道ここそこにある里程標を見ておくことも大事です。万一事故が起きた場合、119に通報して「少し前にどこの里程標の近くを通った記憶がある」という程度教えてもらうだけでも、私たち消防隊員が探すのに決定的な助けになります。もう一つは「沈着さ」です。問題ない状況の登山の過程ではもちろんのこと、急に日が暮れて周りが暗くなった時、予期せぬ事故に遭った時も沈着さを失ってはいけません。美しい風景の中に危険を抱えている冬山なので、常に注意しなければなりません。楽しさより大事なのは安全です。
>
> 29. 男性は誰か、選びなさい。
>   ①消防隊員　②旅行作家　③専門山岳人　④旅行ガイド

30. 正解：③ 사고를 당했을 때 침착함을 잃지 않는 것이 중요하다.

解説：갑자기 날이 저물어 주변이 어두워졌을 때, 뜻하지 않은 사고를 당했을 때도 침착함을 잃어선 안 됩니다と述べているので、③が正解である。

> 30. 聞いた内容として、適切なものを選びなさい。
>   ① 事故が起きたら、里程標に沿って下山すればよい。
>   ② 登山をする時、緊張したらむしろ危ないことがある。
>   ③ 事故に遭った時、沈着さを失わないことが重要だ。
>   ④ 冬には普段より登山を早く始めるのがよい。

[31-32] 다음을 듣고 물음에 답하십시오.

남자 : 저는 최근 여성의 사회적 지위가 높아지고 있는데 여자를 일정한 비율로 고용하는 것은 남녀불평등이라고 생각합니다. 단순히 여자라는 이유로 의무적 고용이나 채용, 승진 등의 혜택을 주는 것은 오히려 남성에 대한 역차별인 것 같습니다. 여성 고용이 부족하다기보다는 남, 여의 직업에 관한 의식 구조 차이라고 보입니다.

여자 : 그렇다면 여성의 출산 휴가 등의 이유로 기업에서 여성 채용을 꺼리는 것은 어떻게 설명할 수 있습니까? 능력으로 사원을 뽑아야 하는데도

단순히 여성 사원에게 주어지는 갖가지 휴가로 인해서 감소되는 노동 일수만을 따지고 여성 인력을 고용하지 않습니다. 이러한 이유로 여성의 정당한 권리를 행사하기 위해서는 반드시 필요하다고 생각합니다.

31.
正解 : ② 여자를 일정한 비율로 채용하는 것은 필요하다.

解説 : 女性が**여성의 정당한 권리를 행사하기 위해서는 반드시 필요하다고 생각합니다**と述べており、これが女性の考えであると分かる。ここでは、男性の**여자를 일정한 비율로 고용하는 것**という発言を指して、これが必要であると言っている。従って、②が正解である。

[31-32] 次を聞いて、問いに答えなさい。
男 : 私は、最近女性の社会的地位が高まっていますが、女性を一定の比率で雇用することは男女不平等だと思います。単純に女性という理由で義務的に雇用や採用、昇進などの恩恵を与えるのはむしろ男性に対する逆差別だと思います。女性の雇用が足りないというよりは、男女の職業に関する意識構造の差と思われます。
女 : でしたら、女性の出産休暇などの理由で企業が女性採用を嫌うのは、どう説明できますか？ 能力で社員を選ばなければならないのに、単純に女性社員に与えられるもろもろの休暇によって減少する労働日数だけを問題にして、女性労働力を雇いません。こうした理由から、女性の正当な権利を行使するためには必ず必要だと思います。

31. 女性の考えとして、適切なものを選びなさい。
① 最近、女性の社会的地位が高くなっている。
② 女性を一定の比率で採用することは必要だ。
③ 最近は女性の雇用を企業が嫌がらない。
④ 単に女性だという理由での義務的な採用は不公平だ。

32.
正解 : ③ 구체적인 사례를 들어 상대방의 주장을 반박하고 있다.

解説 : **어떻게 설명할 수 있습니까?**という質問の仕方から分かるように、女性は男性に対して反論している。また**갖가지 휴가로 인해서 감소되는 노동 일수만을 따지고 여성 인력을 고용하지 않습니다**という具体的な事例を挙げているので、③が正解である。

32. 女性の態度として、適切なものを選びなさい。
① 慎重に相手方の同調を求めている。
② 相手方の意見を肯定的に受容している。
③ 具体的な事例を挙げて相手方の主張に反論している。
④ 状況を客観的に分析して相手方の責任を問うている。

[33-34] 다음을 듣고 물음에 답하십시오.

여자 : 복고는 문화 콘텐츠 산업을 넘어 곧 여행, 의료, 패션, 정보 기술, 유통 등 산업 전 영역으로 확산될 기세입니다. 따라서 단순히 과거로의 여행만으로 보기 어려워졌습니다. 가령 벼룩시장에서 낡은 물건을 구입했다고 했을 때 이는 빛바랜 물건을 값싸게 구입해 재활용하려는 의도만을 뜻하진 않습니다. 과거에 물건을 쓴 사람의 인생과 세월을 향유하고, 공존하려는 것으로 이해할 수 있습니다. 또한 낡은 물건에 담긴 친환경, 사회적 책임, 매력적인 이야기 등의 가치도 소비 대상으로 삼을 수 있습니다. 옛 장인의 숨은 솜씨와 먼저 물건을 사용했을 사람에 대한 역사까지 구입하는 셈이라고 할 수 있죠. 즉 물건에 담긴 무형의 가치와 소통하려는 태도가 담겨 있습니다. 복고 또한 마찬가지입니다. 과거의 문화는 디지털 환경에 찌든 사람들에게 따뜻한 감성과 여유를 제공해 줍니다. 오늘날 디지털에 피로감을 느끼는 것과 상통한다고 할 수 있습니다.

33. 正解 : ② 산업 전 영역으로 확산되고 있는 복고 열풍
解説 : 冒頭で산업 전 영역으로 확산될 기세입니다と述べていることから、②が正解であると分かる。

[33-34] 次を聞いて、問いに答えなさい。
女 : 復古は文化コンテンツ産業を越えて、じきに旅行、衣料、ファッション、情報技術、流通など産業の全領域に広がっていく勢いです。従って、単純に過去への旅行とだけ見ることは難しくなりました。仮にフリーマーケットで古い物を買ったとした時、これは色あせた物を安く買ってリサイクルしようという意図だけを意味しません。過去に物を使った人の人生と歳月を享有して、共存しようというものと理解できます。また、古い物に込められた環境への配慮、社会的責任、魅力的な話などの価値も消費対象とすることができます。昔の匠（たくみ）の隠れた腕前と先に物を使った人に対する歴史までも買うのだと言えるでしょう。すなわち、物に込められた無形の価値と繋がろうとする態度が込められています。復古もまた同様です。過去の文化はデジタル環境に毒された人たちに温かい感性と余裕を提供してくれます。今日、デジタルに疲労感を覚えるのと相通じると言えます。

33. 何についての内容か、適切なものを選びなさい。
   ① だんだん発展しているデジタル文化
   ② 産業の全領域に拡散している復古ブーム

③ フリーマーケットで物を安く買える方法
　　④ 昔の人の生活を垣間見ることができる歴史の話

34. 正解：③ 복고는 사람들에게 따뜻한 감성과 여유를 제공해 준다.

解説：復古とは単純に見れば過去への旅行であり、また過去の文化はデジタル環境に疲れた人々に温かい感性と余裕を提供してくれますとも言っている。ここでいう過去の文化は復古によって得られると読み取れるため、③が正解となる。

34. 聞いた内容として、適切なものを選びなさい。
　　① 復古ブームに人は疲労感を覚えている。
　　② フリーマーケットで物を買うのは値段が安いからだ。
　　③ 復古は人々に温かい感性と余裕を提供してくれる。
　　④ 復古は物に込められた有形の価値と繋がろうとする態度だ。

[35-36] 다음을 듣고 물음에 답하십시오.

남자 : 열정과 도전이 있는 청춘은 아름답습니다. 열정을 가진 사람에게는 성공의 기회가 찾아올 것입니다. 가장 성공적이고 가치 있는 삶은 자신이 좋아해서 선택한 일을 즐기는 것이라고 생각합니다. 또한 미래의 리더로 성장하기 위한 꿈을 만들고 그 꿈과 함께 도전을 시작하고 이를 통해 성취감을 느낀다면 여러분의 미래는 밝을 것입니다. 이에 우리 대학교에서는 현대 사회에 맞는 인재 육성을 위해 다양한 프로그램을 운영하고 있습니다. 졸업하는 그날까지 우리 대학교에서 다양한 경험을 하고 많은 것을 익힐 수 있길 바랍니다. 여러분의 입학을 다시 한 번 축하드리며 우리 평화대학교에서의 배움과 경험이 여러분의 밝은 미래를 위해 단단한 밑거름이 되기를 바랍니다.

35. 正解：③ 대학교의 신입생들을 축하하고 있다.

解説：여러분의 입학을 다시 한 번 축하드리며と言っていることから、③が正解だと分かる。他の選択肢については触れられていない。

[35-36] 次を聞いて、問いに答えなさい。
男：情熱と挑戦がある青春は美しいです。情熱を持った人には成功の機会が訪れるでしょう。最も成功し価値のある人生は、自分が好きで選んだことを楽しむことだと思います。また、未来のリーダーとして成長するための夢を作り、その夢と共に挑戦を始め、これを通して成就した満足感を感じるなら、皆さんの未来は明るいでしょう。このため、わが大学では現代社会に合う人材育成のため、多様なプログラムを運営しています。卒業するその日まで、わが大学で多様な経験をして、多くのことを学べるよう願います。皆さんの入学をもう一度お祝いし、わが平和大学での学びと経験が皆さんの明るい未来のため、しっかりした土台になることを祈ります。

35. 男性は何をしているか、選びなさい。
① 大学のプログラムを知らせている。
② 大学の設立目標を明かしている。
③ 大学の新入生たちをお祝いしている。
④ 大学教育の重要性を力説している。

36. 正解：③ 자신이 좋아하는 일을 하는 것이 성공적인 삶이다.
解説：가장 성공적이고 가치 있는 삶은 자신이 좋아해서 선택한 일을 즐기는 것이라고 생각합니다と言っているので、③が正解である。他の選択肢については触れられていない。

36. 聞いた内容として、適切なものを選びなさい。
① 情熱がなければ成功の機会が来ない。
② 大学の運営のため、プログラムを変更することにした。
③ 自分が好きなことをするのが成功した人生だ。
④ 未来のための挑戦と夢がなければ、未来は明るくないだろう。

[37-38] 다음은 교양프로그램입니다. 잘 듣고 물음에 답하십시오.

여자 : 박사님, 최근 스토리텔링이 다양한 분야로 확산되고 있으며 특히 이벤트 기획과 연출에 매우 중요한 요소로 자리 잡고 있다고 하는데요, 그 이유가 무엇입니까?

남자 : 네. 다양한 행사에 스토리텔링을 이용해 새로운 이야깃거리를 만들고 의미를 부여하게 되면 소비자에게 설득력을 높일 수 있기 때문입니다. 다시 말해서 단순한 소재보다 콘텐츠가 있고 차별화된 이야기는 받

아들이고 공유하기가 쉽고 호감이 쌓이면서 공감의 폭이 크게 넓어집니다. 또한 스토리텔링으로 이벤트에 참가했던 개인의 호의적인 기억과 경험은 더 강렬하게 유지됩니다. 따라서 이벤트 프로그램에 대한 만족도가 크게 높아지고 주위 사람에게 입소문으로 전달해 호의적인 이미지를 형성하는 데 도움을 준다고 할 수 있습니다.

37.
正解 : ③ 이벤트에 스토리텔링을 이용하면 설득력을 높일 수 있다.
解説 : 소비자에게 설득력을 높일 수 있기 때문입니다と言っているので、③が正解であると考えることができる。その他の選択肢については触れられていない。

> [37-38] 次は教養番組です。よく聞いて、問いに答えなさい。
> 女 : 博士、最近ストーリーテリングがさまざまな分野に拡散されており、特にイベント企画や演出にとても重要な要素として根付いているといいますが、その理由は何ですか？
> 男 : はい。さまざまなイベントにストーリーテリングを利用して新しい話の種を作り、意味を付与することになれば、消費者への説得力を高められるためです。言い換えると、単純な素材よりもコンテンツがあって差別化された話は受け入れて共有しやすく、好感が集まって共感の幅が大きく広がります。また、ストーリーテリングでイベントに参加した個人の好意的な記憶や経験は、より強烈に維持されます。従って、イベントプログラムに対する満足度が大きく高まり、周りの人に口コミで伝わって好意的なイメージを形成するのに役に立つと言えます。
>
> 37. 男性の考えを選びなさい。
> ① イベントは口コミで広がってこそ成功できる。
> ② さまざまなイベントプログラムは満足度を高め得る。
> ③ イベントにストーリーテリングを利用すれば説得力を高められる。
> ④ 単純な話で構成されたイベントは消費者の共感を得やすい。

38.
正解 : ③ 고객이 공감할 수 있는 이야기를 만들어라.
解説 : 받아들이고 공유하기가 쉽고 호감이 쌓이면서 공감의 폭이 크게 넓어집니다という発言から、顧客の共感を重要視していることが分かる。従って、③が正解となる。その他の選択肢については触れられていない。

> 38. ここで紹介しているマーケティング戦略の内容と一致するものを選びなさい。
> ① 顧客の好奇心を最大限刺激しろ。　　② 顧客にさまざまなイベントを提供しろ。
> ③ 顧客が共感できる話を作れ。　　　　④ 顧客に景品を提供して満足度を高めろ。

[39-40] 다음은 대담입니다. 잘 듣고 물음에 답하십시오.
여자 : 네, 그럼 사람의 체질과 습관에 따라 수면 시간이 결정되기 때문에 무엇보다도 잠의 질이 중요하겠군요. 그렇다면 불면증에 시달리고 있는 사람들이 잠을 잘 자기 위해서는 어떻게 해야 할까요?
남자 : 우선 불면증의 원인을 찾아야 합니다. 불면증의 상당수는 우울증, 잘못된 식습관, 생활 리듬의 문제, 스트레스, 수면 무호흡증 등과 같은 원인에 의해 발생하죠. 그래서 원인을 찾아 제거하면 자연스럽게 불면증도 사라집니다. 많은 불면증 환자가 잠을 자려고 노력하지만 그럴수록 잠이 오지 않으며, 밤새 한잠도 자지 못했다고 주장합니다. 그렇지만 뇌파를 찍어서 측정하면 실제로 꽤 잘 자는 경우도 있습니다.

39. 正解 : ① 충분한 수면 시간은 사람에 따라 차이가 있다.
解説 : 冒頭に사람의 체질과 습관에 따라 수면 시간이 결정되기 때문에と言っているので、この前にこれに関する話があったことが分かる。従って、①が正解となる。②はこの談話の中で述べられており、③と④は触れられていない。

> [39-40] 次は対談です。よく聞いて、問いに答えなさい。
> 女 : はい、それでは人の体質と習慣によって睡眠時間が決定されるので、何よりも睡眠の質が重要ですね。であれば、不眠症に悩まされている人たちがよく眠るためにはどうすべきなのでしょうか?
> 男 : まず、不眠症の原因を見つけなければいけません。不眠症の相当数はうつ病、間違った食習慣、生活リズムの問題、ストレス、睡眠時無呼吸症候群などの原因によって発生します。そのため、原因を見つけて取り除けば、自然と不眠症も消えます。多くの不眠症患者が寝ようと努力しますが、そうするほど眠れず、一晩中一睡もできなかったと主張します。ですが、脳波をとって測定すると、実際にはかなりよく寝ている場合もあります。
>
> 39. この談話の前の内容として、適切なものを選びなさい。
>   ① 十分な睡眠時間は、人によって違いがある。
>   ② 不眠症に悩まされる原因にはいろいろある。
>   ③ 人の体質によって不眠症の治療法も変わる。
>   ④ よく眠れる人は生活習慣が規則的だ。

40. 正解 : ④ 실제로는 불면증이 아니지만 불면증이라고 생각하는 경우가 있다.
解説 : 뇌파를 찍어서 측정하면 실제로 꽤 잘 자는 경우도 있습니다という発言から、④が正解であると分かる。①は内容に反しており、②と③については触れ

られていない。

40. 聞いた内容と一致するものを選びなさい。
① 原因をなくしても不眠症を治すのは簡単ではない。
② 人の体質によって不眠症の治療法を変えなければならない。
③ 不眠症を治すためには食習慣を優先的に改善しなければならない。
④ 実際には不眠症ではないが、不眠症と思う場合がある。

[41-42] 다음은 은퇴 설계에 대한 강연입니다. 잘 듣고 물음에 답하십시오.

남자 : 아직도 많은 사람이 은퇴 설계가 얼마나 중요한지 모르고 있습니다. 자녀 교육비나 주택을 마련하기 위해서는 열심히 돈을 모으면서 정작 자신의 노후를 준비하는 데에는 소홀한 것이 현실입니다. 이런 사람들이 생각하기에 은퇴 설계는 돈에 여유가 있는 사람들만 하는 것이라고 여깁니다. 하지만 은퇴 설계는 직장인이나 소득이 많지 않은 사람들에게 더욱 필요합니다. 부자들은 따로 은퇴 설계를 하지 않더라도 조금만 신경 쓰면 어떤 방식으로든 노후 자금을 해결할 수 있습니다. 하지만 매일 혹은 매달 지출에 대한 수입의 비율이 조금도 여유 없이 빠듯한 일반인 대부분은 따로 계획하여 준비하지 않으면 노후를 보내는 데 필요한 자금을 마련하기가 쉽지 않습니다. 이런 사람들은 은퇴 후 근로소득이 사라지면 기본적인 생활마저 어려워질 수 있지 않을까요? 은퇴 설계의 핵심은 누가 뭐래도 노후자금을 마련하는 데 있습니다.

41. 正解 : ② 많은 사람이 노후를 위한 준비가 되어 있지 않다.

解説 : 많은 사람이 은퇴 설계가 얼마나 중요한지 모르고 있습니다という発言や、자신의 노후를 준비하는 데에는 소홀한 것이 현실입니다という発言から、②が正解であると分かる。

[41-42] 次は引退設計についての講演です。よく聞いて、問いに答えなさい。

男 : いまだに多くの人が引退設計がどれほど重要かを知らずにいます。子どもの教育費や住宅を用意するためには一生懸命お金を集めながら、いざ自分の老後を準備することはおろそかにするのが現実です。このような人たちが考えるに、引退設計はお金に余裕がある人だけがすることだと感じます。ですが、引退設計はサラリーマンや所得が多くない人にとってより必要です。お金持ちは別途引退設計をしなくてもちょっと気を使えば

どんな方式だろうと老後の資金を解決できます。しかし、毎日もしくは毎月支出に対する収入の比率が少しも余裕なくきゅうきゅうとしている一般人のほとんどは、別途計画して準備しなければ老後を送るのに必要な資金を用意するのは簡単ではありません。このような人たちは引退後、勤労所得が消えたら基本的な生活すら難しくなることもあるのではないでしょうか？　引退設計の核心は、誰が何と言っても老後資金を用意するところにあります。

41. 聞いた内容と一致するものを選びなさい。
　①引退後にも経済活動をすることが重要だ。
　②多くの人が老後のための準備ができていない。
　③今では人々が引退設計の重要性を知っている。
　④引退設計は金に余裕がある人がすることだ。

42.
正解：③노후 자금을 준비하지 않으면 은퇴 후 생활이 어려워질 것이다.

解説：은퇴 후 근로소득이 사라지면 기본적인 생활마저 어려워질 수 있지 않을까요? 은퇴 설계의 핵심은 누가 뭐래도 노후자금을 마련하는 데 있습니다と述べていることから、③が正解であると分かる。①と④は触れられておらず、②は内容に反している。

42. 引退設計についての男性の考えとして、適切なものを選びなさい。
　①引退後には、自ら生きていくことはほぼ不可能だ。
　②引退設計は所得規模が大きい人にとってより必要だ。
　③老後の資金を準備しなければ、引退後の生活が厳しくなるだろう。
　④引退後に経済活動をすることになれば、老後資金を用意できる。

[43-44] 다음은 다큐멘터리입니다. 잘 듣고 물음에 답하십시오.

여자 : 최근 몇 년간 기업은 비정규직 채용을 늘렸습니다. 왜 기업에서 비정규직 채용을 늘리는 것일까요? 기업 입장에서는 회사가 잘될 때는 더 많은 사람을 고용하고 싶고, 기업이 어려워지면 인원을 줄여 불필요한 지출을 막고 싶어 합니다. 왜냐하면 기업은 채용과 해고가 자유로워야 탄력적인 위기 대처를 할 수 있습니다. 또한 비정규직 근로자는 정규직과 달리 계약된 기간만 채용하고 이후에는 해고를 해도 되고, 직원들의 복지혜택을 강화하지 않아도 되니 기업은 유지비를 절감할 수 있습니다. 하지만 비정규직의 고용과 해고만으로 문제를 해결하는

것이 단기적으로는 기업의 큰 손해를 막을 수 있지만 장기적으로 볼 때 오히려 기업에 더 좋지 않은 영향을 줄 수 있다는 사실을 명심해야 합니다. 비정규직 근로자들은 언제 회사를 관둬야 할지 모르는 상황에서 회사 직원으로서 소속감이 생길 리가 없습니다. 이는 열심히 일 하려는 마음도 적어져 일의 능률 면에서 나쁜 영향을 가져올 수 있기 때문입니다.

43. 正解 : ① 유지비를 줄일 수 있기 때문에
解説 : 비정규직 근로자는 정규직과 달리 계약된 기간만 채용하고 이후에는 해고를 해도 되고, 직원들의 복지혜택을 강화하지 않아도 되니 기업은 유지비를 절감할 수 있습니다とあることから、①が正解である。

[43-44] 次はドキュメンタリーです。よく聞いて、問いに答えなさい。
女 : 最近数年間、企業は非正規社員の採用を増やしました。なぜ企業は非正規社員の採用を増やすのでしょうか？　企業の立場では、会社がうまくいっている時はより多くの人を雇用したがり、企業が苦しくなると人員を減らして不必要な支出を防ぎたがります。なぜなら企業は採用と解雇が自由になってこそ弾力的な危機対処ができます。また、非正規社員は正規社員と違い、契約した期間だけ採用して以後は解雇してもよく、社員たちの福利厚生を強化しなくてもいいので、企業は維持費を減らせます。ですが、非正規社員の雇用と解雇だけで問題を解決することは短期的には企業の大きな損害を防ぐことはできますが、長期的に見た時、むしろ企業により良くない影響を与え得るという事実を肝に銘じなければなりません。非正規社員はいつ会社をやめなければならないか分からない状況で、会社の社員として所属感が生じるはずがありません。これは、一生懸命仕事しようとする気持ちも小さくなり、仕事の能率面で悪影響をもたらし得るためです。

43. 企業が非正規社員の採用を増やす理由として、適切なものを選びなさい。
① 維持費を減らせるので　　　　② 福利厚生を強化できるので
③ より多くの人員を雇用できるので　④ より多くの働き口を創出できるので

44. 正解 : ③ 비정규직 고용이 장기적으로는 기업에 좋지 않다.
解説 : 비정규직의 고용과 해고만으로 문제를 해결하는 것이 단기적으로는 기업의 큰 손해를 막을 수 있지만 장기적으로 볼 때 오히려 기업에 더 좋지 않은 영향을 줄 수 있다と述べているので、③が正解である。

44. この話の主題として、適切なものを選びなさい。
　①非正規社員の雇用が仕事の能率を高められる。
　②非正規社員の雇用が社会を不安にさせている。
　③非正規社員の雇用が長期的には企業に良くない。
　④非正規社員の雇用が企業の損害を減らす方法だ。

[45-46] 다음은 강연입니다. 잘 듣고 물음에 답하십시오.　　　TR 118

　남자 : 떡볶이는 한국인의 입맛을 사로잡는 대표적인 간식이지요? 그렇다면 떡볶이는 얼마나 오래되었을까요? 지금 우리가 먹는 떡볶이가 사실은 60여 년도 안 된 음식이라는 사실을 알고 있습니까? 원래 떡볶이는 떡과 다양한 채소를 간장에 볶아서 먹었던 궁중 떡볶이에서 시작되었습니다. 궁중 떡볶이는 누구나가 쉽게 먹을 수 없는 고급 음식이었죠. 그러면 어떻게 한국을 대표하는 길거리 음식이 되었을까요? 한국 전쟁이 끝난 후, 어떤 사람이 자장면에 떨어진 가래떡을 먹어본 후 그 맛이 좋아서 가래떡에 고추장 양념을 넣어서 팔기 시작한 것이 지금의 즉석 떡볶이가 되었다고 합니다. 최근 한식의 세계화를 바라는 정부의 바람과 쌀 소비 증가의 필요성이 제기되면서 떡볶이 연구소까지 만들어졌다고 하는데요. 이 연구소에서는 전 세계 곳곳에서 먹을 수 있는 스파게티처럼 떡볶이를 세계화하는 방안을 연구하고 있습니다. 떡의 종류나 모양도 다양화하고 고추장 외에도 다양한 소스를 개발하겠다는 것이 이 연구소의 주요 지향점이라고 합니다.

45. 正解 : ③ 떡볶이는 원래 간장에 볶아서 만든 궁중 음식이었다.
　　解説 : 원래 떡볶이는 떡과 다양한 채소를 간장에 볶아서 먹었던 궁중 떡볶이에서 시작되었습니다という発言から、③が正解である。④のチャジャンは、「牛肉をしょうゆで煮詰めたおかず」のこと。

> [45-46] 次は講演です。よく聞いて、問いに答えなさい。
> 男 : トッポッキは韓国人の食欲をとりこにする代表的な間食ですよね？　それでは、トッポッキはどれくらい古いでしょうか？　今私たちが食べるトッポッキは、実は60年余りにもならない食べ物という事実を知っていますか？　もともとトッポッキは餅とさまざまな野菜をしょうゆで炒めて食べた宮中トッポッキから始まりました。宮中トッポッキは誰もが簡単には食べられない高級な食べ物でした。それでは、どうやって韓国を代表する道端の食べ物になったのでしょうか？　朝鮮戦争が終わった後、ある人がジャージャー麺に落

ちたカレトック(細長く棒状にした白い餅)を食べた後、その味が良くてカレトックにコチュジャンのタレを入れて売り始めたのが今の即席トッポッキになったそうです。最近、韓国料理の世界化を望む政府の願いと、米の消費増加の必要性が提起されるのに伴って、トッポッキ研究所まで作られたそうですが。この研究所では世界各地で食べられるスパゲティのようにトッポッキを世界化する方案を研究しています。餅の種類や形も多様化して、コチュジャン以外にもさまざまなソースを開発するというのがこの研究所の主要目標だそうです。

45. 聞いた内容と一致するものを選びなさい。
   ① トッポッキはものすごく昔から食べた食べ物だ。
   ② 今後、政府はトッポッキ研究所を作る予定だ。
   ③ トッポッキはもともとしょうゆで炒めて作った宮中料理だった。
   ④ チャジャンを入れて売り始めて、今のようなトッポッキになった。

46.
正解:③ 견해에 대해 사례를 들어 설명하고 있다.

解説:トッポッキについてさまざまな疑問を提示していき、それらに対して一つ一つ事例を挙げながら説明しているので、③が正解である。

46. 男性の態度として、最も適切なものを選びなさい。
   ① 論理的に問題の責任を問うている。
   ② 見解に対して根拠を挙げて反論している。
   ③ 見解に対して事例を挙げて説明している。
   ④ 状況を落ち着いて分析して説得している。

[47-48] 다음은 대담입니다. 잘 듣고 물음에 답하십시오.

여자 : 요즘은 1인 가구가 대략 20%를 차지하고 있습니다. 그래서 1인 가구도 가족의 한 유형이라는 이야기가 심심찮게 들리고 있는데 교수님께서는 어떻게 생각하십니까?

남자 : 사회학에서는 가족을 사회 집단으로 분류합니다. 사회 집단이 되기 위해서는 2인 이상의 구성원이 필요하기 때문에 1인 가구는 가족이 될 수 없습니다. 가족의 다양성을 주장하는 학자들은 1인 가구를 가족의 새로운 유형으로 분류하기도 합니다. 이렇게 되면 결혼으로 맺어진 가족뿐만 아니라 이혼으로 홀로 되는 사람, 독신인 사람, 그리고 재혼으로 새롭게 같이 사는 사람 등 매우 다양한 사람들이 가족이

되지 않을까요? 이처럼 1인 가구를 '가족'으로 분류하면 가족의 구성 특성에 따라 가족 유형을 나눠야 하는데 이는 현실적으로 어렵습니다.

47. 正解 : ④ 1인 가구를 가족으로 분류하기에는 어려움이 있다.

解説 : 이는 현실적으로 어렵습니다と言っており、ここでの이는一人世帯を家族と分類することを指しているので、④が正解であると分かる。他の選択肢は内容に反している。

> [47-48] 次は対談です。よく聞いて、問いに答えなさい。
> 女 : 近頃は一人世帯がほぼ20%を占めています。そのため、一人世帯も家族の一類型だという話がしばしば聞かれますが、教授はどのようにお考えですか?
> 男 : 社会学では、家族を社会集団として分類します。社会集団になるためには二人以上の構成員が必要なので、一人世帯は家族になれません。家族の多様性を主張する学者たちは一人世帯を家族の新しい類型として分類することもあります。こうなると、結婚で結ばれた家族だけでなく、離婚で一人になる人、独身の人、そして再婚で新しく一緒に暮らす人など、とても多様な人が家族になるのではないでしょうか？ このように、一人世帯を「家族」と分類すると、家族の構成特性によって家族の類型を分けなければなりませんが、これは現実的に難しいです。
>
> 47. 聞いた内容と一致するものを選びなさい。
>   ① 独身の人も家族として分類している。
>   ② 最近、一人世帯が半分以上を占めている。
>   ③ 社会学では一人世帯も家族になれる。
>   ④ 一人世帯を家族として分類するには困難がある。

48. 正解 : ② 자신의 의견을 예를 들어 주장하고 있다.

解説 : 이처럼と述べている場合、その前には具体的な例が挙げられていることが多い。例を挙げて自らの意見を主張しているので、②が正解である。

> 48. 男性の態度として、最も適切なものを選びなさい。
>   ① 相手方の意見に積極的に同調している。
>   ② 自身の意見を例を挙げて主張している。
>   ③ 経験を通じて自身の意見を主張している。
>   ④ 相手方の意見に対して異議を提起している。

[49-50] 다음은 강연입니다. 잘 듣고 물음에 답하십시오.

여자 : 오늘 강의에서는 가족의 변화에 대해 살펴보겠습니다. 화보에 전형적으로 등장하는 가족은 아빠의 목마를 탄 딸과 엄마 손을 잡은 아들이 있는 모습이었습니다. 그런데 요즘 TV에 나오는 가족은 한부모 가족, 재혼 가족, 계약 결혼 부부, 동거하는 젊은이 등 매우 독특한 모습을 보이고 있습니다. 이에 어떤 사람들은 가족이 붕괴하고 있다고 말합니다. 이들은 이 모든 문제를 해결하는 방법으로는 가족의 가치를 소중히 여기는 예전과 같은 전통적인 가족을 회복시켜야 한다고 주장합니다. 이와 반대로 가족이 해체되는 것이 아니라 새로운 형태로 변하고 있는 것이며, 결혼과 출산 이외에도 다양성에 기반을 둔 가족으로 변하고 있다는 주장도 있습니다. 이들에게 가족의 모습은 사회 형태에 따라 적합한 방식으로 변하는 것이고 이런 점에서 현재의 가족은 새로이 구성되는 과정에 놓여 있다는 것입니다. 이것은 가족의 해체일까요? 아니면 다양화되어 가는 것일까요? 이에 대해 여러분의 의견을 들어보겠습니다.

49. 正解 : ③ 가족의 모습은 사회 형태에 따라 변한다는 주장도 있다.

解説 : 이들에게 가족의 모습은 사회 형태에 따라 적합한 방식으로 변하는 것이고とあり、ここでのこの이들은家族が新しい形態に変わっていると主張する人々のことである。従って、③が正解である。

> [49-50] 次は講演です。よく聞いて、問いに答えなさい。
>
> 女 : 今日の講義では家族の変化について見てみます。グラビアに典型的に登場する家族はパパの木馬に乗った娘とママの手を握る息子がいる姿でした。ですが、近頃テレビに出る家族は片親家族、再婚家族、契約結婚夫婦、同棲する若者などとても独特な姿を見せています。これに、ある人たちは家族が崩壊していると言います。彼らはこの全ての問題を解決する方法としては家族の価値を大切に考える以前と同じ伝統的な家族を回復させなければならないと主張します。これと反対に家族が解体されるのではなく新しい形態に変わっているのであり、結婚と出産以外にも多様性に基盤を置いた家族に変わっているという主張もあります。彼らにとって、家族の姿は社会形態によって適合する方式に変わるものであり、このような点で現在の家族は新しく構成される過程に置かれているというのです。これは家族の解体でしょうか？ あるいは、多様化されていくのでしょうか？ これについて皆さんの意見を聞いてみます。
>
> 49. 聞いた内容と一致するものを選びなさい。

①テレビに出る家族の姿は問題がたくさんある。
②伝統的な家族の姿に回復するのは難しい。
③家族の姿は社会形態によって変わるという主張もある。
④結婚と出産をする人が減るのに伴って、家族の形態が変わった。

50.
正解：④가족 변화에 대한 결론을 열어 두고 있다.

解説：二つの立場の意見を紹介したあと、**이것은 가족의 해체일까요? 아니면 다양화되어 가는 것일까요? 이에 대해 여러분의 의견을 들어보겠습니다**と講義の受講者に向かって疑問を投げかけ、自ら意見を表明していないことから、結論を急いでいないことが分かる。従って、④が正解である。**결론을 열어 두고 있다**(結論を開けておいている)とは、結論を出さないまま残していることを表す。

50. 女性の態度として、最も適切なものを選びなさい。
①家族の重要性を主張している。
②家族解体の問題点を批判している。
③家族の多様性について説明している。
④家族変化に対する結論を残してある。

書き取り

[51-52] 다음을 읽고 ( )에 들어갈 말을 각각 한 문장씩으로 쓰십시오.

51. 解答例:
　　㉠ : 축하해 주셔서 감사합니다 / 축하해 줘 감사합니다 (5점)
　　　　축하해 주세요 (3점)
　　㉡ : 글로 인사를 드리게 되어 죄송합니다 (5점)
　　　　글로 인사를 드려서 죄송합니다 (5점)
　　　　글을 씁니다 / 글을 써서 죄송합니다 (3점)

解説 : 저희의 결혼식とあるので、結婚式の場に来た人に向けた文面であることが分かる。㉠は결혼식을の後に続くので、**축하해 주셔서 감사합니다**（祝ってくださって、ありがとうございます）のような内容が入る。

　　　㉡の前に**찾아뵙고 인사를 드려야 하는데**という内容があるため、直接ではなく文面でのあいさつとなったことを詫びる内容が入る。このような場合は**글로 인사를 드리게 되어 죄송합니다**（文章であいさつを申し上げることとなり、申し訳ありません）などの表現が適切である。

　　　配点は各5点である。適切な表現を使っている場合は5点だが、そうでなくても意味の通る文が書けていれば部分点として3点が与えられる。㉠は感謝の意を示すために-**아/어 주셔서 감사합니다**という表現を使う必要があるが、これを使わず**축하해 주세요**と書いた場合は3点となる。㉡は文面であることを詫びることが重要なため、**인사를 드리다**という表現と-**게 되어 죄송합니다**という表現を使う必要があるが、単に**글을 씁니다**や**글을 써서 죄송합니다**と書いた場合は3点となる。

[51-52] 次を読んで、( ) に入る言葉を一文書きなさい。
51. 感謝の言葉
いつも皆さんの家庭に幸運が満ちあふれるよう祈ります。
お忙しいのにおいでくださり、私たちの結婚式を（　㉠　）。そして、おいでくださることができませんでしたが、遠くからお祝いのあいさつを送ってくださった方々にも感謝いたします。お目にかかってあいさつをしなければなりませんが、こうして（　㉡　）。これからもお元気で、なさることが全て叶うよう祈ります。

---

52. 解答例:
　　㉠ : 내면의 아름다움에 있다는 것이다 (5점)

내면의 아름다움을 말한다 (5점)
　　　내면이다 (3점)
　ⓒ : 우리는 내면의 아름다움을 가꾸기 위해 노력해야 한다 (5점)
　　　외모를 가꾸는 데에만 신경 쓰면 안 된다 (5점)
　　　외모보다 내면이 중요하다 (3점)
解説 : ㉠の前には**진정한 아름다움이란**とあるので、真の美しさとは何かについて書かなければならない。その前の一文で、筆者は内面より外見を気にすることを否定的に見ている。そして㉠のある文が**하지만**と続くので、ここには前文とは逆の内容が入ることになる。つまり、真の美しさとは**내면의 아름다움에 있다는 것이다**(内面の美しさにあるのである)など、内面という部分を強調した内容が適切である。

　　ⓒは (　　) の前に**그러므로**という言葉があるので、全体の内容をまとめる文が入る。本文の**내면을 가꾸는 것**という記述を引用して、**내면의 아름다움을 가꾸기 위해 노력해야 한다**(内面の美しさを育てるために努力しなければならない)などの内容を入れるのが適切である。

　　問題51と同じく各5点の配点で、部分点は3点である。㉠は直前の**외모의 아름다움이 아니라**と対比させて述べる必要があるため、**아름다움**という言葉を使わなければならないが、これを使わず**내면이다**とした場合には3点となる。ⓒは文章の内容をまとめる文となるため、文章中の表現を使って書くと主張がより明確になるが、もっとも重要な主張である**외모보다 내면이 중요하다**という部分だけを書いても3点が与えられる。

> 52. 많은 사람들이, 外見이 恋愛、結婚などのような私生活はもちろん就職、昇進など全般的な社会活動に影響を及ぼすと考える。そのため、整形手術やダイエットをする人が増えている。自分の内面を育てることより外見を飾るのに多くの時間とエネルギーを浪費しているのだ。しかし、真の美しさとは、外見の美しさではなく(　㉠　)。それゆえに、(　ⓒ　)。

[53] 다음 표를 보고 텔레비전의 장단점에 대해 쓰고, 텔레비전을 잘 이용하기 위해서 어떻게 해야 하는지 200~300자로 쓰십시오.

53. 解答例 :

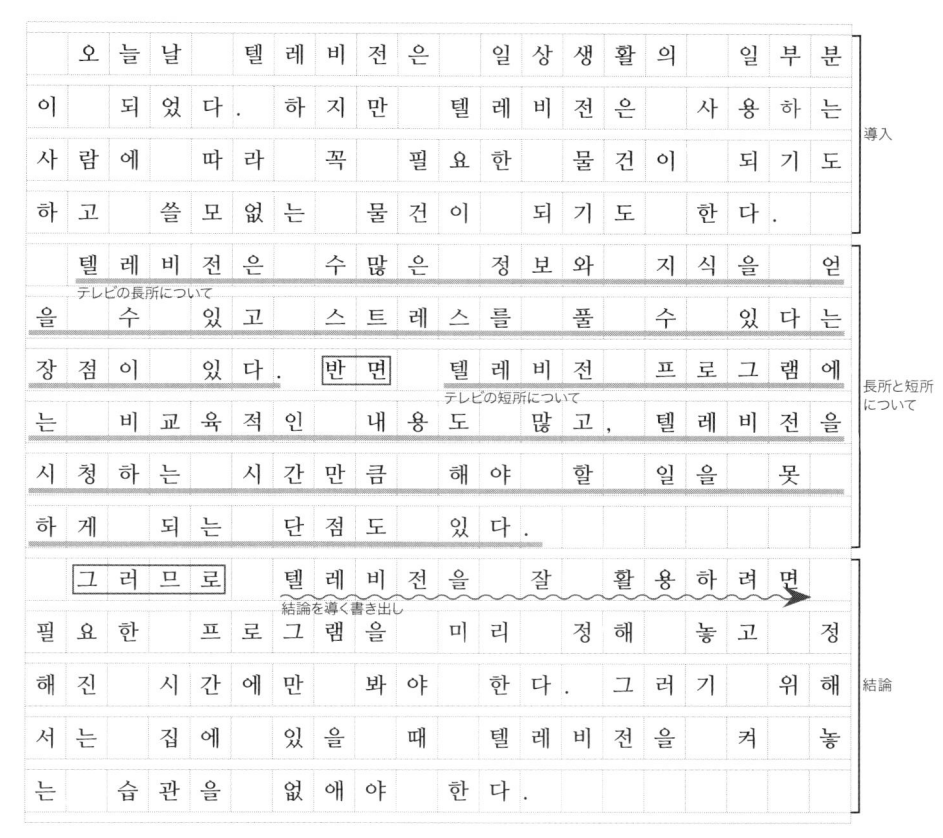

	오	늘	날		텔	레	비	전	은		일	상	생	활	의		일	부	분
이		되	었	다	.	하	지	만		텔	레	비	전	은		사	용	하	는
사	람	에		따	라		꼭		필	요	한		물	건	이		되	기	도
하	고		쓸	모	없	는		물	건	이		되	기	도		한	다	.	
	텔	레	비	전	은		수	많	은		정	보	와		지	식	을		얻
을		수		있	고		스	트	레	스	를		풀		수		있	다	는
장	점	이		있	다	.	반 면			텔	레	비	전		프	로	그	램	에
는		비	교	육	적	인		내	용	도		많	고	,		텔	레	비	전 을
시	청	하	는		시	간	만	큼		해	야		할		일	을		못	
하	게		되	는		단	점	도		있	다	.							
	그 러 므 로					텔	레	비	전	을		잘		활	용	하	려	면	
필	요	한		프	로	그	램	을		미	리		정	해		놓	고		정
해	진		시	간	에	만		봐	야		한	다	.		그	러	기		위 해
서	는		집	에		있	을		때		텔	레	비	전	을		켜		놓
는		습	관	을		없	애	야		한	다	.							

解説：上記の作文は、まず1段落目の導入で「私たちの生活とテレビの関係」について述べ、2段落目で表で与えられた内容に基づいて「テレビの長所と短所」について整理し、最後の段落で**그러므로**という言葉に続いて、「正しいテレビの利用方法」についての結論を述べている。配点は30点で、課題に該当する内容を少しでも書くと、部分点が与えられる（P.12表5参照）。

53. 次の表を見てテレビの長所、短所について書き、テレビを上手に利用するためにどうしなければならないか、200～300字で書きなさい。

テレビの長所、短所

テレビの長所	テレビの短所
① 情報や知識が得られる。	① 非教育的な番組も多い。
② ストレスを解消できる。	② しなければならないことができなくなる。

[54] 다음을 주제로 하여 자신의 생각을 600~700자로 글을 쓰십시오.

54. 解答例:

序論:
예전에는 인구증가로 인한 사회문제가 심각했었는데 이제는 자녀를 적게 낳거나 아예 낳지 않는 풍토가 문제가 되는 현상이 나타나고 있다. 특히 선진국을 중심으로 저출산 문제가 큰 사회문제로 대두되고 있다.

本論:
저출산의 가장 큰 문제점은 우리 사회가 고령화 사회로 변한다는 것이다. 인구가 고령화되면 국가의 노동인력이 부족해져서 산업이 위축되고 경제성장이 멈추게 된다. 이는 국가경쟁력 약화와 노후 불안과 같은 부작용을 낳는다. …①

이런 저출산 현상의 가장 큰 원인은 가족에 대한 가치관의 변화에 있다. 현세대는 가족보다 자신의 삶의 질 향상에 더 많은 시간을 할애하기를 원하고, 부부 중심 가족생활을 선호한다. …②-1

독신의 증가와 높은 이혼율, 경제 불황으로 인한 소득 및 고용 불안정, 자녀 양육비와 교육비 부담 또한 저출산의 원인이다. 또 여성들의 사회활동 참여율이 증가하면서 출산 기피 현상이 늘고 있다. …②-2

따라서 저출산 문제를 해결하기 위해서는 국가의 출산, 보육, 교육비 지원 정책이 필요하다. 그리고 출산 휴가를 보장해 주고, 여성들이 출산 후 회사에 복귀할 수 있도록 제도를 마련해야 한다. 또 회사에서 보육원을 의무적으로 설립하도록 하여 여성의 안정적인 노동 환경을 만들어 주어야 한다. 또한 경기 불황 및 청년 실업률을 해소하기 위한 해결책이 제시되어야 한다. …③

解説：問題54では、提示された3つの質問に答えを用意することで文章の骨組みを構成していくことが重要である。本書ではそれぞれの質問に①、②、③の番号を振り、解答例中にも数字を示してそれぞれの質問に対する答えであることを示している。上記の作文は、まず1段落目が序論、2〜4段落目が本論で、少子化による問題点とその原因について述べ、最後の段落で少子化問題を解決するための効果的な方法について主張する結論となっている。配点は50点で、課題に該当する内容を少しでも書くと、部分点が与えられる（P.13表6参照）。

54. 次を主題にして、自分の考えを600〜700字で書きなさい。

> 最近、出生率が急激に下がっています。少子化問題を解決できる効果的な方法について、下の内容を中心に主張する文を書きなさい。
> ・少子化により、どのような問題が起きていますか？ … ①
> ・少子化の原因は何ですか？ … ②
> ・少子化問題を解決できる効果的な方法は何ですか？ … ③

読解

[1-2] ( )에 들어갈 알맞은 것을 고르십시오.

1. 正解：②읽어 봤자

解説：-아/어 봤자 (〜してみたところで) という表現は、ある行動をしても期待通りにいかないだろうという推測を表す。

> [1-2] ( ) に入る適切なものを選びなさい。
> 1. 韓国の新聞を(   ) 理解できないので、あまり読みません。
>   ①見るついでに ②読んだところで
>   ③知っている分 ④勉強しようと

2. 正解：③했더라면

解説：文末の할 수 있었을 것이다という部分から、過去のことを述べており、また実際には望む会社に就職できなかったということが分かる。-았/었더라면 (〜していたら) は、過去の事実に反する仮定を表す表現である。

> 2. 一生懸命勉強を(   ) 望む会社に就職することができたはずだ。
>   ①していると思ったら ②したとしても
>   ③していたら ④するといっても

[3-4] 다음 밑줄 친 부분과 의미가 비슷한 것을 고르십시오.

3. 正解：①듣는 체했지만

解説：-는 척하다と-는 체하다は同じ意味 (〜するふりをする) で、交換が可能な表現である。

> [3-4] 次の下線を引いた部分と意味が似ているものを選びなさい。
> 3. 授業時間に先生の言葉を<u>聞いているふりをしたけど</u>、実は昨日のことを考えていた。
>   ①聞いているふりをしたけど ②聞くところだったけど
>   ③聞いたせいか ④聞くも同然だったけど

4. 正解：①받기 쉽다

解説：-기 십상이다 (〜しがちだ) は「〜する可能性が高い」ということを表す表現なので、-기 쉽다 (〜しやすい) と置き換えられる。십상は漢字で「十常」と書き、십상팔구 (十常八九) という言葉の縮約である。십상팔구は日本語で「十中八

九」という意味である。

4. 有名な俳優たちが出演しても作品の完成度が低い映画は、映画の観客たちにそっぽを<u>向かれがちだ</u>。
　①向かれやすい　　　　　　　②向かれるわけだ
　③向かれることにした　　　　④向かれればよかった

[5-8] 다음은 무엇에 대한 글인지 고르십시오.

5. 正解：②도시락
　　解説：체육대회, 야유회 등의 이벤트의 때에 준비하는 것이라는 정보와, 주문이라는 키워드에서, ②가 정답이라는 것을 알 수 있다.

> [5-8] 次は何についての文章か、選びなさい。
> 5. 体育大会、遠足、イベント別のさまざまなメニュー。
>   団体注文爆弾割引！
>   ①本屋　②弁当　③カフェ　④カラオケ

6. 正解：④헬스클럽
　　解説：살과의 읽み取りが難しいかもしれないが、강사, 댄스, 요가, 사우나などの言葉から④が正解であると判断できる。헬스클럽の意味を覚えておくことが重要。

> 6. 肉との永遠の別れ
>   ▶ 専門講師の体系的な指導
>   ▶ ダンス、ヨガ無料授業
>   ▶ 最新式サウナ完備
>   ※ 3カ月登録すれば1カ月無料
>   ①写真館　②カラオケ　③英語塾　④ジム

7. 正解：②주택 분양
　　解説：격조 높은 인테리어나 최고급 디자인 주방 가구라는 표현에서, 고급스러운 주거라는 것을 어필하고 있다고 알 수 있다. 따라서, ②가 정답이다.

> 7. あなたの人格にふさわしい空間が必要ですか？
>   風格が息づく空間
>   最高級の素材と格調高いインテリア

　　　　最高級デザインのキッチン家具
　　　　地下鉄の駅から10分の距離
　　　①大学紹介　②住宅分譲　③開業のあいさつ　④塾の案内

8. 正解：④ 신용카드
解説：비밀번호가 알려지지 않도록이나 자석이 있는 물건 위에 놓지 마십시오라는 注意書きがあるので、④が正解であると判断できる。

> 8. 皆さんの注意で情報を守れます。
> パスワードが知られないように注意しましょう。
> 折ったりテレビなど磁石がある物の上に置くのはやめましょう。
> ①財布　②パスポート　③日記　④クレジットカード

[9-12] 다음 글 또는 도표의 내용과 같은 것을 고르십시오.

9. 正解：② 인터넷을 통해서 예매를 하면 할인받는다.
解説：관람료の部分に 인터넷 예매 20% 할인 とあるので、②が正解である。①や④はこの案内では触れられておらず、③は月曜日が休館であるため内容に反している。

> [9-12] 次の文章または図表の内容と同じものを選びなさい。
> 9. 国立博物館夏休み特別展示の案内
> ・展示名：世界文明展
> ・期間：2014年7月25日（金）〜8月24日（日）
> ・観覧時間：火〜金（午前9時〜午後6時）／土、日曜日（午前9時〜午後7時）／毎週月曜日休館
> ・観覧料：5,000ウォン（13歳以下の子ども無料／インターネット予約20%割引）
> ・問い合わせ先：02) 1234-4567, http://museum.co.kr
> ①学生は全て20%の割引を受けられる。
> ②インターネットで予約をすれば割引を受けられる。
> ③平日には午前9時から午後6時まで観覧できる。
> ④12歳の子どもと一緒に来た両親は無料で入場できる。

10. 正解：③ 2014년에는 전체 실업률은 증가했고 청년 실업률은 줄었다.
解説：選択肢の 증가하다 や 감소하다、줄다 という単語が分かれば、グラフの数字から③が正解であると分かる。추세 や 꾸준히 などの単語も覚えておくと良い。

10.

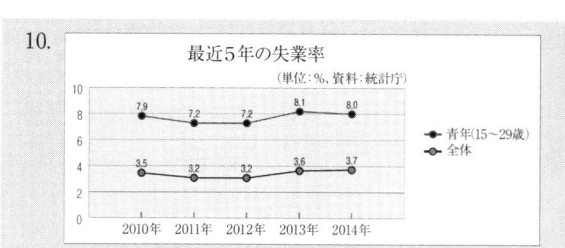

最近5年の失業率
(単位:%、資料:統計庁)

― 青年(15～29歳)
― 全体

① 青年の失業率は2012年以降減少傾向が続いている。
② 全体の失業率は2010年から少しずつコンスタントに増加している。
③ 2014年には全体の失業率は増加し、青年の失業率は減った。
④ 全体の失業率と青年の失業率の両方とも減少した年は2013年だ。

11. 正解：②다문화 사회로 변하면서 기업들의 인식도 변하고 있다.
解説：국내 거주 외국인들에게 실질적인 도움을 주기 위한 기업들의 지원이 활발해지고 있다というところから、外国人が増えて韓国社会が多文化社会となるのに伴って企業による外国人支援が活発になってきたことが分かる。従って、②が正解となる。他の選択肢についてはこの内容からは読み取れない。

> 11. 多文化社会に対する認識を広め、韓国に居住する外国人たちに実質的な助けを与えるための企業の支援が活発になっている。2014年現在、韓国内に居住する外国人は120万人に達すると調査で分かった。これにより、企業は彼らに対する長期的な投資をするものと見られる。
> ① 外国人の国内居住が増加するのに伴って、問題が発生する。
> ② 多文化社会に変わるのに伴って、企業の認識も変わっている。
> ③ 企業は社会の変化と企業の投資とは関係がないと考えている。
> ④ 国内居住外国人が増加することによって、企業の投資が難しくなっている。

12. 正解：③나를 사랑하는 사람이 다른 사람에게도 사랑받을 수 있다.
解説：사랑받기를 원한다면 먼저 자기를 사랑해야 한다とあることから、③が正解であることが分かる。この文章では먼저 자기를とあるように他人よりも自分を優先することを主張しているため、③以外の選択肢はいずれもこの文章の主張に反している。

> 12. 自分自身より他の人に対して親切でなければならないと考える人が多い。しかし、これは間違った考えだ。他の人とうまく付き合いたいなら、まず自分と親しくならなければならない。愛されることを望むなら、まず自分を愛さなければならない。自分自身と平和に過ごせない人は、他の人とも平和に過ごせない。

①他の人に親切でなければ愛されない。
②平和な人生のためには他の人とうまく付き合わなければならない。
③自分を愛する人が他の人にも愛され得る。
④人生で最も重要なことは、他の人と平和に過ごすことだ。

[13-15] 다음을 순서대로 맞게 나열한 것을 고르십시오.

13. 正解：①(라)-(가)-(다)-(나)

解説：(가)の文頭には**그런**という単語があるので、(가)が最初に来ることはない。従って②と④を除外できるので、最初に来る文は(라)であることが分かる。①と③を見ると、2番目に来るのは(가)と(다)のどちらかであることが分かる。(가)の**그런 훈련**という部分が、(라)で述べている**사고력 키워야 한다**を受けていると考えれば、うまく繋がる。(다)では(라)に繋がらないので、(가)が2文目に来る。そして(가)で導入された**신문**という話題を受けて(다)へと続き、**사회의 다양한 문제**が(나)の**그러한 시사 문제**に該当する。従って(라)→(가)→(다)→(나)となるので、①が正解となる。

[13-15] 次を順番通りに並べたものを選びなさい。
13. (가) そのような訓練をするのに良いのが新聞だ。
(나) そのような時事問題に関心を持てば、批判的な思考を育てることができる。
(다) 新聞には社会のさまざまな問題が載っているからだ。
(라) 論述問題をうまく解くためには、普段から思考力を育てなければならない。

14. 正解：③(가)-(다)-(라)-(나)

解説：(다)の文頭には**이러한**という単語があるので、(다)が最初に来ることはない。従って②と④を除外できるので、最初に来る文が(가)であることが分かる。①と③を見ると、2番目に来るのは(라)か(다)のどちらかであることが分かる。(가)で述べられているのは地球の状態であり、(다)の**이러한 지구**でこれを受けていることが分かる。(라)が2番目に来ても繋げることはできるが、3番目に来るのが(다)とすると**이러한 지구**がうまく繋がらなくなる。(다)で導入された**녹색 식물**の話を(라)で引き継いで説明し、(나)の**따라서**で結論付ける流れになる。従って(가)→(다)→(라)→(나)となるので、③が正解である。

14. (가) 지구가 최초에 작られた時は酸素가 豊富ではなかった。
   (나) 従って、われわれが生きているのは、植物のおかげだと言える。
   (다) このような地球に酸素がたくさんあるようにしたのは緑色植物だ。
   (라) 植物が地球に酸素を供給して動物が発生し始めた。

15.
正解：②(나)-(가)-(다)-(라)

解説：(가)の文頭には**그러나**という単語があるので、(가)が最初に来ることはない。従って①と③を除外できるので、最初に来る文が(나)であることが分かる。②と④を見ると、2番目に来るのは(가)か(라)のどちらかであることが分かる。(나)の内容が科学の発展であるのに対して(가)は科学の副作用を述べているので、(가)の文頭の**그러나**によってうまく繋がる。もし2番目に(라)が来る場合、**이를 위해**が指す内容を(나)の中に見つけることは難しい。(라)が4番目に来ることになれば、**이를 위해**の指す内容が(다)の**어떻게 선택하고 활용할 것인지**であることが分かる。従って(나)→(가)→(다)→(라)となるので、②が正解である。

15. (가) しかし、科学技術の副作用を心配する人も多い。
   (나) 今日、科学技術の発展で社会が大きく変わっている。
   (다) 今後は技術をどのように選んで活用するのかが重要だ。
   (라) このため、科学技術時代の価値ある生活に対する評価が必要だ。

［16-18］다음을 읽고 (   )에 들어갈 내용으로 가장 알맞은 것을 고르십시오.

16.
正解：④ 무조건 막기보다는 올바르게 이용하도록

解説：(   )のある文章の冒頭に**따라서**とあるので、それ以前の文脈をふまえた内容となることが分かる。**가정이나 일상생활과 조화를 이룬다면 이로울 수 있다**という記述から、ゲームがためになるには正しく利用することが前提となるので、④が正解である。

［16-18］次を読んで、(   ) に入る内容として最も適切なものを選びなさい。
16. ゲーム中毒によって、多くの問題点が現れているが、これをゲームのせいだけにするのは正しくない。ゲームも家庭や日常生活と調和をなせば、ためになり得る。特に、ストレスを解消してくれる遊び文化になることもある。従って、ゲームを (   ) 導かなければならない。
   ① より面白くできるように
   ② 発展させ続けるための方法を見つけるように

③中毒にならない程度にのみできるように
④無条件に防ぐよりは、正しく利用するように

17. 正解 : ③긍정적인 기업 이미지를 심어 주기 때문에
解説 : 똑같은 제품이라고 해도 소비자는 일류 브랜드를 선호한다という記述から、消費者はブランドイメージを判断基準にすると述べていることが分かるので、①と②は除外される。また、④はここでは触れられていないので、③が正解であることが分かる。

> 17. 広告は消費者に多くの情報を提供してくれる。よくできた一つの広告が消費者に（　　）企業の立場にとって広告の役割はとても重要だ。同じ製品だとしても、消費者は一流ブランドを好む。すなわち、消費者は単に製品を買うのではなく、ブランドを買うために大金を払うのだ。
> ①製品の優秀さを強調できるので
> ②値段の合理性を説明する機会になるので
> ③肯定的な企業イメージを植え付けてくれるので
> ④競争会社より良い会社であることを知らせることができるので

18. 正解 : ②언어뿐 아니라 행동을 통해서도
解説 : 말하는 동안 눈빛, 얼굴 표정, 손짓을 이용하는 것을 볼 수 있다や온몸으로 말을 하고 있는 것이다という記述から、②が正解である。

> 18. 男性が愛する人に気持ちを表現する方法にはいくつかある。直接言ったり花をあげたり手紙やメールを送ったり手をつなぐ行為を通じても気持ちを伝えられるだろう。われわれは（　　）自分の考えを伝えられる。周りで話す人を一度詳しく観察してみると、話す間に目つき、顔の表情、手振りを利用するのが見られる。一言で言って、人は体全体で話しているということだ。
> ①他の人の行動を通じて　　　　　　②言語だけではなく行動を通じても
> ③周りの雰囲気を変えることによって　④いくつかの機械を使ってより効果的に

[19-20] 다음을 읽고 물음에 답하십시오.

19. 正解 : ②자칫
解説 : 자칫は、「少し間違えれば」という意味の副詞である。ここでは文全体にかかっている。他の選択肢を見ると、③は後ろに否定形を伴う副詞であり、④は数量の

多さを述べるため、ここでは除外される。前後の매우 신중한 태도가 필요하다や실질적인 효과는 없이 구호만 요란할 수 있으므로という記述から、強制的な方法について否定的であることが読み取れるので、否定的なニュアンスを含む②が正解である。

[19-20] 次を読んで、問いに答えなさい。
悪意のあるコメントを減らして善意のコメントを拡散しようという運動は意味がある。しかし、このような運動をする時は、とても慎重な態度が必要だ。悪意のあるコメントを減らしていく方法が強制的なら、逆効果を呼び起こし得るためだ。このような方法は（　　）強制的な法を作るとか一時的なスローガンで終わることがある。そのため、社会心理に対する深い研究なしには実質的な効果はなくスローガンのみ騒がしくなり得るので、注意しなければならない。

19. （　　）に入る適切なものを選びなさい。
①時折　②ややもすれば　③いまだ　④なんと

20.
正解：④강압적인 방법으로 댓글에 대한 제한을 하면 반대 효과가 날 수 있다.

解説：악의적인 댓글을 줄여가는 방법이 강제적이면 역효과를 불러일으킬 수 있기 때문이다という記述から、④が正解であると分かる。その他の選択肢については、内容からは読み取れない。

20. この文の内容と同じものを選びなさい。
①悪意のあるコメントを付けることも意見を表現する方法だ。
②善意のコメントが拡散されれば、悪意のあるコメントは減るだろう。
③悪意のあるコメントを防止するには、法で定めて防ぐ方法もある。
④強圧的な方法でコメントに対する制限をすると、逆効果になることもある。

[21-22] 다음을 읽고 물음에 답하십시오.

21.
正解：③각광을 받고 있다

解説：（　　）の直前に현재 한국에서 가장 큰 구매자로とあり、最後に가장 유력한 구매자인 노인을 고려해야 할 것이다ともあるので、有力な購買者として老人が注目されていることが分かる。従って、③が正解である。

[21-22] 次を読んで、問いに答えなさい。
韓国は2000年にすでに高齢社会に入っており、2030年くらいには韓国全体の人口のうち、老年層の比率が30%以上を占めるものと予想している。老年層は、現在韓国で最も大きな購買者として（　　）。老人たちはすでに引退をしただけでなく、将来が不安なので過剰消費をしないことが多い。また、活動範囲が狭く、主に家の周囲で食品のような必需品を買う傾向がある。このため、デパートの売上は減り、町の商店、コンビニの売上が増えている。今後、どんな種類の事業をするにせよ、最も有力な購買者である老人を考慮しなければならないだろう。

21. (　　) に入る適切なものを選びなさい。
①糸口をつかんでいる　　　　②ひどい目に遭っている
③脚光を浴びている　　　　　④仲立ちをしている

22.
正解 : ④고령화 사회에 앞으로 노인이 중요한 소비자가 될 것이다.
解説 : 앞으로 어떤 종류의 사업을 하든, 가장 유력한 구매자인 노인을 고려해야 할 것이다라고 있고, 이것이 주제라고 생각되므로、④가 정해이다.

22. この文の主題を選びなさい。
①高齢人口が増加して、社会問題になっている。
②老人人口の増加で生活必需品産業が発展するだろう。
③引退後の準備ができていない老人の未来が不安だ。
④高齢化社会で、今後老人が重要な消費者になるだろう。

[23-24] 다음을 읽고 물음에 답하십시오.

23.
正解 : ①어머니의 사랑을 깨닫고 가슴이 벅차다.
解説 : 下線部の눈꺼풀 밑으로 뜨겁게 차오르는 것은 涙の言い換えであると考えられるので、「私」が泣きそうになっていることを表している。その理由は、母가 나를 위해서 비밀을 혼자 간직하고 계셨던 것に気付いたからである。「私」は自分の涙を아내와 어머니 앞에 보일 수가 없었다とあり、その理由が너무도 부끄러웠기 때문이다とあることから、気持ちが胸にあふれていることが分かる。従って、①が正解である。

[23-24] 次を読んで、問いに答えなさい。

その間、母は私のために秘密を一人でしまっていらっしゃったのだ。母のお言葉を聞いてしばらく静かに口をつぐんでいた妻が、もうそれ以上我慢できなくなったように急に私を揺すり起こした。彼女の声は、今にも泣き出しそうなため震えていた。私はまだ目を開けることができなかった。明かりの下、目を開けて起きることができなかった。<u>まぶたの下に熱く込み上げるものを妻と母の前に見せることができなかった。それがあまりにも恥ずかしかったからだ。</u>妻は私を揺すり起こしたが、私はまぶたをぎゅっと押さえて我慢しながら寝たふりをすることしかできなかった。「朝、出掛けるなら疲れるだろうに、寝ている人をどうして起こすんだい?」母は落ち着いた声で言った。

23. 下線を引いた部分に表れた私の気持ちとして、適切なものを選びなさい。
① 母の愛に気付いて胸がいっぱいだ。
② 寝ているのに妻が起こしていらいらしている。
③ 目が覚めたけど寝たふりをするのが大変だ。
④ 母のお言葉に賛成できず腹が立つ。

24.
正解: ② 어머니는 자신보다 자식의 마음을 더 생각한다.

解説: 母は息子である「私」のために秘密を隠し、また妻が「私」を起こそうとすると寝かせておくようにするなど、「私」のことを常に考えていることが読み取れる。従って、正解は②である。①と③はこの内容からは読み取れず、④は内容に反している。

24. この文の内容と同じものを選びなさい。
① 母と妻は私の問題で言い争っている。
② 母は自分よりも子どもの気持ちを考えている。
③ 妻は母が秘密を隠したことについて怒った。
④ 私は母のお言葉を聞きたくなくて寝たふりをしている。

[25-27] 다음은 신문 기사의 제목입니다. 가장 잘 설명한 것을 고르십시오.

25.
正解: ④ 어려움을 이해하고 꾸준하게 함께 하는 봉사가 필요하다.

解説: **베풂이나 나눔이 아닌**とあるので、①と②は除外できる。**친구가 되어 주는**というのは文字通りの友達になるということではなく、苦しみを理解して共にいるということを表しているので、③**친구만 되어 주는**というのは間違いである。従って、④が正解となる。

[25-27] 次は新聞記事の見出しです。最もよく説明したものを選びなさい。
25. ボランティア、施しや分かち合いではない、友達になってあげること
　①ボランティアは貧しい人に分けてあげることだ。
　②施してあげることがボランティアの最も重要な部分だ。
　③直接的な助けより、友達にだけなってあげる方が良い。
　④困難を理解して、絶えず一緒にいるボランティアが必要だ。

26.
正解：④개인 정보가 지켜지지 않아서 담당자가 책임을 지게 될 것이다.
解説：인사 태풍이, 大規模な人員の交代や解雇、更迭を指すことを知っていれば、개인 정보 유출이라는 部分と併せて、正解が④であることが分かる。

26. 個人情報流出大乱 金融圏「人事台風」
　①個人情報が金融業界に知られて混乱している。
　②金融会社間に競争がひどくて労働力の移動が多い。
　③個人情報が知られて市民の被害が次第に大きくなっている。
　④個人情報が守られなくて担当者が責任を負うことになるだろう。

27.
正解：③교통사고 희생자가 장기를 기증하고 세상을 떠났다.
解説：희생자는 事故で死亡した人のことなので、①と②は除外される。またその희생자가 장기 기증을 行ったことが記事になっているので、④も内容に合わない。従って、③が正解である。

27. バス衝突事故犠牲者、臓器寄贈で新しい命「プレゼント」
　①交通事故の患者が臓器寄贈のプレゼントをもらった。
　②交通事故の負傷者に臓器寄贈が急がれる。
　③交通事故の犠牲者が臓器を寄贈して世を去った。
　④交通事故が増加するのに伴って、臓器寄贈に対する認識が変わっている。

[28-31] 다음을 읽고 ( )에 들어갈 내용으로 가장 알맞은 것을 고르십시오.

28.
正解：①대부분은 사람이 만들어 낸 결과라고
解説：이전에 사람들에게 해를 입었던 적이 대부분 있다고 한다という記述から、人に傷つけられたことが原因で人を襲うトラが多いということが読み取れるので、①が正解である。

[28-31] 次を読んで、(　) に入る内容として最も適切なものを選びなさい。

28. 人を傷つける動物は、ほとんどが以前人に傷つけられたことがあるそうだ。人を傷つけたトラを研究した専門家は、人を傷つけたトラは例外なく傷を負ったり年を取って衰弱した状態だったそうだ。また、人を傷つけたトラ50頭余りの頭蓋骨のうち、40余りはひどい傷を負っていたそうだ。人を傷つけたトラの (　) 専門家は主張する。
① ほとんどは人が作り出した結果だと
② 多くは人をたびたび傷つけた経験があると
③ 相当数は生息地の破壊によって死んだと
④ 一部は自分たち同士対決をしたためだと

29.
正解: ④ 그로 인한 혜택은 우리 눈에 보이지 않기 때문이다

解説: (　) のある文の一つ前の文を読むと、**세금을 기꺼이 내겠다고 하는 사람은 거의 없다**とあり、(　) に入る文は全ての選択肢が**-기 때문이다**で終わっているので、その理由を述べていることが分かる。また、(　) の前に**피부에 와 닿는 일이지만**とあるので、それと対比される内容である④が正解となる。

29. 一国の暮らしのために国民が互いに分け合って出す金を「税金」と言う。国民であれば誰もが負担しなければならない共通の経費が税金だ。どんな場合にどのくらいの税金を払わなければならないのかは、国民の代表機関である国会で作った法律で決められている。しかし、税金を喜んで払うという人はほとんどいない。税金負担は肌に感じられることだが、(　)。
① 国家を助けると考えるためだ
② 国家が税金を持っていくことが嫌なためだ
③ 法律で税金を決めることが不当だからだ
④ それによる恩恵はわれわれの目に見えないためだ

30.
正解: ② 사회적 역할을 다해야 한다고 믿기

解説: **주인 의식**とは、「当事者意識」「主体者意識」のこと。この単語が分かれば、後ろに続く言葉として②を選ぶことができる。また**진정한 자원봉사활동은 동정이 아니라 더불어 사는 사회를 만들기**とあることから、①③④は除外される。

30. 国家だけでなく、各種社会団体やボランティアたちも社会的弱者を助けている。特に、先進国では国民全体の30％以上がこれに参加しているそうだ。先進社会であるほどボランティア活動が活発な理由は、それだけ多くの人が当事者意識を持ち、(　　)からだ。真のボランティア活動は同情ではなく、一緒に暮らす社会を作るための努力から始まるという事実が分かる。
① 犠牲にならなければならないと考える
② 社会的な役割を果たさなければならないと信じている
③ 個人の健康と富を守るために生きる
④ かわいそうな人を助けることは義務だと考える

31.
正解：① 매번 유일한 무대가 연출된다
解説：영상물과는 달리とあることから、映像との違いを述べている①が正解である。②は映像について述べており、③と④はこの内容からは読み取れない。

31. 公演芸術は舞台のような公開された場所で演出される芸術であり、音楽、舞踊、演劇などがこうした例に属する。公演芸術は映像物とは違い、舞台の上の公演者を通じて公演される間にだけ存在するため、(　　)。また、公演芸術は演技者と観客が同じ空間にいて互いに感情が通じることができるので、公演が行われる現場の状況と観客の反応によってその構成や内容が一部変わることもある。
① 毎回唯一の舞台が演出される
② いつも同じ内容の公演が行われる
③ 観客の観覧方法が公演ごとに変わらなければならない
④ 演出者は同じ公演をするために努力しなければならない

[32-34] 다음을 읽고 내용이 같은 것을 고르십시오.

32.
正解：③ 갈등이 있는 집단 사이에는 서로 좋지 않은 시선으로 보게 된다.
解説：정치·경제적 갈등이 계속되는 경우 이에 관계된 집단의 사람들은 상대방을 점점 더 부정적인 시각으로 보게 된다と述べていることから、③が正解である。

[32-34] 次を読んで、内容が同じものを選びなさい。
32. 偏見とは、固定観念を基に、ある社会構成員に対して持っている否定的な態度を言う。このような偏見は、先天的に生まれ持ったものではなく、主に学習の結果発生するが、その原因はいくつかある。政治・経済的な争いが続く場合、これに関係した集団の人は相手方をだんだんより否定的な視線で見るようになる。ついには、人は相手方を敵対視

し、自身の集団をより優秀だと考えるようになるのだ。
① 偏見は生まれる時から持っている場合が多い。
② 固定観念は偏見の形成にあまり影響を与えない。
③ 争いがある集団間では、互いに良くない視線で見るようになる。
④ 偏見は特定の原因によって発生し、長く続く特徴がある。

33.
正解 : ③ 다양한 예술, 산업 분야에서 '이야기'가 활용되고 있다.

解説 : 모든 분야에 활발하게 이용되고 있는 이 최신 트렌드의 본질이 '이야기'라는 사실을 깨닫지 못하고 있을 뿐이다という最後の記述から、③が正解であり、④は間違いであることが分かる。また、①と②は内容からは読み取れない。

> 33. 「物語」と言えば、人はまず紙の本の中の文学作品を思い浮かべる。しかし、世界を見回せば、物語はすでに紙の外に飛び出し、生活のあちこちに息づいて生きている。演劇・映画・アニメはもちろん、広告・製品デザインまで。今日、全ての分野で活発に利用されているこの最新トレンドの本質が「物語」だという事実に気付かずにいるだけだ。
> ① 芸術性がない「物語」は、その活用価値があまりない。
> ② 「物語」は文学作品の中でのみその生命力を繋いでいく。
> ③ さまざまな芸術、産業分野で「物語」が活用されている。
> ④ 最新の趨勢の中に「物語」があることを人々が認識している。

34.
正解 : ④ 원만한 사회적 관계를 유지하며 살기 위해 법이 만들어졌다.

解説 : 공동체 생활을 안정적으로 유지하기 위한 구성원들 사이의 약속이 세대를 거치면서 사회적 규칙으로 정해지고 법이 만들어졌다とあるので、④が正解である。①は内容に反しており、②と③は内容からは読み取れない。

> 34. 人間社会には互いに異なる考えと利害関係を持った人が集まって暮らしているため、共同体の構成員の間に衝突が起きるものだ。共同体の生活を安定して維持するための構成員間の約束が世代を経て社会的な規則と定められ、法が作られた。現代の法は種類が過去に比べて多様なので、人々が内容をよく知らないことが多い。これは、社会が複雑になり、争いの要素が増えているためだ。
> ① 時代が変わるにつれ、法は簡潔に変わる趨勢だ。
> ② 人間は法がなければ共同体生活を維持できない。
> ③ 人間は個人的に生きられないので、法が必ず必要だ。
> ④ 円満な社会的関係を維持して生きるために法が作られた。

[35-38] 다음 글의 주제로 가장 알맞은 것을 고르십시오.

35. 正解：① 바람직하고 건전한 응원 문화를 만들어야 한다.
解説：과도한 애국주의를 내세우는 응원 분위기는 변해야 한다とあることから、まず②が除外される。また、現在のスポーツの応援のあり方に対して否定的であることも読み取れるので、③、④が除外される。従って、①が正解である。

> [35-38] 次の文の主題として最も適切なものを選びなさい。
> 35. ワールドカップのように国家同士が競争する試合を観覧する時、過度に応援をして問題になるケースが発生することもある。試合の結果に満足できず、時々暴力事件が起きたりもする。しかし、スポーツはそれ自体で楽しむ必要がある。ワールドカップを何かの宗教のように眺めず、お祭りのように楽しまなければならないということだ。各国の観衆同士で行き過ぎた競争意識を持ち、さらには過度な愛国主義を掲げる応援の雰囲気は変わらなければならない。
> ①望ましく健全な応援文化を作らなければならない。
> ②スポーツの試合での応援と愛国心とはあまり関係がない。
> ③国民の愛国心を高めるためにスポーツを利用することもある。
> ④国際試合での国民の応援は愛国心を育てることができる方法だ。

36. 正解：① 목표를 달성하려면 자신에게 맞는 목표를 정해야 한다.
解説：그 목표에 무엇인가 부족한 점이 있다や、자신이 세운 목표에 대해 다시 생각해 봐야 한다という記述から、立てた目標が自分に合っていない場合自分に合うように目標を立て直すべきだと述べていることが分かる。従って、①が正解である。他の選択肢は、この内容からは読み取れない。

> 36. 目標を立てたがその目標によって意欲や力が出ないのなら、その目標に何か足りない点があるということだ。目標に対する確信が生じないのなら、自分が立てた目標について考え直さなければならない。実は、目標は外部にあるのではない。自分の心の中のどこかに隠れている。幼いころ、自分の気持ちを動かしたことを思い出しながら、自分の内面と対話をしなければならない。また、周りの人と話をしながら、自分自身についてよく探らなければならない。
> ①目標を達成するには、自分に合う目標を決めなければならない。
> ②周りの人たちの意見は自分の目標にあまり影響を与え得ない。
> ③自分の目標を決めた後には、守ろうと努力することが重要だ。
> ④目標を決める時は、外的な条件も大事に考慮する必要がある。

37. 正解：②고령화 사회를 대비하여 여러 가지 대책 방안이 필요하다.
解説：본격적인 '고령화 사회'가 시작된다고 하니, 이를 위한 법적·제도적 준비가 시급하다という記述から、②が正解だと判断できる。他の選択肢はこの内容からは読み取れない。

> 37. 統計庁の報告によると、2016年から韓国内の65歳以上の老人人口が14歳以下の人口より多くなる。2018年からは本格的な「高齢化社会」が始まるとしており、このための法的・制度的準備が急がれる。まず、老人の働き口関連の方案を改善して老人になっても働けるようにしなければならない。老年期にも仕事を続けられれば、生活の質が保障されて社会福祉の費用も減らすことができる。また、出生率を高めるための方法の用意も必要だ。
> ① 老年層は社会でだんだん負担となる存在になっている。
> ② 高齢化社会に備えていろいろな対策方案が必要だ。
> ③ 高齢化社会の原因を分析して低出生率との関係を突き止めなければならない。
> ④ 老人の働き口の用意よりは出生率を高めることがより重要な問題だ。

38. 正解：②피부 노화를 방지하려면 젊은 시절부터 피부 관리를 해야 한다.
解説：피부 노화를 예방하기 위한 조치는 가급적 어렸을 때부터 시작하여 평생 동안 시행하는 것이 가장 바람직하다とあることから、②が正解である。またこの文章では、肌の老化は誰にでも起こるが、早期に起こらないようにするために早くから対処をするという内容なので、①と④は内容に反している。③は内容からは読み取れない。

> 38. 肌の老化は老人の誰にでも起きる普遍的な現象だ。しかし、若い年齢から始まる現象なので、若かったころに若さを過信して日差しへの露出に対して適切な保護措置をしない不注意な生活習慣などを続けるなら、老年でなくても肌の老化が早期に発生し得る。肌の老化はある短い期間にいっぺんに起きるのではなく、長期間にわたって累積する変化だ。従って、UVカットのクリームを十分に塗るなどの、肌の老化を予防するための措置はできるだけ小さいころから始めて、一生行うのが最も望ましい。
> ① 日差しにしきりに露出すると、肌の老化が発生し得る。
> ② 肌の老化を防ぐには、若いころから肌ケアをしなければならない。
> ③ 人ごとに肌の老化の速度に違いがあるので、対処方法が異なる。
> ④ 肌の老化は自然な現象なので、努力しても予防するのが難しい。

[39-41] 다음 글에서 보기의 문장이 들어가기에 알맞은 것을 고르십시오.

39. 正解：②㉡
解説：挿入する文に이런 모든 물질이とあることから、物質の説明が全て終わった直後に入れるのが自然だと判断できる。従って、②が正解である。

> [39-41] 次の文で、下の文章が入る場所として適切なものを選びなさい。
>
> 39. チョコレートは脳のエンドルフィン分泌を刺激する効果があるが、エンドルフィンは苦痛を緩和させて気分を良くする効果を出す。（　㉠　）チョコレートには気分が良くなることと関係がある神経伝達物質のセロトニンの分泌を刺激する効果もある。（　㉡　）脳のセロトニンが減少すると、チョコレートのような甘い食べ物を食べたくなるという。（　㉢　）チョコレートこそ、「天然の複合うつ病治療剤」というわけである。ともかく、憂鬱(ゆううつ)なときはミルクチョコレートよりはダークチョコレートを食べるのが助けになる。ダークチョコレートにカカオがより豊富に入っているためだ。（　㉣　）
>
> このような全ての物質が複合的にわれわれの気分を良くしてくれている。

40. 正解：③㉢
解説：挿入する文の이에 버금가는という記述が受けている対象はスペイン風邪であると判断できるので、スペイン風邪に関する記述の直後に入れるのが適切である。従って、③が正解となる。

> 40. インフルエンザはインフルエンザウイルスによって発生する急性呼吸器疾患だ。（　㉠　）インフルエンザを意味する英語である「インフルエンザ」という単語はイタリア語から英語に流入したが、これは影響を受けるという意味であり、ウイルスの存在を知らなかった時代には星の影響でインフルエンザにかかると考えていた。（　㉡　）インフルエンザは10～15年周期で全世界に流行するが、1918年ヨーロッパでは「スペイン風邪」が発生して数千万人の命を奪った。（　㉢　）インフルエンザウイルスは人間間の若干の身体接触や空気でも伝染が容易なため、もし生物兵器として利用されたらスペイン風邪以上の被害が予想されている。（　㉣　）
>
> 医学者たちは、これに次ぐ「スーパーインフルエンザ」の発生可能性を警告している。

41. 正解：①㉠
解説：挿入する文の内容はトマトの色に関するものだが、本文はトマトが含むリコピンの吸収率について主に書かれていることが分かる。リコピンの吸収率やトマトの加熱調理に関する話と、トマトの色に関する話は直接関係しないので、その中に文

を入れることはできない。リコピンの話の一番最初に注目すると、**빨간 토마토에는**と述べているので、この直前に入れるのが適切であると判断できる。従って、①が正解である。

> 41. トマトは19世紀初め、日本を経て韓国に入ってきたと推定されているが、初めは観賞用として植えたが次第に栄養価が明らかになり、畑で育てるようになるに伴って大衆化した。（　㋐　）赤いトマトにはリコピンがたくさん含まれているが、これはそのまま食べると体内吸収率が落ちるので、熱を加えて調理して食べるのが良い。（　㋑　）熱を加えるとリコピンがトマトの細胞壁の外に出て、われわれの体によく吸収される。（　㋒　）例えば、トマトソースに入っているリコピンの吸収率は生トマトの5倍に達する。（　㋓　）
>
> トマトは青いものより赤いものが健康により有益な成分が多いので、完全に熟してから食べるのが良い。

[42-43] 다음을 읽고 물음에 답하시오.

42. 正解：①안쓰럽다

解説：下線部で主人公は涙を流して泣いているが、それは**까비의 몸은 상처투성이였고 배는 홀쭉해져 있었다**ということが理由である。そのカビの姿を見て思う感情としては、①が適切である。

> [42-43] 次を読んで、問いに答えなさい。
> カビは、うちで飼っていた犬の名前だが、私には犬というよりは家族のような存在だった。そんなある日、住民委員会で猟犬でない犬は飼うなという決定が下され、私たちはカビをうちから4キロメートルほど離れているおじの家に送ることになった。カビを送り出した日、私は学校も行かず一日中泣き、カビも自分の運命を知っているのか一日中餌を食べなかった。私たちの送別式は簡単だった。私は泣き、カビはお座りしていたら両目から涙がほろりと出てきた。私は犬が涙を流すのを初めて見た。
> （中略）
> カビがおじの家に行って3日目になる日、奇跡が起きた。カビがうちに帰ってきたのだ。私は駆け寄り、首を抱き寄せてみると、カビの体は傷だらけで、腹はやせ細っていた。私は<u>あふれる涙を我慢できず、カビを抱いて泣いた</u>。カビは長い舌を出して私の手をなめながら力なく尾を振った。
>
> 42. 下線を引いた部分に表れた人物の感情として、適切なものを選びなさい。
> 　①かわいそうだ　　　　②あきれる
> 　③穏やかだ　　　　　　④惨めだ

43. 正解：④ 주인공과 개의 관계가 깊어서 기적 같은 일이 일어났다.
解説：나는 학교도 안 가고 하루 종일 울었고とあるので、②は間違いである。また、두 눈에서 눈물이 찔끔 나왔다という場面で錯覚であるという描写はないので、①も除外される。また③は内容から読み取れない。従って、④が正解である。

> 43. 이 문의 내용과 같은 것을 고르십시오.
> ① 主人公はとても悲しくて、犬が泣いていると錯覚した。
> ② 主人公はカビが去った日に学校でずっと泣いた。
> ③ カビは動物なので人間の気持ちを理解できなかった。
> ④ 主人公と犬の関係が深くて奇跡のようなことが起きた。

[44-45] 다음을 읽고 물음에 답하십시오.

44. 正解：① 자유로운 환경에서 더욱 창의적인 예술 활동이 이루어진다.
解説：후원자의 보호를 떠나 자유롭게 활동하게 되면서, 독창적 개성을 표출하는 그림을 그릴 수 있게 되었다とあるので、①が正解である。②と④は内容に反しており、③は内容からは読み取れない。

> [44-45] 次を読んで、問いに答えなさい。
> 西洋の美術史で、華やかなルネサンス美術が開花し得たのは、芸術家たちの力量を認めて支援してくれた後援者がいたためだ。偉大な芸術家として名声を博したダ・ヴィンチ、ミケランジェロ、ラファエロのような画家の背後にも強力な後援者がいた。しかし、この時期の芸術家たちの作品は後援者の注文に合わせて製作する方式だったため、芸術家たちは自身の芸術意志を主張するよりも後援者の趣向に合わせて絵を描くしかなかった。ルネサンス以降、芸術家たちが後援者の保護を離れて自由に活動するようになるにつれ、彼らはようやく（　　　）、さらには独創的個性を表出する絵を描けるようになった。
>
> 44. この文の主題として、適切なものを選びなさい。
> ① 自由な環境でより創意的な芸術活動が行われる。
> ② 後援者の経済的支援があってこそ活発な作品活動が可能だ。
> ③ 後援者は芸術家に自身に合う絵を描くことを要求した。
> ④ 芸術家は後援者の保護下で自身の個性を表現する作品を制作した。

45. 正解：④ 자신들의 고유한 예술의 자율성을 확보할 수 있었고
解説：（　　　）の後ろの 독창적 개성을 표출하는 그림을 그릴 수 있게 되었다に

繋がる内容でなければならないので、芸術の自律性について述べた④が正解である。

> 45. ( )に入る内容として、適切なものを選びなさい。
> ①自由な身分になって移動が自由になり
> ②経済的に独立して収入が増加するようになり
> ③宗教指導者の抑圧から解放されるようになり
> ④自分たちの固有の芸術の自律性を確保でき

[46-47] 다음을 읽고 물음에 답하십시오.

46. 正解：②ⓒ

解説：挿入する文の文頭には그러므로があるため、これが指す内容を考える必要がある。挿入する文の内容は一般的な内容であるが、これと同じように一般的なことを述べているのは돈을 잘 쓰면 우리 생활이 풍요롭지만, 제대로 사용하지 못하면 불행한 일이 생기게 된다という部分である。これ以降は具体例を挙げている。従って、②が正解である。

> [46-47] 次を読んで、問いに答えなさい。
>
> 経済で、外せないのはやはり「お金」だ。(ⓐ) お金をうまく使えばわれわれの生活は豊かだが、ちゃんと使えなければ不幸なことが起きることになる。(ⓑ) 現代社会でお金と共にたくさん使うのがクレジットカードだが、クレジットカードは現金を持ち歩かなくてもよく、また大きな金額を何回かに分けて支払いできるという長所がある。しかし、クレジットカードを使ってみると、支払った金額が目に見えないため、自分の能力を超えて使うことになり、結局信用不良者になりもする。(ⓒ) われわれは今からでも消費を調節する能力を育てなければならない。そのためには、お金の使用を記録する習慣を養うことが必要だ。(ⓓ)
>
> 46. 次の文章が入るのに最も適切な場所を選びなさい。
> そのため、合理的な消費のためにお金に対する正しい態度と支出習慣を育てなければならない。

47. 正解：③신용카드는 편리하지만 계획적으로 사용해야 한다.

解説：クレジットカードの具体例を挙げた後、소비를 조절하는 능력을 키워야 한다と述べており、選択肢の계획적으로 사용해야 한다はこの조절の置き換えであると読めるので、③が正解である。

47. この文の内容と同じものを選びなさい。
　①支出内容を記録すれば貯蓄をすることができる。
　②クレジットカードをたくさん使えば信用不良者になる。
　③クレジットカードは便利だが、計画的に使わなければならない。
　④お金やクレジットカードの過度な使用は全て社会の責任だ。

[48-50] 다음을 읽고 물음에 답하십시오.

48. 正解：④ 현대 사회의 위험을 알리고 인간의 태도 변화를 유도하기 위해
解説：인간의 편리함과 욕망만을 추구하던 태도를 근본적으로 바꿀 필요가 있다라는 最後の記述から、④が正解であると分かる。

[48-50] 次を読んで、問いに答えなさい。
私たちに追った危険の実体を知るためには、現在の危険が過去の危険とどう違うか比較する必要がある。昔の危険は、虎がよく出る山、空になっていく米びつのように目に見える危険だったので、その実体を正確に把握できたし、（　　　）。しかし、今日の危険は新しいウイルスの発生、環境汚染、生態系破壊など、全地球的な性格が強い。現代の危険が持つ別の特徴は、目に見えないため、事前に備えるのがほぼ不可能だということだ。ところで、こうした危険はわれわれ人間の欲望が作ったものである。しかし、科学技術が危険を運んでくるからといって、時間を巻き戻すことはできないのだ。重要なのは、科学技術と自然を扱う人間の姿勢にある。人間の便利さと欲望だけを追い求めていた態度を根本的に変える必要があるということだ。

48. 筆者がこの文を書いた目的を選びなさい。
　①人間の欲望がどれだけ危険かを知らせるため
　②過去の危険と現代の危険の違いを説明するため
　③過去の生活方式に戻らなければならない理由を知らせるため
　④現代社会の危険を知らせ、人間の態度変化を誘導するため

49. 正解：② 사람의 경험이나 지식으로 예측이 가능했다
解説：현대의 위험의 특징을 눈에 드러나지 않기 때문에 미리 대비하는 것이 거의 불가능하다고 하고, 이것과 과거를 대비하고 있다고 생각된다. 그래서, 예측이 가능했다고 하는 ②가 정답이다.

49. (　　) に入る内容として、適切なものを選びなさい。
　　① 人の命を脅かす危険はなかった
　　② 人の経験や知識で予測が可能だった
　　③ 人間が完璧に備えることができる危険だった
　　④ 急に危険が押し寄せることがほとんどなかった

50. 正解 : ② 과학의 거부가 아닌 과도하지 않은 사용을 주장하고 있다.
　　解説 : 下線部の時間を後ろに戻すことはできないことだというのは、現代においては時に危険をはらむ科学とその発展と共存していくしかないということを表している。科学使用を無条件に批判しているわけではなく、使用する人間の姿勢が重要だと言っているので、②が正解であると分かる。

50. 下線を引いた部分に表れた筆者の態度として、適切なものを選びなさい。
　　① 人間の無謀な欲望を何でもかんでも批判している。
　　② 科学の拒否ではない、過度にならない使用を主張している。
　　③ 科学が人間の危険を増大させたという意見に反発している。
　　④ 人間が予測が可能な過去に戻らなければならないと力説している。

模擬試験 2
2회 모의고사

解答・解説・訳

模擬試験2 解答

※左の数字は問題番号、丸数字は正解、右の数字は配点です。
書き取り問題の配点はP.12とP.347~351をご参照下さい。

聞き取り

問題	正解	配点	問題	正解	配点
1	②	2	26	③	2
2	①	2	27	③	2
3	①	2	28	④	2
4	②	2	29	④	2
5	③	2	30	③	2
6	④	2	31	④	2
7	①	2	32	③	2
8	③	2	33	②	2
9	①	2	34	④	2
10	④	2	35	②	2
11	④	2	36	④	2
12	②	2	37	④	2
13	②	2	38	①	2
14	④	2	39	②	2
15	②	2	40	④	2
16	③	2	41	①	2
17	③	2	42	③	2
18	③	2	43	④	2
19	③	2	44	③	2
20	④	2	45	①	2
21	④	2	46	④	2
22	④	2	47	②	2
23	②	2	48	④	2
24	③	2	49	④	2
25	④	2	50	②	2

読解

問題	正解	配点	問題	正解	配点
1	④	2	26	④	2
2	②	2	27	④	2
3	①	2	28	③	2
4	②	2	29	③	2
5	②	2	30	④	2
6	④	2	31	④	2
7	③	2	32	①	2
8	④	2	33	④	2
9	①	2	34	③	2
10	②	2	35	②	2
11	④	2	36	②	2
12	③	2	37	②	2
13	②	2	38	③	2
14	③	2	39	①	2
15	②	2	40	①	2
16	③	2	41	④	2
17	②	2	42	④	2
18	④	2	43	①	2
19	④	2	44	③	2
20	①	2	45	③	2
21	②	2	46	③	2
22	②	2	47	③	2
23	①	2	48	④	2
24	④	2	49	③	2
25	④	2	50	③	2

模擬試験2　解説・訳　※聞き取り問題は解説の前に音声のスクリプトを掲載しました。

聞き取り

[1-3] 다음을 듣고 알맞은 그림을 고르십시오.

1. 여자 : 민수 씨, 제 컴퓨터가 이상해요. 한 번 봐 주실 수 있나요?
남자 : 아, 그래요? 어떡하죠? 제가 지금은 회의에 들어가 봐야 하거든요.
여자 : 그럼, 회의 끝나고 봐 주시겠어요?

正解 : ②
解説 : **제 컴퓨터가 이상해요**という発言から、女性がコンピュータの前に座っている①か②に絞られる。また、男性が**회의에 들어가 봐야 하거든요**と言っているので、その場では助けられないことが分かるので、②が正解である。

> [1-3] 次を聞いて、適切な絵を選びなさい。
> 1. 女 : ミンスさん、私のコンピュータがおかしいです。一度見ていただけますか？
>   男 : あ、そうですか？ どうしましょうか？ 私、今は会議に行かなければいけないんですよ。
>   女 : それでは、会議が終わったら見ていただけますか？

2. 남자 : 영화를 보고 저녁을 먹는 것이 좋겠지?
여자 : 응. 지금이 2시니까 3시나 4시 영화를 보고 저녁 먹자.
남자 : 어! 3시 영화는 모두 매진이네. 4시에 볼 수 있는 영화는 저것 하나밖에 없는데 괜찮아?

正解 : ①
解説 : **매진이네**のように発見の語尾-네を使っていることや、**저것 하나밖에**のように目に見えるものを指す表現をしていることから、実際に映画館に来ていると考えられる。従って、①が正解である。

> 2. 男 : 映画を見て夕飯を食べるのがいいだろ？
>   女 : うん。今2時だから、3時か4時の映画を見て夕飯食べよう。
>   男 : あ！ 3時の映画は全部売り切れだね。4時に見られる映画はあれ一つしかないけどいい？

3. 남자 : 통계청에서 발표한 2014년 소비자 물가지수입니다. 한국의 2014년 물가는 작년에 비해 1.3%가 상승하였습니다. 세계 다른 나라들은 물가

변동이 얼마나 있었을까요? 중국이 3%로 가장 높게 나왔습니다. 영국과 독일은 각각 2.1%, 1.6%로 한국보다 물가상승률이 높습니다. 미국은 한국과 동일한 상승률을 보여 주고 있습니다.

正解：①

解説：**세계 다른 나라들은**と言って他国の物価変動を述べていることから、国別のグラフである①が正解である。なお、聞き取りの際は**물가**が[**물까**]と濃音化することに注意。

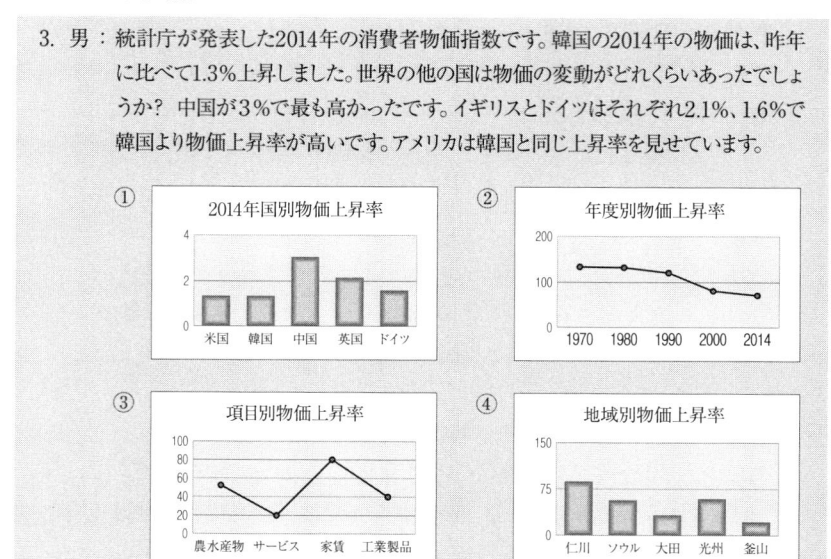

> 3. 男：統計庁が発表した2014年の消費者物価指数です。韓国の2014年の物価は、昨年に比べて1.3%上昇しました。世界の他の国は物価の変動がどれくらいあったでしょうか？ 中国が3%で最も高かったです。イギリスとドイツはそれぞれ2.1%、1.6%で韓国より物価上昇率が高いです。アメリカは韓国と同じ上昇率を見せています。

① 2014年国別物価上昇率
② 年度別物価上昇率
③ 項目別物価上昇率
④ 地域別物価上昇率

[4-8] 다음 대화를 잘 듣고 이어질 수 있는 말을 고르십시오.

4. 여자：안녕하세요, 무슨 일로 오셨습니까?
　　남자：다음 달 수영 강습을 신청하고 싶은데요.

正解：② 네, 그럼 이 양식을 작성해 주세요.

解説：**수영 강습을 신청하고 싶은데요**という発言から、申請の手続きをしに来たことが分かる。それに続く言葉には②が適切である。

> [4-8] 次の会話をよく聞いて、続く言葉を選びなさい。
> 4. 女：こんにちは、どんなご用件でいらっしゃいましたか？

男：来月、水泳講習を申請したいんですが。
① お、それは初めて聞く話ですが。
② はい、それではこの様式を作成してください。
③ うっかり忘れて身分証を持ってきませんでした。
④ すみません。まだ講習が終わっていません。

5. 여자 : 어제 학교는 왜 안 온 거야? 내일 '한국어의 이해' 시험 있는 건 알고 있지?

남자 : 응. 알고 있어. 그래서 부탁이 있는데, 혹시 어제 수업시간에 쓴 필기를 복사할 수 있을까?

正解 : ③ 알겠어. 하지만 이번 딱 한 번뿐이야.

解説 : 会話から、二人は共に学生で同じ授業を受けており、明日試験があることが分かる。①は先生の立場からの発言であり、②は試験後、④は授業開始前にする発言であると考えられるので、全て除外される。従って、③が正解である。

5. 女：昨日、どうして学校に来なかったの？ 明日「韓国語の理解」の試験があることは知ってるでしょ？
男：うん。知ってる。それで頼みがあるんだけど、昨日の授業時間に書いたノートをコピーできる？
① 私の授業に二度と欠席してはいけません。
② あなたのノートのおかげで私は試験に合格したわ。
③ 分かったわ。だけど、今回だけよ。
④ 私は韓国語の理解授業を申し込むつもりよ。

6. 여자 : 새로 이사한 집은 어때요?

남자 : 방이 조금 좁지만 햇빛도 잘 들어오고 교통도 편리해서 마음에 들어요.

正解 : ④ 이사로 스트레스 많이 받더니 마음에 든다니 다행이네요.

解説 : 이사한 집이라고 말하고 있으므로, 이사는 이미 끝나 있음을 알 수 있다. ④ 이외는 아직 이사가 끝나지 않은 상태에서의 발언이라고 생각하는 것이 자연스러우므로, ④가 正解となる。

6. 女：新しく引っ越した家はどうですか？
男：部屋が少し狭いけど、日差しもよく入ってきて、交通の便も良くて気に入りました。
① だから、引っ越しの日は決めたんですか？
② 引っ越しする時、手伝ってあげたいけど先約がありまして。

③会社に通う時、交通の便がいいことも重要だと思います。
④引っ越しでストレスをたくさん受けましたが、気に入ったとのことで幸いですね。

7. 여자 : 김 대리, 요즘 무슨 고민 있어요? 안색이 안 좋아 보여요.
　　남자 : 실은…… 회사를 그만둘까 고민 중이에요. 다른 회사에서 지금보다 연봉을 더 많이 준다고 했거든요.

正解 : ① 그래요? 정말 고민이 되겠네요.

解説 : **연봉을 더 많이 준다고 했거든요**와, -거든요를 使って相手が知らないであろう情報を出しつつ相談をしている。従って、それを聞いた相手の反応として最も適切なのは、**그래요?**と返している①である。**연봉**は本来「年俸」の意味だが、韓国では会社員の給与を指す言葉としてよく使われる。**대리**(代理) は課長代理のこと。

7. 女 : キム代理、最近何か悩みがあるんですか? 顔色が良くありませんよ。
　　男 : 実は……会社を辞めようか悩んでいます。他の会社で今より給料をもっとたくさんくれると言われたんですよ。
①そうなんですか? 本当に悩みどころですね。
②平気です。私には必要ありません。
③そうですよ。辞めるよりはマシです。
④はい。私も事業をするか会社に通うか悩みました。

8. 남자 : 제가 어제 주문한 스웨터를 취소하고 싶은데요. 어떻게 하면 되죠?
　　여자 : 네, 확인해 드리겠습니다. 혹시 주문하신 상품의 주문 번호를 알 수 있을까요?

正解 : ③ 어제 문자로 온 번호를 말하면 되나요?

解説 : **주문 번호를 알 수 있을까요?**と聞かれているので、番号に関わることを答えている③が正解である。

8. 男 : 私が昨日注文したセーターをキャンセルしたいんですが。どうすればいいですか?
　　女 : はい、確認いたします。恐れ入りますが、注文なさった商品の注文番号を教えていただけますか?
①インターネットで物を初めて買いました。
②私がいつ物を受け取れるでしょうか?
③昨日携帯のメールで来た番号を言えばいいですか?
④私が注文したのは黒色ではなく青色です。

[9-12] 다음 대화를 잘 듣고 남자가 이어서 할 행동으로 알맞은 것을 고르십시오.

9. 여자 : 이번 여름휴가에 뭐 할 거야?
남자 : 아직 별 다른 계획은 없어. 휴가가 길면 해외 여행을 가려고 했는데 휴가가 3일밖에 되지 않아서 해외에 가기는 힘들 것 같아. 너는 무슨 계획이 있니?
여자 : 나는 친구들과 2박 3일로 부산에 가려고 해. 휴가 기간이 맞으면 너도 같이 갈래? 여행은 여러 명이 갈수록 재미있잖아. 너도 갈 거면 기차표부터 예매해 놔. 휴가 기간이라 빨리 매진되거든.
남자 : 그래? 알겠어. 나도 부산에 가 보고 싶었거든.

正解 : ①**기차표를 예매한다.**

解説 : **기차표부터 예매해 놔**という発言があるので、①が正解である。この〜**부터**は、動作の対象などに付いて、優先するべき動作であることを表す。

> [9-12] 次の会話をよく聞いて、男性がこの後する行動として適切なものを選びなさい。
> 9. 女 : 今度の夏期休暇、何するつもり？
> 男 : まだ特に計画はないよ。休暇が長ければ海外旅行に行こうと思っていたけど、休暇が3日にしかならないから海外に行くのは大変そうだ。君は何か計画ある？
> 女 : 私は友達と2泊3日で釜山に行こうと思ってるわ。休暇期間が合えば、あなたも一緒に行く？ 旅行はみんなで行くほど面白いじゃない。あなたも行くのなら、汽車の切符をまず予約しておきなさいよ。休暇期間だから早く売り切れになるわ。
> 男 : そう？ 分かった。僕も釜山に行ってみたかったんだ。
> ①汽車の切符を予約する。　　②休暇の計画を立てる。
> ③釜山に出張に行く。　　　　④休暇期間を変更する。

10. 남자 : 안녕하세요? 국제회사 영업부의 이현우라고 합니다. 혹시 박선주 차장님과 통화 가능할까요?
여자 : 죄송하지만 박 차장님은 지금 자리에 안 계십니다. 무슨 일로 전화하셨나요?
남자 : 네, 다름이 아니라 오늘 오후 3시에 회의를 하기로 했는데 제가 지금 급하게 다른 일이 생기는 바람에 30분 정도 늦을 것 같아서요.
여자 : 아, 그러세요? 제가 박 차장님 돌아오시면 전해 드리겠습니다.
남자 : 네, 감사합니다. 일이 끝나는 대로 다시 연락드리겠다고 전해 주십시오.

正解 : ④**박 차장에게 전화를 한다.**

解説 : 男性が最後に일이 끝나는 대로 다시 연락드리겠다고 전해 주십시오と言っているので、男性はこの後もう一度パク次長に電話をすると考えられる。従って、④が正解である。

10. 男 : こんにちは。国際会社営業部のイ・ヒョヌと申します。恐れ入りますが、パク・ソンジュ次長と通話可能でしょうか?
    女 : 申し訳ありませんが、パク次長は今席を外しております。どのようなご用件でお電話くださいましたでしょうか?
    男 : はい、他でもなく、今日午後3時に会議をすることにしていたのですが、私に急用ができたせいで30分ほど遅れそうでして。
    女 : あ、そうなんですか? パク次長が戻りましたら、お伝えいたします。
    男 : はい、ありがとうございます。用事が済み次第また連絡を差し上げるとお伝えください。
    ① 約束をキャンセルする。　　　② 会社に再び戻る。
    ③ タクシーに乗って会社に行く。　　④ パク次長に電話をする。

11. 남자 : 교수님, 이번 발표 과제 때문에 그러는데요. 자료 찾기가 쉽지 않아서요. 어디에서 자료를 구할 수 있을까요?
여자 : 학교 도서관 홈페이지에서 관련 논문을 찾을 수 있을 거예요. 논문 몇 개를 보면 과제를 하는 데 도움이 될 거예요.
남자 : 네, 감사합니다. 논문을 찾아볼 생각은 못 했거든요.
여자 : 네, 혹시 도서관 홈페이지에서 찾기 힘들면 다시 찾아오세요. 제가 가지고 있는 자료를 빌려 줄게요.

正解 : ④ 도서관 홈페이지에서 자료를 찾아본다.
解説 : 女性の教授が학교 도서관 홈페이지에서 관련 논문을 찾을 수 있을 거예요とアドバイスしているので、それを聞いた学生の行動として適切なのは④である。

11. 男 : 先生、今回の発表の課題のことでお聞きするのですが。資料探しが簡単ではなくて。どこで資料を手に入れられるのでしょうか?
    女 : 学校図書館のホームページで関連論文を見つけられるはずです。論文をいくつか見れば、課題をするのに助けになるはずです。
    男 : はい、ありがとうございます。論文を探すことは考えつきませんでした。
    女 : はい、もし図書館のホームページで見つけるのが大変なら、また来てください。私が持っている資料を貸してあげます。
    ① 発表テーマを決める。　　　　② 教授に資料を借りる。
    ③ 発表テーマと関連のある論文を書く。　④ 図書館のホームページで資料を探してみる。

12. 남자 : 이번에 회사에서 하는 체육대회에 참석하시나요?
여자 : 네. 작년 체육대회 때에는 출장을 가는 바람에 참석을 못해서 아쉬웠거든요. 동료들이 정말 재미있었다고 하더라고요.
남자 : 네, 맞아요. 체육대회를 하면 오랜만에 운동도 하고 동료들과 더욱 친해질 수 있어서 좋아요.
여자 : 한준 씨는 어떤 종목에 참가해요?
남자 : 네, 저는 축구 경기에 나가요. 그래서 요즘 운동을 열심히 하고 있어요. 이따가 공원에서 운동을 할 건데 선희 씨도 같이 갈래요?
正解 : ② 공원에서 운동을 한다.
解説 : 最後に男性が이따가 공원에서 운동을 할 건데 선희 씨도 같이 갈래요?と誘っているので、②が正解である。

12. 男 : 今度会社でやる体育大会に参加しますか？
女 : はい。去年の体育大会の時には出張に行っていたせいで参加できず残念だったんですよ。同僚たちが本当に面白かったと言っていました。
男 : はい、その通りです。体育大会をすれば、久しぶりに運動もして、同僚たちとより親しくなれるので良いですよ。
女 : ハンジュンさんはどんな種目に参加しますか？
男 : はい、私はサッカーの試合に出ます。それで、最近運動を熱心にしています。後で公園で運動をしますが、ソニさんも一緒に行きますか？
① サッカーの試合に参加する。　② 公園で運動をする。
③ 他の地域に出張に行く。　　④ 会社の同僚と映画を見に行く。

[13-16] 다음을 듣고 내용과 일치하는 것을 고르십시오.

13. 여자 : 지금 방송 중인 노트북을 구매하고 싶은데요. 오늘 주문하면 언제까지 받을 수 있을까요?
남자 : 네, 고객님. 배송 기간은 사는 지역에 따라 약간 차이는 있습니다. 사는 곳이 섬이나 산간 지역이 아니면 평균적으로 2~3일 안으로 상품을 받아 보실 수 있습니다.
여자 : 제가 이번 주에 꼭 필요해서요. 3일 안에 꼭 받았으면 해요. 그리고 고장이 나면 무료로 에이에스(AS) 가능하지요?
남자 : 네, 구매 후 1년까지는 무상으로 에이에스(AS) 가능합니다. 하지만 고객님 부주의로 인한 고장은 수리비를 내셔야 합니다.

여자 : 네, 알겠습니다. 지금 주문할게요.

正解 : ② 여자는 이번 주에 노트북이 필요하다.

解説 : 이번 주에 꼭 필요해서요と言っているので、②が正解であると分かる。他の選択肢について見ていくと、방송 중인 노트북と言っていることからテレビショッピングか何かであることが分かるので、③が除外される。また섬이나 산간 지역이 아니면という発言に反応がなく山間地域ではないと考えられるので①が除外され、부주의로 인한 고장은 수리비를 내셔야 합니다とあるので④が除外される。에이에스(AS)はアフターサービスという意味である。

> [13-16] 次を聞いて、内容と一致するものを選びなさい。
> 13. 女 : 今放送中のノートブックを買いたいんですが。今日注文すると、いつまでに受け取れるでしょうか?
> 男 : はい、お客さま。配送期間は住む地域によって少し違いがあります。住む場所が島や山間地域でなければ、平均2〜3日以内に商品をお受け取りになれます。
> 女 : 私、今週必ず必要なので。3日以内に必ず受け取れたらと思います。それと、故障したら無料でアフターサービス可能ですよね?
> 男 : はい、購入後1年までは無償でアフターサービス可能です。ですが、お客さまの不注意による故障は修理費をお支払いいただかなければなりません。
> 女 : はい、分かりました。今注文します。
> ① 女性は山間地域に住んでいる。
> ② 女性は今週ノートブックが必要だ。
> ③ 女性は家電売り場でノートブックを買っている。
> ④ ノートブックは故障したら常に無償修理が可能だ。

14. 남자 : 입출금 통장의 선택 기준이 바뀌고 있습니다. 과거에는 '금리'였다면 이제는 '수수료'가 대세입니다. 저금리 상황이 장기화되면서 쥐꼬리만 한 금리보다는 수수료를 면제받는 게 더 낫다는 것이지요. 실제로 올해 들어 금리는 꾸준히 내려가고 있는데 이러한 현상은 당분간 계속될 것으로 보입니다. 그래서 부지런한 고객들은 이미 수수료 혜택이 많은 통장으로 바꾸고 있습니다.

正解 : ④ 요즘은 수수료 혜택이 많은 통장으로 바꾸고 있다.

解説 : 이미 수수료 혜택이 많은 통장으로 바꾸고 있습니다と述べているので、④が正解である。他の選択肢は全て金利について述べているが、金利は選択基準でなくなり、今は金利が下がっていると言っているので、全て除外される。통장을 바꾸다は直訳すると「通帳を変える」だが、「銀行口座を変える」という意

味でよく用いられる。

14. 男 : 入出金通帳の選択基準が変わっています。過去には「金利」だったとするなら、今では「手数料」が主流です。低金利の状況が長期化する中、スズメの涙ほどの金利よりは、手数料を免除してもらう方がましだということです。実際に今年に入って金利は絶えず下がっていますが、このような現象は当分の間続くものと見られます。そのため、まめな顧客はすでに手数料の特典が多い口座に変えつつあります。
① 今年、入出金通帳の金利が上がった。
② 高い金利をもらうには、まめでなければならない。
③ 最近は金利が良い通帳が人気がある。
④ 最近は手数料の特典が多い口座に変えつつある。

15. 여자 : 최근 사흘간 강원도 강릉 지역에 폭설이 쏟아지고 있는데요. 이는 최근 24년 만에 가장 큰 폭설인 것으로 나타났습니다. 지난 6일부터 8일 오전까지 강릉 지역 적설량을 살펴보면 강릉 110cm, 속초 81cm, 대관령 74cm를 기록했습니다. 특히 이번에 강릉에 내린 눈은 지난 1990년에 기록한 138cm 이후 24년 만에 가장 큰 폭설로 기록됐습니다. 또한 이번 눈은 6일과 7일 이틀 동안 집중적으로 내린 것입니다. 지금은 많이 줄어들기는 했지만 여전히 내리고 있습니다.

正解 : ② 강릉에 삼 일 동안 눈이 내리고 있다.
解説 : 최근 사흘간 강원도 강릉 지역에 폭설이라고 述べているので、3日間降っていることになる。従って、②が正解である。①については触れられておらず、③と④は内容に反している。

15. 女 : 最近3日間、江原道江陵地域に大雪が降り注いでいます。これは、この24年間で最も激しい大雪であると分かりました。去る6日から8日午前まで、江陵地域の積雪量を調べると江陵110cm、草束81cm、大関嶺74cmを記録しました。特に、今回江陵に降った雪は、1990年に記録した138cm以降で、24年ぶりの最も激しい大雪を記録しました。また、今回の雪は6日と7日の2日間集中的に降ったものです。今はだいぶ弱くなりはしましたが、依然として降っています。
① 江陵に24年ぶりに雪が降った。
② 江陵に3日間雪が降っている。
③ 江陵地域に今は雪が降っていない。
④ 江陵地域の大雪は8日に集中的に降ったものである。

16. 여자 : 이 박사님, 최근 청소년의 스마트폰 중독 현상에 대해 어떻게 생각하십니까?

남자 : 네, 최근 들어 청소년의 스마트폰 중독이 심각한 문제로 나타나고 있습니다. 통계청의 통계에 따르면 청소년의 20%가량이 심각한 스마트폰 중독이라고 합니다. 이와 같은 결과는 작년과 비교해서도 약 두 배나 높은 수치입니다. 이는 스마트폰 보급률의 증가와 함께 스마트폰이 청소년들이 친구들과 어울릴 수 있는 통로이자 학업 스트레스를 풀 수 있는 거의 유일한 방법이기 때문입니다. 성인에 비해 청소년은 자제력이 부족하여 더 쉽게 중독이 될 수 있기 때문에 그 문제의 심각성이 크다고 할 수 있습니다.

正解 : ③ 작년 대비 스마트폰 중독 청소년은 두 배가 증가하였다.

解説 : 작년과 비교해서도 약 두 배나 높은 수치입니다라고 述べていることから、③が正解であることが分かる。他の選択肢は内容に反している。

> 16. 女 : イ博士、最近の青少年のスマートフォン中毒現象について、どのようにお考えですか?
> 男 : はい、最近になって、青少年のスマートフォン中毒が深刻な問題として表れています。統計庁の統計によると、青少年の20%ほどが深刻なスマートフォン中毒だそうです。こうした結果は、去年と比べても約2倍も高い数値です。これは、スマートフォン普及率の増加に伴い、スマートフォンが、青少年が友達と交わることのできる通路であり学業のストレスを解消できるほぼ唯一の方法だからです。成人に比べて青少年は自制力が足りず、より簡単に中毒になり得るため、この問題の深刻性が大きいと言えます。
> ① 青少年の半分以上がスマートフォン中毒だ。
> ② 青少年はストレスを解消する方法が多い。
> ③ 去年と比べてスマートフォン中毒の青少年は2倍に増加した。
> ④ 成人は自制力が足りず、スマートフォン中毒がより深刻だ。

[17-20] 다음을 듣고 남자의 중심 생각을 고르십시오.

17. 여자 : 이번 방학에 무슨 계획이 있니? 나는 봉사 활동과 아르바이트를 할 생각이야.

남자 : 그렇구나. 그런데 대학 마지막 방학인데 봉사 활동과 아르바이트만 하면서 보내면 아쉽지 않을까? 그래서 나는 배낭여행을 갈까 해. 이제 졸업하면 지금처럼 긴 방학도 없을 테니까 앞으로 배낭여행을 하기 더 힘들어질 것 같아. 그리고 요즘 취업에다가 학점 스트레스도 많

앉거든. 나도 취업 준비를 해야 해서 고민도 많이 했지만 지금 아니면 가기 힘들 것 같아서 가기로 결정했어.

正解：③ 취업을 하게 되면 배낭여행을 가기가 쉽지 않을 것이다.

解説：이제 졸업하면 지금처럼 긴 방학도 없을 테니까 앞으로 배낭여행을 하기 더 힘들어질 것 같아という発言から、③が正解である。

> [17-20] 次を聞いて、男性の考えを選びなさい。
> 17. 女：今度の学期休みに何か計画ある？ 私はボランティア活動とアルバイトをするつもりよ。
>   男：そうなんだ。でも、大学最後の学期休みなのに、ボランティア活動とアルバイトだけして過ごすのはもったいなくないか？ だから僕は自由旅行をしようかと思うんだ。もう卒業したら今のように長い学期休みもないだろうから、今後自由旅行をするのがもっと大変になると思う。それに最近、就職や履修単位のストレスも多かったんだ。僕も就職準備をしなければいけないからたくさん悩みもしたけど、今じゃなきゃ行くのは大変だと思うから行くことに決めたよ。
> ① 学期休みの時、ボランティア活動だけするのは時間がもったいない。
> ② 卒業をすれば今より時間的余裕が多いだろう。
> ③ 就職したら、自由旅行をするのはたやすくないだろう。
> ④ 大学最後の学期休みは就職準備にとても重要な時期だ。

18. 남자 : 요즘 반려동물을 많이 키우는 것 같아. 너도 키우니?

여자 : 응, 나도 반려동물로 개를 키우고 있어. 집에 들어갈 때마다 개가 반가워하며 꼬리를 흔들어. 그리고 쉬는 날에는 같이 산책도 하니까 외로움도 덜 느끼게 되고. 혼자 사는 사람에게 좋은 것 같아.

남자 : 맞아. 반려동물이 있으면 좋은 점이 많은 것 같아. 하지만 반려동물이 갑자기 병에 걸리면 내다 버리는 일도 많아지는 것 같아. 치료비가 비싸기도 하고 싫증이 났다는 이유로 많이들 버리더라고. 이건 큰 문제라고 생각해. 반려동물을 키울 때는 책임감도 있어야 한다고 생각해.

正解：③ 반려동물을 키우려면 책임감을 가져야 한다.

解説：반려동물とはペットのこと。最後に반려동물을 키울 때는 책임감도 있어야 한다고 생각해と述べているのが男性の意見である。従って、③が正解となる。

> 18. 男：最近、ペットをたくさんの人が飼っているみたいだ。君も飼ってる？
>   女：うん、私もペットに犬を飼ってるわ。家に帰るたびに犬が喜んでしっぽを振るの。それに休みの日には一緒に散歩もするから、寂しさもあまり感じなくなるし。一人暮らしの人には良いと思うわ。

男：そうだね。ペットがいれば良い点が多いと思う。だけどペットが急に病気にかかったら、捨てることも増えそうだ。治療費も高いし、嫌気が差したという理由でたくさんの人が捨てるんだよ。これは大きな問題だと思う。ペットを飼う時は責任感もなければならないと思う。
① ペットは一人暮らしの人に良い。
② ペットとして犬を飼うのが一番良い。
③ ペットを飼うには責任感を持たなければならない。
④ ペットに病気があれば飼ってはいけない。

19. 여자 : 태훈 씨, 전자책을 읽어 본 적이 있어요?
남자 : 네, 저는 요즘에 거의 전자책으로 책을 읽어요. 인터넷을 자주 하다 보니 전자기기를 통해서 책을 읽는 게 더 편하더라고요.
여자 : 그래요? 저는 전자기기를 통해서 책을 읽게 되면 집중도 잘 안 되고 쉽게 피곤해지더라고요.
남자 : 오랜 시간 보게 되면 피곤할 수도 있지만 그보다는 장점이 더 많아요. 여행을 갈 때 무겁고 부피를 많이 차지하는 종이책을 따로 챙기지 않아도 되고 필요한 정보를 검색 하나로 쉽게 찾을 수도 있고요. 또 종이책에 비해 가격도 저렴하니까 좋아요.
正解 : ③ 전자책은 종이책에 비해 장점이 많다.
解說 : 男性が 장점이 더 많아요 と述べているところから、③ が正解である。

19. 女：テフンさん、電子書籍を読んだことありますか？
男：はい、僕は最近ほとんど電子書籍で本を読んでいます。インターネットをよくやっていると、電子機器を通して本を読む方が楽なんですよ。
女：そうですか？ 私は電子機器を通して本を読むようになると集中もうまくできなくて、疲れやすくなるんですよ。
男：長時間見ることになると疲れることもありますが、それよりは長所の方が多いです。旅行に行く時、重くてかさばる紙の本を別途用意しなくてもいいし、必要な情報を検索一つで簡単に見つけられますし。また、紙の本に比べて価格も安いから良いです。
① 電子書籍を読むと疲れる。
② 電子書籍より紙の本がよく集中できる。
③ 電子書籍は紙の本に比べて長所が多い。
④ 電子書籍はインターネット検索が可能だからもっと良い。

20. 여자 : 요즘 건강을 위해 건강기능식품을 섭취하는 사람들이 많은데요. 이

에 대해 박사님은 어떻게 생각하십니까?
남자 : 건강을 유지하기 위해서는 균형 잡힌 식생활과 규칙적인 운동이 무엇보다도 중요합니다. 그러나 현대인의 생활에서 매일 세끼 식사를 균형 잡힌 식단으로 하기는 어려운 것이 현실입니다. 또한 패스트푸드, 인스턴트식품과 외식이 증가하면서 비타민이나 무기질 섭취가 부족합니다. '건강기능식품'은 이처럼 일상식생활에서 부족하기 쉬운 영양소와 생리 활성 물질을 보충해 주어 건강 증진과 질병 예방에 도움을 줍니다.

正解 : ④ 건강기능식품은 부족한 영양소를 보충해 주어 건강에 도움을 준다.
解説 : 일상식생활에서 부족하기 쉬운 영양소와 생리 활성 물질을 보충해 주어 건강 증진과 질병 예방에 도움을 줍니다라는 것이 男性의 発言의 趣旨なので、④が正解である。

> 20. 女 : 近頃、健康のために健康機能食品を摂取する人が多いですが。これについて、博士はどのようにお考えですか？
> 男 : 健康を維持するためには、バランスの取れた食生活と規則的な運動が何よりも重要です。しかし、現代人の生活で毎日3食の食事をバランスの取れた献立にするのは難しいのが現実です。また、ファストフード、インスタント食品や外食が増加するのに伴って、ビタミンやミネラルの摂取が不足しています。「健康機能食品」はこのように日常の食生活で不足しがちな栄養素と生理活性物質を補充してくれ、健康増進と疾病予防に役立ちます。
> ① ファストフード、インスタント食品は健康の役に立たない。
> ② 健康機能食品で栄養素を全て摂取するのは難しい。
> ③ 3食の食事を全て食べるとビタミンやミネラルが不足しない。
> ④ 健康機能食品は足りない栄養素を補充してくれ、健康に役立つ。

[21-22] 다음을 듣고 물음에 답하십시오.

여자 : 요즘 집집마다 한 대씩은 있다는 스팀 청소기는 한 평범한 주부가 개발한 거라는 거 알고 있니?
남자 : 응, 알고 있어. 그 주부가 집안 청소를 하다가 뜨거운 김으로 소독을 하면서 물걸레질을 할 수 있으면 얼마나 좋을까라는 생각을 하다 직접 개발까지 하게 되었다고 해.
여자 : 지금은 굉장히 성공한 사업가가 되었잖아. 정말 대단한 것 같아.

남자 : 맞아. 주부라서 더욱 성공할 수 있었던 것 같아. 자신이 주부였기 때문에 누구보다 주부의 마음을 잘 알 수 있지 않았을까? 자신이 직접 경험하면서 어려웠던 점을 생각해서 청소기를 만들었기 때문에 주부들에게 큰 호응을 얻을 수 있었던 것 같아. 사업은 자신이 가장 잘 아는 분야에 도전해야 성공할 가능성이 높은 것 같아.

21. 正解 : ④사업은 자신이 잘 아는 것을 하면 성공할 수 있다.
解説 : 男性の사업은 자신이 가장 잘 아는 분야에 도전해야 성공할 가능성이 높은 것 같아という発言から、④が正解である。

[21-22] 次を聞いて、問いに答えなさい。
女 : 最近、各家庭に1台ずつはあるというスチーム掃除機は、ある平凡な主婦が開発したものだってこと知ってる?
男 : うん、知ってるよ。その主婦が家の掃除をしていて、熱い蒸気で消毒をしながら雑巾がけできたらどれだけいいかと思って自分で開発までることになったって。
女 : 今はとても成功した事業家になったじゃない。本当にすごいわ。
男 : そうだね。主婦だからより成功できたと思う。自分が主婦だったから、誰より主婦の気持ちがよく分かったんじゃないか? 自分がじかに経験しながら難しかった点を考えて掃除機を作ったから、主婦たちから大きな呼応を得られたんだと思う。事業は自分が最もよく知る分野に挑戦してこそ成功する可能性が高いんだ。

21. 男性の考えとして、適切なものを選びなさい。
①主婦が事業に成功する可能性が大いにある。
②事業は気持ちさえあれば誰でもできる。
③主婦のための事業を始めれば成功できる。
④事業は自分がよく知ることをすれば成功できる。

22. 正解 : ④스팀 청소기를 개발한 사람은 평범한 주부였다.
解説 : 女性が스팀 청소기는 한 평범한 주부가 개발한 거라는 거 알고 있니?と質問しており、男性が응, 알고 있어と答えていることから、④が正解である。

22. 聞いた内容として、適切なものを選びなさい。
①スチーム掃除機は事業家が開発した。
②スチーム掃除機は主婦から呼応を得られなかった。
③スチーム掃除機は会社の消毒をしていて開発した。
④スチーム掃除機を開発した人は平凡な主婦だった。

[23-24] 다음을 듣고 물음에 답하십시오.
남자 : 안녕하세요. 집을 구하고 있는데요. 홈페이지에 나와 있는 광고를 보고 전화드립니다.
여자 : 네, 어떤 형태의 집을 원하십니까? 전세를 원하세요? 월세를 원하세요?
남자 : 저는 가능하면 전세로 구하고 싶습니다. 혼자 살 집이기 때문에 큰 집은 필요 없지만 방은 2개가 있었으면 좋겠습니다. 그리고 근처에 지하철역이 있으면 더 좋겠네요.
여자 : 아, 네. 저희 부동산에서 중개하는 집 중에 손님에게 맞는 집이 하나 있습니다. 하지만 전세는 아닙니다. 월세도 괜찮으십니까?
남자 : 어, 다른 조건이 다 충족된다면 월세도 고려해 보겠습니다.
여자 : 네, 그럼 우선 사진을 메일로 보내 드리겠습니다. 사진을 보시고 다시 연락 바랍니다. 메일 주소가 어떻게 되죠?

23. 正解 : ② 부동산 중개인과 통화를 하고 있다.
解説 : 一番最初に男性が**집을 구하고 있는데요**、**전화드립니다**と言っているので、電話で物件を問い合わせていることが分かり、また相手の女性が**저희 부동산에서 중개하는**と言っているので、不動産仲介業者であることが分かる。よって②が正解である。**전세**は一定金額（住宅価格の5～8割）を保証金として預けることで家賃を払わずに住む制度（物件のオーナーは通常その保証金を運用する）。それに対して**월세**は日本で見られるものに近い、家賃を月払いする制度。

[23-24] 次を聞いて、問いに答えなさい。
男 : こんにちは。家を探しているんですが。ホームページに出ている広告を見て電話しています。
女 : はい、どのような形態の家をお望みですか？ チョンセを希望されますか？ ウォルセを希望されますか？
男 : 私はできればチョンセで借りたいです。一人で住む家なので、大きな家は必要ありませんが、部屋は二つあれば良いです。それと、近くに地下鉄の駅があればもっと良いですね。
女 : あ、はい。当不動産で仲介している家のうち、お客さまにぴったりの家が1軒ございます。ですが、チョンセではありません。ウォルセでも大丈夫でしょうか？
男 : あ、他の条件が全て満たされるのなら、ウォルセも考えてみます。
女 : はい、それではまず写真をメールでお送りします。写真をご覧いただき、再度ご連絡ください。メールアドレスをお教えいただけますか？

23. 男性は何をしているか、選びなさい。

①家を売るために広報をしている。
②不動産仲介人と電話している。
③家を探すため不動産屋に行っている。
④不動産屋のホームページに広告を出している。

24.
正解：③여자에게 자신의 메일 주소를 알려 준다.

解説：最後に女性が메일 주소가 어떻게 되죠?と質問して会話が終わっているので、③が正解である。

24. 男性がしなければならないことを選びなさい。
①他の不動産屋に電話をする。　　②家を見に直接その家を訪れる。
③女性に自分のメールアドレスを教える。　④自分の家の写真を撮って女性に送る。

[25-26] 다음을 듣고 물음에 답하십시오.

여자 : 요즘 젊은 사람들에게는 결혼은 필수가 아니라 선택이라는 인식이 많은데요, 이에 대해 어떻게 생각하십니까?

남자 : 네, 이런 현상은 경제적인 부담 때문에 결혼을 하지 않는 젊은이가 늘어난 것이 가장 큰 원인이라고 보여집니다. 아무래도 결혼을 할 때 들어가는 비용과 주택 마련 비용이 부담이 될 수밖에 없습니다. 두 번째로는 출산과 양육에 대한 부담감이라고 할 수 있습니다. 여자들의 사회 진출이 늘어남에 따라 출산 후 복직이 어렵다는 사회적 인식 때문에 출산을 기피하기도 하며 아이를 돌봐 줄 사람이 없다는 문제도 이런 현상을 만들고 있습니다. 따라서 이런 문제에 대해 정부가 다양한 정책을 마련해야 한다고 생각합니다.

25.
正解：④결혼을 기피하는 현상에 대해 정부가 정책을 마련해야 한다.

解説：最後の이런 문제에 대해 정부가 다양한 정책을 마련해야 한다고 생각합니다という発言が男性の意見なので、④が正解である。

[25-26] 次を聞いて、問いに答えなさい。
女：最近、若い人たちには結婚は必須ではなく選択だという認識が多いですが、これについてどうお考えですか？
男：はい、こうした現象は、経済的な負担のせいで結婚をしない若者が増えたことが最も大きな原因と思われます。やはり、結婚をする時にかかる費用と住居を用意する費用が

負担にならざるを得ません。二つ目に、出産と養育に対する負担感と言えます。女性の社会進出が増えるにつれ、出産後の復職が難しいという社会的認識のせいで、出産を避けることもあり、子どもの面倒を見てくれる人がいないという問題もこのような現象を作っています。従って、こうした問題に対して政府が多様な政策を用意しなければならないと思います。

25. 男性の考えとして、適切なものを選びなさい。
① 結婚をしなければ問題が生じる。
② 出産後の復職に対する社会的な認識を変えなければならない。
③ 出産より養育に対する負担感のため、結婚を忌避する。
④ 結婚を忌避する現象に対して、政府が政策を用意しなければならない。

26. 正解 : ③ 결혼을 하지 않는 이유는 경제적인 부담 때문이다.
解説 : 경제적인 부담 때문에 결혼을 하지 않는 젊은이가 늘어난 것と言っているので、③が正解であると分かる。①と④は内容に反しており、②については触れられていない。

26. 聞いた内容として、適切なものを選びなさい。
① 政府は育児に対する政策を用意している。
② 女性は結婚をしたら社会進出が難しくなる。
③ 結婚をしない理由は、経済的な負担のせいだ。
④ 最近若い人は結婚を必ずしなければならないと考えている。

[27-28] 다음을 듣고 물음에 답하십시오.
여자 : 조교님, 이번 학기 장학금 선정 결과 나왔나요?
남자 : 아니요, 아직 결과는 나오지 않았어요. 아마 오늘 오후에 최종 심사를 한 뒤 결과가 나올 것 같아요. 내일이면 학과 홈페이지에서 결과를 확인 할 수 있을 거예요.
여자 : 그래요? 내일이면 확실히 알 수 있겠죠? 이번 주까지가 교환학생 신청 기간인데 장학 증서를 제출하려고요. 아무래도 장학금을 타게 되면 유리할 것 같아서요.
남자 : 글쎄요, 교환학생 선발에 장학금 여부가 그렇게 큰 영향은 없을 것 같은데요. 교환학생이 되려면 무엇보다도 그 나라의 언어를 잘해야 해요.

여자 : 그럼 장학 증서보다는 외국어 자격증을 제출하는 것이 더 중요하겠네요?
남자 : 그렇죠. 지금까지 교환학생에 선발된 학생들을 보면 외국어가 가장 중요한 조건이었어요.

27. 正解 : ③교환학생 신청에 장학 증서를 제출하고 싶어서
解説 : 이번 주까지가 교환학생 신청 기간인데 장학 증서를 제출하려고요라고 말하고 있으므로, ③이 정답이다.

> [27-28] 次を聞いて、問いに答えなさい。
> 女 : 先生、今度の学期の奨学金選定結果は出ましたか?
> 男 : いえ、まだ結果は出ていません。おそらく、今日の午後に最終審査をした後で結果が出ると思います。明日には学科のホームページで結果を確認できるでしょう。
> 女 : そうですか? 明日には確実に知ることができるんですね? 今週までが交換学生申請の期間なんですが、奨学証書を提出しようと思いまして。やっぱり奨学金をもらえたら有利だと思うので。
> 男 : うーん、交換学生選抜に奨学金の有無はそれほど大きな影響はないと思いますが。交換学生になるには、何よりもその国の言語が上手でなければいけません。
> 女 : それでは、奨学証書よりは外国語資格証を提出する方が重要なんですね?
> 男 : そうです。今まで交換学生に選ばれた学生たちを見ると、外国語が最も重要な条件でした。
>
> 27. 女性が奨学金について男性に質問した理由を選びなさい。
>   ①奨学金をもらえたら、外国語を学びたくて
>   ②学校の登録をできなくなるんじゃないかと心配で
>   ③交換学生申請に奨学証書を提出したくて
>   ④交換学生申請の期間が締め切りになるんじゃないかと心配になって

28. 正解 : ④여자는 내일 장학금 선정 결과를 알 수 있다.
解説 : 내일이면 학과 홈페이지에서 결과를 확인 할 수 있을 거예요라는 남성의 발언から、④が正解であると分かる。①と③については触れられておらず、②は内容に反している。

> 28. 聞いた内容として、適切なものを選びなさい。
>   ①女性は外国語資格証がある。
>   ②女性は交換学生に選ばれた。

③ 女性は奨学証書をもらえる。
④ 女性は明日、奨学金選定結果を知ることができる。

[29-30] 다음을 듣고 물음에 답하십시오.

남자 : 안녕하세요. 요즘 새로 만든 창작 뮤지컬의 인기가 뜨거운데요. 공연의 콘셉트는 무엇인가요?

여자 : 네, 가수 김광석의 탄생 50주년을 기념하기 위해 그의 음악을 바탕으로 뮤지컬을 만들었습니다. 이 뮤지컬은 제작 단계부터 김광석의 모든 음악을 사용한다는 콘셉트로 시작됐습니다. 그래서 김광석의 삶이 아닌 1990년대 초 대학가를 배경으로 다시는 돌아갈 수 없지만 그래도 가끔 듣고 싶고 추억하고 싶은 시간을 지닌 사람들의 이야기입니다. 뮤지컬 속 김광석의 목소리는 지난 시간을 추억할 수 있는 통로가 될 것입니다. 특히, 기존의 뮤지컬과 다르게 연극적인 요소가 많고 유머가 많다는 점이 특징이라고 할 수 있습니다. 세심한 인물 묘사와 진한 눈물이 함께 하는 이야기 구조로 최신 영상 기법으로 더욱 풍성하고 입체감 있게 무대를 만들 예정입니다.

29. 正解 : ④ 공연 연출가

解説 : 女性は그의 음악을 바탕으로 뮤지컬을 만들었습니다と言っている。一般的に、ミュージカルや演劇などを作るのは劇作家や演出家なので、ここでは④が正解となる。

[29-30] 次を聞いて、問いに答えなさい。

男 : こんにちは。近頃、新しく作った創作ミュージカルの人気が熱いですが。公演のコンセプトは何でしょうか？

女 : はい、歌手キム・グァンソクの生誕50周年を記念するため、彼の音楽を基にミュージカルを作りました。このミュージカルは制作段階からキム・グァンソクの音楽全てを使うというコンセプトで始まりました。そのため、キム・グァンソクの人生ではない1990年代初めの大学街を背景に、二度とは戻れないけどそれでも時々聞きたく、追憶したい時間を持った人たちの話です。ミュージカルの中のキム・グァンソクの声は、過ぎた時間を追憶することのできる通り道になるでしょう。特に、既存のミュージカルと異なり、演劇的な要素が多く、ユーモアが多いという点が特徴と言えます。繊細な人物描写と濃い涙が共存する物語の構造で、最新の映像技法でより豊かで立体感が出るように舞台を作る予定です。

29. 女性は誰か、選びなさい。
　①映画監督　②旅行作家　③演劇俳優　④公演演出家

30.
正解：③이 뮤지컬은 연극적인 요소와 유머가 많다.
解説：연극적인 요소가 많고 유머가 많다는 점이 특징이라고 할 수 있습니다
という発言から、③が正解である。他の選択肢は内容に反している。

30. 聞いた内容として、適切なものを選びなさい。
　①キム・グァンソクの人生をミュージカルとして作った。
　②キム・グァンソクの音楽コンサートをする予定だ。
　③このミュージカルは演劇的な要素とユーモアがたくさんある。
　④このミュージカルは1999年の大学街を背景として作った。

[31-32] 다음을 듣고 물음에 답하십시오.

남자 : 요즘은 태어나자마자 공부가 시작된다고 해도 과언이 아닐 정도로 조기 교육 열풍이 불고 있는데요. 저는 아이가 원하지도 않는 교육을 미리 받게 되면 스트레스를 받아서 정신적 질환이 올 수도 있기 때문에 아주 어려서부터 하는 교육은 바람직하지 않은 것 같아요. 그리고 이미 다 아는 내용을 학교에서 반복하기 때문에 수업 시간이 지루해져 공부에 흥미를 잃을 수 있다고 생각해요.

여자 : 네, 맞아요. 그런 점에서 억지로 시키는 조기 교육은 문제가 있다고 생각해요. 하지만 아이들이 원하는 것이 있다면 일찍 시작하는 것도 나쁘지 않다고 봐요. 미리 공부하기 때문에 학교에 들어가서도 학업에 대한 스트레스가 크지 않을 수도 있고 무엇보다도 외국어의 경우는 어릴 때 더 쉽게 습득할 수 있기도 하고요.

31.
正解：④아이가 원할 경우 조기 교육을 하는 것은 나쁘지 않다.
解説：女性の発言を聞くと、억지로 시키는 조기 교육은 문제가 있다고 생각해요と述べつつ、その直後に아이들이 원하는 것이 있다면 일찍 시작하는 것도 나쁘지 않다고 봐요とも言っている。従って、④が正解である。-다고 봐요（〜だと思います）も考えを表明する表現の一つなので、注意して聞くことが必要。

[31-32] 次を聞いて、問いに答えなさい。
男：近頃は、生まれるや否や勉強が始まると言っても過言ではないほどに早期教育熱風が吹いていますが。私は子どもが望みもしない教育を前もって受けるようになると、ストレスを受けて精神的疾患にかかることもあるので、とても小さいころから行う教育は望ましくないと思います。そして、すでに全て知っている内容を学校で繰り返すので、授業時間が退屈になって勉強に興味を失うこともあると思います。
女：はい、その通りです。そのような点から、無理にやらせる早期教育は問題があると考えます。ですが、子どもたちが望むことがあるなら、早く始めるのも悪くないと思います。前もって勉強するので学校に入ってからも学業に対するストレスが大きくないこともあり、何よりも外国語の場合は、小さい時により簡単に習得できもします。

31. 女性の考えとして、適切なものを選びなさい。
① 小さいころから早期教育をすることが重要だ。
② あまりにも幼い子でなければ、早期教育は必要だ。
③ 早期教育はストレスを与えるだけで、子どもに良くない。
④ 子どもが望む場合、早期教育をすることは悪くない。

32. 正解：③ 상대방의 의견을 수용하면서 자신의 의견을 말하고 있다.
解説：네, 맞아요と相手の意見を受け入れながら、하지만と展開して自分の意見も主張しているので、③が正解である。

32. 女性の態度として、適切なものを選びなさい。
① 相手方の意見を肯定的に受容している。
② 具体的な事例を挙げて相手方の主張に反論している。
③ 相手方の意見を受容しながら、自分の意見を話している。
④ 状況を客観的に分析して相手方の責任を問うている。

[33-34] 다음을 듣고 물음에 답하십시오.
여자 : 매년 본사에서 개최하는 '도심 속 음악회'가 올해도 어김없이 열립니다. 올해 음악회의 테마는 '기회와 열정 그리고 도전'입니다. 본사 로비를 음악회 공간으로 꾸며 임직원을 비롯해 지역 주민을 초청, 도심 속에서 아름다운 음악을 감상할 수 있는 기회를 주기 위해 이 자리를 마련했습니다. 이번 음악회에는 장애를 딛고 음악가의 꿈을 키우고 있는 유망주와 공연 기회를 갖지 못했던 실력파 뮤지션들에게 꿈과 희망을 실현할 수 있는 무대를 제공할 것입니다. 특히 이번에는 폐교

위기의 학교를 살린 광희초등학교 가야금 소녀들과 생계를 위해 고군분투하는 아빠 밴드인 '미스터 파파'가 참여할 예정입니다. 그리고 오케스트라의 클래식 공연과 재즈 음악의 합동 무대가 준비돼 있습니다. 올해 음악회 관람권은 본사 홈페이지에서 누구나 신청 가능합니다.

33.
正解 : ②회사에서 개최하는 음악회 안내

解説 : 冒頭で매년 본사에서 개최하는 '도심 속 음악회'가 올해도 어김없이 열립니다と述べられ、その後も**본사**という単語が繰り返し出てくるので、会社で開催する音楽会の案内であることが分かる。従って、②が正解である。

[33-34] 次を聞いて、問いに答えなさい。
女 : 毎年本社で開催する「都心の音楽会」が、今年も変わりなく開かれます。今年の音楽会のテーマは「機会と情熱、そして挑戦」です。本社ロビーを音楽会の空間として飾り、役職員をはじめ、地域住民を招待、都心で美しい音楽を鑑賞できる機会を与えるためにこの席を用意しました。今回の音楽会では、障害を乗り越えて音楽家の夢を育てている有望株と、公演機会を持てなかった実力派ミュージシャンたちに夢と希望を実現できる舞台を提供します。特に今回は、廃校危機の学校を救ったクァンヒ小学校カヤグム少女たちと、生計のために孤軍奮闘するお父さんバンドの「ミスターパパ」が参加する予定です。そして、オーケストラのクラシック公演とジャズ音楽の合同ステージが準備されています。今年の音楽会観覧券は本社ホームページで誰でも申し込み可能です。

33. 何についての内容か、適切なものを選びなさい。
① 音楽家募集の案内文
② 会社で開催する音楽会の案内
③ 学校を救うための音楽会の日程
④ 実力派ミュージシャンと有望株の公演紹介

34.
正解 : ④클래식 공연과 재즈 음악의 합동 무대가 있을 것이다.

解説 : 오케스트라의 클래식 공연과 재즈 음악의 합동 무대가 준비돼 있습니다と言っているので、④が正解である。他の選択肢は内容に反している。

34. 聞いた内容として、適切なものを選びなさい。
① 観覧券は本社ロビーで申し込める。
② 音楽会は会社の役職員だけ参加できる。
③ 音楽会はクァンヒ小学校で開かれる予定だ。
④ クラシックの公演とジャズ音楽の合同ステージがあるだろう。

[35-36] 다음을 듣고 물음에 답하십시오.

　　남자 : 오늘 우리는 올림픽의 새로운 장을 열고 있습니다. 이 순간부터 전 세계 청소년들이 스포츠와 교육 그리고 문화가 하나 되는 축제의 장을 맞이합니다. 선수 여러분, 여러분은 우리의 미래이며, 여러분이 미래의 주인공이 되도록 우리가 돕고 싶습니다. 오늘 밤 여러분은 올림픽 무대에 첫발을 디디게 됩니다. 앞으로 12일 동안 여러분 세대의 최고 선수들과 기량을 겨루어 보십시오. 그리고 여러분 능력의 한계를 시험하고 극복하십시오. 여기에서의 경험은 경기장 밖의 인생에도 큰 도움이 될 것입니다. 올림픽 정신과 가치를 깊이 느낄 것입니다. 더불어 이번 기간에 마련된 문화, 교육 프로그램을 통해서도 지식과 경험으로 소중한 자산을 얻게 될 것입니다. 또한 승리와 '승자가 되는 것'의 차이를 배울 것입니다. 승리를 위해서는 결승선만 제일 먼저 통과하면 되지만 승자가 되려면 육체적 능력뿐만 아니라 정신적 소양으로도 감동을 줄 수 있어야 합니다. 여러분이 다른 청소년들에게 귀감이 될 준비가 되었다면 여러분은 순위와 상관없이 모두 승자입니다.

35. 正解 : ② 올림픽의 개회사를 연설하고 있다.

　　解説 : 선수 여러분と呼びかけており、앞으로 12일 동안、겨루어 보십시오とも言っていることから、これからオリンピックが始まることが分かる。開催場所の案内、プログラムの案内、選手紹介などはどれも話されていないので、②が正解である。

[35-36] 次を聞いて、問いに答えなさい。

　男 : 今日、私たちはオリンピックの新しい章を開いています。この瞬間から、全世界の青少年たちがスポーツと教育、そして文化が一つになる祭りの場を迎えます。選手の皆さん、皆さんは私たちの未来であり、皆さんが未来の主役になれるように私たちがお手伝いしたいと思っています。今晩、皆さんはオリンピックの舞台に最初の一歩を踏むことになります。今後12日間、皆さんの世代の最高の選手たちと技量を競ってみてください。そして、皆さんの能力の限界を試して克服してください。ここでの経験は競技場外の人生にも大きな助けになるでしょう。オリンピック精神と価値を深く感じるでしょう。それとともに、この期間に用意された文化、教育プログラムを通しても知識や経験として大切な資産を得ることになるでしょう。また、勝利と「勝者になること」の違いを学ぶでしょう。勝利のためには ゴールラインさえ一番に通過すればいいですが、勝者になるには肉体的能力だけでなく精神的素養としても感動を与えなければなりません。皆さんが他の青少年たちの手本となる準備ができたなら、皆さんは順位と関係なく皆勝者です。

35. 男性は何をしているか、選びなさい。
　①オリンピック開催場所を明かしている。
　②オリンピックの開会の辞を演説している。
　③オリンピックのプログラムを知らせている。
　④オリンピックに参加する選手を紹介している。

36.
正解 : ④ 이번 올림픽에는 문화, 교육 프로그램도 마련되어 있다.
解説 : 이번 기간에 마련된 문화, 교육 프로그램을 통해서도라고 말하고 있으므로, 이러한 프로그램이 用意されていることが分かる。従って、④が正解である。①と②は内容に反し、③については触れられていない。

36. 聞いた内容として、適切なものを選びなさい。
　①1位だけがオリンピックで勝者になれる。
　②明日の夜からオリンピックの競技は始まるだろう。
　③このオリンピックは今年が12回目に開かれるものだ。
　④今回のオリンピックには文化、教育プログラムも用意されている。

[37-38] 다음은 교양프로그램입니다. 잘 듣고 물음에 답하십시오.

여자 : 박사님, 영화, 드라마나 예능 프로그램 등 다양한 곳에서 기업의 상품들을 자주 노출시키는데 그 이유가 무엇입니까?

남자 : 네, 점점 영상산업의 규모가 대형화되고 정교해지면서 영화나 드라마 등에 자사의 특정 제품을 등장시켜 홍보 효과를 높이는 것입니다. 이런 방법은 꽤 효과적인 광고 기법입니다. 대표적인 성공 사례로 드라마 '별에서 온 그대' 속에서 여자 주인공이 입은 옷을 들 수가 있습니다. 여자 주인공이 입은 옷은 드라마가 흥행되자마자 상품 판매량도 급격히 늘어났습니다. 그리고 국내의 한 기업은 제품 등장과 함께 배우가 상품 이름을 부를 경우와 배우가 직접 상품을 이용할 경우 구체적인 요금 체계까지 만들어 놓고 있습니다. 이런 기법이 영화나 드라마 제작에 있어서 중요한 수입원이 되고 있긴 하지만, 극 상황과 어울리지 않는 노출이나 과도한 남발은 오히려 극의 질을 떨어뜨릴 수 있다는 비판도 있습니다. 이처럼 아무리 광고 효과가 좋은 방법이라고 하더라도 작품의 본질을 떨어뜨려 가면서 하는 광고는 좋지 않다고 봅니다.

37. 正解：④광고 효과가 좋더라도 과도한 남발은 작품의 질을 떨어뜨린다.
解説：最後に아무리 광고 효과가 좋은 방법이라고 하더라도 작품의 본질을 떨어뜨려 가면서 하는 광고는 좋지 않다고 봅니다と述べているのが男性の意見である。従って、④が正解である。その他の選択肢については触れられていない。

[37-38] 次は教養番組です。よく聞いて、問いに答えなさい。
女：博士、映画、ドラマやバラエティー番組などさまざまな場所で企業の商品をよく露出させますが、その理由は何ですか？
男：はい、だんだんと映像産業の規模が大型化されて精巧になるのに併せて、映画やドラマなどに自社の特定製品を登場させて宣伝効果を高めているのです。こうした方法はとても効果的な広告技法です。代表的な成功事例に、ドラマ「星から来たあなた」の中でヒロインが着た服を挙げることができます。ヒロインが着た服は、ドラマが放送されるや否や商品販売量も急激に増えました。それに、国内のある企業は、製品登場とともに俳優が商品名を言う場合と俳優が自ら商品を利用する場合、具体的な料金体系まで作ってあります。このような技法が映画やドラマ制作において重要な収入源となってはいますが、劇の状況にそぐわない露出や過度な乱発はむしろ劇の質を落とし得るという批判もあります。このように、いくら広告効果が良い方法だとしても、作品の本質を落としながらする広告は良くないと思います。

37. 男性の考えを選びなさい。
① 映画がヒットすると広告商品も常に成功する。
② ドラマの制作費を作るために広告をするしかない。
③ 映画が成功するためには商品の広告をするのが良い。
④ 広告の効果が良くても、過度な乱発は作品の質を落とす。

38. 正解：①배우가 상품을 사용하게 하라.
解説：ここで挙げられている広告技法の具体例は여자 주인공이 입은 옷なので、俳優が商品を劇中で使用する技法である。従って、①が正解である。

38. ここで紹介している広告技法の内容と一致するものを選びなさい。
① 俳優が商品を使うようにしろ。
② 俳優が商品を直接買うようにしろ。
③ 顧客が商品の名前を呼ぶようにしろ。
④ 顧客が直接商品を広報するようにしろ。

[39-40] 다음은 대담입니다. 잘 듣고 물음에 답하십시오.

남자 : 유비쿼터스가 확대되면 생활 공간 속의 모든 것이 지능화되어 언제나, 어디서나 보이지 않게 산소처럼 인간을 도와주게 된다는 말이네요. 그렇다면 이런 좋은 점이 있는 반면 부작용은 없을까요?

여자 : 사람들이 자신이 할 수 있는 일까지도 컴퓨터에 맡기고 의존할 수도 있어요. 이제 사람들은 간단한 전화번호 기억은 물론이고 사칙연산도 할 수 없을지 몰라요. 자신이 태어난 생일도 잊어버릴지 모를 일이죠. 그러다가 사고로 컴퓨터 시스템에 문제가 생기거나 파괴된다면 어떻게 될까요? 컴퓨터 오작동으로 핵무기가 발사된다면? 신호등이 마음대로 켜지고 꺼져 연쇄적으로 자동차 충돌사고가 발생한다면? 상상만 해도 끔찍하죠. 무조건 유비쿼터스 시스템에 의존하는 삶은 경계하고 대책을 미리 세워야 한다고 생각해요.

39. 正解 : ② 유비쿼터스는 인간의 생활을 편리하게 만들어 줄 것이다.

解説 : 冒頭で男性が언제나, 어디서나 보이지 않게 산소처럼 인간을 도와주게 된다, 이런 좋은 점と述べていることから、そのような内容を直前まで話していたことが分かる。従って、②が正解である。

[39-40] 次は対談です。よく聞いて、問いに答えなさい。

男 : ユビキタスが拡大されると、生活空間の全てのものが知能化されて、いつでもどこでも見えないように酸素のように人間を助けてくれるようになるということですね。それでは、このような良い点がある一方で、副作用はないのでしょうか？

女 : 人間が、自分でできることまでもコンピューターに任せて依存することもあります。今では人間は簡単な電話番号の記憶はもちろん、四則演算もできないかもしれません。自分が生まれた誕生日も忘れるかもしれないのです。そうして、事故でコンピューターシステムに問題が生じたり破壊されたりしたら、どうなるでしょうか？ コンピューターの誤作動で核兵器が発射されたら？ 信号機が勝手についたり消えたりして連鎖的に自動車の衝突事故が発生したら？ 想像するだけでもぞっとするでしょう。無条件でユビキタスシステムに依存する生活は警戒して対策を事前に立てなければならないと思います。

39. この談話の前の内容として、適切なものを選びなさい。
① ユビキタスはすでに生活の中で実現されている。
② ユビキタスは人間の生活を便利にしてくれるだろう。
③ ユビキタスが拡大されれば、人がコンピューターに依存するだろう。
④ ユビキタスシステムに依存することになれば、多くの問題があるだろう。

40. 正解 : ④ 유비쿼터스 환경에서 사람들이 간단한 것도 기억하지 못할 수도 있다.
解説 : 女性が 자신이 할 수 있는 일까지도 컴퓨터에 맡기고 의존할 수도 있어요. 이제 사람들은 간단한 전화번호 기억은 물론이고 사칙연산도 할 수 없을지 몰라요と述べていることから、④が正解である。その他の選択肢については触れられていない。

> 40. 聞いた内容と一致するものを選びなさい。
> ① ユビキタスシステムに従えば、大きな問題は発生しないだろう。
> ② ユビキタス環境で人はコンピューターのように計算をうまくするだろう。
> ③ ユビキタスが拡大されれば、いつ、どこでもコンピューターを使える。
> ④ ユビキタス環境で、人が簡単なことも記憶できないかもしれない。

[41-42] 다음은 우주에 대한 강연입니다. 잘 듣고 물음에 답하십시오. (TR 216)

남자 : 우주여행과 화성 탐사 등 우주를 향한 사람들의 관심은 날로 높아지고 있습니다. 그렇다면 인간의 몸은 우주에 적응할 수 있을까요? 현재로선 과학자들의 답은 '그렇지 않다'입니다. 한 연구에서는 우주에 체류하는 동안 발생하는 인체의 변화를 소개하면서 '인간이 아직 우주에서 살 만큼 진화하지는 않았다'고 지적하였습니다. 우주인을 대상으로 연구한 결과에 따르면 무중력 상태인 우주에 머무는 동안 골밀도가 낮아지고 시력이 떨어진다고 합니다. 그리고 방사선 노출 탓에 암 발생 위험이 높아지고, 다른 기관에도 영향을 미친다고 합니다. 골밀도가 낮아지는 문제는 러닝머신을 설치해 운동을 충분히 하고, 골다공증 예방약을 섭취해 해결하고 있습니다. 그러나 다른 문제들은 원인도, 해결책도 찾지 못하고 있습니다. 한 예로 시력은 눈이 어떤 압력 때문에 변하는데 여성보다는 남성이, 왼쪽 눈보다는 오른쪽 눈이 더 시력 변화가 컸습니다. 방사능은 암 발생 외에도 뇌 기능까지 영향을 미치는 것으로 나타났습니다. 이처럼 여전히 많은 문제를 안고 있는 우주에 대한 연구는 앞으로 더 꾸준히 이루어져야 할 것입니다.

41. 正解 : ① 우주에서 여성보다 남성이 시력 변화가 크다.
解説 : 여성보다는 남성이, 왼쪽 눈보다는 오른쪽 눈이 더 시력 변화가 컸습니다と言っているので、①が正解である。他の選択肢は内容に反している。

[41-42] 次は宇宙についての講演です。よく聞いて、問いに答えなさい。
男：宇宙旅行や火星探査など、宇宙に向けた人々の関心は日増しに高まっています。それでは、人間の体は宇宙に適応できるのでしょうか？ 現在では科学者たちの答えは「適応できない」です。ある研究では宇宙に滞留する間に発生する人体の変化を紹介しながら「人間がまだ宇宙で生きるほど進化してはいない」と指摘しました。宇宙飛行士を対象に研究した結果によると、無重力状態の宇宙にとどまる間、骨密度が低くなり、視力が落ちるといいます。そして、放射線露出のせいでがん発生の危険が高まり、他の器官にも影響を及ぼすといいます。骨密度が低くなる問題はランニングマシンを設置して運動を十分にして、骨粗しょう症予防薬を摂取して解決しています。ですが、他の問題は原因も、解決策も見つけられずにいます。一例として、視力は、目が一定の圧力のために変わるのですが、女性よりは男性が、左目よりは右目がより視力の変化が大きかったです。放射能はがん発生以外にも脳の機能まで影響を及ぼすものと分かりました。このように、依然として多くの問題を抱えている宇宙に対する研究は、今後より着実になされなければならないでしょう。

41. 聞いた内容と一致するものを選びなさい。
①宇宙では、女性より男性の方が視力変化が大きい。
②宇宙に対する人々の関心は、日に日に減っている。
③無重力状態では骨密度が高くなり、視力が変わる。
④科学者は、現在人間が宇宙に適応可能だと言った。

42. 正解：③아직 문제가 많기 때문에 연구는 계속 이루어져야 한다.
解説：最後の여전히 많은 문제를 안고 있는 우주에 대한 연구는 앞으로 더 꾸준히 이루어져야 할 것입니다という部分が男性の考えであることを聞き取ることが重要である。この部分から、③が正解であることが分かる。

42. 宇宙についての男性の考えとして、適切なものを選びなさい。
①人間は宇宙に適応できる。
②人間の体は宇宙で生きられるほど進化した。
③まだ問題が多いので、研究は続けられなければならない。
④問題はあるが深刻ではないため、すぐに解決できる。

[43-44] 다음은 다큐멘터리입니다. 잘 듣고 물음에 답하십시오.
남자 : 취업이나 회사 내 경쟁이 워낙 치열하다 보니 목소리도 경쟁력의 요소가 되고 있습니다. 듣기 좋고 설득력 있는 목소리를 내기 위한 성형과

교정 열풍이 불고 있습니다. 허스키한 목소리를 지닌 30대 중반의 이은선 씨는 최근 회사 동료들로부터 남자 같다는 충격적인 말을 듣고 결국 수술대에 올랐습니다. 그리고 최근 발음 교정 학원에도 수강생들이 많다고 합니다. 이들 대부분은 취업 준비생으로 취업해서도 프레젠테이션을 할 일이 많으니까 남들 앞에서 좀 더 당당하고 강하게 서고 싶어서 학원에 다닌다고 합니다. 왜냐하면 목소리가 좋을수록 말의 전달력이 높아지고 그 사람의 말에 대한 신뢰도가 높아진다는 연구 결과도 있습니다. 취업 전문가들은 성형이나 교정을 통한 좋은 목소리도 중요한 요소가 될 수 있다고 말합니다. 하지만 말에 진심을 담는 것이 무엇보다도 중요하지 않을까요?

43. 正解 : ④ 말의 전달력과 신뢰도가 높아지기 때문에
解説 : 목소리가 좋을수록 말의 전달력이 높아지고 그 사람의 말에 대한 신뢰도가 높아진다는 연구 결과도 있습니다と言っているので、④が正解である。

[43-44] 次はドキュメンタリーです。よく聞いて、問いに答えなさい。
男 : 就職や会社内競争が何しろ熾烈であるため、声も競争力の要素になっています。聞きやすく説得力のある声を出すための整形や矯正ブームとなっています。ハスキーな声を持つ30代半ばのイ・ウンソンさんは最近会社の同僚から男みたいだという衝撃的な言葉を聞いて、ついに手術台に上がりました。そして最近、発音矯正学校にも受講生が多いといいます。彼らのほとんどは就職準備生で、就職してもプレゼンテーションをすることが多いので他人の前でもう少し堂々と強く立ちたくて学校に通うそうです。なぜなら、声が良いほど言葉の伝達力が高まり、その人の言葉に対する信頼度が高まるという研究結果もあります。就職専門家たちは、整形や矯正による良い声も重要な要素になる得ると言います。ですが、言葉に真心を込めることが何よりも大事ではないでしょうか?

43. 声が競争力になる理由として、適切なものを選びなさい。
　①就職競争をしなくてもいいので　　②異性の友達とたくさん付き合えるので
　③整形手術をしたのと変わりないので　④言葉の伝達力と信頼度が高まるので

---

44. 正解 : ③ 좋은 목소리가 경쟁력이 될 수 있지만 진심을 말하는 것이 중요하다.
解説 : 最後に하지만 말에 진심을 담는 것이 무엇보다도 중요하지 않을까요?と疑問を投げかけていることから、この話の主題としては③が正解である。

44. 이 話の主題として、適切なものを選びなさい。
　　① 良い声は就職をうまくするためには必ず必要な要素だ。
　　② ますます熾烈になる社会で、声一つだけでは競争力がない。
　　③ 良い声が競争力になることもあるが、真心を込めて話すことが重要だ。
　　④ 良い声を持つために整形手術をすることを批判してはいけない。

[45-46] 다음은 뉴스입니다. 잘 듣고 물음에 답하십시오.
　　남자: 가공식품은 보통 지방 함량 같은 성분 표시가 되어 있습니다. 하지만 네모난 캔에 들어 있는 햄은 이 표시가 거의 안 되어 있다고 합니다. 안 그래도 짜고 기름져서 많이 먹어도 괜찮은지 걱정하는 분들 많으실 텐데요. 나트륨과 지방이 얼마나 들어 있기에 표시조차 안 하는 걸까요? 같은 캔 제품인 닭 가슴살과 참치 통조림은 물론 햄 종류인 소시지에도 영양 성분 표시가 있습니다. 그러나 판매 중인 햄 대부분은 지방과 나트륨 등 영양 성분을 표시하지 않고 있습니다. 전문 기관의 분석에 따르면 한 제품을 제외하고는 100그램당 지방 함량이 하루 기준치의 35%에서 많게는 절반 이상까지 나왔다고 합니다. 이에 캔 햄 제조업체 관계자는 쫄깃쫄깃한 맛을 낼 수 있게 하려다 보니 지방을 줄이기는 어렵다고 합니다. 제품에 따라서는 3분의 1만 먹어도 하루 기준치의 절반가량의 지방과 나트륨을 먹게 된다는 겁니다.

45. 正解: ① 가공식품은 보통 성분 표시가 되어 있다.
　　解説: 冒頭で 가공식품은 보통 지방 함량 같은 성분 표시가 되어 있습니다 と述べているので、①が正解である。②と④は内容に反しており、③は内容からは読み取れない。네모난 캔에 들어 있는 햄은、スパム(ランチョンミートの缶詰)のこと。韓国ではスパムもハムの一種と考える。

> [45-46] 次はニュースです。よく聞いて、問いに答えなさい。
> 男: 加工食品は普通、脂肪含量のような成分表示がされています。ですが、四角い缶に入っているハムはこの表示がほぼされていないそうです。それでなくともしょっぱくて油っぽいので、たくさん食べても平気なのか心配する方が多いと思いますが。ナトリウムと脂肪がどれだけ入っているからといって、表示すらしないのでしょうか? 同じ缶製品の鶏胸肉やツナの缶詰はもちろん、ハムの種類であるソーセージにも栄養成分表示があります。しかし、販売中のハムのほとんどは脂肪やナトリウムなどの栄養成分を表示していません。専門機関の分析によると、一つの製品を除いて、100グラム当たり脂肪含

量が1日の基準値の35%から多ければ半分以上まで出たといいます。これに、缶ハム製造業者関係者は、歯ごたえのある味を出せるようにしようと思ったら、脂肪を減らすのは難しいと言います。製品によっては3分の1食べただけでも1日の基準値の半分ほどの脂肪とナトリウムを食べることになるということです。

45. 聞いた内容と一致するものを選びなさい。
① 加工食品は普通、成分表示がされている。
② ツナの缶詰には成分表示がされていない。
③ ハムの製造業者ではハムの脂肪含有量を減らすことにした。
④ 全ての缶ハムの脂肪含有量が一日の基準値の半分以上だった。

46. 正解：④ 見解に対して専門機関分析資料を利用して説明している。

解説：専門機関の分析によるとして、具体的な資料を用いて説明しているので④が正解である。総合的な評価はしておらず、自身の体験や自身の主張を話しているわけでもないので、その他の選択肢は除外される。

46. 男性の態度として、最も適切なものを選びなさい。
① 見解について総合的に評価している。
② 見解について自身の経験を通じて説明している。
③ 例示と根拠を通じて自身の見解を主張している。
④ 見解について専門機関の分析資料を利用して説明している。

[47-48] 다음은 대담입니다. 잘 듣고 물음에 답하십시오.

여자 : 인터넷 언어를 사용하는 것이 우리의 언어생활에 부정적이라고 생각하시나요? 아니면 긍정적이라고 생각하시나요?

남자 : 저는 인터넷 언어의 사용이 우리 생활에 부정적인 영향을 준다고 생각합니다. 왜냐하면 표준어나 맞춤법에 혼란을 가져올 수 있습니다. 실제로 친구들과 문자나 메신저를 하고 나서 글을 쓰면 조금 전 친구와 주고받았던 문자와 비슷한 문자가 섞여 있기도 하고, 맞춤법이 많이 틀려 있기도 합니다. 그리고 인터넷 언어는 받침은 빼 버린다든지, 여러 기호와 한자를 섞어 쓴다든지, 긴 말을 줄여 버린다든지 하여 인터넷에 익숙하지 않은 사람, 특히 나이 드신 분들은 이해하기 어렵습니다. 그러니 의사소통이 힘듭니다. 마지막으로 인터넷 언어로 은어나 비속어, 또는 욕을 많이 씁니다. 상대방이 내가 누군지 모른다고 함부

로 하는 것이지요. 그래서 일상생활에서도 은어나 비속어 심지어 욕을 늘 하는 친구들도 있습니다. 이런 이유로 인터넷 언어의 사용은 분명 우리의 언어생활에 부정적인 영향을 미친다고 볼 수 있습니다.

47. 正解：②인터넷 언어 사용은 맞춤법에 혼란을 가져올 수 있다.
解説：男性が**표준어나 맞춤법에 혼란을 가져올 수 있습니다**と言っていることから、②が正解となる。③は内容に反し、①と④は触れられていない。

> [47-48] 次は対談です。よく聞いて、問いに答えなさい。
> 女：インターネット言語を使うことが私たちの言語生活に否定的だとお考えですか？ あるいは、肯定的だとお考えですか？
> 男：私はインターネット言語の使用が私たちの生活に否定的な影響を与えると思います。なぜなら、標準語や正書法に混乱をもたらし得るからです。実際に、友達と携帯メールやメッセンジャーをしてから文章を書くと、少し前に友達とやりとりした文字と似た文字が混ざったりするし、正書法が多く間違っていたりもします。そして、インターネット言語はパッチムは取り除くとか、いろいろな記号や漢字を混ぜて書くとか、長い言葉を短縮してしまうとかして、インターネットに精通していない人、特にお年を召した方は理解するのが難しいです。ですから、意思疎通が大変です。最後に、インターネット言語で隠語や俗語、または悪口をたくさん書きます。相手方が自分は誰だか分からないとむやみにやるのでしょう。ですから、日常生活でも隠語や俗語、その上悪口を常に言う人もいます。このような理由でインターネット言語の使用は明らかに私たちの言語生活に否定的な影響を及ぼすと見ることができます。
>
> 47. 聞いた内容と一致するものを選びなさい。
> ①インターネットではパッチムを取ったり言葉を短縮してはいけない。
> ②インターネット言語の使用は、正書法に混乱をもたらし得る。
> ③インターネット言語の使用は、言語生活に肯定的な影響を及ぼす。
> ④インターネットより実生活で隠語や俗語をより多く使う。

48. 正解：④구체적인 사례를 들어 자신의 의견을 설명하고 있다.
解説：받침은 빼 버린다, 여러 기호와 한자를 섞어 쓴다, 긴 말을 줄여 버린다などと、具体的な例を挙げ、**부정적인 영향을 미친다고 볼 수 있습니다**という表現で締めくくっていることから、批判をしたり異議を唱えたりしているのではなく、客観的な意見の表明であると考えられる。従って、④が正解である。

48. 男性の態度として、最も適切なものを選びなさい。
　①間違った社会的慣行を批判している。
　②相手方の意見を強く批判している。
　③相手方の意見について異議を提起している。
　④具体的な事例を挙げて自身の意見を説明している。

[49-50] 다음은 강연입니다. 잘 듣고 물음에 답하십시오.
여자 : 얼마 전 정부는 남성 육아 휴직을 독려하기 위한 방안을 내놨습니다. 육아 휴직을 하는 남성들에게 첫 달 급여를 100% 지급하고 육아 휴직 급여의 상한액도 100만 원에서 150만 원으로 높였습니다. 고용이 불안한 비정규직 사원도 육아 휴직을 쓸 수 있도록 하고 휴직한 사원을 재고용하는 사업주에게 '계속고용지원금'을 더 주고, 기업이 대체 인력을 쓸 경우에도 지원금을 주기로 했다고 합니다. 그래서 육아 휴직 제도를 이용하는 사람들은 점점 늘고 있습니다. 남성 육아 휴직자도 2005년 대비 10배 이상 증가했습니다. 하지만 여성에 비하면 남성들의 육아 휴직률이 현저히 낮습니다. 그 이유로 '회사 눈치'를 제일 먼저 꼽았습니다. 30%가량의 응답자가 직장 문화나 분위기상 눈치가 보여서라고 답했습니다. 그다음으로 육아 휴직 급여 수준이 낮아서 양육비까지 감당하기 어렵다는 응답이 22.6%, 육아 휴직 후 직장 복귀가 어려워서가 17.3%로 나타났습니다. 이런 현실적인 문제가 여전히 해결되지 않고 있기 때문에 정부는 지금 같은 정책보다는 육아 휴직 할당제 같은 강제성 있는 제도를 마련해야 할 것이라고 생각합니다.

49. 正解 : ④ 휴직한 사원을 다시 고용하면 지원금을 받을 수 있다.
解説 : 휴직한 사원을 재고용하는 사업주에게 '계속고용지원금'을 더 주고と あることから、④が正解である。他の選択肢は内容に反している。

[49-50] 次は講演です。よく聞いて、問いに答えなさい。
女 : 少し前、政府は男性の育児休職を督励するための方案を出しました。育児休職をする男性たちに最初の月の給与を100％支給し、育児休職の給与の上限額も100万ウォンから150万ウォンに上げました。雇用が不安な非正規職の社員も育児休職を使えるようにし、休職した社員を再雇用する事業主に「継続雇用支援金」をさらに出して、企業が代替の労働力を使う場合にも支援金を出すことにしたそうです。そのため、育児休職

制度を利用する人はだんだんと増えています。男性育児休職者も2005年に比べて10倍以上増加しました。しかし、女性に比べると男性の育児休職率が顕著に低いです。その理由として、「会社の顔色」を一番に挙げました。30%ほどの回答者が、職場の文化や雰囲気上顔色をうかがってと答えました。その次に、育児休職の給与水準が低くて養育費までまかなうのは難しいという答えが22.6%、育児休職後の職場復帰が難しいためが17.3%となりました。このような現実的な問題が依然解決されていないため、政府は今の政策よりは育児休職割当制などの強制性のある制度を用意しなければならないだろうと思います。

49. 聞いた内容と一致するものを選びなさい。
① 非正規職の社員は育児休職を使えない。
② 男性たちの育児休職率が女性より高くなった。
③ 男性育児休職者は2005年より大きく減少した。
④ 休職した社員を再び雇用すれば、支援金をもらうことができる。

50. 正解：② 육아 휴직 제도에 대한 근본적인 문제를 제기하고 있다.

解説：最後の이런 현실적인 문제가 여전히 해결되지 않고 있기 때문에という発言で、女性は現在の休職制度に問題があることを指摘している。従って、②が正解である。この直後に別の制度を導入すべきだと主張しているため、代案を出しているように思われるが、休職制度の副作用に対する案ではないため、④は除外される。

50. 女性の態度として、最も適切なものを選びなさい。
① 育児休職制度の導入を延期することを促している。
② 育児休職制度に対する根本的な問題を提起している。
③ 育児休職制度の効果について肯定的な立場を明かしている。
④ 育児休職制度の副作用に対する代案がないことを指摘している。

書き取り

[51-52] 다음을 읽고 (   )에 들어갈 말을 각각 한 문장씩으로 쓰십시오.

51. 解答例:

㉠ : 함부로 벗기지 않도록 합니다 (5점)
　　함부로 벗기지 말아야 합니다 (5점)
　　빨리 벗겨야 합니다 (3점)

㉡ : 병원에 데리고 가야 합니다 / 병원에 데리고 가십시오 (5점)
　　병원에 갑니다 (3점)

解説 : ㉠の後の文には**충분히 식히고 나서 서서히 벗기십시오**とあるので、㉠には **함부로/바로**（むやみに／すぐに）脱がすことを禁止する内容が入る。禁止を表す表現としては、**-지 않도록 하세요**（〜しないようにしてください）や**-지 마세요**（〜しないでください）、**-으면 안 됩니다**（〜してはいけません）、**-지 말아야 합니다**（〜するのはやめないといけません）などの表現を使うのが良い。
㉡の後の文には**집에서 치료할 경우 상처가 더 심해질 수 있습니다**とあることから、㉡には家ではない場所で治療を受けるようアドバイスする内容が入る。治療の場所として考えられるのは一般的に病院なので、**병원에 데리고 가세요/가야 합니다**（病院に連れていってください／いかなければいけません）のような内容が適切である。

配点は各5点、部分点は3点である。㉠では、**빨리 벗겨야 합니다**（早く脱がさなければいけません）と逆のことを書いても3点となる。㉡では子どもを病院連れていくことが重要であるため**데리고 가다**という表現を使うが、これを使わずに**병원에 갑니다**としても3点が与えられる。

> [51-52] 次を読んで、(   ) に入る言葉を一文書きなさい。
> 51. 知識博士に聞いてみましょう。
> 質問 : 子どもがお湯で手をやけどしました。どのようにしなければなりませんか？
> 回答 : 速やかに応急処置をしなければいけません。まず、手を冷たい水に10分ほどつけてください。ひどい場合、傷の上の衣服や靴下を(㉠)。冷水を注いで十分に冷やしてから、徐々に脱がせてください。そうした後、近くの(㉡)。やけどを家で治療する場合、傷がよりひどくなることがあります。

52. 解答例:

㉠ : 생각이 바뀌었다 / 마음이 바뀌었다 (5점)

걱정이 없어졌다 (3점)
　　ⓒ : 어떻게 생각하느냐에 달려 있다 (5점)
　　　마음먹기에 달려 있다 (5점)
　　　생각을 바꾸면 된다 / 마음을 바꾸면 된다 (3점)
　解説：㋐のある文は**그런데**で始まっており、それまでと内容が変わって後ろの文へと続いていることが分かる。常に心が休まらなかった母親が、㋐の後では前向きな考えに変化したことから、**생각이/마음이 바뀌었다**（考え方が／気持ちが変わった）のような内容が入る。

　　　　ⓒでは、考えを変えたことによって幸せを得た母親を引き合いに出し、幸せを説明しようとしているので、**어떻게 생각하느냐에 달려 있다**（どう考えるかにかかっている）や**마음먹기에 달려 있다**（気の持ちようにかかっている）、**생각하기 나름이다**（考え方次第だ）のような内容が入る。

　　　　問題51と同じく各5点、部分点は3点である。㋐の前後で考えが変わっていることが重要なので**바뀌다**を使う必要があるが、その結果である**걱정이 없어졌다**という内容を書いても3点が与えられる。ⓒでは、文章の主張とは少し異なるものの**생각을/마음을 바꾸면 된다**としても意図は通じるため、部分点が与えられる。

> 52. 昔、傘を売る息子と草履を売る息子を持つ母親がいた。この母親は、雨が降ると草履を売る息子を、天気が良いと傘を売る息子を心配して心が休まる日がなかった。ところがある日、母親の（　㋐　）。雨が降れば傘が、天気が良ければ草履がよく売れると考えたのだ。その後、母親は幸せになった。結局、幸せは（　ⓒ　）。

[53] 다음 표를 보고 성형수술의 장단점에 대해 쓰고, 성형수술에 대한 자신의 생각을 200～300자로 쓰십시오.

53. 解答例：

	요	즘		사	람	들	은		외	모	도		능	력	만	큼		중	요
한		경	쟁	력	의		하	나	로		생	각	한	다	.		그	래	서
성	형	수	술	이	라	는		극	단	적	인		방	법	을		선	택	하
는		사	람	들	이		늘	어	나	고		있	다	.					

導入

성	형	수	술	은		장	애	나		사	고	로		고	통	받	는
사	람	들	,		외	모	에		대	한		콤	플	렉	스	를		가	지	고
있	는		사	람	들	에	게		도	움	이		될		수		있	다	.
하	지	만		자	신	만	의		개	성	이		없	어	지	고	,	수	술
부	작	용	과		중	독	의		위	험	도		있	다	.
인	격	이	나		실	력	보	다		외	모	로		사	람	을		판
단	하	는		지	나	친		외	모	지	상	주	의	는		우	리		사
회	를		병	들	게		한	다	.		외	모	에	도		유	행	이		있
고		유	행	은		변	하	기		마	련	이	다	.		치	료	가		아
닌		미	용	을		위	한		성	형	수	술	을		반	복	해	서
하	게		된	다	면		결	국		중	독	될		가	능	성	이		높
아	진	다	는		것	이	다	.

解説：まず、1段落目で、人々が整形手術をする理由について述べ、次の段落で、整形手術の長所と短所について整理し、最後の段落でこの問題についての自身の意見を提示している。配点は30点。

[54] 다음을 주제로 하여 자신의 생각을 600~700자로 글을 쓰십시오.

54. 解答例:

序論
과학 기술은 인류의 물질적 측면에 영향을 주었을 뿐만 아니라 정신적인 측면에도 영향을 미쳤다. 과학은 정치, 철학, 종교를 포함한 모든 인간 사고와 행동에 복합적인 영향을 미쳤다. …①

本論
과학 기술은 인간이 자연을 극복하게 해 주었고 질병을 퇴치해 인간의 삶을 연장시켜 주었다. 또한 교통수단, 컴퓨터 등 지금 우리가 누리고 있는 편리한 생활은 모두 과학 기술 덕택이다. …②-1

하지만 이러한 과학 기술의 발달은 인류의 생존을 위협하는 양날의 칼이 되고 말았다. 환경 오염, 지구 생태계의 파괴, 대량살상 무기의 공포에 이르기까지 인류에게 닥친 위기가 모두 과학 기술 발달의 결과이다. 과학 기술의 발달로 인해 인간 소외 현상이 심화되었고 최근에는 윤리적 문제와 부작용의 우려가 있는 인간 복제의 위험까지 안게 되었다. …②-2

結論
과학 기술의 발달이 인류를 위협하게 된 것은 인간의 이기심 때문이다. 무분별한 개발, 핵무기, 유전자 조작 등과

학		기	술	이		특	정		소	수	의		불	순	한		이	익	을
위	해		사	용	될		때		어	떤		무	서	운		결	과	를	
초	래	하	는	지		우	리	는		역	사	를		통	해		잘		알
수		있	다	.	더		큰		재	앙	을		막	기		위	해		효
율	적	인		규	제	와		민	감	한		실	험	에		대	한		조
사	를		제	도	화	해	서		과	학		기	술	의		발	달	로	
말	미	암	아		인	간	의		생	존	이		위	협	받	는		일	이
없	도	록		해	야		한	다	.	과	학		기	술	을		어	떻	게
사	용	하	느	냐	에		따	라		인	류	의		미	래	가		결	정
될		것	이	다	.	과	학		기	술	은		인	류	의		행	복	을
위	해		사	용	되	어	야		한	다	. … ③

結論

解説：問題54では、提示された3つの質問に答えを用意することで文章の骨組みを構成していくことが重要である。本書ではそれぞれの質問に①、②、③の番号を振り、解答例中にも数字を示してそれぞれの質問に対する答えであることを示している。まず、1段落目で、科学技術が人類に与えた影響について述べ、2段落目と3段落目で、科学技術が発達することについての長所と短所について整理し、最後の段落で科学技術の望ましい発展の方向について述べ、文章をまとめている。配点は50点。

54. 次を主題にして、自分の考えを600〜700字で書きなさい。

> 人間の絶え間ない研究と努力で、科学技術が日に日に発展しています。科学技術の正しい発展方向について、下の内容を中心に主張する文を書きなさい。
>
> ・科学技術の発達がわれわれに与えた影響は何ですか？ … ①
> ・科学技術発達の長所と短所は何ですか？ … ②
> ・科学技術の正しい発展方向は何ですか？ … ③

> 読解

[1-2] ( )에 들어갈 알맞은 것을 고르십시오.

1. 正解 : ④ 하는 바람에

解説 : コンピューターで仕事をたくさんしたことが原因で、目が悪くなるという否定的な結果が起きたということが読み取れる。選択肢の中で、原因とそれによる否定的な結果を結ぶ働きをする表現は④である。なお、-는 바람에では動詞の現在連体形が使われるが、原因となる出来事は過去のものであることに注意。

> [1-2] ( ) に入る適切なものを選びなさい。
> 1. コンピューターで仕事をたくさん（　　　）目が悪くなった。
>   ①するが　②する限り　③し終わってこそ　④したせいで

2. 正解 : ② 간 김에

解説 : 出張の機会を利用して市内旅行もしたということなので、②が正しい。①の-ㄹ 겸（～するのも兼ねて）も複数の目的があるときに使うので似た意味の表現であるが、日本語と同じように前に来るのが付随的な目的、後ろに来るのが本来の行動となる。この場面で用いると「出張を兼ねて旅行をした」という意味になり、前後が逆になってしまうため、①は間違いである。

> 2. ヨーロッパに出張に行ったのだが、出張に（　　　）週末には市内旅行をした。
>   ①行くのも兼ねて　②行ったついでに　③行っていては　④行くせいで

[3-4] 다음 밑줄 친 부분과 의미가 비슷한 것을 고르십시오.

3. 正解 : ① 잘 지경이다

解説 : 지경は「立場、境遇、状況」などの意味を表す。そこから-ㄹ 지경이다（～する状況だ、～しそうだ）の意味を捉えると良い。切迫した状況や、もはや限界まで到達したという状況で主に用いられる。

> [3-4] 次の下線を引いた部分と意味が似ているものを選びなさい。
> 3. 最近、就職のせいでストレスが多く、夜に眠れないほどだ。
>   ①眠りそうだ　②眠るものだ　③眠るはずがない　④眠ろうとしたところだ

4. 正解 : ② 잘하는 모양이다

解説 : -나 보다（～するようだ）は、事実や周りの状況を根拠に出来事を推測する表現

である。-는 모양이다（～するようだ）も同様である。

> 4. 人が皆新入社員を称賛するのを見ると、新入社員は仕事をすごくうまくやるようだ。
> ① うまくやるだけだ　　　　② うまくやるようだ
> ③ うまくやるかもしれない　　④ 今にもうまくやりそうだ

[5-8] 다음은 무엇에 대한 글인지 고르십시오.

5. 正解：② 세탁기

解説：얼룩や옷감 손상などの単語から、洗濯機の広告文であると分かる。従って、②が正解である。

> [5-8] 次は何についての文章か、選びなさい。
> 5. 染みもきれいに、生地の傷みは最小化、
> 静かに強い！
> ① 掃除機　② 洗濯機　③ 冷蔵庫　④ エアコン

6. 正解：④ 뮤지컬

解説：무대、노래、공연とある。舞台での、歌を伴った公演であると分かるので、④が正解である。

> 6. 私の愛はどこに
> ・戦争で別れた恋人たちの胸の痛む話
> ・幻想的な舞台と俳優たちの美しい歌
> ・家族が一緒に楽しめる公演
> ① 映画　② 演劇　③ ドラマ　④ ミュージカル

7. 正解：③ 경비 회사

解説：재산、신고 후 3분 안에 출동とあるので、警備会社の広告であると分かる。従って、③が正解である。

> 7. あなたの財産が不安ですか？
> ・最先端の装備
> ・通報後、3分以内に出動
> ・顧客の安全を最優先に
> ① 旅行会社　② 警察署　③ 警備会社　④ 電子製品会社

8. 正解：④사용 안내
   解説：귀를 약간 잡아당기고 제품을 안으로 넣는다や측정 버튼을 누르고など
   の表現から、製品の使用手順を示していることが読み取れる。従って、④が正解
   である。

   > 8. 耳を少し引っ張って製品を中に入れる。
   >   測定ボタンを押して1〜2秒待つ。
   >   信号の音が出たら、数字を確認する。
   >   ①商品案内 ②注意事項 ③注文の案内 ④使用の案内

[9-12] 다음 글 또는 도표의 내용과 같은 것을 고르십시오.

9. 正解：①수강료는 없지만 재료비는 내야 한다.
   解説：수강료：무료、재료비 3만 원とあるので、①が正解である。②と④は内容に
   反しており、③は内容からは読み取れない。

   > [9-12] 次の文章または図表の内容と同じものを選びなさい。
   > 9. 住民自治センター バリスタ教室
   >   香しいコーヒーを自分の手で作ることができ、資格証の取得も可能
   >   ■ 期間：7月25日（火）〜8月24日（木）
   >   ■ 時間：毎週火曜日、木曜日午前10時〜12時
   >   ■ 受講料：無料 ※材料費 3万ウォン
   >   ■ 申し込み可能な人数：先着順で15人
   >   ■ 申し込み方法：住民自治センターを訪問して受付
   >   ■ その他：修了後、望む人はコーヒー専門店に就職支援
   >   ①受講料はないが、材料費は払わなければならない。
   >   ②受講生は電話で受講の申し込みができる。
   >   ③教育が終わったら受講生全員就職が可能だ。
   >   ④受講を望む人は全員教育を受けられる。

10. 正解：②외국인을 아내로 맞는 남성은 2011년부터 감소하고 있다.
    解説：グラフの上に書かれた数字を見ていくと、②が正解であることが分かる。その他
    の選択肢はグラフのデータに反している。

10.

国際結婚現況

① 外国人男性と結婚する女性は毎年増加している。
② 外国人を妻に迎える男性は2011年から減少している。
③ 2013年には外国人男性と結婚した女性が前年より増えた。
④ 2010年と2011年の両方とも、外国人と結婚した男性と女性が前年より増加した。

11. 正解 : ② 환경 파괴로 코끼리의 생태계가 파괴되고 있다.
解説 : 개발이 이루어지면서 생활 터전인 밀림이 없어지는 데다가, 남아 있는 생활공간도 부족하게 되자とあるので、②が正解である。その他の選択肢は内容からは読み取れない。

11. 最近アフリカで年ごとに酒に酔ったゾウの数が増加している。開発が進むにつれて生活の場のジャングルがなくなる上に、残っている生活空間も足りなくなると、ゾウはストレスをひどく受けている。そのため、ゾウはそのストレスを解消できる唯一の方法として、アルコールの実を探しまわって食べて忘れようということだ。
① ゾウはアルコールが好きな動物だ。
② 環境破壊でゾウの生態系が破壊されている。
③ ストレスを受けたゾウが危険な存在になった。
④ 酒に酔ったゾウによって被害が発生している。

12. 正解 : ③ 즐거운 수업 시간으로 인해서 지루했던 수학이 좋아졌다.
解説 : 수학 선생님의 재미있는 설명 덕분에 우리들은 수학 수업을 좋아하게 되었고とあるので、③が正解である。①と④は内容に反しており、②は内容からは読み取れない。

12. 他の人はたいがい、数学の科目が難しいと言う。だけど、僕は数学の時間が面白い。まさに授業を進める数学の先生のおかげだ。数学の先生はユーモアで退屈な数学の時間を楽しくしたりした。数学の先生の面白い説明のおかげで僕たちは数学の授業が好きになったし、成績もとても良くなった。

① 授業は面白いが、成績が上がりはしなかった。
② 数学は難しい科目なので成績を上げるのが難しい。
③ 楽しい授業時間によって退屈だった数学が好きになった。
④ 数学の先生は面白くはあったが、実力が良くはなかった。

[13-15] 다음을 순서대로 맞게 나열한 것을 고르십시오.

13. 正解：①(가)-(라)-(다)-(나)

解説：(다)の文頭には따라서という単語があるので、(다)が最初に来ることはない。従って②と④を除外できるので、最初に来る文が(가)であることが分かる。①と③を見ると、最後は(나)で固定されており、(다)と(라)の順序のみが問題であることが分かる。二番目に(다)を置くと、(다)の따라서が(가)の内容を受けることになるが、そうなると論が飛躍する。それに対し二番目に(라)、三番目に(다)を置けば問題なく繋がるので、こちらが正しい。従って(가)→(라)→(다)→(나)となるので、①が正解である。

[13-15] 次を順番通りに並べたものを選びなさい。
13. (가) われわれが生きる社会は、全ての人が満足して生きることはできない。
(나) このような争いを解消するための方法が社会福祉なのだ。
(다) 従って、どんな社会だろうと、物質の不足から始まる争いが存在する。
(라) 物質は限られており、人間の欲求は無限だからだ。

14. 正解：③(다)-(가)-(나)-(라)

解説：(가)の文頭にはそこでという単語があるので、(가)が最初に来ることはない。従って②と④を除外できるので、最初に来る文が(다)であることが分かる。①と③を見ると、最後は(라)で固定されており、(가)と(나)の順序のみが問題であることが分かる。(다)では一般的なことを述べており、具体例を出していないが、(가)を読むと具体例として意思疎通を提示しているのが分かる。(나)のこの時は意思疎通を行うときを指しているので、(가)を二番目、(나)を三番目に置くのが適切である。従って(다)→(가)→(나)→(라)となるので、③が正解である。

14. (가) ところが、問題が他の人との関係で発生する場合、意思疎通が必要だ。
(나) この時、意思疎通の手段である話すことと書くことが問題を解決する過程で必要だ。
(다) われわれは生活の中で多くの問題点に接することになる。
(라) 話すことと書くことは、目標指向的過程なので、現実の問題解決と似ている。

15. 正解：②(나)-(가)-(다)-(라)

解説：選択肢を見ると、最初に来る文は(가)と(나)のどちらかである。どちらも文頭の接続詞がないので、内容で判断する。文章の展開として、まず一般的で抽象的なことを導入として述べた後、その説明や具体例を挙げていくのが普通である。(가)と(나)でより抽象的なのは(나)である。そしてそれを具体的に説明したのが(가)であると読み取れる。さらに(다)のコ러나で話題を転換し、(다)の内容を(라)のコ런데で受けるのが適切である。従って(나)→(가)→(다)→(라)となるので、②が正解である。

> 15. (가) 本を読むことにより、人間は過去を回想し、未来を考えることができる。
> (나) 本は人間の記憶と想像を広げてくれる。
> (다) しかし、本棚に差さっている本は死んだ想像にすぎない。
> (라) ところが、多くの人は本を差しておくことだけでその内容を手に入れたかのように考える。

[16-18] 다음을 읽고 (　)에 들어갈 내용으로 가장 알맞은 것을 고르십시오.

16. 正解：③자신이 개발한 기술을 자기가 활용한다는

解説：기술을 외부로 유출하는 것에 대해 죄책감을 느끼지 않는다ということに対する理由が(　)に入る。技術を流出させる人間はそれを外部に出してはいけないという意識がないのだから、企業の内外という意識がなく、技術を個人のものだと認識していると推測される。従って、③が正解である。

> [16-18] 次を読んで、(　)に入る内容として最も適切なものを選びなさい。
> 16. 技術流出は、企業内部の職員が競争業者に移る際に技術を持っていく形態がほとんどだ。すなわち、技術流出の最も大きな主犯は「開発者」なのである。彼らは普通、(　)考えで、技術を外部に流出させることに対して罪悪感を感じない。自身の行動によって発生する国家的、企業的損失を認識できないのだ。
> ① 経済的に利益を手に入れられるという
> ② 全ての人に技術を知らせることができるという
> ③ 自分が開発した技術を自分が活用するという
> ④ 国家の技術発展に本人が寄与できるという

17. 正解：②서로에 대한 오해와 편견에서 비롯되고 있다

解説：(　)の後ろにコ러므로、이해하는 것이 필요하다と続いていることから、

理解が足りないことが原因だと考えることができる。従って、②が正解である。

17. 自分を知り、他人を知っていくことは全ての関係の始まりだ。世界のいろいろな民族と国家が互いに緊密な関係を結んでいる今日、それらが結んだ関係は利益を与えもするが、互いに傷付ける紛争に繋がりもする。紛争のほとんどは（　　）。そのため、われわれは世界のいろいろな民族と地域の歴史と文化を理解することが必要だ。
①互いに関係を結ぶのを嫌がるからだ
②互いに対する誤解と偏見に始まっている
③豊かに暮らすために過度に競争するためだ
④言語が通じなくて発生する場合が多い

18.
正解：④인간도 자연의 한 부분이라는 인식을 가져야 한다

解説：인간의 의식 구조를 바꾸어야 한다고 述べ、さらに자연 환경은 극복하고 개발해야 하는 대상이 아니라とも述べているため、④が正解である。

18. 人間は自然から生まれ、再び自然に戻るという言葉がある。それほど自然環境は人間の生存とは切り離せない関係だが、産業化以降、自然が大きく損なわれて動物の絶滅、地球温暖化、異常気温現象など生態系の秩序まで脅かされている。このような問題を解決するためには、まず人間の意識構造を変えなければならない。自然環境は克服して開発しなければならない対象ではなく、人間が生きていく空間であり、（　　）。
①人間が自然より重要であることを感じなければならない
②人間が自然の支配者ということを知らなければならない
③自然を積極活用しなければならないという考えを持たなければならない
④人間も自然の一部という認識を持たなければならない

[19-20] 다음을 읽고 물음에 답하십시오.

19.
正解：④ 무조건

解説：**준다고 해서……할 수 없다**（与えるからといって……と言うことはできない）という表現が使われているが、**준다고 해서**の後に置くことができる副詞として適切なのは④である。この他、**반드시**（必ずしも）や**꼭**（必ずしも）などが来ることもある。いずれも文末は否定形となる。

[19-20] 次を読んで、問いに答えなさい。
全ての人に同じ機会を与えるからといって、（　　）その社会を公平な社会と言うことはできない。同じ機会を与えるといっても、生まれ持った才能や素質の違いで努力と関係ない結果が出ることがあるためだ。100メートル走で例えるなら、もともと身体条件がとても優れた

人とそうではない人を同じスタートラインから走らせるのは公平ではない。このような競争では当然身体条件が優れた人が有利になるしかない。

19. (　　) に入る適切なものを選びなさい。
　① ついに　② 初めて　③ とうとう　④ 無条件に

20.
正解 : ① 뛰어난 조건을 가진 사람이 유리한 것은 불공평하다.

解説 : 원래 신체 조건이 매우 뛰어난 사람과 그렇지 않은 사람을 같은 출발선에서 뛰게 하는 것은 공평하지 못하다는 예로 설명하고 있으므로, ①이 정답이다. ②과 ③는 내용에서는 읽어낼 수 없고, ④는 내용에 반하고 있다.

20. この文の内容と同じものを選びなさい。
　① 優れた条件を持った人が有利なのは不公平だ。
　② 条件が良い人はそうでない人を助けなければならない。
　③ 社会で生まれ持った才能と素質の違いを認めることはできない。
　④ 全ての人に同じ機会を与えれば公平な社会と言える。

[21-22] 다음을 읽고 물음에 답하십시오.

21.
正解 : ② 앞뒤를 잰다면

解説 : 서로 사랑할 땐 그 사람만 보이고 다른 조건은 중요하게 생각되지 않는다고 말한 후에, 그에 반하는 예로 서로의 물질적인 조건만을 보고 시작하고 있으므로, (　　)에 들어가는 것은 「後先を考える、損得を考える」라는 의미의 앞뒤를 재다가 적절하다. 따라서, ②가 정답이다.

[21-22] 次を読んで、問いに答えなさい。
結婚する相手を選ぶ時、人によって違いはするが、条件があるはずだ。最も優先するのは、自分が、いや、互いに愛していなければならないということである。愛してもいない人と円満な結婚生活を送ることはできないはずだ。もちろん、何の条件もなく愛だけでその人と一つになることは難しいことである。しかし、互いに愛している時はその人だけが見え、他の条件は重要視されない。愛する人とでも結婚して離婚をするのに、互いの物質的な条件だけを見て (　　)、豊かな結婚生活を送っているとしても幸せになることはできないはずだ。

21. (　　) に入る適切なものを選びなさい。
　① 釘を刺すなら　　　　　② 損得を考えるなら
　③ ぼったくられるなら　　④ 風を起こすなら

22. 正解：② 결혼을 할 때는 조건보다 사랑이 중요하다.
解説：この文章が主張するのは가장 우선적인 것은 내가, 아니 서로 사랑하고 있어야 한다는 것である。他の条件はあっても、最優先するべきなのは愛であると述べていることから、②が正解である。

> 22. この文の主題を選びなさい。
> ① 愛する仲にとっては、貧しくても幸せだ。
> ② 結婚をする時は条件より愛が重要だ。
> ③ 離婚をするのに、経済的状況が重要に作用する。
> ④ 愛を重要と考える夫婦は離婚しない。

[23-24] 다음을 읽고 물음에 답하십시오.

23. 正解：① 가족이 죽은 것처럼 가슴이 아프다.
解説：下線部に가족을 떠나보내는 것과 다르지 않다とあるので、牛を家族と同じように考えていることが分かる。牛が死ぬことは、家族が死ぬのと同じように感じられるということなので、①が正解である。

> [23-24] 次を読んで、問いに答えなさい。
> 面白いあらすじと有名な俳優が出る映画が人気を引く近頃、この映画は1編の詩のような映画だ。争いやどんでん返しもなく、派手な俳優も出ない。農村の四季の風景が出て、その静かな画面に農夫のつらい労働と汗がそのまま感じられる。何よりわれわれの胸を温かくさせるのは、農夫と牛の美しい愛と信頼だ。言葉なく与えられた生を生きて静かに死ぬ牛、<u>一生を一緒に過ごした牛を送り出す農夫の心は、家族を送り出すのと変わらない</u>。息子を送り出す両親の気持ちは、誰も推し量れない。この映画は現代の生活の中で忘れて生きてきたわれわれの父とその同伴者の牛に捧げる映画だと言える。
>
> 23. 下線を引いた部分に表れた農夫の気持ちとして、適切なものを選びなさい。
> ① 家族が死んだように胸が痛い。
> ② 牛が自分より先に死んで申し訳ない。
> ③ 仕事をしなければならない牛が死んで心配だ。
> ④ 牛に仕事をさせ過ぎたことが後悔される。

24. 正解：④ 유명 배우가 나오지 않아도 감동을 주는 영화가 있다.
解説：화려한 배우들도 나오지 않는다とあり、また우리의 가슴을 따뜻하게 하는 것은とあるので、この映画が人々を感動させたことが分かる。従って、④が

正解である。

24. この文の内容と同じものを選びなさい。
　①映画には老人と牛の争いが出てくる。
　②人間と動物は家族のように暮らすことは簡単ではない。
　③農村を背景とする映画はヒットしにくい。
　④有名俳優が出なくても感動を与える映画がある。

[25-27] 다음은 신문 기사의 제목입니다. 가장 잘 설명한 것을 고르십시오.

25. 正解：④주택 거래가 잘 이루어지도록 최선의 노력을 하고 있다.
解説：경기 띄우기 총력とあるので、景気を上げるために現在努力しているところだと分かる。봄은 오는가という疑問形からも、まだ景気回復はしていないことが分かる。従って、④が正解である。

[25-27] 次は新聞記事の見出しです。最もよく説明したものを選びなさい。
25. 不動産景気浮上に総力、住宅市場にも春は来るのか。
　①春が来て不動産景気が生き返っている。
　②不動産市場の不景気がひどく、取引がない。
　③住宅取引が活性化されて不動産景気が生き返った。
　④住宅取引がうまく成立するように最善の努力をしている。

26. 正解：④다른 사람의 이름과 정보를 훔쳐서 이용하는 범죄가 늘고 있다.
解説：명의 도용とあり、名義を盗まれる犯罪についての見出しだと分かるので、①と③は適切ではない。また警察に関する情報は見出しからは読み取れないので、②も除外される。従って、④が正解である。

26.「あちこちに別の自分が」名義盗用犯罪、猛威
　①いろいろな所に個人の情報を知らせることは犯罪だ。
　②自分をまねする犯罪が増えて、警察が取り締まりをしている。
　③金をもらってあちこちに自分の名前を貸す人が多い。
　④他の人の名前と情報を盗んで利用する犯罪が増えている。

27. 正解：④음주 운전 사고를 낸 후 도망간 운전자를 잡은 택시 기사가 경찰에게 상을 받았다.
解説：誰が何をしたのかを注意して読み取る。事故を起こして逃げた運転者、それを

追いかけたタクシー運転手、それを表彰した警察の三者が関わると読み取れる。従って、④が正解である。

> 27. 飲酒ひき逃げ運転者追いかけたタクシー運転手、警察表彰
> ①タクシー運転手が飲酒運転をした警察を追いかけた。
> ②飲酒運転をして逃げたタクシー運転手が警察に捕まった。
> ③警察は飲酒運転事故を起こして逃げた人を捕まえるためにタクシーに乗った。
> ④飲酒運転事故を起こした後逃げた運転者を捕まえたタクシー運転手が警察に賞をもらった。

[28-31] 다음을 읽고 ( )에 들어갈 내용으로 가장 알맞은 것을 고르십시오.

28. 正解：③ 심리적으로 일관성이 유지되는 경향이 강하다

解説：本文の最後に쉽게 이전의 인상을 바꾸지 않는다とあることから、印象を変えることは完全に不可能ではないが難しいことだと読み取れる。従って、③が正解である。

> [28-31] 次を読んで、( ) に入る内容として最も適切なものを選びなさい。
> 28. われわれはある人と初めて会う時、その人がどんな人なのかを判断しようとする。この時、ほとんどは外見、話し方、態度など制限された情報に基づき判断される。足りない情報にもかかわらず、われわれはその人について全てを知ったかのように結論付ける。さらに、このように一度形成された印象は( )。従って、後でこれと反対の情報が入ってきても、簡単に以前の印象を変えない。
> ①本人の意志で変えることが不可能だ
> ②他の人の意見によって変わりもする
> ③心理的に一貫性が維持される傾向が強い
> ④一貫性があるように維持され、変えることが不可能だ

29. 正解：③ 한국 영화 전체에 대한 부정적인 인상을 주게 되고

解説：( )の後に이로 인해とあることから、後ろの한국 영화 전체가 외면당하는 결과를 가져올 수 있다ということの原因となることが( )に入る。従って、③が正解である。

> 29. 韓国は現在、映画製作会社の過度な競争によって、年間適正製作本数の80本余りよりかなり多くの作品が制作されている。この中で、収益を出した作品の数はあまり多くなく、制作費も回収できない映画が多い。また、このようにあまりに多くの作品が制作されていると、水準以下の作品も多い。これは、観客に( )、これにより韓国映画全体

がそっぽを向かれる結果をもたらし得る。
① 作品の水準をしっかり認識しづらくして
② 韓国映画産業発展に関心を持たせ
③ 韓国映画全体に対する否定的な印象を与えることになり
④ 映画を選ぶ時、映画がとても多くて混乱を与えることになり

30.
正解：④ 이 차이를 생각하지 않고 사는 경우가 많다

解説：この文章の主題は **좋아하는 색과 어울리는 색의 차이**である。また、（　　）の後ろを見ると**내가 좋아하는 색의 옷을 입으면 내게 어울려 보인다고 착각하기 때문이다**とあり、−기 때문이다（〜するためだ）という表現が使われているので、ここでは（　　）の内容の理由を述べていることが分かる。これが理由になるものを選ぶ必要があるので、④が正解となる。

30. 普通、人は服を選ぶ時、自分が好きな色を選ぶことが多い。だが、これは考え直してみる必要がある。自分が「好きな色」と自分に「似合う色」は違う。ほとんどの人が（　　）。自分が好きな色の服を着れば自分に似合って見えると錯覚するためだ。誰にでも肌の色、髪の毛の色などを全体的に見た時、「似合う色」というものがある。
① 流行する色の服を買うことが多い
② 高い値段の服が良いと考えもする
③ 他の人の意見を聞いて買うことが多い
④ この違いを考えずに買うことが多い

31.
正解：④ 주관적인 정신세계를 표현하는 것을 중시하게 되었다

解説：（　　）の前に**사물을 보이는 그대로 그리는 방법 대신 새로운 방법을 찾기 시작했다**、（　　）の後に**이런 표현은**とあるので、（　　）の中にはそれまでと違う新しい表現方法について述べたものが入る。従って、④が正解である。

31. 人は絵を描く時、事物をありのままに描くのが重要で、うまく描けていると考える。しかし、19世紀末の写真機の発明で画家は危機意識を感じるようになった。いくら実物をそのまま描いても写真ほど同じように描くことはできないためだ。画家は事物を見えるままに描く方法の代わりに新しい方法を探しはじめた。その結果、彼らは（　　）。以後、このような表現は社会に素早く広がっていった。
① 美術の違う分野に関心を持つようになった
② 絵を描くことをあきらめて画家が消えることになった
③ 写真機のように正確に事物を表現する方法を探した
④ 主観的な精神世界を表現することを重視するようになった

[32-34] 다음을 읽고 내용이 같은 것을 고르십시오.

32. 正解 : ① 풍력 발전은 친환경 에너지 생산 방법이다.
解説 : 풍력 발전은 석유 등의 연료를 사용하지 않고という部分から、環境にやさしい方法であると分かる。従って、①が正解である。他の選択肢は内容に反している。

> [32-34] 次を読んで、内容が同じものを選びなさい。
> 32. 風力発電は、石油などの燃料を使わず、風の運動エネルギーを利用して電気エネルギーを得る技術だ。科学者は、風の運動エネルギーを少しでも多く得るために、風によって風力発電機の方向を変えるなど、いろいろな方法を使う。風力発電は位置によっても影響を受けるが、高い山のような場所が風が一定の速度で吹くため有利だそうだ。しかし、風力発電機を高く設置するためには、多くの費用がかかるという問題点がある。
> ①風力発電は環境にやさしいエネルギー生産方法だ。
> ②風力発電はどこに設置しても効果がある。
> ③運動で風を起こさないと電気エネルギーが生まれない。
> ④高い位置に風力発電機を設置すれば特別な問題がない。

33. 正解 : ④ 김치는 한국인에게 부족한 영양소를 공급한 음식이다.
解説 : 부족한 비타민과 각종 미네랄을 채소를 통해 섭취했다や겨울에 채소를 먹을 수 없게 되자 소금으로 배추를 절이게 되었고という記述から、不足しがちな野菜を冬にも食べられるように考えられたのがキムチであることが分かる。従って、④が正解である。その他の選択肢は内容に反している。

> 33. 人類は食べ物を長く保管するために塩を利用して食品を塩漬けにする方法を開発し、これがキムチの始まりだった。韓国人は米を主に食べたので、足りないビタミンや各種ミネラルを野菜から摂取した。しかし、四季がはっきりした気候の特徴で冬に野菜を食べられなくなると、塩で白菜を漬けるようになり、これがだんだん発展して今日のキムチになったのである。キムチは長い歴史を持っているが、今日のキムチの形は1600年代に唐辛子が多く使われはじめるにつれて現れた。
> ①キムチは1600年代から食べはじめた。
> ②韓国は四季がはっきりしていて野菜が豊富だ。
> ③米を主に食べる韓国人は野菜を食べる必要がない。
> ④キムチは韓国人に不足している栄養素を供給する食べ物だ。

34. 正解 : ③ 긴장감은 말하는 사람과 청중 사이에 긍정적인 효과를 주기도 한다.
解説 : 긴장은 의사소통에 적극적인 동기를 만들고 집중하게 만드는 긍정적인

作用もするとあるので、③が正解である。①と②は内容に反しており、④は内容からは読み取れない。

> 34. 大勢の人の前に立てば、いくらしゃべるのが上手な人でも緊張しないはずがない。この緊張は意思疎通の障害になる。しかし緊張は、意思疎通に積極的な動機を作り、集中させる肯定的な作用もする。それは、聴衆においても同じだ。普通、演説の始まりの部分では、話す人と聴衆の間の心理的緊張関係を解消して共感できる部分を形成することが一般的だが、適切な緊張感を作り、聴衆を話す人の話題に集中させることも効果的な方法となり得る。
> ①話す人の緊張と意思疎通は関係がない。
> ②演説をする時、聞く人は緊張する必要がまったくない。
> ③緊張感は話す人と聴衆の間に肯定的な効果を与えもする。
> ④聴衆が話題に集中できるようにわざと緊張感を作る必要がある。

[35-38] 다음 글의 주제로 가장 알맞은 것을 고르십시오.

35.
正解 : ② 자유는 남을 배려하는 것을 포함하고 있어야 한다.
解説 : 먼저 나의 자유만 강조하면 다른 사람의 자유를 침해할 수 있다とあることから、他の人の自由への配慮も必要であることが主題である。従って、②が正解となる。

> [35-38] 次の文の主題として最も適切なものを選びなさい。
> 35. 自由は、人間が尊厳を持った存在だという事実を教えてくれ、個人や国家発展のための重要な要素だ。しかし、自由にはいくつかの限界がある。一番に自分の自由だけを強調すると、他の人の自由を侵害し得る。例えば、自分だけ良いと大声で笑って騒いだら、隣人に被害を与え得る。
> ①個人が自由を享受することが最も重要だ。
> ②自由は他人を配慮することを含んでいなければならない。
> ③隣人に被害を与えることは絶対にしてはいけない。
> ④他の人の自由はその人が自分で受けなければならない。

36.
正解 : ② 문학 작품을 통해 독자는 인생을 간접 경험하게 된다.
解説 : 삶과 마주하는 또 다른 방법, 독자는 문학 작품 속에 나타나는 삶을 통해 다양한 정서를 경험하고 자신의 삶을 돌아보게 된다とあり、これが文章の主題なので、②が正解である。①は主題ではなく、③は述べられていない。また、本文に삶을 돌아보다とあるので、④も不適切である。

36. 文学作品にはさまざまな人生が反映されている。哲学や歴史もまた、われわれの人生を語っているが、文学は論理で人生を語るのではなく、感情を中心に人生の真実を表現する。従って、文学作品を鑑賞することは、読者が人生と向かい合うまた別の方法と言える。文学作品を読みながら、読者は文学作品の中に現れる人生を通じてさまざまな情緒を経験し、自身の人生を顧みることになる。
① 哲学と歴史は論理的だが、反対に文学は感性的だ。
② 文学作品を通じて読者は人生を間接経験することになる。
③ 文学では美しく人生を表現することがすごく重要だ。
④ 読者は文学作品を読みながら人生の進む方向を決める。

37.
正解 : ② 예술 교육은 학생들의 정서 교육에 도움을 준다.
解説 : 예술은 순수 학문을 통해서는 얻기 힘든 기술과 지혜를 학생들에게 가르쳐 준다고 하며, 이것이 文章の主題なので、②が正解である。他の選択肢は述べられておらず、主題とは考えられない。

37. 学校の財政状態が良くない時、一番先に廃止されるのが芸術関連教科課程だが、芸術は青少年の教育になくてはならない必須要素だ。芸術は、純粋な学問を通じては得難い技術や知恵を学生に教えてくれる。また、芸術教育は学生の心理的な面にも良い影響を与える。例えば、演劇は話す能力や自信感を育ててくれる。一つの芸術形式でも奥深く教えれば、さまざまなやり方で学生に刺激を与えられる。
① 芸術教育は学生の成績向上に役立つ。
② 芸術教育は学生の情操教育に役立つ。
③ 学校の財政状態によって教科課程を決めなければならない。
④ 学生を刺激するためにさまざまな試みが必要だ。

38.
正解 : ③ 지역 개발로 인해 갈등이 생기면 원인을 찾고 타협해야 한다.
解説 : 갈등의 원인을 알아내는 것이나 서로에게 이익이 될 수 있는 최선의 방법, 공공의 이익과 개인의 이익이 조화를 이룰 수 있도록 타협하는 과정이 중요하다などとあることから、③がこの文章の主題である。

38. 地域開発と関連して発生する争いには、たいてい妥当な理由がある。そのため、争いを単純に地域の利己主義と批判するのは正しくない。このような問題を解決するための出発点は、まず客観的な目で争いの原因を見つけ出すことが優先だ。次に、関連した人の利害関係を十分に考慮して互いに利益となり得る最善の方法を探らなければならない。特に、忌避施設と関連した争いを解くためには公共の利益と個人の利益が調和をなすように妥協する過程が重要だ。

①人が地域の利己主義を批判するのは当然だ。
②忌避施設と関連した争いが起きたら、公共の利益が優先だ。
③地域開発によって争いが起きたら、原因を探して妥協しなければならない。
④共同の発展のためには、全ての地域の意見を受け入れることはできない。

[39-41] 다음 글에서 〈보기〉의 문장이 들어가기에 알맞은 것을 고르십시오.

39. 正解：①㉠

解説：挿入する文の文頭に따라서があるので、挿入文で述べている内容の根拠が直前に述べられていることが分かる。本文には누구나 할 수 있는 가장 안전한 운동이다とあるので、この直後の①が最も適切であると考えられる。

[39-41] 次の文で、下の文章が入る場所として適切なものを選びなさい。

39. ウオーキングは特別な装備やお金を掛けずに誰もができる最も安全な運動だ。(㉠) そして、健康ではない人を含めたほぼ全ての人がやりやすい運動であり、成人病の予防と治療及び体内の脂肪を減少させるのにも効果が優れている。(㉡) 運動のためのウオーキングは日常生活での歩き方と少し違いがなければならない。(㉢) 運動としてのウオーキングは自然で楽に行い、ゆっくり歩くことから始めて軽快ながらも少し速くしてこそ効果がある。(㉣)

従って、運動を初めて始める人、老人や体の弱い人、妊婦がするのに良い。

40. 正解：①㉠

解説：内容を見ると、最初の(　　)の直後から대표적인 것이 치킨과 맥주인데と具体例を挙げていることが分かる。挿入する文は一般的な事柄を述べているため、具体例を挙げる前に入れなければならない。従って、①が正解である。

40. チメクとは、チキンとビール（メクチュ）を合わせて短く略して呼ぶ言葉だが、最近あるドラマの人気と共にチメク熱風が吹いている。(㉠) 代表的なのがチキンとビールだが、ビールは味が強いので、肉と合ってすっきりするビールとチキンを食べる時、よりおいしく感じるのだ。(㉡) このように食べ物の中には別々に食べる時より一緒に食べる時によりおいしく感じられる食べ物がある。(㉢) 例えば、サムギョプサルと焼酎、ワインとチーズ、ピザとコーラなどがある。(㉣)

食べ物の中には一緒に食べるとよく合う食べ物がある。

41. 正解：④ ㄹ

解説：挿入する文の文頭に그 변화의 속도とあるので、その直前に変化に関する内容がなければならない。本文を見ると、最後に정보화 사회로 변화되고 있다とあるので、この後に入れるのが適切だと分かる。従って、④が正解となる。

> 41. 情報を正確で迅速に収集して利用するための道具と技術は、人類文明の発達に重要な役割をしてきた。(ㄱ) このような情報技術は特に15世紀中盤、印刷と紙を作る技術が結合して全ての分野に大きな発展をもたらした。(ㄴ) 今日にもコンピューターと通信技術の開発で情報技術が急成長している。(ㄷ) コンピューター通信技術の飛躍的発展により情報の収集と管理で情報化社会に変わっている。(ㄹ)
>
> その変化の速度がとても速く範囲が広いので、人が付いていくのが大変なほどだ。

[42-43] 다음을 읽고 물음에 답하시오.

42. 正解：④ 안타깝다

解説：子牛を一緒に連れて行くことができないということが分かり、トリは子牛に対して気の毒に感じていると考えられる。従って、トリが子牛にかける言葉の口ぶりとしては④が正解である。③の처량하다も「哀れだ」という意味で使われることがあるが、相手の見た目がみすぼらしかったり、暮らしが貧しかったりする場合に抱く感情であるため、ここでは不適切である。

> [42-43] 次を読んで、問いに答えなさい。
> 食べられるだけの草が生えると、トリは学校から帰ってすぐに子牛を連れて丘へ行き、草を食べさせて夕方になってようやく帰ってきたりした。ある時、子牛の手綱を放してやると、やみくもに走って一人で家に帰るではないか。その時から、丘から家に帰る時はいつも子牛とかけっこの競争をしたが、いつもこの競争ではトリが負けた。しかし、競争に負けてもトリはいつも幸せだった。(中略)
> そんなある日、戦争の状況が深刻になり、トリの家族は南に避難することになった。出発する日の朝、トリは父に聞いた。
> 「子牛も連れていくでしょ?」
> 父は荷物をまとめるだけで返事がなかった。トリは子牛の食べ物を十分に準備してあげて牛舎に繋いで子牛に言った。
> 「俺、すぐに迎えに来るから。」
> 家を出て歩いていると、トリは何気なく家の方を振り返った。意外にも、子牛が垣根越しにこっちを見つめていた。そして、突然もがいたと思ったら、垣根を破って走って出てきた。

手綱を切ったのだ。子牛はトリの方に走ってきていた。

42. 下線を引いた部分に表れたトリの口ぶりとして、適切なものを選びなさい。
　　①残酷だ　②淡々としている　③物悲しい　④気の毒だ

43. 正解：① 돌이와 송아지는 친구처럼 우정을 쌓았다.
解説：かけっこの競争をし、試合に 負けても 돌이는 항상 행복했다とあることなどから、トリと子牛は友達のように遊び、幸せな時間を過ごしたことが分かる。従って、①が正解である。他の選択肢は内容に反している。

43. この文の内容と同じものを選びなさい。
　　①トリと子牛は友達のように友情を築いた。
　　②トリの家族は子牛と一緒に避難することにした。
　　③子牛とのかけっこの競争でトリが勝ちもした。
　　④子牛はトリの家族が家を出ると、牛舎で待った。

[44-45] 다음을 읽고 물음에 답하십시오.

44. 正解：② 임금 피크제는 고령화 시대에 고용 문제 해법이 될 수 있다.
解説：文章の冒頭で초고령 사회의 노동력 부족에 대한 해법으로 임금 피크제가 제안되고 있다とあることから、②が正解である。その他の選択肢は内容からは読み取れない。

[44-45] 次を読んで、問いに答えなさい。
超高齢社会の労働力不足に対する解決策として、賃金ピーク制が提案されている。賃金ピーク制とは、勤務年数に従って賃金を増加させて、一定の年齢に達すると毎年賃金を削減しながら定年を保障したり延長できるようにする制度だ。人間の平均寿命が伸びる状況で、高齢者の労働力を活用するために定年を保障して、60歳未満になっている定年を延長する方法が考えられる。ところが、こうなると企業が高額の賃金を負担しなければならず、定年が延長されるほど（　　）。しかし、高齢人口の相当数が年金の代わりに賃金をもらうようになれば、若い層の税金負担を減らしてくれる効果があったりもする。

44. この文の主題として、適切なものを選びなさい。
　　①高齢人口の経済活動は国家経済に力になる。
　　②賃金ピーク制は高齢化時代に雇用問題の解決策になり得る。

③高齢人口が年金の代わりに賃金をもらえば、国家財政が良くなる。
　　④賃金ピーク制を導入することになれば、企業の生産性が落ち得る。

45. 正解：③젊은이들은 일자리를 구하기가 어려워지는 문제가 있다

解説：(　　)の後ろを見ると젊은 층의 세금 부담을 덜어주는 효과とあり、若い層が得られるメリットについて述べていることが分かる。この文は(　　)の内容を受けて그러나で始まっているので、(　　)の内容は若い層にとってのデメリットであると考えられる。従って、③が正解である。

> 45. (　　) に入る内容として、適切なものを選びなさい。
>   ①人件費が増えて事業投資費用が減るだろう
>   ②国家は税金をたくさん取れるので財政が良くなる
>   ③若者は働き口を見つけるのが難しくなる問題がある
>   ④定年が延長された職員により多くの業務を任せるだろう

[46-47] 다음을 읽고 물음에 답하십시오.

46. 正解：③ⓒ

解説：挿入する文が、이는……과학적이라는 말을 쉽게 믿는다는 사실을 이용하는 것이다となっているので、この事実を利用していることが直前に述べられている必要がある。よって、③が正解である。

> [46-47] 次を読んで、問いに答えなさい。
> 「えせ科学」は、科学的でないことに「科学的」という言葉が付いている場合を意味する。(㉠)えせ科学に批判的な人は「まったく科学的ではないことを科学的な理論に基づいて主張するアイディアの集まり」と定義する。(㉡)えせ科学は、科学の時代という21世紀にも減るどころか、だんだんとより多くの人を誘惑する。(㉢)えせ科学の問題は、「証明されていないこと」をまるで事実かのように誤解しやすいよう、人々を騙すということだ。最近流行している血液型心理学もまた、こんなえせ科学に属すると言える。血液型心理学は、どんな統計的結果もなく、それが説明する人の特性と合わないことも多いのだが、この証拠が無視されている。(㉣)
>
> 46. 次の文が入るのに最も適切な場所を選びなさい。
>   これは、現代人はすでに科学の驚くべき可能性を経験したため「科学的」という言葉を簡単に信じるという事実を利用するものである。

47. 正解：③ 사이비 과학은 검증되지 않은 사실을 과학적 사실처럼 포장한다.
解説：この文章で、사이비 과학의 문제는 '증명되지 않은 것'을 마치 사실인 것처럼 오해하기 쉽도록 사람들을 속인다는 것と述べているので、③が正解である。その他の選択肢は内容からは読み取れない。

> 47. この文の内容と同じものを選びなさい。
> ① えせ科学の中には信じるに値する内容もたくさんある。
> ② 人は科学という単語が付けば無条件で信じる。
> ③ えせ科学は検証されていない事実を科学的な事実のように見せかける。
> ④ 血液型心理学はいろいろな人の事例から科学的事実として認定された。

[48-50] 다음을 읽고 물음에 답하십시오.

48. 正解：④ 부담 없이 미술 감상을 시작하는 방법을 안내하기 위해서
解説：最後に평범한 일반인들도 편안한 마음으로 미술 전시회에 가서 감상하면 되는 것이다とあることから、一般人に気楽に美術鑑賞をしてもらえるよう書いた文章であることが読み取れる。従って、④が正解である。

> [48-50] 次を読んで、問いに答えなさい。
> 人々は、ほとんどが美術鑑賞を美術分野の勉強をしたり専門的な見識を持った特別な人だけがする高尚な趣味活動と考えている。しかし、映画を鑑賞するのに特別な知識がなくても良いように、美術を鑑賞するためにも特別な知識がなくても良い。鑑賞とは、心で感じて起きる現象だ。自然を鑑賞するように楽に、開かれた視線で美術作品を眺めれば、感じが自然に浮かび上がるだろう。美術鑑賞は（　　）。まず目で「良い」、または「良くない」が評価の基準になるのだ。目で見てすかさず起きる感情が美術鑑賞の最も基本的な要素と言える。美術作品を鑑賞するために関連知識を深く勉強したり、その作家について全てを知る必要はない。平凡な一般人も楽な気持ちで美術展示会に行って鑑賞すれば良いのである。
>
> 48. 筆者がこの文を書いた目的を選びなさい。
> ① 美術鑑賞が人生で必要な理由を教えようと
> ② 美術鑑賞に専門的な知識が必要であることを説明しようと
> ③ 一般人が美術展示会に行かない理由を調べようと
> ④ 負担なく美術鑑賞を始める方法を案内するために

49. 正解：③ 순간적인 시각적 판단에서 시작된다
解説：눈으로 보아 즉각적으로 일어나는 감정이 미술 감상의 가장 기본적인

요소라고 할 수 있다고 述べており、また미술 작품을 감상하기 위해 관련 지식을 깊이 있게 공부하거나 그 작가에 대한 모든 것을 알 필요는 없다 とも述べているので、③が正解であると分かる。

49. (　　) に入る内容として、適切なものを選びなさい。
　　① 専門家の解説が必要だ　　　　② 専門的な観察力がなければならない
　　③ 瞬間的な視覚的判断から始まる　　④ 鑑賞前に画家に対する研究が必要だ

50.
正解：③ 감상은 마음에서 느끼는 것이라고 주장하고 있다.

解説：下線部の直前に미술을 감상하기 위해서도 특별한 지식이 없어도 된다とあることから、知識との対比により、美術は心で感じるものだと強く主張していることが分かる。従って、③が正解である。

50. 下線を引いた部分に表れた筆者の態度として、適切なものを選びなさい。
　　① 美術鑑賞の難しさを力説している。
　　② 心で鑑賞できない人を批判している。
　　③ 鑑賞は心で感じることだと主張している。
　　④ 感じをよく知ることがどれほど重要かについて言及している。

模擬試験 3
3회 모의고사

解答・解説・訳

模擬試験3　解答

※左の数字は問題番号、丸数字は正解、右の数字は配点です。
書き取り問題の配点はP.12とP.409～413をご参照下さい。

聞き取り

問題	正解	配点
1	②	2
2	①	2
3	②	2
4	②	2
5	③	2
6	②	2
7	④	2
8	①	2
9	④	2
10	①	2
11	①	2
12	③	2
13	②	2
14	④	2
15	①	2
16	④	2
17	④	2
18	③	2
19	④	2
20	④	2
21	①	2
22	①	2
23	③	2
24	③	2
25	③	2

問題	正解	配点
26	④	2
27	③	2
28	②	2
29	②	2
30	④	2
31	①	2
32	④	2
33	①	2
34	④	2
35	①	2
36	②	2
37	④	2
38	②	2
39	③	2
40	②	2
41	①	2
42	③	2
43	②	2
44	①	2
45	④	2
46	③	2
47	③	2
48	④	2
49	④	2
50	①	2

読解

問題	正解	配点
1	③	2
2	④	2
3	④	2
4	②	2
5	①	2
6	①	2
7	②	2
8	④	2
9	②	2
10	③	2
11	③	2
12	④	2
13	①	2
14	①	2
15	③	2
16	③	2
17	③	2
18	②	2
19	①	2
20	③	2
21	①	2
22	④	2
23	②	2
24	①	2
25	③	2

問題	正解	配点
26	②	2
27	②	2
28	①	2
29	③	2
30	②	2
31	①	2
32	②	2
33	④	2
34	④	2
35	④	2
36	③	2
37	②	2
38	②	2
39	④	2
40	②	2
41	②	2
42	①	2
43	②	2
44	②	2
45	③	2
46	②	2
47	③	2
48	①	2
49	①	2
50	④	2

模擬試験3　解説・訳
※聞き取り問題は解説の前に音声のスクリプトを掲載しました。

聞き取り

[1-3] 다음을 듣고 알맞은 그림을 고르십시오.

1. 여자 : 저, 죄송하지만 시청에 가려면 여기에서 버스를 타는 것이 맞나요?
　　남자 : 시청이요? 시청에 가려면 여기에서 9번 버스를 타고 가다가 서울역에서 내려서 지하철로 갈아타야 해요.
　　여자 : 그럼, 지하철은 몇 호선을 타면 되는 거죠?

正解 : ②

解説 : 女性が여기에서 버스를 타는 것이 맞나요?と言っているので、今いる場所はバス停であることが分かる。従って②が正解である。①は市庁、③はソウル駅、④は地下鉄構内を表した絵なので、男性の案内と合わないため不適切である。

> [1-3] 次を聞いて、適切な絵を選びなさい。
> 1. 女：あの、すみませんが、市庁へ行くにはここからバスに乗るので合っていますか?
> 　男：市庁ですか？　市庁へ行くにはここから9番バスに乗っていって、ソウル駅で降りて地下鉄に乗り換えなければいけません。
> 　女：それでは、地下鉄は何号線に乗ればいいんでしょうか?

2. 여자 : 복사기가 고장이 났나 봐요. 복사가 되질 않네요.
　　남자 : 그래요? 제가 아까 회의 자료를 복사할 때는 작동이 잘 되었는데요. 혹시 잉크가 떨어진 것 아니에요?
　　여자 : 그렇네요. 여기 잉크 부족이라고 뜨네요. 구매팀에 연락해야겠어요.

正解 : ①

解説 : 女性が여기と言っているので、コピー機を目の前にして話していることが分かる。従って②と③は除外される。④は業者の男性がコピー機の点検をしている状況の絵であるが、회의 자료や떨어진 것 아니에요?という発言から男性は業者ではないと考えられるので、除外される。

> 2. 女：コピー機が故障したようです。コピーできませんね。
> 　男：そうですか？　私がさっき会議の資料をコピーする時はちゃんと動いていましたが。もしかして、インクが切れたんじゃありませんか?
> 　女：そうですね。ここにインク不足と出ていますね。購買チームに連絡しないといけません。

3. 남자 : 시청률 전문 기관 조사에 따르면 작년 대비 예능 프로와 드라마 시청률은 점점 높아지고 있는 반면 시사와 다큐 시청률은 점점 낮아지고 있습니다. 올해 평균 시청률은 예능 15%, 드라마 22%를 기록했고 시사와 다큐는 각각 9%, 4%를 기록하였습니다. 이는 경제 불황으로 사람들이 오락적인 즐거움을 더욱 선호하기 때문인 것으로 보입니다.

正解 : ②

解説 : バラエティーやドラマなど、分野別の視聴率について述べていることが分かるので、②が正解である。**작년 대비**と言っていても、誤って年度別のグラフである①を選ばないように注意。

3. 男 : 視聴率専門機関の調査によると、昨年と比べてバラエティー番組とドラマの視聴率はだんだん高くなっている反面、時事とドキュメンタリーの視聴率はだんだん低くなっています。今年の平均視聴率はバラエティー15％、ドラマ22％を記録し、時事とドキュメンタリーはそれぞれ9％、4％を記録しました。これは、不況で人々が娯楽的な楽しみをより好むためと思われます。

① 年度別視聴率
② 分野別視聴率
③ 放送社別視聴率
④ 地域別視聴率

[4-8] 다음 대화를 잘 듣고 이어질 수 있는 말을 고르십시오.

4. 여자 : 김 팀장님, 식사하셨어요? 저는 지금 밥 먹으러 나갈 거거든요.
남자 : 네, 저는 좀 전에 먹고 들어왔습니다. 식사 맛있게 하십시오.

正解 : ② 혹시 어느 식당에서 식사하셨어요?

解説 : チーム長の**좀 전에 먹고 들어왔습니다**という発言から、すでに食事を済ませて帰ってきていることが分かるため、この会話に続く言葉として最も適切なの

は②である。①はチーム長にもこれから食事の予定があると聞いた場合の返答、③はチーム長がまだだと答えた場合の返答であるため不適当である。④は、食堂に財布を忘れたということはすでに食事をしに食堂へ行ったと考えられるため不適当である。

> [4-8] 次の会話をよく聞いて、続く言葉を選びなさい。
> 4. 女：キムチーム長、食事はされましたか？　私は今、ご飯を食べに出るところなんですよ。
>   男：はい、私は少し前に食べて戻りました。おいしく食事してください。
>   ①はい、チーム長もおいしく召し上がりください。
>   ②すみませんが、どの食堂で食事されましたか？
>   ③はい、食事まだでしたら一緒に行きますか？
>   ④どうしましょう？　食堂に財布を置いてきました。

5. 여자 : 요즘 운동을 좀 하고 싶은데, 혼자 하려니까 생각처럼 쉽지가 않아. 너는 운동하고 있니?
　　 남자 : 응. 운동을 좋아해서 어릴 때부터 꾸준히 해 오고 있어. 요즘은 저녁마다 테니스를 치고 있어.

正解 : ③ 그래? 그럼 내일 저녁에 나와 테니스 시합 어때?

解説 : 女性の質問に男性が答えており、男性から女性に対して質問や勧誘、意見の主張などはしていない。従って、①、②、④は不適当である。続く言葉として最も適切なのは③である。

> 5. 女：最近、運動をしたいんだけど、一人でやろうとすると思ったほど簡単じゃないわ。あなたは運動してる？
>   男：うん。運動が好きで小さい時から欠かさずやってきたよ。最近は毎晩テニスをしてる。
>   ①いいえ、私はテニスがあまり好きじゃないわ。
>   ②いいわ。私も運動好きだから楽しそう。
>   ③そう？　それじゃ、明日夕方に私とテニスの試合はどう？
>   ④そうよ。運動を激しくしすぎると、むしろ良くないと思う。

6. 여자 : 이번 주말에 희라 생일인 거 알고 있지? 대학 들어와서 처음 맞는 생일이라고 기대가 큰 것 같아. 생일 파티에 갈 거지?
　　 남자 : 글쎄, 아직 고민 중이야. 다음 주까지 제출할 과제가 있어서 주말 전까지 다 끝낼 수 있을지 모르겠어.

正解 : ② 주말 전까지 못 끝낼 정도로 과제가 많아?

模擬試験3　聞き取り／解答・解説・訳_377

解説: 男性が課題があって週末前までに終えられるか分からないと言ったことに対する女性の返答として、最も自然なのは②である。①③は内容に合わず、④は男性の発言とは関係がないので不適当である。

> 6. 女: 今週末、ヒラの誕生日ってこと、知ってるでしょ？ 大学に入って初めて迎える誕生日ってことですごく期待してるみたい。誕生日パーティー行くでしょ？
> 男: うーん、まだ悩んでる。来週までに提出する課題があって、週末前までに全部終わらせられるか分からないんだ。
> ①誕生日パーティーはいつだって言ったっけ？
> ②週末までに終わらせられないほど課題が多いの？
> ③今週末に学校で課題を準備するつもりよ。
> ④前回の誕生日パーティーに行かなかったら寂しがってたの。

7. 여자: 고객이 이 전단지를 가지러 올 건가요? 아니면 우리가 배달해 줘야 하나요?
   남자: 고객이 급하다고 전화 왔어요. 오늘 오후 3시까지 문화 회관에 100부를 배달해 줘야 해요.
   正解: ④그럼 인쇄가 끝나자마자 제가 차로 배달할게요.
   解説: 배달해 줘야 해요という発言から、④が正解であると分かる。①は文化会館に移動中である場合の発言、②はすでに配達予定の時間が過ぎている場合の発言、③は男性の発言内容に反しているので、それぞれ不適当である。

> 7. 女: 顧客がこのチラシを取りに来るんですか？ それとも、私たちが配達してあげなければいけませんか？
> 男: 顧客から緊急だと電話が来ました。今日午後3時までに文化会館に100部配達してあげなければいけません。
> ①文化会館に到着するにはまだ遠いですか？
> ②顧客にチラシを確実に配達しましたか？
> ③印刷が全て終わったら、顧客を待てばよさそうです。
> ④それでは、印刷が終わったらすぐ私が車で配達します。

8. 남자: 안녕하세요. 저는 오늘 오후 1시 비행기로 홍콩에 가는데 짐 가방이 두 개입니다. 혹시 추가 요금이 있나요?
   여자: 네, 고객님. 수하물은 한 사람당 한 개까지 무료이고 그 이상은 무게에 따라 요금을 부과하고 있습니다.

正解 : ① 그렇군요. 요금이 많이 비싼가요?
解説 : 무게에 따라 요금을 부과하고 있습니다라는 여성의 발언에 대한 답변으로서 最も自然なのは①である。その他の選択肢では会話がかみあわないので、不適当である。

8. 男 : こんにちは。私は今日午後1時の飛行機で香港に行くんですが、荷物のかばんが2個なんです。もしかして、追加料金がありますか？
   女 : はい、お客さま。手荷物は一人当たり1個まで無料で、それ以上は重さによって料金を課しています。
   ① そうですか。料金はすごく高いですか？
   ② おかしいですね。私のかばんが見つかりません。
   ③ そうなんですか？　私がいつかばんを受け取れるでしょうか？
   ④ 大丈夫です。待つ間、本を読めばいいです。

[9-12] 다음 대화를 잘 듣고 여자가 이어서 할 행동으로 알맞은 것을 고르십시오.

9. 남자 : 혹시 요즘 공연장에서 하고 있는 뮤지컬 봤어?
   여자 : 아니. 지난주까지 시험 공부하느라 너무 바빴거든. 무슨 뮤지컬을 하고 있는데?
   남자 : '영웅' 이라는 뮤지컬을 하고 있어. 영화로도 만들어질 만큼 유명한 뮤지컬이야. 자세한 내용은 인터넷에서 쉽게 찾을 수 있을 거야. 그럼 말 나온 김에 이번 주말에 같이 보러 갈래? 표는 내가 예매할게.
   여자 : 정말? 좋아. 집에 가서 어떤 내용인지 찾아봐야겠다.

正解 : ④ 뮤지컬 내용을 찾아본다.
解説 : 어떤 내용인지 찾아봐야겠다と言っているので、④が正解である。-아/어야겠다 (~しないと) は自分の意志を述べる時によく使われる表現。

[9-12] 次の会話をよく聞いて、女性がこの後する行動として適切なものを選びなさい。
9. 男 : もしかして、最近劇場でやってるミュージカル見た？
   女 : ううん。先週まで試験勉強でとても忙しかったの。どんなミュージカルをやってるの？
   男 : 「英雄」というミュージカルをやってるんだ。映画としても作られるほど有名なミュージカルだよ。詳しい内容はインターネットで簡単に見つかると思う。それじゃ、話が出たついでに今週末に一緒に見に行く？　チケットは僕が予約するよ。
   女 : 本当？　いいわ。家に帰ってどんな内容か調べてみないと。

① 試験勉強をする。　　　　　② 公演会場に行く。
③ 公演のチケットを予約する。　④ ミュージカルの内容を調べる。

10. 남자 : 이 대리, 하반기 실적 회의 준비는 모두 마무리되었나요?
여자 : 네, 모두 마무리되었습니다. 하지만 아직 참석자 중 연락이 안 된 임원진이 몇 분 계십니다.
남자 : 그래요? 연락 안 된 임원이 많나요? 많지 않다면 크게 문제될 것 같지 않아요. 참, 회의 시간이 길어질 수 있기 때문에 음식을 주문해야 할 것 같은데요.
여자 : 네, 무엇으로 준비하면 좋을까요? 제가 주문을 하겠습니다.
남자 : 회의하면서 먹어야 하니까 샌드위치가 가장 좋을 것 같네요.

正解 : ① 음식을 주문한다.

解説 : 男性의 음식을 주문해야 할 것 같은데요라는 発言과, 女性의 제가 주문을 하겠습니다라는 発言에서、①이 正解라고 分かる。

10. 男 : イ代理、下半期実績会議の準備は全て終わりましたか？
女 : はい、全て終わりました。ですが、まだ出席者のうち、連絡のつかない役員が何人かいらっしゃいます。
男 : そうですか？　連絡のつかなかった役員は多いですか？　多くなければ大きな問題にはならないでしょう。そうだ、会議の時間が長くなるかもしれないので、食べ物を注文しないといけないと思うのですが。
女 : はい、何を準備すればいいでしょうか？　私が注文いたします。
男 : 会議をしながら食べなければならないので、サンドイッチが一番良さそうですね。

① 食べ物を注文する。　　　② サンドイッチを食べる。
③ 下半期の実績を調査する。　④ 役員陣に電話をする。

11. 남자 : 이번에 새로 생긴 백화점에 가 봤니?
여자 : 아니. 아직 못 가 봤어. 얼마 전에 새로 문을 연다는 광고를 봤는데 벌써 개업했구나. 동양에서 가장 큰 백화점이라고 하던데 어때?
남자 : 응. 나도 어제 친구와 처음 가 봤는데 굉장히 넓더라고. 매장의 종류도 다양하고 놀거리도 많았어. 갈 거면 현주에게 연락해 봐. 현주가 이번 주말에 간다고 했거든.
여자 : 그래? 현주 연락처를 모르는데. 연락처 좀 알려 줄래?

正解 : ① 친구에게 전화를 한다.

解説：女性の**연락처 좀 알려 줄래?**という発言があるので、この後男性から連絡先を教えてもらい友達に連絡をすると考えられる。従って、①が正解である。④は男性がすべき行動なので、選ばないように注意。

11. 男：今回新しくできたデパートに行ってみた？
    女：ううん。まだ行ったことない。しばらく前に新たに開店するって広告を見たけど、もう開業したのね。東洋で一番大きなデパートだそうだけど、どう？
    男：うん。僕も昨日友達と初めて行ってみたんだけど、とても広かったよ。売り場の種類もいろいろで、遊び場もたくさんあった。行くならヒョンジュに連絡してみな。ヒョンジュが今週末に行くと言ってたから。
    女：そう？　ヒョンジュの連絡先知らないんだけど。連絡先教えてくれる？
    ①友達に電話をする。　　　　　②友達と売り場を訪問する。
    ③デパートで遊び場を探す。　　④友達に連絡先を教えてあげる。

12. 남자：지난주에 얘기했던 실험실에서 쓸 온도계를 더 주문했죠? 도착했나요?
    여자：지난주 화요일에 주문했는데 아직 배달되지 않았네요. 납품업자는 이번 주 안으로 보내 준다고 했어요.
    남자：그래요? 그럼 오늘 쓸 온도계는 충분히 있나요?
    여자：아무래도 조금 부족할 것 같아요. 오늘 학생들이 많이 온다고 했거든요. 배송 업체에 전화해 볼까요?
    남자：그것보다 지금 당장 쓸 것이 필요하니까 다른 연구팀에 부탁해 보는 것이 어떨까요? 2층 실험실에 있는 동진 씨에게 가서 몇 개 빌려 줄 수 있는지 물어봐 주세요.

正解：③다른 연구팀 동료에게 간다.

解説：男性が**다른 연구팀에 부탁해 보는 것이 어떨까요? 2층 실험실에 있는 동진 씨에게 가서 몇 개 빌려 줄 수 있는지 물어봐 주세요**と言っているので、③が正解である。

12. 男：先週話した、実験室で使う温度計をもっと注文しましたよね？　届きましたか？
    女：先週火曜に注文したんですが、まだ配達されていませんね。納品業者は今週中に送ってくれると言っていました。
    男：そうですか？　それでは、今日使う温度計は十分にありますか？
    女：どうも少し不足しそうです。今日、学生がたくさん来ると言っていたんですよ。配送業者に電話してみましょうか？
    男：それより、今すぐ使うのが必要なので、他の研究チームに頼んでみるのはどうでしょうか？　2階の実験室にいるトンジンさんのところに行って、何個か貸してくれない

か聞いてみてください。
① 配送業者に電話する。　　　　　　② 納品業者に直接行く。
③ 他の研究チームの同僚のところに行く。　④ 今日の実験を全て取り消す。

[13-16] 다음을 듣고 내용과 일치하는 것을 고르십시오.

13. 여자 : 저는 이번에 전시된 그림이 정말 좋아요. 특히 커다란 사막의 풍경화가 마음에 드네요.
남자 : 고맙습니다. 제가 최근에 북아프리카를 여행하고 돌아왔거든요. 이 미술관에 있는 제 작품의 대부분이 그곳을 방문하고서 영감을 받은 거예요.
여자 : 정말 마음에 들어요. 혹시 이 작품을 구입할 수 있을까요? 제 사무실에 놓을 풍경화를 구입하고 싶거든요.
남자 : 죄송합니다만 벌써 다른 고객에게 이 그림을 팔기로 약속했어요. 그렇지만 비슷한 그림이 제 작업실에 있습니다. 그 작품에 관심이 있으시다면 이메일로 그 작품 사진을 보내 드릴 수 있습니다.
여자 : 그래요? 그럼 보내 주세요. 보고 결정할게요.
正解 : ② 남자는 최근 북아프리카를 여행하고 왔다.
解説 : 男性が최근에 북아프리카를 여행하고 돌아왔거든요と発言していることから、②が正解である。他の選択肢については触れられていない。

[13-16] 次を聞いて、内容と一致するものを選びなさい。
13. 女 : 私は今回展示された絵が本当に好きです。特に、大きな砂漠の風景画が気に入りました。
男 : ありがとうございます。私、最近北アフリカを旅行して戻ってきたんです。この美術館にある私の作品のほとんどがそこを訪問してインスピレーションを得たんです。
女 : 本当に気に入りました。ひょっとして、この作品を買うことはできますか？　私の事務室に置く風景画を買いたいんですよ。
男 : 申し訳ありませんが、もう他のお客さまにこの絵を売ると約束しました。ですが、似た絵が私の作業室にあります。その作品に関心がおありでしたら、メールでその作品の写真をお送りすることができます。
女 : そうですか？　それでは、送ってください。見て決めます。
① 女性は展示された絵を買うことができる。
② 男性は最近、北アフリカを旅してきた。
③ 男性は事務室に風景画を置く予定だ。
④ 女性は作業室にある作品を買うことにした。

14. 남자 : 여러분 모두 세계 역사 강좌를 듣기 위해 이곳에 와 주셔서 감사합니다. 이 강좌는 80% 이상 출석을 하면 수강료를 되돌려 줍니다. 강의를 시작하기에 앞서 여러분에 대해 몇 가지 알아야 할 사항이 있습니다. 지금 나눠 준 신청서에 여러분의 이름과 주소를 써 주세요. 전화번호나 이메일 주소가 있으면 그것도 써 주시고요. 강좌 번호는 빈칸으로 남겨 두셔도 되지만 강좌명은 꼭 적어 주세요. 신청서를 다 작성하셨으면 저에게 제출해 주시면 됩니다.

正解 : ④ 신청서를 다 작성하면 강사에게 제출하면 된다.

解説 : 신청서를 다 작성하셨으면 저에게 제출해 주시면 됩니다と言っているので、④が正解である。その他の選択肢は内容に反している。

> 14. 男 : 皆さん、世界歴史講座を聞くためにここに来ていただき、ありがとうございます。この講座は80%以上出席をすれば受講料をお返しします。講義を始める前に、皆さんについていくつか知らなければならない事項があります。今配った申請書に皆さんの名前と住所を書いてください。電話番号やメールアドレスがあれば、それも書いてください。講座番号は空欄にしておいても良いですが、講座名は必ず書いてください。申請書を作成なさったら、私に提出してくだされば良いです。
> ① 韓国の歴史講義を始めようとしている。
> ② 80%以上出席すれば受講料が割引される。
> ③ 申請書に講座名は空欄として残しておいても良い。
> ④ 申請書を作成したら、講師に提出すれば良い。

15. 여자 : 오늘 기자 회견에 참석해 주셔서 감사합니다. 저희 병원의 규모 확장 프로젝트 중 제1단계가 완공되었음을 알려 드리게 되어 기쁘게 생각합니다. 병실을 두 배로 늘렸는데, 이는 이제 상당히 많은 사람에게 의료 혜택을 지원할 수 있는 시설이 갖추어졌음을 의미합니다. 아직 공사가 반 정도밖에 진행되지 않았습니다만, 확장 공사 제2단계인 최첨단 의료 교육 시설 또한 이미 착수했습니다. 이 시설을 내년에 열면 모든 전문의에게 최첨단 의료 교육 프로그램을 제공할 수 있을 것입니다.

正解 : ① 이번 공사로 병실을 두 배로 늘렸다.

解説 : 병실을 두 배로 늘렸는데という発言から、①が正解であると分かる。②と③については触れられておらず、④は内容に反している。

15. 女：今日、記者会見に出席してくださり、ありがとうございます。私どもの病院の規模拡張プロジェクトのうち、第一段階が完工したことをお知らせすることとなり、うれしく思います。病室を2倍に増やしましたが、これはすでに相当数の人に医療の恩恵を支援できる施設が備えられたことを意味します。まだ工事が半分ほどしか進んでいませんが、拡張工事の第二段階である最先端医療教育施設もまた、すでに着手しました。この施設を来年に開けば、全ての専門医に最先端医療教育プログラムを提供できるでしょう。
① 今回の工事で病室を2倍に増やした。
② この病院は最先端医療施設を完備した。
③ 今年、専門医たちに医療教育を提供した。
④ 病院の規模拡張プロジェクトは全て完了した。

16. 여자 : 요즘 음식물 쓰레기 불법 투기가 문제가 되고 있는데 어떻습니까?
남자 : 환경오염도 줄이고, 처리 비용도 줄여 보려고 음식물 쓰레기 종량제를 도입했는데 처음 기대와는 영 딴판입니다. 전봇대 아래에는 검은 봉투가 쌓여 있습니다. 거기에는 음식물 쓰레기로 가득 차 있습니다. 근처 공원과 초등학교 주변도 음식물 쓰레기 더미가 널려 있습니다. 주민들은 감시 카메라를 달고 경고문을 내걸며 음식물 쓰레기와 전쟁 중이지만 주로 밤늦은 시간, 이처럼 인적이 드문 골목에 몰래 버리기 때문에 단속이 쉽지 않은 상황입니다.

正解 : ④ 음식물 쓰레기를 주로 밤에 불법 투기하기 때문에 단속이 쉽지 않다.
解説 : 주로 밤늦은 시간, 이처럼 인적이 드문 골목에 몰래 버리기 때문에 단속이 쉽지 않은 상황입니다という発言から、④が正解であると分かる。②は内容に反し、①と③については触れられていない。

16. 女：近頃、生ごみの不法投棄が問題になっていますが、いかがですか?
男：環境汚染も減らし、処理費用も減らそうと生ごみ従量制を導入しましたが、最初の期待とは全然違います。電柱の下には黒い袋が積もっています。それは、生ごみでいっぱいになっています。近所の公園や小学校の周辺も生ごみの山が散らばっています。住民は監視カメラを設置して警告文を掲げて生ごみと戦争中ですが、主に夜遅い時間、このように人影がまばらな路地にひそかに捨てるため、取り締まりが簡単ではない状況です。
① 生ごみは環境汚染に影響を与えない。
② 生ごみ従量制を導入した後、不法投棄が消えた。
③ 監視カメラと警告文は生ごみ減少に効果がある。
④ 生ごみを主に夜に不法投棄するために、取り締まりが簡単ではない。

[17-20] 다음을 듣고 여자의 중심 생각을 고르십시오.

17. 남자 : 요즘 건강을 위해서 채식을 하는 사람이 많더라. 나도 다이어트도 할 겸 해 볼까 생각 중이야.
　　 여자 : 채식이 건강에 좋다고들 하지만 오히려 영양이 부족해서 건강이 나빠질 수도 있다고 하더라고. 채식이라고 해서 무조건 채소만 먹는 것이 아니고 채식에도 여러 가지 단계가 있는데 자신의 건강 상태에 따라 잘 선택하는 것이 중요한 것 같아. 무조건 고기를 먹지 않는 것보다 자신의 체질에 따라 적절히 먹어야 진정한 채식이 된다고 생각해.
　 正解 : ④ 자신의 건강 상태에 따라 채식하는 것이 중요하다.
　 解説 : 자신의 건강 상태에 따라 잘 선택하는 것이 중요한 것 같아 という女性の発言があり、これが女性の考えだと分かるので、④が正解である。

> [17-20] 次を聞いて、女性の考えを選びなさい。
> 17. 男 : 近頃健康のために菜食をする人が多いって。僕もダイエットも兼ねてやってみようかと考え中だよ。
> 　　 女 : 菜食が健康に良いと言うけど、むしろ栄養が不足して健康を損なうこともあるそうよ。菜食といって無条件で野菜だけ食べるのではなく、菜食にもいくつかの段階があるから、自分の健康状態によってちゃんと選択することが重要だと思うわ。無条件に肉を食べないことより、自分の体質によって適切に食べてこそ真の菜食になると思う。
> ① 菜食がダイエットにとても役立つ。
> ② 菜食をすると、栄養が不足して健康が悪化する。
> ③ 野菜だけ食べてこそ真の菜食主義と言える。
> ④ 自身の健康状態によって菜食するのが重要だ。

18. 여자 : 우리 아파트 뒤에 있는 작은 공터에 노인 요양원이 들어설 계획인가 봐. 오늘 학교에서 오다 보니까 동네 아주머니들이 모두 모여서 반대 시위를 하고 있었어.
　　 남자 : 응, 나도 며칠 전에 봤어. 그런 시설이 주변에 들어서면 집값이 떨어진대. 그래서 아파트 주민들이 반대한다고 하더라고.
　　 여자 : 지금 살고 있는 곳을 더 좋은 환경으로 만들고자 노력하는 주민의 노력을 나쁘다고 할 수는 없지만 이렇게 양로원이나 고아원, 장애인 교육시설 등 복지 시설조차 반대하는 것은 결코 성숙한 시민 정신이라고 할 수 없는 것 같아. 자신의 권리를 주장하기에 앞서 자신보다 어려운 사람을 배려할 줄 아는 것이 진정한 민주 시민의 모습이라고 생

각해.

正解 : ③어려운 사람을 배려하는 것이 성숙한 시민 정신이다.

解説 : 자신보다 어려운 사람을 배려할 줄 아는 것이 진정한 민주 시민의 모습이라고 생각해というのが女性の考えなので、③が正解である。

> 18. 女 : うちのマンションの裏にある小さな空き地に老人療養院が入る計画みたい。今日学校から帰ってきたら、町内のおばさんたちがみんな集まって反対デモをしていたわ。
> 男 : うん、僕も何日か前に見た。そういう施設が周辺に入ると家の値段が下がるって。だからマンションの住民が反対するんだって言ってた。
> 女 : 今住んでいる場所をより良い環境にしようと努力する住民の努力を悪いと言うことはできないけど、このように療養院や孤児院、障害者教育施設など福祉施設すら反対するのは決して成熟した市民精神と言えないと思う。自分の権利を主張する前に、自分より困難な状況にある人に配慮できるのが真の民主市民の姿だと思う。
> ①マンションの値段を下げる施設が入ってはいけない。
> ②福祉施設よりは住民たちの生活環境がもっと重要だ。
> ③困難な状況にある人に配慮するのが成熟した市民精神だ。
> ④住み良い環境を作るために権利を主張しなければならない。

19. 남자 : 한국도 이제 다문화 사회가 된 것 같아요.

여자 : 맞아요. 주변에서 다문화 가정을 쉽게 볼 수 있어요. 하지만 비교적 짧은 시간 안에 외국인이 늘어나게 되면서 그에 따른 문제점이 생겨나고 있대요.

남자 : 네, 맞아요. 현재 많은 외국인이 기초적인 한국어를 습득하지 못한 채로 결혼을 하고 있기 때문에 언어로 생긴 갈등이 많다고 해요.

여자 : 그래서 자녀에게 한국어를 제대로 가르치지 못하는 문제도 발생하고요. 결국 한국어도 엄마 나라의 말도 제대로 배우지 못하고 초등학교에 들어오는 일이 많다고 해요. 그러다 보니 언어적 발달 장애를 겪게 되고, 학교에서 친구들로부터 소외되며, 학습 부진아가 되는 경우가 생기는 것 같아요. 이런 문제는 정부가 발 빠르게 나서서 해결해야 할 필요가 있는 것 같아요.

正解 : ④다문화 가정의 문제를 해결하기 위해 정부가 나서야 한다.

解説 : 最後のこの런 문제는 정부가 발 빠르게 나서서 해결해야 할 필요가 있는 것 같아요という発言が女性の考えなので、④が正解である。다문화 가정とは、韓国では一般的に国際結婚の夫婦やその家族を指す言葉である。

19. 男：韓国ももう多文化社会になったようです。
    女：そうですね。身の回りで多文化家庭を簡単に見ることができます。ですが、比較的短い時間で外国人が増えることになり、それによる問題点が生まれているそうです。
    男：はい、その通りです。現在、多くの外国人が基礎的な韓国語を習得できないまま結婚をしているため、言語で生まれるいざこざが多いといいます。
    女：そのため、子どもに韓国語をちゃんと教えられない問題も発生しますし。結局、韓国語も母親の国の言葉もちゃんと学べずに小学校に入ることが多いそうです。そうすると、言語的発達障害を経験することになり、学校で友達から疎外され、学習不振児になる場合が生じるようです。このような問題は、政府が素早く乗り出して解決する必要があると思います。
    ① 結婚をするには韓国語の習得をするのが必要だ。
    ② 多文化家庭の子どもは母親の国の言葉を学ばなければならない。
    ③ 早いうちに外国人の数を増やすことが重要だ。
    ④ 多文化家庭の問題を解決するため、政府が乗り出さなければならない。

20. 남자 : 따뜻한 봄을 기다리며 옷이나 구두를 장만하는 분들 계실 텐데요. 좋은 상품을 싸게 살 수 있는 현명한 쇼핑 방법이 있습니까?
    여자 : 무엇보다도 기다림이 중요하다고 생각합니다. 요즘, 유명 패션 업체들 대부분이 오프라인과 온라인 매장을 같이 운영하는데요. 신상품이라도 주력 상품이 아닐 경우, 한 달 정도 지나면 이월 상품 등으로 분류해 인터넷 매장에서 싸게 팔기 때문에, 마음에 드는 옷이 있으면 조금 기다렸다가 온라인 매장에서 사는 것이 알뜰 쇼핑 요령입니다. 또 신상품이 출시되면 재고 상품 가격이 떨어지기 때문에 신상품이 많이 출시되는 시즌에 사는 것이 상품 종류나 가격 면에서 유리합니다.
    正解 : ④ 마음에 드는 상품은 조금 기다렸다가 사는 것이 좋다.
    解説 : 무엇보다도 기다림이 중요하다고 생각합니다や、마음에 드는 옷이 있으면 조금 기다렸다가 온라인 매장에서 사는 것이 알뜰 쇼핑 요령입니다などの発言が女性の考えなので、④が正解である。이월 상품（移越商品）とは、年度を超えた商品、つまり繰り越し商品、アウトレット品のこと。

    20. 男：暖かい春を待ちながら、服や靴を用意する方々がいらっしゃるでしょう。良い商品を安く買える賢明なショッピング方法はありますか？
        女：何よりも待つことが大事だと思います。最近、有名ファッション業者のほとんどがオフラインとオンライン売り場を一緒に運営しています。新商品でも主力商品じゃない場合、1カ月ほど過ぎれば繰り越し商品などに分類してインターネット売り場で安く

売るため、気に入った服があれば少し待ってからオンライン売り場で買うのが節約ショッピングの要領です。また、新商品が発売されると、在庫商品の価格が下がるため、新商品がたくさん発売されるシーズンに買うのが商品の種類や価格面で有利です。
① 服や靴は新商品を買うのが良い。
② 新商品はオフライン売り場で買うのが良い。
③ 在庫商品は品質が落ち、買わない方が良い。
④ 気に入った商品は少し待ってから買うのが良い。

[21-22] 다음을 듣고 물음에 답하십시오.

TR 306

여자 : 재능 기부라고 들어 봤어요? 재능 기부가 무엇인가요?
남자 : 네, 재능 기부란 기부의 새로운 형태로 자신의 재능을 사회에 기부하는 것이에요. 원래는 기업이 갖고 있는 재능을 마케팅이나 기술 개발에만 사용하지 않고 사회에 기여하는 것을 말하였는데 이제는 개인도 재능 기부에 많이 참여하고 있다고 해요.
여자 : 정말 좋은 기부네요. 자신의 재능으로 다른 사람을 도와줄 수 있다니. 저도 재능 기부를 할 수 있을까요?
남자 : 그럼요. 재능 기부는 누구나 할 수 있어요. 재능 기부는 물질적 기부보다 소통의 의미가 더 강하다고 할 수 있어요. 물질이 부족해도 따뜻한 마음만 있으면 누구든 재능을 기부할 수 있어요. 재능에는 높낮이가 없다고 생각해요. 사람의 숫자만큼이나 재능은 다양하겠죠. 작은 재능 여럿이 모이면 큰 재능 하나보다 기여도가 높다고 생각해요.

21. 正解 : ① 재능 기부는 마음만 있으면 누구나 할 수 있다.
解説 : 물질이 부족해도 따뜻한 마음만 있으면 누구든 재능을 기부할 수 있어요라는 남성의 발언에서、①が正解であると分かる。

[21-22] 次を聞いて、問いに答えなさい。
女 : 才能寄付って聞いたことありますか？　才能寄付とは何でしょうか？
男 : はい、才能寄付とは寄付の新しい形態で、自分の才能を社会に寄付することです。もともとは企業が持っている才能をマーケティングや技術開発にのみ使わず社会に寄与することを言いましたが、今では個人も才能寄付にたくさん参加しているそうです。
女 : 本当に良い寄付ですね。自分の才能で他の人を助けられるなんて。私も才能寄付をできるでしょうか？
男 : もちろんです。才能寄付は誰でもできます。才能寄付は物質的な寄付より交流の意味が

より強いといえます。物が足りなくても温かい気持ちさえあれば誰でも才能を寄付できます。才能には高低がないと思います。人の数の分だけ、才能はさまざまでしょう。小さな才能がいくつか集まれば、大きな才能一つより寄与度が高いと思います。

21. 男性の考えとして、適切なものを選びなさい。
① 才能寄付は気持ちさえあれば誰でもできる。
② 才能寄付は才能豊かな人であればできる。
③ 才能寄付は効果的なマーケティング戦略になり得る。
④ 才能寄付は余裕のある人であれば参加できる。

22. 正解：① 지금은 개인도 재능 기부에 많이 참여하고 있다.

解説：이제는 개인도 재능 기부에 많이 참여하고 있다고 해요という発言があるので、①が正解である。②と③は内容に反しており、④については触れられていない。

22. 聞いた内容として、適切なものを選びなさい。
① 今は個人も才能寄付にたくさん参加している。
② 才能寄付は企業が技術開発のために始めた。
③ 大きな一つの才能が小さないくつかの才能より寄与度が高い。
④ 才能寄付は、これまでのところ物質的な寄付が多い方だ。

[23-24] 다음을 듣고 물음에 답하십시오.

남자 : 안녕하세요. 홈페이지를 보고 연락드립니다. 회사에서 퇴직하는 직원을 위한 송별회를 준비하고 있는데요. 홈페이지에서 보니 방 종류가 여러 가지가 있는데 40명 정도가 들어갈 수 있는 공간이 있습니까?
여자 : 네, 그 정도 인원이 들어갈 수 있는 넓은 방이 하나 있습니다. 회식은 언제입니까?
남자 : 다행이네요. 회식은 8월 마지막 주 목요일에 있을 예정입니다. 그 날짜에 예약이 가능할까요?
여자 : 네, 가능합니다. 예약해 드릴까요?
남자 : 우선 사장님께 보고를 드린 다음에 다시 연락드리겠습니다. 음식 메뉴는 홈페이지에 있는 것이 전부인가요?
여자 : 단체일 경우에는 미리 주문하시면 뷔페식으로도 준비 가능합니다.

23. 正解 : ③송별회 할 장소를 알아보고 있다.
　　解説 : まず初めに송별회를 준비하고 있는데요と言っており、さらに회식은 8월 마지막 주 목요일에 있을 예정입니다. 그 날짜에 예약이 가능할까요?と聞いているので、送別会（会食）の場所を探していることが分かる。従って、③が正解である。

> [23-24] 次を聞いて、問いに答えなさい。
> 男 : こんにちは。ホームページを見て連絡しています。会社を辞める社員のための送別会を準備しているんですが。ホームページを見ると、部屋の種類がいくつかありますが40人くらい入れる空間はありますか?
> 女 : はい、その程度の人数が入れる広い部屋が一つあります。会食はいつですか?
> 男 : よかったです。会食は8月最後の週の木曜日にある予定です。その日で予約できるでしょうか?
> 女 : はい、できます。予約いたしますか?
> 男 : まず社長に報告してからまた連絡いたします。料理のメニューはホームページにあるもので全部ですか?
> 女 : 団体の場合には、事前にご注文いただければビュッフェ形式でも準備可能です。
>
> 23. 男性は何をしているか、選びなさい。
> 　①ホテルを予約している。
> 　②食堂でメニューを選んでいる。
> 　③送別会をする場所を探している。
> 　④インターネットで会社のホームページを見ている。

24. 正解 : ③사장님께 보고를 드린다.
　　解説 : 우선 사장님께 보고를 드린 다음에 다시 연락드리겠습니다と言っているので、この後社長に報告することが分かる。従って、③が正解である。

> 24. 男性がしなければならないことを選びなさい。
> 　①他の食堂を探す。　　　　　　②送別会の日を変更する。
> 　③社長に報告する。　　　　　　④ホームページでメニューを選ぶ。

[25-26] 다음을 듣고 물음에 답하십시오.
　　여자 : 최근 고소득층의 주택 구입 비용이 크게 감소했다고 하는데 왜 그런 것입니까?

남자 : 네, 맞습니다. 작년에 비해 고소득층의 주택 구입 비용은 감소하였고 전세나 월세 보증금에 쓴 돈은 절반 이상 늘었습니다. 반면 저소득층의 경우, 주택 구입 비용은 증가했고 보증금으로 쓴 돈은 크게 감소하였습니다. 이런 현상은 주택 구입 능력이 충분한 고소득층이 부동산 불경기 등을 이유로 집을 사는 대신 전·월세를 선택한 것으로 보입니다. 또한 고소득층이 전세와 월세의 보증금을 올리는 데 한몫해, 저소득층의 주거 부담이 오히려 커지고 있습니다.

25. 正解 : ③고소득층으로 인해 저소득층의 주거 부담이 커졌다.
解説 : 男性が最後に고소득층이 전세와 월세의 보증금을 올리는데 한몫해, 저소득층의 주거 부담이 오히려 커지고 있습니다と述べている部分から、③が正解であると分かる。

> [25-26] 次を聞いて、問いに答えなさい。
> 女 : 最近、高所得層の住宅購入費用が大きく減少したそうですが、なぜでしょうか?
> 男 : はい、その通りです。昨年に比べて、高所得層の住宅購入費用は減少し、チョンセやウォルセの保証金に使った金は半分以上増えました。逆に、低所得層の場合、住宅購入費用は増加し、保証金として使った金は大きく減少しました。このような現象は、住宅購入能力が十分な高所得層が、不動産の不景気などを理由に、家を買う代わりにチョンセやウォルセを選択したものと見られます。また、高所得層がチョンセとウォルセの保証金を上げるのに一役買い、低所得層の住居負担がむしろ大きくなっています。
>
> 25. 男性の考えとして、適切なものを選びなさい。
>   ① 低所得層は住宅を購入するのが良い。
>   ② 高所得層の住宅購入減少は望ましい現象だ。
>   ③ 高所得層によって低所得層の住居負担が大きくなった。
>   ④ 低所得層によって高所得層がチョンセやウォルセを選択した。

26. 正解 : ④고소득층이 보증금으로 쓴 돈이 절반 이상 증가하였다.
解説 : 고소득층의 주택 구입 비용은 감소하였고 전세나 월세 보증금에 쓴 돈은 절반 이상 늘었습니다と言っていることから、④が正解である。その他の選択肢は内容に反している。

> 26. 聞いた内容として、適切なものを選びなさい。
>   ① 低所得層の住宅購入は去年に比べて減少した。
>   ② 高所得層の住宅購入費用は去年に比べて増加した。

③低所得層は不動産の不景気のせいでウォルセを選択した。
④高所得層が保証金として使った金が半分以上増加した。

[27-28] 다음을 듣고 물음에 답하십시오. 🎧TR309

여자 : 실례합니다. 제가 이 헬스클럽에 다니고 있는데요. 제가 몇 달간 지방으로 파견을 가야 해서 회원권을 취소해야 할 것 같아요. 취소하면 남은 기간만큼 환불 가능하죠?
남자 : 네, 언제 등록하셨죠? 1년 회원권인가요?
여자 : 네, 1년 회원권이에요. 등록은 1월에 했으니 5개월이 되었네요.
남자 : 남은 기간이 7개월이네요. 1년 회원권은 할인이 많이 되었기 때문에 취소하실 경우 환불액이 많지 않아요. 결제한 금액의 3분의 1 정도밖에 환불이 안 될 것 같아요. 지방에 몇 달간 가시는 건데요?
여자 : 3개월간 파견을 갈 예정인데, 환불액이 정말 얼마 안 되네요.
남자 : 그러면 취소하지 마시고 기간을 보류하는 건 어떠세요?

27. 正解 : ③ 당분간 헬스클럽을 다닐 수 없기 때문에

解説 : 제가 몇 달 간 지방으로 파견을 가야 해서 회원권을 취소해야 할 것 같아요라는 발언から、派遣に行くためジムに通えないことを伝えていると分かる。従って、③が正解である。

[27-28] 次を聞いて、問いに答えなさい。
女 : 失礼します。私、このジムに通っているんですけど。私、数カ月間地方に派遣で行かなければいけないので、会員券を取り消さないといけないと思います。取り消せば、残った期間の分は返金可能ですよね?
男 : はい、いつ登録されましたか? 1年会員券ですか?
女 : はい、1年会員券です。登録は1月にしたので、5カ月になりますね。
男 : 残った期間は7カ月ですね。1年会員券はたくさん割引されているため、取り消される場合、返金額が多くありません。決済した金額の3分の1ほどしか返金されないと思いますよ。地方へ何カ月行かれるんですか?
女 : 3カ月間、派遣で行く予定ですが、返金額が本当にいくらもなりませんね。
男 : それでは、取り消しはなさらずに、期間を保留するのはいかがですか?

27. 女性が会員券の取り消しについて男性に質問した理由を選びなさい。

①返金額が多くなかったので　　②ジムが気に入らなかったので
③しばらくジムに通えないので　　④ジムの会員資格がとても高かったので

28. 正解：②여자의 회원권은 할인이 많이 되었다.
解説：1년 회원권은 할인이 많이 되었기 때문에という男性の発言から、女性の会員資格の割引幅が大きいことが分かる。従って、②が正解である。①は触れられておらず、③と④は内容に反している。

28. 聞いた内容として、適切なものを選びなさい。
　①女性はジムの期間を保留した。
　②女性の会員資格はたくさん割引されている。
　③取り消しの返金額は半分ほどにしかならない。
　④女性は5カ月間地方に派遣で行く。

[29-30] 다음을 듣고 물음에 답하십시오.

여자 : 안녕하세요. 이번에 개봉한 영화가 대중에게 큰 호평을 받고 있는데요. 어떻게 만들어진 것인가요?

남자 : 네, 이 영화는 저 혼자 만든 것이 아니라 전 세계인이 함께 만들었다고 할 수 있습니다. 저는 세계인이 바라보는 서울의 모습을 영화로 만들어 보고 싶었습니다. 그래서 서울의 모습을 담은 동영상을 모집하였습니다. 모은 동영상만 해도 160시간이 넘었고 이를 2시간짜리로 편집해서 탄생한 것이 이번 영화입니다. 영화에 서울의 아름다운 모습만 담은 것이 아닙니다. 등이 굽어 손수레를 미는 할머니, 갈등의 현장, 폐허를 닮은 재개발 예정지까지, 서울의 구석구석이 민낯처럼 드러나 있습니다. 관광지 위주의 영화라는 것은 결국 거짓말인 것이고 어두운 부분이 있어야 밝은 부분이 도드라져 보이기 때문입니다.

29. 正解：②영화감독
解説：이 영화는 저 혼자 만든 것이 아니라や영화로 만들어 보고 싶었습니다などの発言から、男性は映画を作る人間であることが分かる。従って、②が正解である。

[29-30] 次を聞いて、問いに答えなさい。
女：こんにちは。このたび封切りになった映画が大衆から大きな好評を得ていますが。どのようにして作られたのですか？
男：はい、この映画は私一人で作ったのではなく、全世界の人々が一緒に作ったと言えます。私は世界の人々が眺めるソウルの姿を映画に作ってみたかったんです。それで、ソウルの姿を収めた動画を募集しました。集めた動画だけでも160時間を超え、これを2時間に編集して誕生したのが今回の映画です。映画にソウルの美しい姿だけ収めたのではありません。背中が曲がって手押し車を押すおばあさん、いざこざの現場、廃墟に似た再開発予定地まで、ソウルの隅々が素顔のように現れています。観光地中心の映画というものは結局うそなのだし、暗い部分があってこそ明るい部分が際立って見えるためです。

29. 男性は誰か、選びなさい。
　①映画俳優　②映画監督　③旅行作家　④公演演出家

30.
正解：④영화는 서울의 모습을 담은 동영상을 편집하여 만들었다.
解説：서울의 모습을 담은 동영상을 모집, 2시간짜리로 편집해서 탄생한 것이 이번 영화라는 발언から、④が正解であると分かる。①は内容に反しており、②と③は触れられていない。

30. 聞いた内容として、適切なものを選びなさい。
　①映画にはソウルの美しい姿だけ収めた。
　②映画のために集めた動画が160個を超えた。
　③この映画は世界の人々に大きな好評を得られなかった。
　④映画はソウルの姿を収めた動画を編集して作った。

[31-32] 다음을 듣고 물음에 답하십시오.

남자：소금을 많이 섭취하면 건강에 안 좋다고들 하잖아요. 그런데 어제 뉴스를 보니까 너무 싱겁게 먹어도 건강에 안 좋다고 하더라고요. 싱겁게 먹는 사람들이 오히려 그렇지 않은 사람보다 심장병에 걸릴 확률이 20%나 높다고 해요.
여자：네, 저도 그 뉴스를 봤어요. 하지만 그 경우는 소금을 지나치게 적게 먹는 경우예요. 전문가들 대부분은 소금 섭취량이 많을 때가 싱겁게 먹는 경우보다 위험도가 훨씬 높다고 해요. 특히, 염장 음식이 많은

우리나라는 지나치게 싱겁게 먹는 것보다 과도한 소금 섭취가 문제가 될 수 있다고 하네요. 그렇기 때문에 한국 사람들은 건강을 위해서 소금 섭취량을 줄이는 것이 맞다고 생각해요.

31. 正解：①건강을 위해서 소금을 적게 먹는 것이 맞다.
解説：最後に女性が한국 사람들은 건강을 위해서 소금 섭취량을 줄이는 것이 맞다고 생각해요と述べており、これが女性の考えだと分かるので、①が正解である。

> [31-32] 次を聞いて、問いに答えなさい。
> 男：塩を摂取しすぎると健康に良くないと言うじゃないですか。でも、昨日のニュースを見たら、味が薄すぎるのも健康に良くないと言っていました。薄味で食べる人たちはむしろ、そうではない人より心臓病にかかる確率が20％も高いそうです。
> 女：はい、私もそのニュース見ました。ですが、その場合は塩を極端に少なくして食べる場合です。専門家のほとんどは、塩の摂取量が多い時が薄味で食べる場合より危険度がはるかに高いと言います。特に、塩としょうゆで味付けした食べ物が多いわが国は、極端に薄味にして食べることより過度な塩の摂取が問題になり得るそうですよ。ですから、韓国人は、健康のために塩の摂取量を減らすのが正しいと思います。
>
> 31. 女性の考えとして、適切なものを選びなさい。
> ①健康のために塩を少なくして食べるのが正しい。
> ②塩の摂取が多い時より少ない時の方がより危険だ。
> ③食べ物を薄味で食べるのはむしろ健康に良くない。
> ④薄味で食べる人が心臓病にかかる確率が高い。

32. 正解：④전문가의 의견을 바탕으로 상대방의 의견을 반박하고 있다.
解説：男性の発言を聞いた後、女性はその内容を하지만 그 경우는 소금을 지나치게 적게 먹는 경우であると限定し、以降専門家の意見を根拠として反論している。従って、④が正解である。

> 32. 女性の態度として、適切なものを選びなさい。
> ①慎重に相手方の同調を求めている。
> ②状況を客観的に分析して相手方の責任を問うている。
> ③相手方の意見を受容しながら、自分の意見を話している。
> ④専門家の意見を基に、相手方の意見に反論している。

[33-34] 다음을 듣고 물음에 답하십시오.

여자 : 요즘 주말만 되면 산과 바다에 많은 인파가 몰린다고 하는데요. 이번 주말에는 책과 낭만, 추억이 함께하는 이색 도서관으로의 나들이 어떠세요? 등록문화재 2호로 지정된 '정독도서관'의 오래된 건물이 이색적인데요. 아날로그 향수를 자극하는 차분하고 한적한 분위기가 매력적인 데다가 5만여 권이 넘는 책들이 소장돼 있다고 합니다. 그런가 하면 넓은 시청 광장을 바라볼 수 있는 '서울도서관'은 푸른 잔디밭에 누워 책을 읽을 수 있다는 장점이 있는데요. 인기 가수의 뮤직비디오 배경이 되면서 외국인들의 발길이 끊이지 않고 있다고 합니다. 전통 한옥을 쉽게 접할 수 없는 아이들을 위한 이색 도서관도 있는데요. 조선시대 서원을 그대로 재현한 '한옥 어린이 도서관'은 향긋한 나무 냄새가 나는 넓은 마루와 남색의 기와지붕이 인상적이고요. 요즘 같은 방학에는 독서는 물론, 전통문화도 체험할 수 있다고 합니다.

33. 正解 : ①이색 도서관을 소개하고 있다.

解説 : 冒頭の이색 도서관으로의 나들이 어떠세요?という導入部分から、①が正解である。

> [33-34] 次を聞いて、問いに答えなさい。
> 女 : 近頃、週末になると、いつも山や海に多くの人波が押し寄せるそうですが。今週末には本とロマン、思い出が一緒にある異色図書館へのお出掛けはいかがですか? 登録文化財2号に指定された「正読(チョンドク)図書館」の古い建物が異色ですが。アナログ郷愁を刺激する、落ち着いて物静かな雰囲気が魅力的な上に5万冊を超える本が所蔵されているといいます。かと思えば、広い市庁広場を眺められる「ソウル図書館」は、青い芝生に寝転んで本を読めるという長所があります。人気歌手のミュージックビデオの舞台になって、外国人の往来が絶えないそうです。伝統韓屋にたやすく接することができない子どもたちのための異色図書館もありますが。朝鮮時代の書院をそのまま再現した「韓屋子ども図書館」は、香(かぐわ)しい木の匂いが立つ広い床と藍色の瓦屋根が印象的ですし。近頃のような学期休みには読書はもちろん、伝統文化も体験できるそうです。
>
> 33. 何についての内容か、適切なものを選びなさい。
>   ①異色図書館を紹介している。
>   ②伝統文化体験について紹介している。
>   ③山から眺めた風景を紹介している。
>   ④最近人気がある本を紹介している。

34. 正解：④ 조선시대 서원을 그대로 재현한 어린이 도서관이 있다.

解説：조선시대 서원을 그대로 재현한 '한옥 어린이 도서관'が紹介されているので、④が正解である。その他の選択肢については触れられていない。

> 34. 聞いた内容として、適切なものを選びなさい。
> ① 伝統韓屋を訪ねる外国人が増えている。
> ② 市庁で伝統文化体験イベントが開かれている。
> ③ 最近は芝に寝転がって本を読む人が多い。
> ④ 朝鮮時代の書院をそのまま再現した子ども図書館がある。

[35-36] 다음을 듣고 물음에 답하십시오.

남자 : 신인 작가상을 수상하게 되어 영광입니다. 소설가로서 첫 발을 내딛는 저에게 인생 최고의 선물인 것 같습니다. 먼저 저에게 작가의 꿈을 이룰 수 있게 도움 주신 모든 분께 고마움을 전하고 싶습니다. 그리고 이 귀하고 뜻 깊은 자리에 설 수 있도록 기회를 주신 심사 위원 선생님들께 깊이 감사드립니다. 매일 되풀이되는 일상에서 막연하게 써 왔던 글이었습니다. 점점 사물을 관찰하는 눈을 갖게 되었고 긍정적인 생각으로 글을 쓰게 되었습니다. 이렇게 소설이 되는 과정이 저에게는 정말 좋은 시간이었습니다. 저의 글을 읽고 저보다 더 좋아해 줄 많은 사람을 생각하면 가슴이 뜁니다. 글을 쓴다는 것이 얼마나 가슴 벅차고 행복한 일인지 다시 한번 느낍니다. 오늘은 정말 떨림으로 행복한 날입니다. 마지막으로 항상 든든한 후원자인 아내와 가족에게도 감사드립니다.

35. 正解：① 수상 소감을 말하고 있다.

解説：신인 작가상을 수상하게 되어 영광입니다という言葉から始まっているので、男性が新人作家賞を受賞し、その感想を述べていると分かる。従って、①が正解である。

> [35-36] 次を聞いて、問いに答えなさい。
> 男：新人作家賞を受賞することになり、光栄です。小説家として第一歩を踏み出す私にとって、人生最高のプレゼントだと思います。まず、私に作家の夢を叶えられるように助けてくださった全ての人に感謝の気持ちを伝えたいです。そして、この貴重で意義深い場に立てるように機会をくださった審査委員の先生方に深く感謝いたします。毎日繰り返

れる日常で漠然と書いてきた文章でした。だんだん事物を観察する目を持つようになり、前向きな考えで文章を書くようになりました。こうして、小説になる過程が私には本当に良い時間でした。私の文章を読んで私よりもっと楽しんでくれる多くの人を思うと、胸が弾みます。文章を書くということがどれほど胸があふれて幸せなことか、あらためて感じます。今日は本当に、体が震えて幸せな日です。最後に、いつも頼もしい後援者である妻と家族にも感謝します。

35. 男性は何をしているか、選びなさい。
① 受賞の感想を話している。　　　② 小説の審査評を話している。
③ 新しく出た小説を紹介している。　④ 妻に書いた文章を朗読している。

36.
正解 : ② 작가는 글을 쓸 수 있어 행복함을 느낀다.

解説 : 글을 쓴다는 것이 얼마나 가슴 벅차고 행복한 일인지 다시 한번 느낍니다と述べているので、②が正解である。他の選択肢については触れられていない。

36. 聞いた内容として、適切なものを選びなさい。
① 作家の先生が審査委員だった。
② 作家は文章を書くことができて、幸せを感じる。
③ 作家は小説を書く過程がとても大変だった。
④ 作家は毎日同じ日常を退屈に思っている。

[37-38] 다음은 교양프로그램입니다. 잘 듣고 물음에 답하십시오. (TR 314)

여자 : 자녀를 위한 통장을 만들어 줄 때는 '어린이 전용 통장'을 활용하면 좋다고 하던데 어떤 점이 좋습니까?

남자 : 보통 일반 통장에 비해 높은 우대금리와 어린이에게 인기가 많은 캐릭터가 그려진 통장에다 무료 캠프 등 푸짐한 부가 서비스까지 따라오기 때문입니다. 어린이 전용 통장은 '보통 예금'과 '적금 통장'을 같이 만들어 주면 좋습니다. 보통 예금은 자녀가 일상적인 지출 관리를 하는 용돈 통장으로, 적금 통장은 목돈 마련 용도로 활용하게 합니다. 그래서인지 요즘 은행들도 통장 2개를 '세트'로 묶은 패키지 상품을 내놓고 있습니다. 보통 예금과 적금 통장을 함께 만들면 용돈 관리에 유용하게 활용할 수 있는 체크카드를 제공합니다. 또 각종

수수료 면제, 무료 보험 가입, 다양한 할인 서비스 등 풍성한 혜택까지 '덤'으로 누릴 수 있습니다.

37.
正解：④ 어린이 전용 통장은 보통 예금과 적금 통장을 같이 만드는 것이 좋다.
解説：어린이 전용 통장은 '보통 예금'과 '적금 통장'을 같이 만들어 주면 좋습니다라고 하며, 이것이 남성의 생각이므로, ④가 正解である。

> [37-38] 次は教養番組です。よく聞いて、問いに答えなさい。
> 女：子どものための通帳を作ってあげる時は「子ども専用通帳」を活用すれば良いといいますが、どんな点が良いですか？
> 男：普通、一般通帳に比べて高い優待金利と子どもに人気の高いキャラクターが描かれた通帳に加え、無料キャンプなど盛りだくさんの付加サービスまで付いてくるからです。子ども専用通帳は「普通預金」と「積立通帳」を一緒に作ってあげると良いでしょう。普通預金は子どもが日常的な支出管理をするお小遣い通帳として、積立通帳はまとまったお金を準備する用途として活用させます。そのためか近頃銀行も通帳を二つ「セット」にまとめたパッケージ商品を出しています。普通預金と積立通帳を一緒に作れば、お小遣い管理に有用に活用できるチェックカードを提供します。また、各種手数料免除、無料保険加入、さまざまな割引サービスなど、豊富な特典まで「おまけ」として享受できます。
>
> 37. 男性の考えを選びなさい。
> ① 子ども専用通帳は、子どものお小遣い管理がうまくできる。
> ② 子ども専用通帳は、子どもがまとまったお金を用意するために必要だ。
> ③ 子ども専用通帳は、普通預金の方が積立通帳より金利がより良い。
> ④ 子ども専用通帳は、普通預金と積立通帳を一緒に作るのが良い。

38.
正解：④ 다양한 혜택이 있는 패키지 상품을 만들어라.
解説：マーケティング戦略として述べられているのは요즘 은행들도 통장 2개를 '세트'로 묶은 패키지 상품을 내놓고 있습니다という部分である。また、その後にさまざまな特典についても述べているので、④が正解となる。

> 38. ここで紹介しているマーケティング戦略の内容と一致するものを選びなさい。
> ① 無料サービスをもっと拡大しろ。
> ② キャラクターを積極的に利用しろ。
> ③ 顧客の視線に合わせてサービスを提供しろ。
> ④ さまざまな特典があるパッケージ商品を作れ。

[39-40] 다음은 대담입니다. 잘 듣고 물음에 답하십시오.
여자 : 그러니까 아무리 협동이 잘 될지라도 공정하지 않으면 갈등이 생길 수밖에 없기 때문에 협동만으로는 집단을 유지하기 어렵다는 것이네요. 그렇다면 갈등은 나쁜 것인가요?
남자 : '비 온 뒤에 땅 굳는다'는 속담을 생각해 보면, 갈등이 일어나는 것 그 자체가 나쁜 것은 아닙니다. 다른 관점으로 보면 갈등은 집단 내부에 다른 생각이나 다른 이해를 추구하는 사람들이 있다는 것을 의미합니다. 이는 다양성이 존재하는 상태로도 해석할 수 있습니다. 갈등은 집단 내의 협동을 가로막고 집단의 분열을 가져오게 하는 단점이 있지만, 사회 내에서 갈등을 해결할 경우, 그 집단이 발전할 수 있는 원동력이 되기도 합니다. 결국 갈등이라는 상호 작용은 그 자체가 문제가 아니라 그것을 어떻게 해결하느냐가 더 중요한 것입니다.

39. 正解 : ③ 협동이 실제로 잘 이루어지기 위해서는 공정해야 한다.

解説 : 女性は直前の話を受けて、그러니까……と、前の内容を受ける形で話を進めようとしている。女性の아무리 협동이 잘 될지라도 공정하지 않으면 갈등이 생길 수밖에 없기 때문에 협동만으로는 집단을 유지하기 어렵다と言う発言から、③が正解である。①は女性の発言に反し、②④は触れられていないので不適当である。

[39-40] 次は対談です。よく聞いて、問いに答えなさい。
女 : つまり、いくら協力がうまくできたとしても、公正でなければ葛藤が生じるしかないので、協力だけでは集団を維持するのは難しいということですね。それでは、葛藤は悪いことなのでしょうか？
男 : 「雨降って地固まる」ということわざを考えてみれば、葛藤が生じることそれ自体が悪いのではありません。別の観点から見ると、葛藤は集団内部に別の考えや別の利害を追求する人がいるということを意味します。これは、多様性が存在する状態とも解釈できます。葛藤は集団内の協力を妨げて集団の分裂をもたらす短所がありますが、社会内で葛藤を解決する場合、その集団が発展できる原動力になりもします。結局、葛藤という相互作用はそれ自体が問題ではなく、それをどうやって解決するかがより重要なのです。

39. この談話の前の内容として、適切なものを選びなさい。
① 協力がうまくできれば、葛藤は生じるはずがない。
② 葛藤が生じる理由は、個人主義的な考え方のせいだ。
③ 協力が実際にしっかりと成り立つためには、公正でなければならない。
④ 葛藤が起きないためには、互いに競争をしなければならない。

40. 正解 : ② 갈등은 집단의 분열을 가져올 수 있다.
解説 : 男性が 갈등은 집단 내의 협동을 가로막고 집단의 분열을 가져오게 하는 단점이 있지만と述べていることから、②が正解である。①と④は内容に反しており、③は内容では触れられていない。

> 40. 聞いた内容と一致するものを選びなさい。
> ① 協力だけで集団を維持できる。
> ② 葛藤は集団の分裂をもたらし得る。
> ③ 協力は集団が発展できる原動力になり得る。
> ④ 葛藤は集団に同じ考えを持つ人が多い時生じる。

[41-42] 다음은 농업 관련 뉴스입니다. 잘 듣고 물음에 답하십시오.

남자 : 지난해는 2009년 이후 4년 만에 태풍 없는 여름을 보낸 데다가 이번 겨울에도 유난히 포근한 날씨가 계속되면서 채소 생산량이 증가했습니다. 하지만 그만큼 가격이 떨어져 농민들은 울상입니다. 한국농수산식품유통공사에 따르면 24개 품목의 채소 가운데 지난해보다 가격이 오른 품목은 토마토와 방울토마토, 풋고추 단 세 개뿐이었습니다. 풍년이 계속되자 농민들은 신음하고 있습니다. 결국 정성껏 키운 채소를 팔지 않고 버리는 방법을 선택했는데요, 전남에서는 대파를 산지 폐기했고, 제주에서도 양배추를 폐기하기로 했습니다. 유통업계가 어려움을 겪고 있는 농가를 돕기 위해 겨울 채소 할인전 같은 이벤트를 펼치고는 있지만 채소 값 폭락을 막는 데는 한계가 있습니다. 거기다 최근 물량이 많은 채소는 저장하고 있기 때문에 길게는 올여름까지 제값을 받지 못하는 상황이 이어질 수 있습니다. 농민들의 시름을 막아 줄 근본적인 대책이 필요해 보입니다.

41. 正解 : ① 채소가 풍년이지만 가격은 떨어졌다.
解説 : 채소 생산량이 증가했습니다. 하지만 그만큼 가격이 떨어져 농민들은 울상입니다と言っているので、①が正解である。②は内容に反しており、③④は内容では触れられていない。

> [41-42] 次は農業関連のニュースです。よく聞いて、問いに答えなさい。
> 男 : 去年は2009年以降4年ぶりに台風のない夏を過ごした上に、今年の冬にもとりわけ暖かい天気が続いて、野菜の生産量が増加しました。しかし、その分値段が下がり、農民

たちは泣き顔です。韓国農水産食品流通公社によると、24個の品目の野菜のうち、去年より値段が上がった品目はトマトとミニトマト、青唐辛子のたった三つだけでした。豊作が続くにつれ、農民たちは苦しみあえいでいます。結局、丹精込めて育てた野菜を売らずに捨てる方法を選択したのですが、全南では大ネギを産地廃棄し、済州でもキャベツを廃棄することにしました。流通業界が、困難に見舞われている農家を助けるために冬野菜割引展などのイベントを行ってはいますが、野菜の価格暴落を防ぐには限界があります。さらに、最近物量が多い野菜は貯蔵しているので、長ければ今年の夏まで相応の価格を受け取れない状況が続き得ます。農民たちの憂いを止める根本的な対策が必要と思われます。

41. 聞いた内容と一致するものを選びなさい。
① 野菜が豊作だが、値段は下がった。
② 去年より値段が上がった品目はトマトだけだ。
③ 2009年以降、野菜の生産量が減少し続けた。
④ 物量の多い野菜は、今年の夏からは相応の価格を受け取れる。

42. 正解 : ③ 농산물 가격에 대한 근본적인 대책이 필요하다.

解説 : 채소 값 폭락을 막는 데는 한계가 있습니다や농민들의 시름을 막아 줄 근본적인 대책이 필요해 보입니다という発言から、野菜の価格暴落への対策が必要だというのが男性の考えである。従って、③が正解となる。

42. このニュースについての男性の考えとして、適切なものを選びなさい。
① 廃棄される農産物に対する解決策が必要だ。
② 農家が苦しいと流通業界にも影響がある。
③ 農産物の値段に対する根本的な対策が必要だ。
④ 年ごとに度重なる農産物貯蔵問題を解決しなければならない。

[43-44] 다음은 다큐멘터리입니다. 잘 듣고 물음에 답하십시오.

여자 : 아마존 강 유역의 열대우림 지역에는 많은 동식물이 살고 있습니다. 전 세계 동식물의 절반인 200만 종이 살고 있고, 전 세계 삼림의 30%를 차지하고 있어서 전 세계 산소량의 20%를 공급하기 때문에 '지구의 허파'라고 부르기도 합니다. 그런데 이 열대우림이 점점 사라지고 있습니다. 왜냐하면 사람들이 열대우림 지역의 나무를 마구잡이로 베고 있기 때문인데요. 길을 내기 위해서 나무를 베기도 하고,

나무를 모두 베어 버린 후 도시를 건설하는 곳도 있습니다. 그리고 베어낸 나무를 파는 경우도 많고, 다른 나라에서 들어와 대량으로 베어 가기도 했습니다. 그래서 이미 열대우림의 반 이상이 사라져 버렸다고 합니다. 이렇게 열대우림 지역이 점차 사라진다면 생물이 살아갈 수 있는 터전을 잃게 됩니다. 결국 생태계가 파괴되는 거지요. 또한 거대한 밀림 지역에서 만들어 내는 산소의 양도 부족해지겠지요? 결국 언젠가는 산소 부족으로 인간이 살 수 없을지도 모릅니다. 이 문제는 이제 더 이상 먼 미래의 일이 아닙니다. 지금 당장 해결해야 할 우리의 문제입니다.

43. 正解：② 사람들이 나무를 함부로 베고 있기 때문에

解説：熱帯雨林が消えている理由として왜냐하면 사람들이 열대우림 지역의 나무를 마구잡이로 베고 있기 때문인데요と言っているので、②が正解である。

[43-44] 次はドキュメンタリーです。よく聞いて、問いに答えなさい。
女：アマゾン川流域の熱帯雨林地域にはたくさんの動植物が生息しています。全世界の動植物の半分である200万種が生息しており、全世界の森林の30%を占めていて全世界の酸素量の20%を供給するため、「地球の肺」と呼ばれたりもします。ですが、この熱帯雨林がだんだん消えています。なぜなら、人間が熱帯雨林地域の木を手当たり次第に切っているからなのですが。道を開くために木を切ることもあるし、木を全て切り倒した後に都市を建設する所もあります。そして、切った木を売るケースも多く、他の国から入ってきて大量に切っていったりもしました。そのため、すでに熱帯雨林の半分以上が消えてしまったそうです。こうして熱帯雨林地域が徐々に消えたら、生物が生きていける土台を失うことになります。つまり、生態系が破壊されるのです。また、巨大な密林地域で作り出す酸素の量も足りなくなりますよね？　結局いつかは酸素不足で人間が生きられなくなるかもしれません。この問題はもうこれ以上遠い未来のことではありません。今すぐ解決しなければならない私たちの問題です。

43. 熱帯雨林が消えている理由として、適切なものを選びなさい。
　① 木を他の国に輸出しているため
　② 人が木をむやみに切っているため
　③ 山火事で熱帯雨林の30%が失われたため
　④ アマゾン川流域の動物が絶滅しているため

44. 正解 : ①열대우림이 사라지게 되면 생태계가 파괴될 것이다.
解説 : 이렇게 열대우림 지역이 점차 사라진다면 생물이 살아갈 수 있는 터전을 잃게 됩니다. 결국 생태계가 파괴되는 거지요と言っていることから、①が正解である。その他の選択肢は内容で触れられていない。

> 44. この話の主題として、適切なものを選びなさい。
> ①熱帯雨林が消えると、生態系が破壊されるだろう。
> ②熱帯雨林の損失は、これ以上解決可能な問題ではない。
> ③熱帯雨林を守るためには動植物を保護しなければならない。
> ④都市発展のための熱帯雨林の損失はどうしようもないことだ。

[45-46] 다음은 강연입니다. 잘 듣고 물음에 답하십시오.

남자 : 스트레스를 잘만 구별하면, 효과적으로 줄일 수 있습니다. 일단 자신의 스트레스가 '해결할 수 있는 스트레스'인지 '해결할 수 없는 스트레스'인지 구별하는 것이 먼저입니다. 해결할 수 있는 스트레스라면 모든 방법을 통해서 적극적으로 풉니다. 그렇지 않을 경우는 받아들이고 인정하는 것이 가장 중요합니다. 다만 그런 스트레스를 구별하고, 견뎌 나가는 과정에서 여러 가지 방법을 동원할 수 있습니다. 저의 경우 우선 머리가 복잡하면, 일단 책상이나 옷장 정리하기, 빨래 돌리기 등의 활동으로 주변을 정리합니다. 그 활동을 하면서 행동에 몰두하다 보면 주변도 깨끗해지니 기분도 나아지더라고요. 주기적으로 버리고 정리하는 과정은 정신 건강에도 도움이 된다고 생각합니다. 작지만 소중한 것들을 생각하는 시간을 갖는 것도 좋은 것 같습니다. 이를테면, 늘 사용하는 생필품을 다른 종류로 사 보는 것인데요. 내가 늘 사용하고, 많은 시간을 보내는 생필품을 고르면서 뭐가 나에게 맞을까 등을 고심하다 보면, 나에 대해 한번쯤 더 생각해 보게 되고, 나 자신이 소중하다는 생각도 들게 되더라고요.

45. 正解 : ④스트레스를 줄이려면 어떤 스트레스인지 구별하는 것이 중요하다.
解説 : 일단 자신의 스트레스가 '해결할 수 있는 스트레스' 인지 '해결할 수 없는 스트레스' 인지 구별하는 것이 먼저입니다とあり、これが優先すべきことであると分かる。従って、④が正解である。②は内容に反しており、①と③は内容では触れられていない。

[45-46] 次は講演です。よく聞いて、問いに答えなさい。
男：ストレスをうまく区別しさえすれば、効果的に減らせます。ひとまず、自分のストレスが「解決できるストレス」なのか「解決できないストレス」なのか区別するのが先です。解決できるストレスだったら、あらゆる方法を使って積極的に解消します。そうではない場合は、受け入れて認めることが最も重要です。ただし、そのようなストレスを区別して、耐えていく過程でいろいろな方法を動員できます。私の場合、まず頭がごちゃごちゃしたら、ひとまず机やタンスを整理すること、洗濯することなどの活動で周りを整理します。その活動をしながら行動に没頭してみると、周りもきれいになって気分も良くなるんです。周期的に捨てて整理する過程は精神の健康にも役に立つと思います。小さいですが大切なことを考える時間を持つことも良いと思います。例えば、いつも使う生活必需品を他の種類で買ってみることなんですが。自分がいつも使い、多くの時間を過ごす生活必需品を選びながら、何が自分に合っているかなどをあれこれ考えてみると、自分について一度くらいより考えてみるようになり、自分自身が大切だという考えも持てるようになるんです。

45. 聞いた内容と一致するものを選びなさい。
① ストレスを区別して耐え抜く過程はとても複雑だ。
② 解決できないストレスは、ただ忘れるのが一番良い。
③ 解決できるストレスは、そのまま受け入れることが重要だ。
④ ストレスを減らすには、どんなストレスなのか区別することが重要だ。

46. 正解：③ 자신의 경험을 예를 들어 설명하고 있다.
解説：途中で저의 경우として自分の例を挙げながら説明しているので、③が正解である。

46. 男性の態度として、最も適切なものを選びなさい。
① 客観的に評価をしている。
② 根拠を挙げて批判をしている。
③ 自身の経験を例に挙げて説明している。
④ 専門機関の分析資料で説明している。

[47-48] 다음은 대담입니다. 잘 듣고 물음에 답하십시오.
남자 : 박사님, 종업원도 주인정신이 있어야 한다고 하셨는데 구체적인 설명 부탁드립니다.
여자 : 네, 예를 들어 식당 주인이 식당에서 직접 일을 한다면 손님들에게 더

욱 친절하고, 재료비를 아끼면서 음식을 맛있게 하려고 노력하겠지만, 종업원들은 주인만큼 열심히 하는 일은 드물지요. 주인과 종업원의 의식 차이라고 할 수 있습니다. 그런데 만약 종업원 한 명 한 명이 모두 이런 주인정신을 갖는다면 어떻게 될까요? 그 식당은 너무너무 잘 되지 않을까요? 자신의 이익과 사업의 이익이 일치할 경우, 누가 시키지 않아도 열심히 일하고 더 좋은 성과를 내려고 노력하는데 그것을 이해일치의 긍정 효과라고 합니다. 기업의 이익은 곧 자신의 이익이 되기 때문에 열심히 일하게 되고, 그 결과 기업은 발전하고 종업원에게는 더 큰 이익이 돌아가서 결국 모두에게 좋은 결과가 온다는 것이지요. 종업원들에게 이런 주인정신을 갖게 하려면 인센티브 제도, 포상 제도로 종업원들의 사기를 올려 줘야 합니다.

47. 正解：③ 종업원이 주인정신을 갖게 하려면 포상 제도가 있어야 한다.
解説：最後に종업원들에게 이런 주인정신을 갖게 하려면 인센티브 제도, 포상 제도로 종업원들의 사기를 올려 줘야 합니다と述べているので、③が正解である。他の選択肢については触れられていない。

[47-48] 次は対談です。よく聞いて、問いに答えなさい。
男：博士、従業員も主人精神がなければならないとおっしゃいましたが、具体的な説明をお願いします。
女：はい、例えば食堂の主人が食堂で自ら仕事をしたら、客に対してより親切で、材料費を節約しながら料理をおいしく作ろうと努力するでしょうが、従業員たちは主人ほど一生懸命やることはまれでしょう。主人と従業員の意識の違いと言えます。ですが、もし従業員一人ひとりが全てこの主人精神を持っているとしたらどうなるでしょうか？ その食堂はとてもとてもうまくいくのではないでしょうか？ 自分の利益と事業の利益が一致する場合、誰かがやらせなくても一生懸命働いて、より良い成果を出そうと努力しますが、それを利害一致の肯定効果と言います。企業の利益はすなわち自分の利益になるので一生懸命働くようになり、その結果企業は発展して従業員にはより大きい利益が入って結局全員にとって良い結果が来るということです。従業員たちにこのような主人精神を持たせるには、インセンティブ制度、褒賞制度で従業員たちの士気を高めなければいけません。

47. 聞いた内容と一致するものを選びなさい。
① 従業員は、主人がやらせないと一生懸命仕事をしない。
② 食堂の主人が自ら仕事をしないと大きな利益を出せない。

③従業員が主人精神を持つようにするには、褒賞制度がなければならない。
④主人は自分の利益より事業の利益をより重要に考える。

48. 正解 : ④ 구체적인 사례를 들어 자신의 의견을 설명하고 있다.

解説 : 男性に설명 부탁드립니다と促され、具体例を挙げて説明していることから、④が正解である。

48. 女性の態度として、最も適切なものを選びなさい。
① 相手方の意見に対し強く批判している。
② 経験を通じて自分の意見を主張している。
③ 相手方の意見に対して異議を提起している。
④ 具体的な事例を挙げて自分の意見を説明している。

[49-50] 다음은 강연입니다. 잘 듣고 물음에 답하십시오.

남자 : 복지란 사람답게 행복하게 살아가는 삶의 질에 대한 기준을 말하는 겁니다. 그럼 복지제도가 필요한 이유와 복지제도가 제대로 마련되지 못할 때 일어날 수 있는 문제점을 이야기해 볼까요? 우선 복지제도가 필요한 이유를 살펴보면 사람은 태어나면서 누구나 누릴 수 있는 권리가 있어요. 사람으로서 살아가는 데 필요한 최소한의 생활은 보장되어야 하는 것이지요. 옛날에는 가족이나 공동체에서 이 일을 맡았지만, 현대는 개인화되고 핵가족화되면서 나라에서 제도적으로 해야 하는 일이 되었어요. 국민이 어려움에 처했을 때 나라는 복지제도를 마련해 국민을 도와야 해요. 그렇다면 복지제도가 마련되지 못했을 때의 상황은 어떨까요? 기본 생활이 보장되지 않으면 개인적으로는 불만이 쌓일 것이고, 그로 인해 가정불화가 생길 수 있고, 국민 계층 간의 갈등과 불신이 생기게 되지요. 그러면 결국 사회에는 도둑질과 사기, 강도 등의 반사회적인 행위가 늘어나며 불안해지게 될 거예요.

49. 正解 : ④ 국민이 어려움에 처했을 때 나라는 복지제도를 마련해야 한다.

解説 : 국민이 어려움에 처했을 때 나라는 복지제도를 마련해 국민을 도와야 해요と述べていることから、④が正解である。①と②は内容に反しており、③は触れられていない。

[49-50] 次は講演です。よく聞いて、問いに答えなさい。
男： 福祉とは、人間らしく幸せに生きていく人生の質に対する基準を言うものです。それでは、福祉制度が必要な理由と、福祉制度がちゃんと用意されていない時に起こり得る問題点を話してみましょうか？　まず、福祉制度が必要な理由を探ると、人は生まれながらにして誰もが享受できる権利があります。人間として生きていくのに必要な最小限の生活は保障されなければならないのです。昔は家族や共同体がこれを引き受けていましたが、現代は個人化し核家族化するに従い、国が制度的に行わなければならないものになりました。国民が困難な状況に置かれた時、国は福祉制度を用意して国民を助けなければなりません。そうすると、福祉制度が用意されていない時の状況はどうでしょうか？　基本生活が保障されなければ個人的には不満がたまるでしょうし、それによって家庭不和が生じることもあり、国民階層間の争いと不信が生じることになるでしょう。すると、結局社会には盗みや詐欺、強盗などの反社会的な行為が増えて不安定になるでしょう。

49. 聞いた内容と一致するものを選びなさい。
　①現代では家族や共同体で福祉を担っている。
　②人が幸せに生きていくのに、福祉制度は必要ない。
　③基本生活が保障されないと、階層間の競争がひどくなるだろう。
　④国民が困難な状況に置かれた時、国は福祉制度を用意しなければならない。

50.正解：① 견해에 대해 근거를 들어 설명하고 있다.
解説：복지제도가 필요한 이유와 복지제도가 제대로 마련되지 못할 때 일어날 수 있는 문제점에 대해、自分の見解とその根拠を述べていることが分かる。従って、①が正解である。

50. 男性の態度として、最も適切なものを選びなさい。
　①見解に対して根拠を挙げて説明している。
　②見解に対して総合的に批判をしている。
　③見解に対して統計資料で主張している。
　④見解に対して自分の経験を例に挙げて説明している。

書き取り

[51-52] 다음을 읽고 (   )에 들어갈 말을 각각 한 문장씩으로 쓰십시오.

51. 解答例:

㉠ : 배송이 지연될 줄 알았어요 (5점)
　　배송이 늦어질 줄 알았어요 (5점)
　　배송이 늦을 것 같았어요 / 늦게 올 것 같았어요 (3점)
㉡ : 한번 구입해 보세요 / 한번 사용해 보세요 (5점)
　　구입하세요 / 써 보세요 (3점)

解説 : ㉠の直後に그런데が使われているので、㉠にはその反対の内容が入ると考えられる。また주문이 많아서という直前の記述からも、㉠に入るのは**배송이 지연되다/늦어지다**(配送が遅延する/遅れる)という内容であると判断できる。実際には早く到達しているため、㉠の内容は過去の時点での予想である。従って**-ㄹ/을 줄 알았어요**(~すると思っていました)という表現を使うと良い。

㉡の直後には**후회하지 않으실 거예요**という読み手に向けた言葉がある。何に対する後悔かというと、**구입**(購入)したり**사용**(使用)したりすることである。従って㉡には**한번 구입해/사용해 보세요**(一度購入して/使ってみてください)のような、商品を勧める内容が入る。

配点は各5点、部分点は3点である。㉠では**-ㄹ 줄 알았다**という表現を使うことが5点の条件であり、これを使わず**-ㄹ 것 같았다**を使うと3点となる。㉡では勧めるときの表現である**한번 -아/어 보세요**を使うことが5点の条件である。**한번**がない場合は3点となる。

[51-52] 次を読んで、(   ) に入る言葉を一文書きなさい。
51. 電気炊飯器の使用後記
　　昨日テレビショッピングを見て電気炊飯器を注文したのですが、今日届きました。祭日前なので、注文が多くて(　㉠　)。でも、早く配送されてよかったです。ご飯もおいしく、色もきれいで、デザインもとても良いですね。(　㉡　)。後悔なさらないと思いますよ。

52. 解答例:

㉠ : 실수하는 게 당연하다 / 실수하기 마련이다 (5점)
　　실수가 많다 / 실수할 수 있다 (3점)
㉡ : 실수를 두려워하지 말자 (5점)

실수를 두려워하면 안 된다 (5점)
실수는 도움이 된다 / 실수는 필요하다 (3점)
실수해도 괜찮다 (3점)

解説：冒頭の文に **누구나 실수를 한다**という記述があることや、次の文に**특히**という副詞があることから、㉠には**실수하는 게 당연하다**(失敗して当然だ)、**실수하기 마련이다**(失敗するものだ)という内容が入ると考えることができる。

この文章の主題は失敗を恐れてはならないということである。失敗により得られるものを挙げ、最後に**그러므로**でそれをまとめようとしている。従って㉡には、**실수를 두려워하면 안 된다**(失敗を恐れてはならない)や**실수를 두려워하지 말자**(失敗を恐れるのはやめよう)のような内容が入る。

問題51と同じく各5点、部分点は3点である。㉠で重要なのは**-기 마련이다**のように、それが当然であると述べる表現の使用である。それがなく、単に**실수가 많다**や**실수할 수 있다**とした場合は3点となる。㉡では、恐れてはならないという主張を含める必要がある。そのため、**두려워하다**という単語を使うが、それを使わなかった場合でも部分点が与えられる。

52. 사람은 누구나 실패를 한다. 특히, 무엇인가를 처음으로 할 때는 (㉠). 실패를 두려워하면 우리는 아무것도 할 수 없다. 우리는 실패 후의 아픔을 통해 새로운 것을 알게 되고, 다른 사람을 이해하는 마음도 배우게 된다. 그러므로, (㉡).

[53] 다음 표를 보고 교복의 장단점에 대해 쓰고, 학생들에게 의무적으로 교복을 입게 하는 것에 대한 자신의 생각을 200~300자로 쓰십시오.

53. 解答例：

	창	의	성	을		키	워	야		할		청	소	년	들	에	게		굳
이		똑	같	은		옷	을		입	힐		필	요	가		있	을	까	?
	교	복	은		단	정	하	고		깔	끔	하	며	,		부	모	의		경
제		수	준	에		관	계	없	이		누	구	나		평	등	하	다	는
	느	낌	을		주	는		장	점	이		있	다	.		반 면		평	상	복
보	다		활	동	하	기		불	편	하	고	,		학	생		개	개	인	의
개	성		표	현	이		어	려	운		단	점	도		있	다	.			

導入
学生服の長所について
長所と短所について
学生服の短所について

여	러		가	지		장	점	이			있	음	에	도			불	구	하	고	
교	복			착	용	에			반	대	하	는			가	장			큰			이	유	는
획	일	성			때	문	이	다	.		획	일	성	은			학	생	들	로	부	터
자	유	로	운			사	고	,		개	성	,		창	의	성	을			빼	앗	게
될			것	이	다	.		또	한			학	생	들	은			하	루		중		대
부	분	의			시	간	을			학	교	에	서			보	내	기		때	문	에
학	교	에	서			자	신	이			좋	아	하	고			편	한			옷	을	
입	는			것	이			더			좋	다	고			생	각	한	다	.

自分の意見を述べる書き出し / 結論

解説：学生服の是非について文章を書かないといけない。この文章では、学生服の着用を義務とすることに反対する立場から、1段落目で学生服が必要かという問題提起をしたうえで、次の段落で学生服の長所と短所について比較し、最後の段落で個性や創造性との兼ね合いとその他の理由から学生服に反対する立場について述べている。配点は30点。

53. 次の表を見て学生服の長所、短所について書き、学生に義務的に学生服を着させることについての自分の考えを 200～300 字で書きなさい。

学生服の長所、短所

学生服の長所	学生服の短所
① 端整でさっぱりしているように見える。	① 活動するのに不便だ。
② 親の経済水準に関係なく、皆平等だという感じを与えられる。	② 学生個々人の個性の表現が難しい。

[54] 다음을 주제로 하여 자신의 생각을 600~700자로 글을 쓰십시오.

54. 解答例:

　　스마트 기기의 대중화로 언제 어디서나 인터넷을 사용할 수 있게 되어 우리의 생활이 편리해졌지만 그에 대한 역기능도 있다. 특히 인터넷 상에서 악성 댓글, 미확인 정보 유포와 같은 명예 훼손 행위로 인한 피해자가 늘고 있어서 사이버 폭력이 사회 문제화되고 있다. …① 〔序論〕

　　요즘 우리는 유명 연예인이나 청소년들의 자살이 사이버 폭력에서 기인한 사례를 자주 접한다. 사이버 공간에서 행해지는 각종 유형의 폭력은 순식간에 확산되고 기록이 남기 때문에 현실 공간에서의 폭력보다 그 위력이 훨씬 강하다. 따라서 피해자에게 큰 상처를 남기고 때로는 돌이킬 수 없는 결과를 초래하기도 한다.

　　사이버 폭력의 원인은 사이버 공간의 특성인 익명성과 비대면성에 있다. 가해자는 그 점을 악용하여 대면 상황에서는 할 수 없는 말을 거리낌없이 하게 되는 것이다. 사이버 폭력은 폭력으로 〔本論〕

	인	식	되	지		않	고		놀	이	화	되	는		경	향	이		있	어
서		문	제	가		더		심	각	하	다	.	…②							
	최	근		사	이	버		폭	력	으	로		인	한		피	해	가		
나	날	이		증	가	하	고		그		연	령	대		또	한		낮	아	
지	고		있	다	.		따	라	서		사	이	버		폭	력	에		의	한
피	해	를		예	방	할		수		있	는		정	책	이		시	급	하	
다	.		인	터	넷		실	명	제	의		도	입	,		엄	격	한		법	적
규	제	가		이	루	어	져	야		한	다	.		하	지	만		규	제	만
으	로	는		사	이	버		폭	력	을		근	절	할		수		없	다	.
사	이	버		폭	력	은		범	죄	라	는		윤	리	의	식	을		심	
어	줄		수		있	는		인	성	교	육	이		선	행	되	어	야		
한	다	.		그	리	하	여		누	리	꾼	이		스	스	로		자	정	능
력	을		갖	출		수		있	도	록		해	야		한	다	.			

本論 / 結論

따라서 … 정책이 시급하다 — 結論での主張

解説：問題54では、提示された3つの質問に答えを用意することで文章の骨組みを構成していくことが重要である。本書ではそれぞれの質問に①、②、③の番号を振り、解答例中にも数字を示してそれぞれの質問に対する答えであることを示している。1段落目では、サイバー暴力が社会問題になっていることに触れ、2段落目でサイバー暴力によってどのような問題が起きているかについて述べている。3段落目で、その原因は何かについて、そして最後の段落で、サイバー暴力に対処する方案について記して文章をまとめている。配点は50点。

54. 次を主題にして、自分の考えを600～700字で書きなさい。

> インターネット普及以降、サイバー暴力問題が絶え間なく提起されています。サイバー暴力を減らせる効果的な方法について、下の内容を中心に主張する文を書きなさい。
>
> ・サイバー暴力によってどのような問題が起きていますか？ … ①
> ・サイバー暴力の原因は何ですか？ … ②
> ・サイバー暴力の対処方案は何ですか？ … ③

読解

[1-2] ( )에 들어갈 알맞은 것을 고르십시오.

1. 正解：③ 들고 말았다

解説：−는데 (〜のに) という語尾で文の前半と後半を連結しているので、前半に反する内容、すなわち「提出できない」ことに関する内容が後半に来ると考えられる。選択肢のうち②と④は「眠らなかった」ということになるので、不適切である。①は話者自身の意図を示す−ㄹ/을까 하다 (〜しようと思う) を使っているので不適切である。従って、③が正解となる。잠이 들다 (眠りにつく) に使われる助詞〜이/가が日本語の「眠りにつく」の「〜に」と対応しないため、注意が必要である。

> [1-2] ( ) に入る適切なものを選びなさい。
> 1. 今日までに報告書を提出しなければならないのに、眠りが( )。
>   ① (眠気が) 来ようと思っている　② (目が) 覚めるようだ
>   ③ (眠りに) ついてしまった　　　④ (眠気が) 吹っ飛ぶだけだ

2. 正解：④ 주는 반면에

解説：選択肢にあるのは全て주다 (くれる) なので、월급은 많이 주다 (月給はたくさんくれる) と일이 많아서 힘들다 (仕事が多くてつらい) の二つを繋ぐ表現を考えれば良い。対照的な内容なので、逆接の表現を用いると分かる。②と③は逆接を表さないので不適切である。①の−고도 (〜ても) は逆接を表すが、「取った行動による結果が予想と違った」場合に用いる語尾である。「月給はたくさんくれる」は自分の取った行動ではなく、また月給がたくさん入ることの結果として仕事の量が変化するわけでもないので、ここで−고도は使えない。従って、④が正解となる。

> 2. 新しく入った会社は、月給はたくさん( )、仕事が多くてつらい。
>   ①くれても ②くれる余り ③くれるおかげで ④くれる反面

[3-4] 다음 밑줄 친 부분과 의미가 비슷한 것을 고르십시오.

3. 正解：④ 가까울뿐더러

解説：−ㄹ/을뿐더러 (〜だけでなく) は−ㄹ/을 뿐만 아니라 (〜だけでなく) とほぼ同じ意味で、述べた内容にさらに追加することを表す。従って、④が正解である。

[3-4] 次の下線を引いた部分と意味が似ているものを選びなさい。
3. 新しく引っ越した家は、学校から近いだけでなく、部屋もきれいだ。
① 近いとか ② 近いほど ③ 近かろうとも ④ 近いだけでなく

4. 正解：② 켜 놓은 채로

解説：-아/어 놓다（〜しておく）は「動作を終わらせた後、放置する」ことを表すので、켜 놓고で「つけっぱなしで」という意味になる。-ㄴ/은 채로（〜したままで）はこれと似た意味を表す表現。従って、②が正解である。

4. 昨日、どれほど疲れたのか、勉強していてコンピューターをつけっぱなしで眠ってしまった。
① つけておくように   ② つけたままで
③ つけておいたとおりに ④ つけておきながらも

[5-8] 다음은 무엇에 대한 글인지 고르십시오.

5. 正解：① 노트북

解説：얇고、가볍고、선명해진 화면の三つが宣伝文句として使われていることから、この三つを併せ持つ①が正解である。

[5-8] 次は何についての文章か、選びなさい。
5. より薄く、より軽く、より鮮明になった画面！
① ノートパソコン ② プリンター ③ ヘッドホン ④ スピーカー

6. 正解：① 책

解説：한 줄 한 줄 느껴지는という表現や저자という情報から、本の広告であると考えられる。従って、①が正解である。

6. 偉大な歴史の最後の話
   主人公は国を救えるのだろうか
   歴史の中の英雄たちの映画みたいな話
   1行1行感じられる歴史の息遣い！
   著者：キム・ハングク
   ① 本 ② 映画 ③ 演劇 ④ ドラマ

7.
正解：②자전거

解説：높은 기름 값이 걱정이십니까?という部分から、ガソリン代の心配をしなくて済む乗り物についての広告だと分かる。また반으로 접을 수 있어 휴대가 간편という内容から、②が正解である。

> 7. 高いガソリン代が心配ですか？
>   最新デザインの「シンシン」をおすすめします。
>   ⇨新しい素材の使用で軽くなった重量
>   ⇨半分に折ることができて携帯が簡単
>   ⇨山にも行ける頑丈さ
>   ①船　②自転車　③自動車　④オートバイ

8.
正解：④독감 예방

解説：기침을 할 때는 손으로 입을 막는다や손을 자주 씻는다などの注意点を述べていることから、感染症の予防に関する案内であると分かる。従って、④が正解である。

> 8. 皆さんの努力で皆さんを守れます。
>   せきをする時は、手で口をふさぐ。
>   人が多い場所に行かず、手をよく洗う。
>   ①医療機器　②風邪薬　③病院の案内　④インフルエンザの予防

[9-12] 다음 글 또는 도표의 내용과 같은 것을 고르십시오.

9.
正解：②점심과 간식은 개인이 준비할 필요가 없다.

解説：점심 식사와 물, 간식은 동아리에서 준비합니다とあることから、②が正解である。他の選択肢は案内の内容に反している。

> [9-12] 次の文章または図表の内容と同じものを選びなさい。
> 9. スキーサークル「雪だるま」集会の案内
>   待っていた白い雪の季節がやってきました。「雪だるま」定期集会を雪岳スキー場で行おうと思います。
>   ▶ 日時：12月30日 土曜日 朝8時
>   ▶ 出発場所：外国語大学前 (団体バスで移動)
>   ▶ 準備する物：スキーウエア、帽子、ゴーグルなど
>   ※スキーは団体でレンタルして30％の割引を受ける予定です。 昼食と水、おやつはサー

クルが準備します。
① 会員は各自スキー場まで行かなければならない。
② 昼食とおやつは個人が準備する必要がない。
③ スキーウエアは団体購入して30%の割引を受ける。
④ スキーウエアと帽子はスキー場に行って借りれば良い。

10. 正解：③ 초등학생과 중학생의 이동전화 이용률은 큰 차이가 있다.
解説：グラフを見ると、小学生の利用率と中学生の利用率との間に大きな差がある。従って、③が正解である。他の選択肢はグラフが示す情報に一致しない。

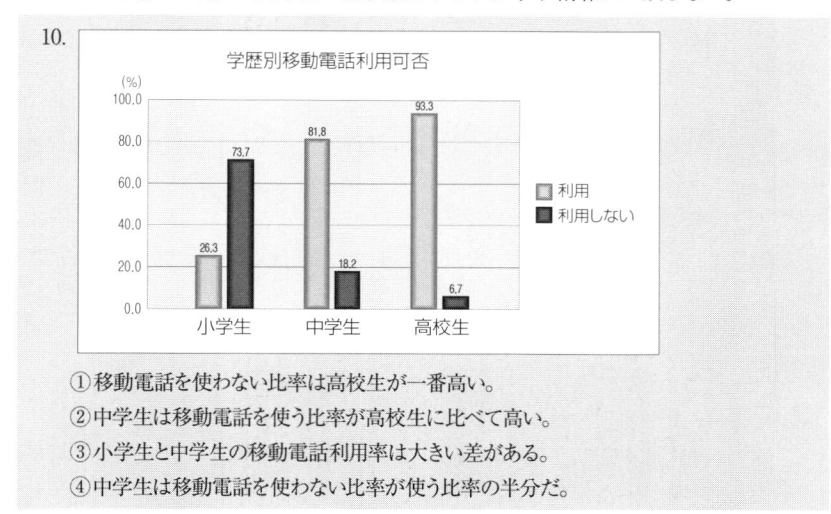

10.

学歴別移動電話利用可否

	小学生	中学生	高校生
利用	26.3	81.8	93.3
利用しない	73.7	18.2	6.7

① 移動電話を使わない比率は高校生が一番高い。
② 中学生は移動電話を使う比率が高校生に比べて高い。
③ 小学生と中学生の移動電話利用率は大きい差がある。
④ 中学生は移動電話を使わない比率が使う比率の半分だ。

11. 正解：③ 감사나 사과의 말은 인간관계 유지에 중요하다.
解説：感謝の言葉、謝罪の言葉をすれば人々と人間関係をうまく結ぶことができるとあることから、③が正解である。他の選択肢は内容からは読み取れない。

11. 感謝の言葉や謝罪の言葉を言わなければならないのに、あれこれの理由のためにためらっていて、ただ過ぎてしまうことが多い。ありがたい気持ちや申し訳ない気持ちを表現せずに過ぎると、礼儀がないという誤解を受けることもある。本人の考えと関係なく、行儀の悪い人になることもあるということだ。ささいなことでも、ありがたいことや申し訳ないことがある時に、感謝の言葉、謝罪の言葉を言えば人との人間関係をうまく結ぶことができる。
① あいさつをしないからと誤解をしてはいけない。

②あいさつをしなくても、状況によって理解しなければならない。
③感謝や謝罪の言葉は人間関係維持に重要だ。
④感謝する気持ちさえあれば表現しなくても良い。

12. 正解：④인간은 문자와 음성을 이용해 의사소통을 한다.
解説：인간의 의사소통은 주로 말을 하거나 글로 이루어진다とあるので、④が正解である。①③は内容に反し、②は内容からは読み取れない。

12. 動物も必要な情報をやりとりする。ミツバチは踊りを踊って方向を知らせ、犬は音や匂いで情報を交換するそうだ。人間の意思疎通は主に話したり字で行われる。人間の意思疎通は音声や文字の組み合わせで無限の表現が可能なので、動物の疎通とは根本的に異なる。このように人間は言語を使う能力があるため、動物と違い、文化を創造することができるのである。
①動物は疎通が根本的に不可能だ。
②動物も簡単な文字の理解が可能だ。
③人間の意思疎通は主に行動で行われる。
④人間は文字と音声を利用して意思疎通をする。

[13-15] 다음을 순서대로 맞게 나열한 것을 고르십시오.

13. 正解：①(다)-(나)-(라)-(가)
解説：選択肢を見ると、最初に来る文は(가)か(다)のどちらかである。どちらも文頭の接続詞がないので、内容で判断する。文章の展開として、まず一般的で抽象的なことを導入として述べた後、その説明や具体例を挙げていくのが普通である。(가)と(다)でより抽象的なのは(다)である。その具体的な方法を説明したのが(나)であり、さらに細かな説明として(라)、その具体例として(가)が挙げられている。従って(다)→(나)→(라)→(가)となるので、①が正解である。

[13-15] 次を順番通りに並べたものを選びなさい。
13. (가) 好きなラジオ番組を静かにつけておくことも方法になり得る。
(나) しっかり眠るためには、寝室に騒音がないようにしなければならない。
(다) 一日の疲労をなくすには、しっかり眠ることが重要だ。
(라) しかし、騒音を完全に取り除けない時は、音を小さくして一定のレベルに調節するのも良い。

14. 正解：①(나)-(라)-(다)-(가)

解説：(다)の文頭には**그중에서**という表現があるので、(다)が最初に来ることはない。従って②と④を除外できるので、最初に来る文は(나)であることが分かる。①と③を見ると、最後は(가)で固定されており、(다)と(라)の順序のみが問題であることが分かる。(다)の文頭の**그중에서**は(라)で挙げられた**적성, 성격, 흥미**の中ということが分かるので、二番目に(라)、三番目に(다)を置くのが適切である。従って(나)→(라)→(다)→(가)となるので、①が正解である。

> 14. (가) 自分の適性を知り、合う職業を選択すれば、職業に対する満足感が高い。
> (나) 自分に合う職業が何か見つけるには、自分自身を知ることが重要だ。
> (다) その中で、適性は特定の分野で他の人よりうまくできる素質を意味する。
> (라) 特に、適性、性格、興味などを知れば、職業選択の助けになる。

15. 正解：③(가)-(다)-(라)-(나)

解説：(라)の文頭には**이러한**という単語があるので、(라)が最初に来ることはない。従って②と④を除外できるので、最初に来る文は(가)であることが分かる。①と③を見ると、二番目に来るのは(나)か(다)であり、三番目は(라)であると分かる。ここで、(라)の文頭の**이러한 경우**が指すのは多数決を行う場合なので、(다)の**갈등이 생기기도 한다**を指すと判断でき、二番目に(다)を置くのが適切だと分かる。従って(가)→(다)→(라)→(나)となるので、③が正解である。

> 15. (가) 民主社会で、市民は自由に意見を提示する権利を持つ。
> (나) 全員の同意を得るのが良いが、現実的に不可能なので、多数決の原理に従う。
> (다) しかし、各自の立場が異なるため、いざこざが生じたりもする。
> (라) このような場合、多数の意見で意思を決定するのが多数決の原理だ。

[16-18] 다음을 읽고 (　)에 들어갈 내용으로 가장 알맞은 것을 고르십시오.

16. 正解：③자연환경에 적응하면서 다양한 문화를 형성한다

解説：**비가 많이 오지 않는 지역**や**눈이 많이 오는 지역**など、自然環境が異なる地域を比較し、それぞれの環境に合わせて家が作られるという例を挙げているので、③が正解である。

[16-18] 次を読んで、（　）に入る内容として最も適切なものを選びなさい。
16. 雨があまり降らない地域に住む人は、雨が少ないため屋根を平らにし、周りで簡単に手に入れることができる土でれんがを作って家を建てた。一方、雪が多く降る地域に住む人は、屋根の傾きを急にして窓を多く作らなかった。このように、人は（　　）。
① 家を建てる材料を手に入れようと努力して生きてきた
② 美しい建物を建てることを重要に考える
③ 自然環境に適応しながら多様な文化を形成する
④ 他の地域の人同士競争しながら建物を建てる

17.
正解：③ 인격을 가진 복제 인간이 생겨나게 되고

解説：（　）の後にこれにより とあるので、인간의 존엄성이 파괴된다는 문제가 발생하는 原因となるものを選べば良い。人間の尊厳は個人の人格に関わる概念であるため、人格について述べた③が正解である。

17. 遺伝工学の発達で、現在科学者は一部の動物の複製に成功し、病気の治療を目的に人間の臓器複製の研究もなされている。この研究が成功すれば不治の病の治療が可能であり、臓器を作り、臓器が手に入れられず移植手術をできずに死ぬ人をより多く助けられるようになる。しかし、人間の複製が可能になるとしたら（　　）、これにより人間の尊厳が破壊されるという問題が発生する。
① 人間は永遠に生きることができ
② 人口が急激に増加することになり
③ 人格を持ったクローン人間ができることになり
④ 人間が治療できない病気はなくなることになり

18.
正解：③ 부정적인 결과와 위험성에 대한 사회적 논의를

解説：과학 기술의 발달은 동시에 부정적인 결과도 가져왔다 ことにより 결국 사람들은 과학 혜택에 대해 의심하게 되었고 とあるので、③が正解である。

18. 科学技術の発達が多くの恩恵を与え、人々は、人類に幸せをもたらすだろうと楽観的に考えるようになった。しかし、科学技術の発達は、同時に否定的な結果も持ってきた。資源の過度な使用で環境危機が深刻であり、人類の生存を脅かしている。また、生命工学技術の発達で、さまざまな倫理問題が発生し、ついには人々は科学の恩恵について疑うようになり、科学技術の（　　）しはじめた。
① 発展をより速くするための研究を
② 恩恵をより多くの人が享受できるように研究を
③ 否定的な結果と危険性に対する社会的な論議を
④ 否定的な事実よりは楽観的な事実を知らせる活動を

[19-20] 다음을 읽고 물음에 답하십시오.

19. 正解：① 무려
解説：（　　）の直後に30~40%나 올랐는데とあり、助詞の~나（~も）が使われていることから、この値が大きいことが分かる。（　　）には数値が大きいことを表す副詞が入ると考えられるので、①が正解である。

> [19-20] 次を読んで、問いに答えなさい。
> 米の栽培に必要な材料の価格や人件費が（　　）30~40%も上がったが、これに比べて米の値段は10%近く落ち、農民たちの困難と苦痛が日増しに大きくなっている。これはパン、ラーメン、ピザなどのような小麦粉食品の消費増加と関連が深いのだが、小麦粉が米の代わりをする比率がだんだん大きくなり、米の値段が下がったのである。米を原料とするさまざまな食品を開発して小麦粉の消費を米の消費に転換させなければならない。
>
> 19.（　　）に入る適切なものを選びなさい。
>   ① なんと　② ほぼ　③ おおよそ　④ たかが

20. 正解：③ 밀가루로 만든 음식의 소비가 늘고 쌀의 소비가 줄었다.
解説：밀가루가 쌀을 대신하는 비율이 점점 커져とあるので、小麦粉の消費が増えて米の消費が減ったことが分かる。従って、③が正解である。①と②は内容に反しており、④は内容からは読み取れない。

> 20. この文の内容と同じものを選びなさい。
>   ① 米の値段が上がって農民の所得が増加した。
>   ② 米を栽培するのに必要な経費が減っている。
>   ③ 小麦粉で作った食べ物の消費が増えて米の消費が減った。
>   ④ 生産費がたくさんかかる米の代わりに小麦粉をたくさん食べなければならない。

[21-22] 다음을 읽고 물음에 답하십시오.

21. 正解：① 꿈도 못 꾸던
解説：（　　）の前にある이처럼が指すのはロボットが걷고 달리며 춤도 출 수 있다ということである。このようなロボットは인간처럼 행동하는 로봇であるということが読み取れる。これを作ることが인류의 오랜 꿈이었다とあり、叶うとは想像もしていなかったという文脈になるので①が正解である。

[21-22] 次を読んで、問いに答えなさい。
われわれは現在よりもっと便利で余裕のある生活が可能な未来を夢見る。このような未来を実現するのに、ロボットがその中心にいる。ロボットはわれわれが小さいころから漫画や小説、映画などでよく見てきたため、なじみ深い気がするが、実際にはコンピューター、機械工学などさまざまな学問と技術が合わさって作られたのだ。人間のように行動するロボットを作ることは人類の長い夢だった。現在開発中のロボットは歩いて走って、踊りも踊れるというが、このように過去には（　　）ことが現実に叶っている。

21. (　　) に入る適切なものを選びなさい。
① 夢にも思わなかった　　　　② 知らん顔していた
③ 頭が下がった　　　　　　　④ 腹の足しにならなかった

22. 正解：④ 과학의 발달로 생각하지 못했던 일들이 가능해지고 있다.
解説：問題21の解答部分である **과거에는 꿈도 못 꾸던 일들이 현실로 이루어지고 있다**という最後の一文から、④が正解となる。

22. この文の主題を選びなさい。
① ロボットは人間に必ず必要な存在だ。
② ロボットを作ることは人間にとって危険となり得る。
③ ロボットはいろいろな技術が発達しないと製造できない。
④ 科学の発達で、考えもしなかったことが可能になっている。

[23-24] 다음을 읽고 물음에 답하십시오.

23. 正解：④ 거위의 행동에 감동을 받았고 거위가 불쌍했다.
解説：下線部の**이 모습**とは、生きているガチョウがもう1羽のガチョウの死を悼み悲しんでいるような姿を指し、それを見ながら「私」は**할 말을 잃었다**のである。ここから、ガチョウの行動に感動したと判断できるので、④が正解である。

[23-24] 次を読んで、問いに答えなさい。
私はガチョウ2羽を連れてきて飼った。1羽が鳴くともう1羽がつられて鳴くのがまるで何か話をしているようで、水も一緒に飲んで餌も一緒に食べた。毎日ガチョウが遊ぶのを見るのが一つの楽しみだったが、ある日の夜、そのうちの1羽が死んでしまった。朝起きてみると、生きているガチョウが死んだガチョウを抱いて羽ばたきながら鳴いていた。死んだガチョウを片付けると、生きているガチョウはあちこち行ったり来たり動きはじめた。鳴き声はより切実になり、鳴き過ぎて後には声もまともに出せなくなった。私はこの姿を見ながら言葉を失っ

た。世の人々も皆君たちと同じ気持ちを持てばどれほど良いだろうか?

23. 下線を引いた部分に表れた私の気持ちとして、適切なものを選びなさい。
① 動物がおかしな行動をするのが不思議だ。
② ガチョウの行動が普通の動物と違って驚いた。
③ 人間が動物より優れていることを確認して安心した。
④ ガチョウの行動に感動し、ガチョウがかわいそうだった。

24. 正解: ① 동물도 인간과 같은 감정을 가질 수 있다.

解説: 文の最後に **너희와 같은 마음을 가지면**とあるので、少なくとも「私」はガチョウが感情を持っていると考えている。従って、①が正解である。他の選択肢は内容からは読み取れない。

24. この文の内容と同じものを選びなさい。
① 動物も人間と同じ感情を持ち得る。
② ガチョウは人間と仲良く暮らす動物だ。
③ 人間は動物より全ての面で優れた存在だ。
④ ガチョウは一緒に生きた1匹が死ぬと追うように死ぬ。

[25-27] 다음은 신문 기사의 제목입니다. 가장 잘 설명한 것을 고르십시오.

25. 正解: ③ 관광객이 늘어나서 호텔 투자가 급증하고 있다.

解説: **열풍**は**한류 열풍**(韓流ブーム)のように、人気が高まっていることを比喩する言葉である。従って、③が正解である。

[25-27] 次は新聞記事の見出しです。最もよく説明したものを選びなさい。
25. 押し寄せる観光客、全国はホテル投資「ブーム」
① 観光客が増加して問題が発生している。
② 観光客がたくさん来て全国のホテルに問題が多い。
③ 観光客が増えてホテル投資が急増している。
④ ホテルが足りなくて観光産業に多くの被害が発生した。

26. 正解: ② 수입이 늘어도 소비자의 지출이 늘지 않아 마트가 힘들다.

解説: **지갑 안 열어**は「お金を払わないこと」の比喩である。従って、②が正解である。

26. もっと稼いでも財布開かず、大型スーパー泣き顔
　①収入増加で財布を買わないのでスーパーが大変だ。
　②収入が増えても消費者の支出が増えず、スーパーが大変だ。
　③大型スーパーが消費を楽しむ消費者をうらめしく思っている。
　④大型スーパーが消費を増やすために努力している。

27.
正解 : ② 승차 거부가 3회 발견된 택시 기사는 자격이 취소된다.

해설 : **적발**은 「摘発」로, **적발 땐**은 「摘発された時は」라는 의미이므로, ②가 정답이다.

27. タクシー乗車拒否 3回摘発時は資格取り消し
　①タクシー運転手は3回まで乗車拒否が可能だ。
　②乗車拒否が3回発見されたタクシー運転手は資格が取り消される。
　③乗客は乗車拒否するタクシー運転手を3回通報できる。
　④タクシー運転手は3回事故を起こすと無条件に資格証がなくなる。

[28-31] 다음을 읽고 (　)에 들어갈 내용으로 가장 알맞은 것을 고르십시오.

28.
正解 : ① 자연을 개발해야 할 대상으로

해설 : 最後の**자연은 심각하게 훼손되었다**という記述から、(　)内に入る人間の考えによって、結果的に自然が傷つけられたと分かる。従って、①が正解である。

[28-31] 次を読んで、(　) に入る内容として最も適切なものを選びなさい。
28. 昔の人は自然を恐れ、自然に順応して生きていこうとした。しかし、自然に対する知識を蓄積して科学技術が発達するにつれて、人間はもはや自然を恐れず、(　) 考えるようになった。このようなことを通じて、人間の生活は豊かで便利になったが、自然はひどく傷つけられた。
　①自然を開発しなければならない対象と
　②平和に付き合わなければならない同伴者と
　③自然を怖く恐ろしい対象と
　④人間の生活とは関係のない相手と

29.
正解 : ③ 많이 먹을수록 더 많이 먹게 된다

해설 : 冒頭の**설탕은 본인이 모르는 사이 의존하게 되는 중독성이 매우 강한 식품**이라는 기술에서, ③이 정답이다.

29. 砂糖は本人が知らない間に依存するようになる、中毒性がとても強い食品のうちの一つである。専門家によると、砂糖は麻薬より8倍も中毒性が強い。このため、砂糖は( )。砂糖は食べ物を甘くする役割をしたりするが、今日、多くの人が経験している病気の大きな原因になっているので、できるだけ摂取を減らすのが良い。
① 食べ物を作る時、必ず必要だ
② 健康を維持するために必要だ
③ たくさん食べるほど、より多く食べるようになる
④ 絶対に食べてはいけない食品だ

30.
正解：② 자기만의 독특한 문화적 특성을 유지하면서도

解説：다양한 맛과 모양을 가진 재료들이 고유한 맛을 유지하는 샐러드라는 たとえから、サラダボウル理論とは、個々の文化(=材料)が独特の特性を維持しつつも一つの新しい文化(=サラダ)として意義を持たせようという理論だと解釈できる。従って、②が正解である。

30. 多文化社会で移民者政策の中にサラダボウル理論というものがある。この理論は、移民の過程を、大きなサラダボウルの中でさまざまな味と形を持った材料が固有の味を維持するサラダにたとえている。全ての文化が( )一つの新しい文化として意義を持つようにしようという理論である。これは、どれか一つの文化だけが優れているというのではなく多様性を尊重する意味を含んでいる。
① 互いに共通の目標を持って発展しながら
② 自分だけの独特な文化的特性を維持しながらも
③ 全て消え、再び独創的な文化を創造して
④ 支配的な文化の影響を受けてその文化に吸収され

31.
正解：① 편지에 모두 답장을 해 주는데

解説：( )の前には어린이들이 보낸とあるので、この直後に来るのはプレゼントか手紙だと考えられる。また( )の後には이를 위해 12개 국어에 능통한 비서들이 산타클로스를 돕고 있다とあるので、何かをするために語学に精通した秘書がいるのだと分かる。従って、①が正解である。

31. 本物のサンタが住んでいたという伝説があるフィンランドのサンタ村には、クリスマスになると全世界から子どもや大人が訪れる。ここにはサンタクロースが働く事務室、図書館、郵便局などがある。郵便局は全世界の子どもが送ってきた手紙でいっぱいなのだが、ここに手紙やプレゼントが到着すると国別に分類されてサンタクロースに渡される。サンタクロースは子どもたちが送った( )、このため12カ国語に精通した秘書がサンタク

> ロースを助けている。
> ① 手紙に全て返事をくれるが
> ② 手紙に書いた望みを全て聞き入れてくれるが
> ③ プレゼントは全てフィンランド政府に届けられるが
> ④ プレゼントは全て全世界の子どもにあげるが

[32-34] 다음을 읽고 내용이 같은 것을 고르십시오.

32. 正解 : ② 눈에는 말하는 사람의 느낌, 기분 등이 나타난다.
解説 : 눈은 사람의 감정이나 느낌의 변화를 가장 잘 나타내 주는 곳이라고 했으므로, ②가 正解である。①と③は内容からは読み取れず、④は内容に反している。

> [32-34] 次を読んで、内容が同じものを選びなさい。
> 32. 目は人の感情や感じの変化を最もよく表してくれる場所である。対話をしながら、随時変わる感情や感じを最も速く正確に反映してくれる場所が間違いなく目なので、相手方の目を見ながら話すのは積極的な対話で必ず必要な要素となる。目の大きさ、瞳の動きなどを通じて目はほぼ全ての種類の意味を伝えることができる。
> ① 状況によって言葉なしで目で対話できる。
> ② 目には話す人の感じ、気分などが現れる。
> ③ 自分の感情を目に表して相手を説得できる。
> ④ 目の大きさを変化させることは意味伝達と関係がない。

33. 正解 : ④ 아파트는 사생활 보호에는 좋지만 이웃과 소통을 하기 어렵다.
解説 : 아파트는 폐쇄적인 구조여서 주민들끼리 정을 나눌 기회가 없어とあるので、④が正解である。①と②は内容に反しており、③は内容からは読み取れない。

> 33. マンションは閉鎖的な構造なので、住民同士で交流する機会がなく自分の私生活だけ考える利己的な態度を持つようにさせる。そして、情を基にした隣人の伝統的な関係を弱化させ、特に婚礼、葬式など韓国の伝統儀礼とあまり合わない空間だ。このため、マンションに住む人は、いろいろな集まりを作って親睦を深めたり交流したりできる場を用意しようと努力している。
> ① マンションは韓国の伝統にふさわしい場所だ。
> ② マンションは開放的な構造で隣人が交流するのに良い空間だ。
> ③ マンションに住む人は現代的な空間に合うように伝統を変える。
> ④ マンションは私生活保護には良いが、隣人と交流しにくい。

34. 正解：④ 동양화에서 여백은 상상력을 자극하는 역할을 한다.
解説：여백은 상상력을 발휘할 수 있는 바탕이 된다とあるので、④が正解である。①と③は内容からは読み取れず、②は内容に反している。

> 34. 東洋画の特徴はいろいろあると思われるが、その中で余白の美を外すことはできない。余白の美がない絵は東洋画と言えないほどに、余白は東洋画でよく見られる特徴だ。余白は想像力を発揮し得る土台になる。むしろ、詳しく描いたものより多くのことを表現したりもする。このように、余白は全て描き終わった後の余りではなく、それぞれの役割がある意図的な表現なのである。
> ① 東洋画の余白は西洋画から影響を受けた。
> ② 余白は東洋画の一部から発見される特徴だ。
> ③ 余白は絵で描かずそのままにしておくことだ。
> ④ 東洋画において余白は想像力を刺激する役割をする。

[35-38] 다음 글의 주제로 가장 알맞은 것을 고르십시오.

35. 正解：④ 소리는 영화 속 장면을 효과적으로 전달하는 데 도움을 준다.
解説：영화를 볼 때 소리가 없다면 내용이나 분위기 등을 파악하기 힘들 것이다や소리는 다양한 기능이 있기 때문에とあることから、音が効果的な役割を持っているということが主題である。従って、④が正解である。

> [35-38] 次の文の主題として最も適切なものを選びなさい。
> 35. 音が出る映画が出た1920年代後半に、ヨーロッパの映画監督は映画の中の音に否定的な意見が多かった。彼らは、映画は美しい場面の連続体だと考えていた。そのため、彼らは映画の中の音が映画の芸術的な効果や想像力を奪うものだと主張した。しかし、映画を見る時音がなかったら、内容や雰囲気などを把握するのは大変だ。音はさまざまな機能があるため、現代の映画監督は、映画の中の音を積極的に活用している。
> ① 映画において、音は映画の場面より重要だ。
> ② 映画で音の役割が大きくなって想像力が減少した。
> ③ 現代の映画監督は場面より音をより重要だと考えている。
> ④ 音は映画の中の場面を効果的に伝えるのに役に立つ。

36. 正解：③ 올바른 비판과 선택을 통해서 서로의 문화를 인정해야 한다.
解説：문화를 각 사회의 고유한 삶의 방식으로 보는 문화상대주의적 태도는 다른 문화와 다름을 인정하는 것とあり、同時に무비판적인 문화상대주의적 태도는 경계해야 한다とも述べていることから、この二つを併せたものが

主題である。従って、③が正解である。

36. 文化の違いや多様性を認めなければ、世代、地域、人種などによる集団間の文化の衝突が表れることがある。このような文化の衝突を減らすには、各社会の文化をその社会の脈絡で理解しようとする文化相対主義的態度が必要だ。文化を各社会の固有の人生の方式で見る文化相対主義的態度は他の文化との違いを認めるものだからだ。しかし、無批判的な文化相対主義的態度は警戒しなければならない。人間の尊厳を損なう風習まで文化的多様性として認めるのは難しいためだ。
①人類の発展のために文化の統一が必要だ。
②文化の衝突は社会現象なので解決できない。
③正しい批判と選択を通じて互いの文化を認めなければならない。
④各社会の文化は固有文化なので、無条件に違いを認めなければならない。

37.
正解:②청소년들에게 건전한 여가 프로그램이 필요하다.

解説:サイバー余暇活動の否定的な面として**건전한 사회화를 방해하고 신체 발달에도 부정적 영향을 미친다**ということを挙げ、その対策として**청소년들을 위한 다양한 문화 활동 프로그램이 필요하다**と最後に述べていることから、これが主題であると読み取れる。従って、②が正解である。①と③は内容で触れられてはいるが、文章の主題とは言えない。

37. インターネットと各種機器の発達で、彼らだけの余暇文化を形成している青少年たちが増えている。サイバー余暇活動は、関連産業の成長に寄与する面もあるが、インターネット中毒、ゲーム中毒、スマートフォン中毒などを引き起こす否定的な面もある。青少年期になされる親交活動や野外文化活動は社会化はもちろん、身体の発達にも肯定的な影響を及ぼす。反面、青少年たちのサイバー余暇活動は健全な社会化を妨害し、身体発達にも否定的な影響を及ぼす。青少年のためのさまざまな文化活動プログラムが必要だ。
①サイバー余暇活動は青少年の成長を妨害している。
②青少年にとって健全な余暇プログラムが必要だ。
③サイバー余暇活動は産業発達に大きく寄与している。
④青少年インターネット中毒が深刻で社会問題になった。

38.
正解:②지역 경제에 도움이 되는 공정 여행을 활성화해야 한다.

解説:여행지의 주민을 존중하고 환경을 보호하며 지역 경제를 활성화하자というのがフェアトラベルであり、文章の終わりには공정 여행으로 가슴에 남을 사진을 찍는 것이 어떨까?とあるので、フェアトラベルを積極的に実践しようと

いうのがこの文章の主題であると読み取れる。従って、②が正解である。**공정 여행**(Fair Travel)とは、**공정 무역**(フェアトレード=Fair Trade)にちなんだ概念。

> 38. フェアトラベル（公正旅行）は、旅行地の住民を尊重し環境を保護して地域経済を活性化させようという目的で優しい旅行と呼ばれることもある。これまでの旅行が旅行地の環境を破壊して旅行者の楽しみだけを重視していたという反省から出発したフェアトラベルは、少し遅くて不便だが持続可能な旅行を目標にしている。フェアトラベルを実践するには地域経済を生かす消費をしなければならない。地域住民が運営する宿泊施設を利用して、地域で生産される特産物で作った料理を食べれば良い。有名観光地で写真を撮るより、フェアトラベルで胸に残る写真を撮るのはどうだろうか？
> ①フェアトラベルではない旅行は、環境をたくさん破壊する。
> ②地域経済に役立つフェアトラベルを活性化しなければならない。
> ③フェアトラベルでは地域住民の役割と活動が重要だ。
> ④フェアトラベルは旅行者の楽しみと安らぎを重視しない。

[39-41] 다음 글에서 〈보기〉의 문장이 들어가기에 알맞은 것을 고르십시오.

39. 正解：④ ㉣

解説：挿入する文の文頭には**따라서**があるので、直前にこの内容の根拠が来ることが分かる。**비판적, 객관적 태도를 가질 필요가 있는** 理由は、**편집 과정에서 정보의 신뢰성이 훼손되기도 하고, 자료의 폭력성, 상업성 등이 문제가 되기도 한다**という部分である。従ってこの直後に入れるのが適切なので、④が正解である。

> [39-41] 次の文で、下の文章が入る場所として適切なものを選びなさい。
> 39. 우리는 신문, 라디오, 텔레비전, 인터넷 등을 통해 정보를 주고받으며 서로의 생각을 나누기도 한다. (㉠) 이러한 전달 수단을 매체라고 한다. (㉡) 매스미디어는 오늘날 대량의 정보를 전하며 세계와 이어지는「창」으로서 매우 중요한 역할을 한다. (㉢) 그러나 편집 과정에서 정보의 신뢰성이 훼손되기도 하고, 자료의 폭력성, 상업성 등이 문제가 되기도 한다. (㉣)
>
> 따라서, 매스미디어의 자료를 읽을 때에는 비판적, 객관적 태도를 가져야 한다.

40. 正解：②ⓒ

解説：挿入する文の능력에 따라 인재를 배치하면서 나타나는 현상이라고 주장한다というのは、本文の개인의 능력 차이로 인해 생긴다고 보는 관점이 있다という文章を言い換えた文章なので、②が正解である。

> 40. 金、地位、権力が不平等に分配され、それによって個人や集団が序列化されることを社会階層化現象と言う。（ ㄱ ）このような現象が生じる理由を、個人の能力差によって生じると見る観点がある。（ ㄴ ）しかし、社会階層化現象は支配集団の権力維持が原因になるという主張もある。（ ㄷ ）その結果、集団間の対立をもたらし、社会全体の安定を損なう役割をすると主張する。（ ㄹ ）
>
> これは、能力によって人材を配置することで現れる現象だと主張する。

41. 正解：②ⓒ

解説：挿入する文に이러한 귀한 연구 가치とあるが、これが指すのは本文の운석을 연구하면から始まる一連の内容である。従ってその直後に入れるのが適切なので、②が正解である。

> 41. 隕石は宇宙から地球に落ちた石である。（ ㄱ ）隕石を研究すれば宇宙がどのように始まったか知ることができ、他の星を作る物質の種類を見つけ、その星に生命体が住んでいるかについての秘密も明らかにすることができる。（ ㄴ ）ロシアでは隕石を入れた特別なオリンピック金メダルを選手らに与えて話題になったりもした。（ ㄷ ）隕石が落ちたのを発見したら、大きな幸運を得たのだから、それこそ星から来たプレゼントと言える。（ ㄹ ）
>
> 隕石のこのような貴重な研究価値のため、種類によってダイヤモンドよりもはるかに価格が高いこともある。

[42-43] 다음을 읽고 물음에 답하시오.

42. 正解：①당황스럽다

解説：下線部の어머니의 얼굴은 파랬다 빨갰다 하고 손은 떨리고 있었다という描写は、母親の感情の揺れや動揺を表している。従って、①が正解である。

> [42-43] 次を読んで、問いに答えなさい。
> 私は、おじさんがくれた手紙を母に渡した。手紙を読む母の顔は、青くなったり赤くなった

りして、手は震えていた。数日が過ぎた後、母は私を呼んでおっしゃった。
「このハンカチ、あのおじさんのハンカチなんだけど、渡してきなさい。」
ハンカチを持っていく途中、私は畳まれたハンカチの中に紙が入っているように思われたが、それを開かずにそのままおじさんに渡した。
ある日の午後、私が久しぶりにおじさんの部屋に行くと、おじさんが荷造りに忙しくしていた。私がおじさんにハンカチを渡してからは、おじさんが私を見ても以前のように遊んでくれず、いつも悲しく心配事がある人のように私を見ていたりしたけど、荷造りをしているのを見てびっくりした。(中略)
その日の午後、おじさんが出発した後、私は母と裏山に登った。裏山からは駅が見下ろせた。汽車が駅にしばらく止まって、また動いた。
「汽車が出発する。」
私は手を叩いた。母は汽車が消えるまでじっと立ってそれを見下ろしていた。

42. 下線を引いた部分に表れた人物の反応として、適切なものを選びなさい。
①うろたえている　②慎重だ　③ぶっきらぼうだ　④滑稽だ

43. 正解：② 어머니는 아저씨를 좋아했지만 헤어졌다.

解説：おじさんが母に手紙を書いたり、母がおじさんのハンカチを持っていたということから、両者が親しい関係であることが読み取れる。また、おじさんのハンカチを返した後、おじさんが「私」と距離を置きつつ悲しそうに「私」を見ていたこと、しばらくして去っていったことなどから、二人は別れたのだということが推測できる。従って、②が正解である。他の選択肢は内容からは読み取れない。

43. この文の内容と同じものを選びなさい。
①私は母がおつかいさせるのが嫌だ。
②母はおじさんが好きだったが別れた。
③おじさんは怒って私と遊んでくれなかった。
④おじさんは母と仲が良くなくて家を出た。

[44-45] 다음을 읽고 물음에 답하십시오.

44. 正解：② 인권은 국가와 민족에 상관없이 보장받아야 하는 것이다.

解説：特定国家や地域を超越した人類全体の人権意識が作られ始めたや国家、宗教などの条件よりは人間自体を重要に考えるようになったのだというのがこの文章の主題である。従って、②が正解である。

[44-45] 次を読んで、問いに答えなさい。
20世紀、二度にわたる世界大戦以降、人類は国民の人権を抑圧する国家が人類全体の人権を脅かすこともあるという事実を悟った。従って、特定の国家や地域を越えた人類全体の人権意識が作られはじめた。1948年、国連総会で世界人権宣言を採択し、人権を(　　)認識が拡散した。今では、人々は戦争、貧困などで困難を経験する国に物資を送ったり医療陣を派遣したりもする。また、国家を越えて個人や民間団体が出てゆき、苦しい状況にある人たちがより人間らしい生活を享受できるように努力している。国家、宗教などの条件よりは、人間自体を重要だと考えるようになったのである。

44. この文の主題として、適切なものを選びなさい。
　①状況が苦しい人を助けることは当然のことだ。
　②人権は国家と民族に関係なく保障されなければならないものだ。
　③国民を抑圧する国は他の国の国民も抑圧し得る。
　④世界人権宣言が作られて人類の人権が全て保障されている。

45. 正解：③ 국가뿐만 아니라 모든 인류가 공유해야 한다는
解説：世界人権宣言は**特定 국가나 지역을 초월한 인류 전체의 인권의식을 作る**ために採択されたものである。従って、③が正解である。

45. (　　)に入る内容として、適切なものを選びなさい。
　①国家が状況によって保護しなければならないという
　②個人が守るために自ら努力しなければならないという
　③国家だけでなく全ての人類が共有しなければならないという
　④守るために他の国と戦争をしても良いという

[46-47] 다음을 읽고 물음에 답하십시오.

46. 正解：②ⓒ
解説：挿入する文の内容は寄付と社会奉仕の違いである。また、文頭に**즉**があるので、直前に似た話をしていることが分かる。本文を見ると、初めに**기부란……**、**사회봉사란……**と、寄付と社会奉仕についてそれぞれ説明があるので、この後に入れるのが適切である。従って、②が正解となる。

432

[46-47] 次を読んで、問いに答えなさい。
寄付とは、公共事業や慈善、奨学事業などの仕事を助けるために、個人や団体が対価なくお金を出すことをいう。(㉠) 反面、社会奉仕とは、社会の利益と福祉のために、お金をもらわずに時間や才能、労働力や経験などを提供することをいう。(㉡) 寄付や社会奉仕は貧しい人、病気の人、疎外された人の面倒を見ることにより、共同体の生活の質を高める活動である。(㉢) 従って、所得が高かったり特別な人だけがすることではなく、市民だったら誰もができることである。寄付や社会奉仕をするのは、社会的にも多くの意義がある。自分が暮らしている地域の姿と社会問題を簡単に理解することができ、一緒に生きていく健全な社会を作ることができる。(㉣)

46. 次の文章が入るのに最も適切な場所を選びなさい。
すなわち、寄付は物質的に寄与することである反面、社会奉仕は何らかの行為で寄与することである。

47.
正解 : ③기부와 사회봉사는 사회 구성원 모두가 가능한 일이다.
解説 : 寄付や社会奉仕は**소득이 높거나 특별한 사람만이 하는 것이 아니라 시민이라면 누구나 할 수 있는 일이다**とあるので、③が正解である。他の選択肢は内容からは読み取れない。

47. この文の内容と同じものを選びなさい。
① 寄付は財産が多い人がすることだ。
② 所得が高い人は社会に対する義務が多い。
③ 寄付と社会奉仕は社会の構成員全員が可能なことだ。
④ 健全な社会を作るためには、市民は必ず奉仕をしなければならない。

[48-50] 다음을 읽고 물음에 답하십시오.

48.
正解 : ② 과도한 소비의 악영향을 알리기 위해
解説 : まず初めに**신용불량자가 많아지고 있다**という問題を提起し、その原因として**과도한 소비**を挙げ、その解説とそれによる悪影響を説明している。従って、②が正解である。

[48-50] 次を読んで、問いに答えなさい。
クレジットカードで、自分の所得よりも多く消費し、これを返せず財産を差し押さえされる信用不良者が増えている。これは、自分の暮らし向きを考えず、消費を過度に多くするところから始まったのである。このように、過度な消費とは、自分の所得水準や支払い能力を考えず、消費をより多く行う消費形態を言う。必要ではない物を衝動的に買ったり、他の人の消費行動にそのまま従って、他の人に自分の富を誇示するための過程で過度な消費が現れる。過度な消費は、本人の経済生活を難しくすることがあり、お金をちゃんと返せずさまざまな社会問題を引き起こしたりもする。そして、健全な貯蓄による資本蓄積を妨げ、経済成長に良くない影響を与えたりもする。信用が重要な現代社会では（　　）努力することが必要だ。

48. 筆者がこの文を書いた目的を選びなさい。
①衝動買いの不必要さを説明するため
②過度な消費の悪影響を知らせるため
③現代社会で消費の重要性を知らせるため
④貯蓄をたくさんしなければならない理由を説明するため

49.
正解：①자신의 소득 안에서 바람직한 소비를 하도록
解説：過度な消費の問題点として、본인의 경제생활을 어렵게 할 수 있고 돈을 제대로 갚지 못하여 다양한 사회 문제를 일으키기도 한다ということが挙げられている。このことから、お金を返せず信用をなくすことのないようにうまく消費を行う必要があると読み取れるので、①が正解である。

49. (　　) に入る内容として、適切なものを選びなさい。
①自分の所得内で望ましい消費をするように
②所得が多い職業を見つけて所得を増加させるように
③製品を買わずリサイクルする方法を探すように
④銀行に貯蓄を最大限多くできるよう広報するように

50.
正解：④과도한 소비가 경제 성장을 저해할 수 있다고 역설하고 있다.
解説：まず下線部の前の文章で、過度な消費は다양한 사회 문제를 일으키다 한다と述べ、さらに下線部でも경제 성장에 좋지 못한 영향을 주기도 한다と述べている。従って下線部に表れた筆者の態度としては④が適当である。他の選択肢は内容からは読み取れない。

50. 下線を引いた部分に表れた筆者の態度として、適切なものを選びなさい。
　①貯蓄ができない人を非難している。
　②貯蓄が増えると経済が必ず成長すると確信している。
　③経済が成長できないことに対して政府を批判している。
　④過度な消費が経済成長を阻害し得ると力説している。

模擬試験 1 解答用紙　　　受験日　 /　 /

切り取って、お使いください。正解と配点は各模擬試験の「解答・解説・訳」の冒頭を、級ごとの合格得点ラインについてはP.14をご覧ください。

聞き取り

問題	解答	得点
1		
2		
3		
4		
5		
6		
7		
8		
9		
10		
11		
12		
13		
14		
15		
16		
17		
18		
19		
20		
21		
22		
23		
24		
25		

問題	解答	得点
26		
27		
28		
29		
30		
31		
32		
33		
34		
35		
36		
37		
38		
39		
40		
41		
42		
43		
44		
45		
46		
47		
48		
49		
50		

小計（　　）点

読解

問題	解答	得点
1		
2		
3		
4		
5		
6		
7		
8		
9		
10		
11		
12		
13		
14		
15		
16		
17		
18		
19		
20		
21		
22		
23		
24		
25		

問題	解答	得点
26		
27		
28		
29		
30		
31		
32		
33		
34		
35		
36		
37		
38		
39		
40		
41		
42		
43		
44		
45		
46		
47		
48		
49		
50		

小計（　　）点

聞き取り　　　点 ＋ 書き取り　　　点 ＋ 読解　　　点 ＝ 　　　点

※書き取りの点数は目安の数字をご記入ください。

模擬試験 2　解答用紙

受験日　　/　　/

切り取って、お使いください。正解と配点は各模擬試験の「解答・解説・訳」の冒頭を、級ごとの合格得点ラインについてはP.14をご覧ください。

聞き取り

問題	解答	得点
1		
2		
3		
4		
5		
6		
7		
8		
9		
10		
11		
12		
13		
14		
15		
16		
17		
18		
19		
20		
21		
22		
23		
24		
25		

問題	解答	得点
26		
27		
28		
29		
30		
31		
32		
33		
34		
35		
36		
37		
38		
39		
40		
41		
42		
43		
44		
45		
46		
47		
48		
49		
50		

小計（　　　）点

読解

問題	解答	得点
1		
2		
3		
4		
5		
6		
7		
8		
9		
10		
11		
12		
13		
14		
15		
16		
17		
18		
19		
20		
21		
22		
23		
24		
25		

問題	解答	得点
26		
27		
28		
29		
30		
31		
32		
33		
34		
35		
36		
37		
38		
39		
40		
41		
42		
43		
44		
45		
46		
47		
48		
49		
50		

小計（　　　）点

聞き取り　　　点 ＋ 書き取り　　　点 ＋ 読解　　　点 ＝　　　点

※書き取りの点数は目安の数字をご記入ください。

模擬試験3　解答用紙　　受験日　／　／

切り取って、お使いください。正解と配点は各模擬試験の「解答・解説・訳」の冒頭を、級ごとの合格得点ラインについてはP.14をご覧ください。

聞き取り

問題	解答	得点
1		
2		
3		
4		
5		
6		
7		
8		
9		
10		
11		
12		
13		
14		
15		
16		
17		
18		
19		
20		
21		
22		
23		
24		
25		

問題	解答	得点
26		
27		
28		
29		
30		
31		
32		
33		
34		
35		
36		
37		
38		
39		
40		
41		
42		
43		
44		
45		
46		
47		
48		
49		
50		

小計（　　）点

読解

問題	解答	得点
1		
2		
3		
4		
5		
6		
7		
8		
9		
10		
11		
12		
13		
14		
15		
16		
17		
18		
19		
20		
21		
22		
23		
24		
25		

問題	解答	得点
26		
27		
28		
29		
30		
31		
32		
33		
34		
35		
36		
37		
38		
39		
40		
41		
42		
43		
44		
45		
46		
47		
48		
49		
50		

小計（　　）点

聞き取り□点 ＋ 書き取り□点 ＋ 読解□点 ＝ □点

※書き取りの点数は目安の数字をご記入ください。

模擬試験(予備) 解答用紙　　受験日　　／　　／

切り取って、お使いください。正解と配点は各模擬試験の「解答・解説・訳」の冒頭を、級ごとの合格得点ラインについてはP.14をご覧ください。

聞き取り

問題	解答	得点
1		
2		
3		
4		
5		
6		
7		
8		
9		
10		
11		
12		
13		
14		
15		
16		
17		
18		
19		
20		
21		
22		
23		
24		
25		

問題	解答	得点
26		
27		
28		
29		
30		
31		
32		
33		
34		
35		
36		
37		
38		
39		
40		
41		
42		
43		
44		
45		
46		
47		
48		
49		
50		

小計（　　）点

読解

問題	解答	得点
1		
2		
3		
4		
5		
6		
7		
8		
9		
10		
11		
12		
13		
14		
15		
16		
17		
18		
19		
20		
21		
22		
23		
24		
25		

問題	解答	得点
26		
27		
28		
29		
30		
31		
32		
33		
34		
35		
36		
37		
38		
39		
40		
41		
42		
43		
44		
45		
46		
47		
48		
49		
50		

小計（　　）点

聞き取り　　　点 ＋ 書き取り　　　点 ＋ 読解　　　点 ＝ 　　　点

※書き取りの点数は目安の数字をご記入ください。

著者　韓国語評価研究所（Korean Proficiency Test R&D Center）

韓国語教育の専門出版社と書店を運営するハングルパーク（한글파크）傘下の研究所で、言語評価研究及び外国語・韓国語試験の分析、研究、開発を行っている。全研究員が韓国語教員の免許を所持し、大学機関で韓国語の教師として教育活動に従事している。

韓国語能力試験TOPIK II 中・上級完全対策

2015 年 3 月 11 日　初版発行
2025 年 10 月 1 日　13刷発行

著　者　韓国語評価研究所
翻　訳　HANA 韓国語教育研究会
日本語解説　鷲澤仁志
編　集　用松美穂
編集協力　辻 仁志
デザイン・ＤＴＰ　コウ・タダシ（mojigumi）
CD プレス　株式会社クラウドナイン
印刷・製本　シナノ書籍印刷株式会社

発行人　裵 正 烈
発　行　株式会社 HANA
〒 102-0072 東京都千代田区飯田橋 4-9-1
TEL：03-6909-9380　FAX：03-6909-9388
E-mail：info@hanapress.com

発行・発売　株式会社インプレス
〒 101-0051 東京都千代田区神田神保町一丁目 105 番地

ISBN978-4-8443-7672-9 C0087　©HANA 2015　Printed in Japan

● 本の内容に関するお問い合わせ先
　HANA 書籍編集部　TEL: 03-6909-9380　FAX: 03-6909-9388

● 乱丁本・落丁本の取り替えに関するお問い合わせ先
　インプレス カスタマーセンター　FAX: 03-6837-5023
　　　　　　　　　　　　　　　　E-mail: service@impress.co.jp
※古書店で購入されたものについてはお取り替えできません。

好評発売中!

ソウル大学の韓国語
はじめてのTOPIK II

ソウル大学韓国語文学研究所［編著］

ISBN978-4-295-40001-1　本体2,200円＋税
A5判／280ページ／CD1枚付き

こんな人におススメ!

- これから初めてTOPIK IIの受験準備をする。
- TOPIK IIを受けたけど歯が立たなかった……。
- TOPIK IIの対策書を買ったけど難しすぎる……。

▼

中級に絞った対策で、3・4級合格を目指す!

2014年に改訂が行われたTOPIK IIでは、3・4級合格が目標になる中級レベルの学習者も、最上級を目指す受験者と同じテストを受けなければなりません。そのため試験対策に苦労している人が多いのも事実です。そこで本書は、TOPIK IIに出題される問題のうち、中級レベルの問題を中心とした、二つの「短縮版」試験問題を提供し、的を絞った対策を行います。試験形式で解いて腕試しをすることも、1問ずつ、解説を読みながら解き進めていくことも可能な構成になっています。

※本書は韓国の名門、ソウル大学の講師陣が総力を挙げて開発したTOPIK II対策書です。
※CD1枚が付録となっています。音声のスピードは実際のTOPIK IIよりも遅めになっています。

韓国語能力試験
TOPIK Ⅱ
徹底攻略
出題パターン別対策と模擬テスト3回

オ・ユンジョン、ユン・セロム［著］　HANA韓国語教育研究会［翻訳］
定価 本体2700円＋税。568ページ。MP3 CD-ROM付き

好評発売中！

これぞTOPIK Ⅱ 対策の決定版！

　出題パターンを徹底分析した解説、既出問題と豊富な練習問題を通じて問題に慣れた後に、実戦さながらの模擬テストを解くことで、中上級レベル対象の韓国語テストTOPIK Ⅱを徹底攻略する対策書です。

　まず「聞き取り」「書き取り」「読解」の領域別に、問題内容を幾つかのパターンに整理し、実際に出題された問題を確認。さらに練習問題を解くので無駄がありません。「聞き取り」と「読解」領域の最後には復習テストがあります。このように、本の前半では領域別の出題傾向や問題パターンに慣れることができます。

　本の後半には、模擬テストが3回分、解説、全訳と共に収録されています。これにより試験の流れに十分慣れるとともに、学習した内容の総仕上げを行うことが可能です。

　本書はまさに、TOPIK Ⅱ対策の決定版といえる内容です。

※本書は韓国で発売された『딱！3주 완성 TOPIK Ⅱ』(한글파크刊) の日本語版です。

初めて受験する人も、6級合格を狙う人も、苦手な쓰기(作文)が得点源に変わる！

好評発売中!!

韓国語能力試験 TOPIKⅡ 作文完全対策

ISBN978-4-8443-7698-9
A5／160ページ
本体2,000円＋税

前田真彦［著］

　韓国語能力試験の中・上級レベルに当たるTOPIKⅡで、多くの日本人受験者が点数を落とす領域が「쓰기（作文）」です。作文領域は全体の3分の1の配点を占めるのにもかかわらず、対策の立て方が分からないため、これまで多くの受験者が対策を放棄したり、おろそかにしたりしてきました。しかし、作文領域は、正しい方法で練習し、問題に取り組めば必ず好成績を収めることができる領域です。

　本書では、中・上級の学習指導で高い評価を得ている韓国語講師、前田真彦先生がどんな作文課題にも対応できる論理展開と作文テクニックを伝授します。本書の特徴として、まず、日本語で論理を組み立て意見文を構成することについて学び、それを韓国語らしい文章に仕上げる技術を実践例を見ながら学んでいきます。

【目次】

第1章　TOPIK作文の概要
　「TOPIK Ⅱの作文問題」「タイプ別・作文問題解析」

第2章　準備土台編
　「まずは日本語で書く練習を」「日本語で問題を解いてみる」「作文を書くときのコツ」

第3章　テクニック編
　「書き言葉で書く」「ハンダ体の作り方」「原稿用紙の使い方」「漢字語の知識をフルに使う」
　「日本語的表現にならないために」「作文に使える文中・文末表現」
　「必ず知っておきたい語彙」

第4章　実戦編
　「問題タイプ別解説・練習」「模擬試験1」「模擬試験1解説」「模擬試験2」「模擬試験2解説」